제2판

사회과학분야

통계적 연구방법론의 이해

나 영 · 박상규

신영사

머리말

4차 산업혁명시대에 대비한 오늘날의 세계는 정보통신기술이 지배하는 융합정보화 시대라 할 수 있다. 이처럼 변화되는 세상 속에서 의사소통을 위해 PC와 인터넷 및 모바일을 사용하듯이 어느 학문 분야에서든 연구에 전념하는 사람들은 연구방법론이라는 피할 수 없는 학문영역을 충분히 소화해야 한다. 그러지 않고서는 자기주장으로 의사소통할 수 있는 좋은 연구결과물이 나올 수 없기 때문이다. 연구방법론의 중요성이 바로 여기에 있다. 즉, 연구방법론은 학문 분야에 관계없이 연구자라면 반드시 통과해야 하는 관문이다. 디지털시대에서는 다양한 자료를 쉽게 확보할 수는 있지만 이를 분석하기 위해서는 해당 학문 분야의 방법론적 지식이 필수적으로 요구된다. 따라서 본서에서는 사회과학분야의 연구조사에 대한 특성을 이해하고 분석할 수 있는 기본적인 소양을 다루고자 하였다.

예를 들어보자. 한꺼번에 많은 변수를 사용하는 다변량분석은 대학/대학원의 학습과정에서 무수히 등장한다. 이를 접해본 사람들은 주어진 자료들을 수집하고 분류하며, 상호 비교하면서 많은 노력을 하게 된다. 이는 다변량분석의 출발부터 미적분과 행렬식 등과 같은 어려운 수준을 요구하기 때문이다. 그럼에도 불구하고 실제로 연구에 적용할 때에는 어렵게 습득했던 내용들이 거의 쓸모없음을 느끼게 된다. 그 이유는 실제로 적용하는 자료의 양이 너무 많아 손으로 풀 수 있는 범위를 벗어나 컴퓨터 통계패키지에 의지해야 하기 때문이다. 요즘은 개인 PC에서도 SAS나 SPSS 혹은 Excel 등을 사용할 수 있다. 이때 문제가 되는 것은 사용되는 다양한 용어와 방대한 양의 출력물 때문에 필요한 내용을 파악하기가 쉽지 않다. 따라서 연구방법론의 이론적인 배경과 통계조사기법에 대한 분명한 이해와 함께 출력물을 검토해야 한다.

무엇보다도 연구주제와 관련하여 기존의 연구들을 제대로 이해하고 파악하는 것이 연구의 출발이 된다는 것을 명심해야 한다. 선행연구를 통해 자신의 연구영역을 새롭게 발견할 수 있기 때문이다. 이때 기본적인 통계 및 개량개념에 대한 이해와 함께 올바른 연구방법을 터득할 때만이 효과적인 연구를 수행할 수 있다. 다시 말해 연구주제에 대한 이론적 개념과 연구방법을 이해할 때 연구모형을 개발하고 연구문제를 해결할 수 있다는 것이다. 연구방법의 기본지식을 먼저 습득한다면 실제 자료를 토대로 통계적 기법을 적용함으로써 효과적인 연구를 수행할 수 있을 것이다. 구체적으로 "왜 기존 연구문헌들을 이해하는 것이 중요한지?" "연구를 수행할 때에 어떤 방법론적인 절차가 필요한지?" "연구결과의 시사점은 무엇인지?" 등 연구자는 큰 윤곽을 그릴 수 있어야 한다.

본서에서는 계량적 분석기법을 적용해 사회과학분야에서 연구를 수행하는 데 필요하다고 생각되는 기본개념과 이론을 정리하였다. 일반적인 통계적 연구방법론의 기본참고서가 될 것으로 기대한다. 무엇보다도 통계와 계량 접근방법에 관한 기초지식만 있어도 어렵게 느껴지지 않도록 서술했다. 또한 추상적으로 설명하지 않고 연구를 수행하려는 사람들이 쉽게 다가설 수 있도록 쉽게 기술하였다. 따라서 본서는 실무현장에서 통계분석보고서를 자주 쓰는 연구원, 컨설팅업계에 종사하는 실무형 CEO, 그리고 학부는 물론이고 대학원에서 경제통계학이나 연구방법론을 학습하는 자들에게 이론적인 길잡이가 될 것으로 판단된다. 한편 부록에서는 통계적 방법론을 쉽게 이해하고 적용할 수 있도록 범용소프트웨어의 하나인 SPSS 활용법을 소개하고 있다.

그러나 저자들의 능력 부족으로 국내외 연구방법론과 통계관련 문헌들을 다수 참조했기에 중복되는 내용이 있을 수 있다. 이는 본서의 맨 뒤 국내외 참고문헌에 구체적으로 기술하였다. 본서를 이용하는 독자들의 지속적인 질책과 조언을 바랄 뿐이다. 본서의 출간을 위해 세심하게 애써주신 신영사의 권영섭 사장님께 감사드린다.

2020년 2월
연구실에서
나 영 · 박상규

차 례

제 I 부 연구방법의 개요

Chapter 1 연구논문의 이해

Chapter 2 연구방법의 첫걸음

제 II 부 계량분석의 개요

Chapter 5 계량분석의 첫걸음

Chapter 6 통계기법의 첫걸음

제 III 부 계량분석의 형태 I

Chapter 7 회귀분석의 이해

제 V 부 계량분석의 활용

Chapter 15 시계열모형

Chapter 16 종속변수가 가변수인 회귀모형

Chapter 17 비모수통계학

PART

I

연구방법의 개요

CHAPTER 1

연구논문의 이해

제 1 절 연구논문의 기본적 틀(fundamental framework)

일반적으로 사회과학 특정 전문분야의 연구논문을 읽으면서 비판적으로 평가할 수 있는 능력을 기르기 위해서는 우선 연구가 수행된 동기와 연구논문의 기본적인 틀을 분명히 이해하고 있어야 한다. 동시에 연구논문에서 검토된 기초이론과 그 연구에서 사용하고 있는 연구설계 및 분석에 대한 면밀한 검토가 이루어져야 한다.

본장에서는 분석적인 측면에서 사회과학분야 연구논문의 기본적인 틀에 대해 개괄적으로 검토하고자 한다. 또한 논문을 이해하고 평가할 수 있는 기법에 대해 연구자에게 도움이 될 만한 일련의 질문과 해답을 제시하며 설명하고자 한다.

1. 연구문제(research problem; 특정 연구)의 동기

무엇보다도 해당 연구를 수행하고자 하는 합리적인 동기가 필요하다. 왜 이 주제에 관심이 있는지, 왜 이 주제가 중요한지 등을 설명할 수 있어야 한다. 또한 연구를 통해 이론적인 가치가 무엇인지를 발견할 수 있어야 한다. 이와 관련해 선행연구에서 사용된 이론을 확장하여 이를 분석하고 재검증할 수 있는지를 발견하는 것이 중요하다. 여기에는 선행연구에서 사용하고 있는 가설검정뿐만 아니라 새로운 아이디어를 창출하거나 연구모형을 개발함으로써 연구자가 해당 학문의 영역을 확장하고자 하는 것 등이 모두 포함된다.

2. 연구주제(research topic)와 관련된 연구이슈(research issue)

무엇보다 연구자 본인이 무엇을 가지고 어떻게 연구해야 하는지를 안다는 것은 매우 중요한 과제이다. 따라서 선택된 연구이슈가 무엇인지 분명하게 이해하고, 가능한 한 명확하게 그리고 구체적으로 이를 기술하여야 한다.

예를 들어, 재무분석가의 재무관련 예측정보에 대한 공시가 기업가치와 어떤 관련성이 있는지를 연구함으로써 자본시장에서 회계정보의 효율성을 심도 있게 검토할 수 있다. 동시에 이와 관련해 다양한 학문적 측면에서의 새로운 연구이슈가 무엇인지도 발견할 수 있다.[1)]

3. 연구주제의 이론적 배경(theoretical background)

연구자는 연구주제와 관련이 있는 기초이론이 무엇인지를 알아야 하며, 연구논문에서 개발하여 사용되고 있는 이론적 배경을 이해하여야 한다. 또한 그 이론적 내용이 규범적/서술적 형태인지 혹은 연역적/귀납적 형태인지를 우선 구별하여야 한다. 이와 같이 연구설계 이전에 연구논문의 이론적인 근거에 대한 성격을 먼저 이해하고 평가하는 작업이 선행되어야 한다.[2)] 이에 따라 이론 개발의 논리적인 일관성 및 적합성의 평가가 뒤따라야 한다. 사실, 이론 개발의 논리적인 일관성과 충분성에 대한 시도는 그리 쉽지는 않지만 연구논문의 작성에서 반드시 필요한 과정이다. 어떤 형태의 연구논문일지라도 선행연구의 저자가 주장하고 있는 내용을 무비판적인 자세로 그저 수용해서는 안 된다는 것이다. 따라서 진행중인 연구논문이 선행연구와 어떤 연관성과 차별성을 가지고 있는지 등을 명확하게 기술하여야 한다.

---

1) 구체적으로는, 재무분석가의 재무예측 정보공시 전에 초과수익률을 얻을 수 있는 가능성이 있는지, 만약 있다면 어떤 변수 때문인지, 혹은 경영자 예측정보와 재무분석가의 예측정보의 주요한 차이점이 무엇인지 등을 생각해 볼 수 있다.

2) 연구문제를 해결하기 위한 다양한 방법과 이론적인 배경을 이해하기 위해서는 무엇보다 연구문제와 관련된 특정 문헌의 내용을 심도 있게 고찰해야 한다. 연역법과 귀납법에 대해서는 제2장에서 살펴보기로 한다.

제 2 절 연구논문과 연구설계(research design)의 중요성

1. 연구가설의 전개(hypothesis development) 및 이론적인 근거(rationale)

연구가설은 연구문제의 잠정적인 해답으로서 예상되는 연구결과를 사전에 서술하는 것을 말한다. 이와 같은 연구가설은 반드시 연구주제와 관련된 다양한 문헌자료 및 확립된 이론적 근거를 토대로 전개되어야 한다. 그렇지 못하면 연구결과가 왜곡되어 이를 해석하고 분석하는 데에 어려움이 따르며, 일반화(generalization)하기에도 부적절하기 때문이다.

2. 연구설계(research design)의 속성

연구설계란 연구논문을 작성하기 전에 연구문제에 대한 해답을 얻을 수 있도록 전반적인 연구활동의 과정을 설계하는 것을 말한다. 예를 들어, 대학에서 매학기 초에 담당교수가 수업을 시작하기 전에 강의요목으로 학생들에게 사전에 그 과목의 속성을 알려주고 수업을 시작하는 것과 비슷하다고 할 수 있다. 즉, 연구설계란 연구자가 연구청사진을 미리 구상하는 과정이다.

〈연구설계 과정〉

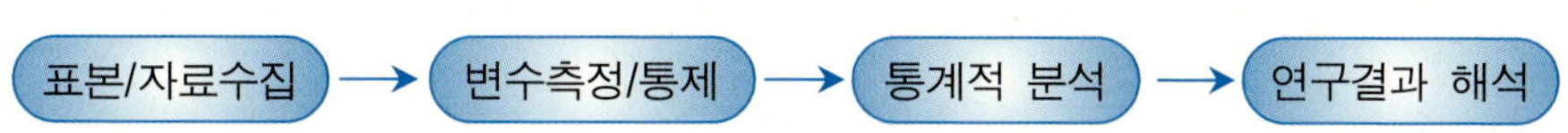

이와 같은 연구설계는 연구자의 연구목적 및 연구모형의 형태에 따라 다양하며 특별히 정형화된 틀은 없다. 그러나 일반적으로 연구설계는 표본추출과 자료수집 과정, 변수측정과 통제, 통계적 분석, 그리고 연구결과의 해석 등에 이르기까지 연구를 위한 구체적인 절차와 방법을 제시한다.[3]

3) 연구설계에 대한 구체적인 내용은 제3장에서 다시 설명하기로 한다.

CHAPTER 2

연구방법의 첫걸음

제 1 절 연구방법론(research methodology, study of methods)의 개념

연구(research)란 학문의 세계 속에서 현실적인 어떤 특정 문제를 발견하고 이를 해결하려는 과정이라 할 수 있다. 이를 해결하는 방법은 다양하다. 이때 해결방법은 무엇이며 이를 위한 연구수행은 어떻게 해야 하는가? 연구단계는 어떠한 절차를 거치는가? 또 연구에 필요한 자료는 어디서 구하는가? 등을 고려하여야 한다.

연구자는 연구문제의 해답을 찾기 위해 연구자료의 측정, 자료의 신뢰성(reliability) 및 타당성(validity)의 제고, 표본추출방법, 통계적 기법 등을 활용하여 현상들과의 관계를 설명함으로써 원하는 연구결과의 도출을 시도한다. 이를 위해 체계적으로 논의되는 학문이 바로 연구방법론(research methodology)이다. 이러한 연구방법론은 연구문제의 해결을 위한 다양한 절차와 효과들을 체계적으로 기술하고 이를 분석할 수 있는 일체의 학문영역을 의미한다.

예를 들어, 기업경영자의 관점에서 볼 때 기업의 당면한 문제를 해결하고 필요한 의사결정을 내리기 위해서 연구조사가 필요하다. 이때의 연구조사란 실제 현상에서 발견된 문제를 해결하기 위해 필요한 정보를 얻을 목적으로 현상을 체계적으로 조사하고 분석하는 일이다. 또한 체계적인 연구가 되기 위해서는 객관적이고 논리적인 이론을 토대로 현상들과의 관계를 설명하고 분석하는 일체의 방법론적 연구과정이 필요하다. 따라서 다양하고 수준 높은 연구결과물을 얻기 위해서 과학적 접근방법(scientific method)을 통해 연구문제의 해결을 시도하는 것이다.

1. 과학(science)의 정의와 목표

과학은 어떤 현상에 내재되어 있는 진리를 객관적인 접근방법에 의해 규명(verification)하는 영역이라 할 수 있다. 과학은 인간의 실제적인 사회생활 속에서 만들어지고 발전된다. 또 인간은 자연과 사회를 변화시키는 경제활동의 과정에서 자연과 사회를 대상으로 실험이나 관찰조사를 한다.

모든 자연현상과 사회현상은 과학의 대상이 될 수 있다. 그러나 과학에서 중요한 것은 이와 같은 대상보다는 진리의 규명과 문제해결을 위한 접근방법론이라 할 수 있다. 따라서 과학적 접근방법에서는 우선 일반현상에 대하여 발견할 수 있을 것으로 보이는 명제들을 서술(description)하고 설명(explanation)할 수 있어야 한다. 이를 위해 기존의 이론 혹은 이론에 근거한 연구가설이 사용된다. 동시에 과학은 미래에 대해 예측(prediction, forecasting)을 할 수 있어야 하는데, 이 역시 관련 이론을 근거로 이루어져야 한다.

이와 같이 과학적 접근방법이란 기존에 존재하는 이론을 통하여 관찰되거나 혹은 개발된 변수들 간에 존재하는 상호관련성을 검증하는 과정이라 할 수 있다.

2. 과학적 접근방법(scientific method)의 논리체계

(1) 연역법(deductive approach)

연역법은 일반적인 원리를 특정한 사실에 적용하는 전개과정이다. 즉, 연구문제에 대한 기존의 이론이나 일반적인 원리를 이용해 새로운 연구가설을 전개하고 연구자료를 통해 이를 실증적으로 검정함으로써 기존의 이론이나 원리를 확인하는 것이다. 결과적으로 이론을 사용하여 경험적인 사실을 확인하게 된다. 즉, 연역적 논리에서는 가설이 현상들을 적절히 설명하고 있는지를 파악할 수 있게 된다. 예를 들면, 회계목적에 따라 회계원칙(기준)이 정립되고 이에 따라 회계실무가 이루어지고 있는 것이다.

이와 같이 연역법은 대전제의 개념 속에 포함되어 있는 결론을 소전제를 매개로 하여 논리적으로 도출해내는 방법이다. 따라서 연역법에 의해 얻어진 결론은 대전제의 일부이기 때문에 새로운 지식이라고 보기는 어렵다.

(2) 귀납법(inductive approach)

귀납법은 특정한 사실로부터 일반적인 원리를 이끌어내는 전개과정이다. 즉, 관찰된 자료를 통해 현상 속에 내재하고 있는 잠재적인 원리를 찾아내고, 이를 실제 현상 속에서 검증해봄으로써 일반원리를 찾아내는 과정을 거치는 것이다. 즉, 귀납적 논리에서는 연구자가 관심이 있는 어떤 현상을 관찰하여 관련된 요소들을 규명하고 이들 간의 상호관련성을 확인하는 과정을 거치면서 새로운 논리를 형성하게 된다. 예를 들면, 실제 회계실무에서의 계속적인 경험적 관찰(empirical observation)을 통해 회계목적에 맞는 실용적이고 공정한 회계원칙(기준)을 정립할 수 있는 것이다.

이와 같이 귀납법은 많은 사실들을 관찰하여 보편적인 결론을 도출해내는 방법이다. 따라서 이때의 결론은 진리일 가능성이 높을 뿐이지 확실한 진리라고 보기는 어렵다. 그러나 여러 가지 관찰과 경험을 통해 얻어진 과학적 지식이기에 진리일 가능성이 높은 경험적 지식이라 할 수 있다.

(3) 논리적 실증주의(logical positivism)

일반적으로 진리는 실증적으로 확인을 거쳐 이미 입증되고 규명된 개념이다. 그러나 어디까지 실증적인 확인이 필요한지 쉽게 단정하기 어려운 어떤 한계를 지니고 있다. 단지 경험적인 관찰에 의해서만 진리의 규명이 이루어질 수는 없다. 따라서 이를 보완하기 위해 나타난 것이 바로 논리적 실증주의이다. 즉, 진리의 입증은 쉽지 않기 때문에 진리의 확인이 더 중요하다는 것이다. 되도록이면 과학적 방법을 활용하여 실제로 추가적인 실험이나 관찰을 함으로써 연구가설의 검정이나 수정 또는 반박이 가능하도록 하자는 것이다.

이와 같이 논리적 실증주의의 기본 논리는 경험을 바탕으로 구축된 이론을 추가적인 실험이나 관찰에 의해 실증적으로 다시 검증함으로써 새로운 이론이 점차로 개발되고 정당화된다는 것이다.[1] 이는 귀납법에 근거를 두고 검증한다.

1) 사회과학분야에서의 연구방법은 사회의 현상을 객관적·경험적 자료를 바탕으로 연구되어야 한다는 경험주의(empiricism)와 실증주의(positivism)에 근간을 두고 있다. 이것은 자연현상뿐만

(4) 반증주의(falsificationism)

위대한 과학철학자 칼 포퍼(Karl Popper)에 의해 주장된 반증주의는 실험이나 관찰상의 오류를 범할 수 있는 논리적 실증주의에 대한 문제점을 개선하기 위해 나타났다. 여기에서는 기존의 이론을 부정하는 실험이나 관찰이 이루어짐으로써 과학의 발전이 이루어진다는 관점에 의거하여 엄격하게 실증적으로 검증을 한다. 즉, 기존의 이론에 의해 전개된 연구가설을 검정한 결과, 예상된 결과가 실증적으로 나타나지 않았을 때 해당 이론은 부정될 수밖에 없다. 그러나 반증주의에서는 예상된 결과가 기대한 대로 나타나게 될 때에도 해당 이론은 잠정적으로 채택될 뿐 그대로 입증되는 것은 결코 아니라는 것이다. 이는 연역법에 근거를 두고 검증한다.

이와 같이 반증주의는 논리적 실증주의가 내세우는 귀납적 접근법을 비판하고 있다. 즉, 어떤 문제나 이론을 정의하거나 증명할 때 그 반대의 현상이나 이론을 통할 때만이 유효하다는 것이다. 쉽게 말하면, 예를 들어 한 명제를 주장하기 위해서는 이에 따르는 반증(반대이론)을 내놓을 수 있어야 하며, 이러한 비판적 과정 속에서 과학의 발전은 이루어진다는 것이다.

제 2 절 연구조사(research)와 이론구축(theory building)

이론(theory)은 일반적인 현상에 대해 관념적이고 추상적인 사실과 관련된 것이라면, 조사(survey)는 현실세계에서 경험적이고 구체적인 사실과 관련되어 있다. 연구조사

아니라 사회현상에도 적용될 수 있다. 실증주의적 접근방법에 의한 사회과학연구는 경험성 · 객관성을 중시하기 때문에 과학은 이러한 욕구를 충족시켜줄 수 있는 계량적 접근방법을 중시한다. 이때 경험적 관찰이 정확하고 객관성을 높이기 위해서 통제된 실험이나 표준화된 측정도구를 이용한다. 또는 이러한 것들을 가능하게 해주는 조작적 정의(operational definition) 등을 통해 계량화하여야 한다.

이와 같이 통계적 사고에 근거한 통계적 방법론은 계량적 접근방법을 중시하는 실증주의적 사회과학연구에 매우 중요한 방법론의 하나로 자리매김하고 있다. 예를 들어, 사회과학분야의 회계학 영역에서 회계선택과 관련된 연구는 실증회계(positive accounting)에 근거하여 시작되었다고 할 수 있다. 구체적으로는 회계이익조정(earnings management)이라든지 혹은 연구개발비 지출에 따른 회계처리방법의 선택(accounting choices) 등을 들 수 있다. 이러한 연구주제는 전형적인 실증회계의 단면이라 할 수 있다.

(research)란 관념적인 세계에서 다룰 수 있는 이론을 경험적인 현실세계에서 일어나는 실제현상과 연결시키거나, 혹은 경험적인 현실세계에서 일어나는 실제현상을 관념적인 세계에서 다루어지는 이론과 접목시키는 과정이다.

이론은 경험적인 세계에서 실증적으로 검증되는데, 이를 수행하는 일련의 과정이 연구조사의 한 형태로 나타나게 된다. 예를 들어, 연구조사는 여론조사 혹은 시장조사 등과 같이 다양한 사회현상의 자료들을 수집하고 분석하는 방법으로 오늘날 그 유용성이 인정되고 있다. 이와 같은 연구조사는 최근 사회과학분야의 다양한 영역에서 널리 사용되고 있다.

일반적으로 이와 같은 연구조사를 위해 수집되는 자료(data)는 크게 1차 자료(primary data)와 2차 자료(secondary data)로 나누어진다. 1차 자료는 연구자가 현 시점에서 당면한 연구문제 해결에 필요한 의사결정을 위한 자료라 할 수 있다. 즉, 연구목적에 맞게 연구자 자신의 필요에 의해 관찰이나 설문지 등을 통해 직접 수집한 자료를 말한다.

반면, 2차 자료는 다른 연구자에 의해 다른 목적으로 이미 수집된 자료를 말한다. 여기에는, 각종 간행물이나 보고서, 통계자료, 또는 학술논문 등을 포함한다. 이와 같은 2차 자료는 다른 조사목적을 위해 이미 수집된 자료이기 때문에 연구자의 당면한 의사결정을 위해 적절하지 못한 정보(information)가 제공될 수도 있다. 또한 적절한 정보라 하더라도 이미 기간이 경과되어 적시성이 결여된 정보를 제공할 수 있는 한계점도 가지고 있다.

그러므로 대부분의 연구자는 연구조사를 위해 타당성과 적시성이 높은 1차 자료에 의존하게 된다. 그러나 1차 자료는 설문지의 작성 혹은 실사 등으로 자료수집 과정에서 많은 비용과 시간이 소요된다는 단점을 가지고 있다. 따라서 연구의 효율성을 높이기 위해서는 우선 2차 자료를 효율적으로 활용한 후 1차 자료를 수집하여 부족한 정보를 보완하는 것이 바람직하다고 할 수 있다.

그러나 무엇보다도 중요한 점은 자료(data)는 연구문제 해결을 위한 정보(information)로서의 가치를 지니고 있어야 한다는 것이다. 동시에 이러한 정보는 연구목적에 따라 연구자의 지식(knowledge)으로 변환될 수 있어야 한다. 이론구축(theory building)의 과정에 들어가기 전에 이와 관련된 기본적인 이론의 구성요소를 살펴보기로 하자.

1. 아이디어(idea)

아이디어는 새로운 연구와 이론구축의 출발이 되는 기본적인 생각이다. 어떤 현상에 대한 착상이나 발상 혹은 고안 등을 말한다. 궁극적으로 사회현상에 대한 어떤 의문점이나 문제점을 해결하기 위해 연구자들은 아이디어를 통해 상호 공유할 수 있으며, 이는 또 다른 아이디어를 창출하게 된다. 의문이 제기된 사회현상을 중심으로 과학적인 연구과정을 통해 새로운 지식을 개발하고 축적하게 된다. 예를 들어, 기존의 선행연구들이 가지고 있는 논리적 방법론상의 문제점을 발견하고 이에 대한 구체적인 해결방안을 모색함으로써 새로운 지식이 창출될 수 있는 것이다.

2. 개념(concept)

일반적으로 개념을 통해 특정 사회현상이나 구체적인 사실을 이해하게 된다. 이와 같은 개념은 어떤 현상이나 사물이 지니고 있는 일반적인 진술을 말한다. 특히 사회과학분야에서의 개념이란 직접 관찰하거나 측정하기에는 너무 관념적이고 추상적인 경우가 많기 때문에 구체적으로 명시될 때만이 비로소 검증이 가능하게 된다. 따라서 과학적 연구에서의 개념이란 특정 현상이나 구체적인 사실을 언어로 나타낸 타당한 진술로서, 이는 이론과 가설의 구성요소가 되고 있다.

3. 패러다임(paradigm)

사람들은 어떤 특정 현상에 대한 사실을 확인하거나 직접적인 설명을 듣기 전에 이미 그것에 대한 고정된 생각으로 고착되어 있다. 패러다임이란 이와 같은 고정된 견해나 사고의 거시적인 관점을 말한다. 패러다임은 이론이나 원리 등의 의미를 함축적으로 지니고 있는 개념으로 볼 수도 있겠지만, 현상에 대한 직접적인 설명이 아니기 때문에 이론이나 원리와는 구별된다. 다른 말로 표현하면, 같은 시대에 공통적으로 가지고 있는 사람들의 신념이나 사고 혹은 가치를 의미한다. 즉, 어떤 특정 분야의 연구를 수행할 수 있는 기반을 형성하고 방향을 제시해주는 근원적인 가치체계를 말한다.

패러다임은 사회현상에 대한 기존의 관점과 비교해 새로운 것은 아니라 할지라도 보다 더 독특한 관점을 제시해주는 체계적인 모형이 된다(예: 신용평가이론, 도산이론, 효용이론, 대리이론 등). 또는 기존의 것과는 완전히 다른 새로운 원리나 이론을 제시해주는 준거가 되기도 한다(예: 창조론, 만유인력의 법칙 등). 즉, 하나의 패러다임은 오랫동안 지속되지 못하고 끊임없는 비판과 개혁을 통해 더 나은 패러다임으로 탈바꿈된다. 이와 같이 패러다임은 학문의 주요 영역에서 특징적인 사고형태나 가치체계를 말한다. 특히, 사회과학분야에서는 어떤 광범위한 특정 영역에서의 연구를 위한 이론적인 틀을 지칭하기도 한다.

4. 변수(variable): 역할 및 형태

연구자는 연구문제를 체계적으로 분석하기 위해 변수의 종류와 역할에 대해 정확히 이해해야 한다. 이를 위해 일반적으로 연구문제의 해결을 위해서는 어떤 추상적인 개념을 숫자나 특정 값이 부여되는 변수로 전환된다. 이때 중요한 것은 두 개 이상의 변수들 간에 어떤 관련성이 존재하는지 연구를 통해 밝혀진다는 점이다.

변수란 연구자가 문제해결을 위해 특별히 관심을 갖고 측정하기를 원하는 대상을 말한다. 즉, 변수는 측정가능한 속성을 나타내는 논리적인 집합체이다. 이는 측정을 통해 숫자나 정도(degree)를 부여함으로써 얻어지는데, 측정값이 변화된다는 점에서 상수(constant)와는 구별된다. 이와 같은 변수는 그 역할과 용도, 그리고 자료의 형태에 따라 다르게 정의되는데, 아래에서 개괄적으로 정리하기로 한다.[2]

(1) 독립변수(independent variable)

독립변수란 연구자가 관찰하기 위해 조작하거나 측정하기 위해 임의로 선택할 수 있는 변수로서 다른 변수에 영향을 줄 수 있는 변수이다. 즉, 연구자가 조작할 수 있는 변수로서 인과관계에 있어서 다른 변수의 변화에 직·간접적으로 원인이 되는 변수를 말한다. 이와 같이 독립변수는 다른 변수에 영향을 주는 원인변수라고 할 수 있다. 이는 설명변수 혹은 예측변수(predicted variable)라고도 불린다.

2) 예를 들어 독립변수, 종속변수, 매개변수, 통제변수 등은 변수의 역할에 따라 구별되며, 연속변수와 유목(범주형)변수는 자료의 형태에 따라 구별된다.

(2) 종속변수(dependent variable)

종속변수란 독립변수에 의해 종속적으로 결정되는 변수로서, 원인인 독립변수에 의해 영향을 받아 변화되어 일정한 결과를 나타내는 변수를 말한다. 예를 들어, 두 변수 x, y 사이에 y가 x의 함수로 되는 관계, 즉 $y=f(x)$가 성립할 때 x를 독립변수, y를 종속변수라 한다. 이와 같이 종속변수는 다른 변수에 의해 절대적으로 영향을 받는 결과변수(effect variable)라고 할 수 있다. 이는 반응변수 혹은 의존변수라고도 불린다.

(3) 매개변수(intervening variable)

매개변수는 독립변수와 종속변수 간의 관계를 설명하는 데 있어 중간에 개입되는 변수이다. 독립변수와 종속변수 사이에 매개변수가 개입되어야만 하는데, 이를 고려하지 않을 경우 독립변수의 영향은 종속변수에 전달되기가 어렵게 되며 두 변수 사이의 관계가 왜곡된 형태로 해석될 수 있다.

즉, 종속변수에 영향을 주는 변수이지만 독립변수가 전부 설명을 못할 때 설명이 가능하도록 역할을 하는 변수를 말한다. 이러한 매개변수는 독립변수가 없으면 존재할 수 없으며, 또한 조작될 수 없는 변수이다.

(4) 조절변수(moderating variable)

조절변수는 독립변수와 종속변수 사이의 관계를 체계적으로 변화시키는 원인변수이다. 조절변수는 이들 변수들 간에 상호작용효과(interaction effect) 혹은 결합효과(joint effect)가 발생되도록 하는 일종의 제2의 설명변수라 할 수 있다.

조절변수는 처음부터 독립변수와 종속변수의 관계에 어떤 영향을 미치는 변수로 보기 때문에 두 변수들 간의 관계를 강화시키거나 혹은 약화시키는 역할을 한다. 조절변수와 매개변수(intervening variable)는 서로 유사하지만 조절변수는 독립변수가 없어도 독립적으로 존재할 수 있다는 점에서 매개변수와는 다소 차이가 있다.

(5) 연속변수(continuous variable)

연속변수는 자료의 형태에 따라 구분되는 변수로서, 어떤 구간 내의 모든 연속적인 값을 취할 수 있는 변수이다. 예를 들어, 연령(20.55년)이나 체중(57.60kg), 소득($400.75), 점수(90.27점) 등과 같이 정량적(quantitative, 계량적; metric)으로 표시할 수 있는 변수를 말한다.

연구자가 어떤 형태의 자료를 얻고자 하느냐에 따라 변수가 취하는 값들은 서로 다르게 된다. 만약 값이 수치로 나타내질 때에는 양적변수(quantitative variable)라 부르며, 크게 연속형태와 이산형태로 구분된다. 이때 셀 수 있는 값들을 취하는 자료를 이산변수(discrete variable)라 하고, 수의 직선상에서 셀 수 없는 임의의 값을 취하는 변수를 연속변수(continuous variable)라고 한다. 예를 들면, 손가락으로 셀 수 있는 값들을 취할 경우(예: 하나, 둘, 셋 등)에는 이산형태이고 셀 수 없는 나머지 형태의 경우에는 연속형태로 보면 된다.

(6) 유목변수(categorical variable: 범주형변수)

유목변수 역시 자료의 형태에 따라 구분되는 변수인데, 값을 수치로 나타내지지 않는다. 질적변수(qualitative variable)라고도 한다. 예를 들어, 남녀 성별이나 종교, 학력, 빈부, 또는 선호하는 정당 등과 같이 해당 특성의 유무만으로 구별되는 변수를 말한다. 흔히 분석의 대상이 되는 주요 개념들(예: 직업의 종류, 조직의 형태, 노동조합 혹은 감사위원회의 존재유무 등)은 유목변수의 성격을 띠는 경우가 대부분이다. 비계량적(non-metric)이고 비연속적(discontinuous)인 변수가 여기에 속한다.

(7) 외생변수(extraneous variable)와 내생변수(endogenous variable)

외생변수는 연구설계시 처음부터 고려하지 않았던 변수로서, 실험변수(독립변수)가 아니면서 연구결과에 영향을 줄 수 있는 변수들을 모두 총칭하여 부른다. 예를 들어, 독립변수와 종속변수 사이에 개입하여 이들 간에 일어난 상호작용의 영향이 다시 종속변수에 미치는 변수이다. 이와 같이 외생변수는 독립변수와 종속변수의 인과관계에 개입하여 혼합효과(confounding effect)를 일으키는 변수라 할 수 있다.

외생변수는 다른 변수에 쉽게 영향을 주는 변수를 말한다. 즉, 인과관계의 원인을 제공해주는 역할을 하는데, 회귀분석에서의 독립변수와 같은 역할을 한다고 보면 된다. 이러한 외생변수는 주로 경로모형(path model)이나 구조모형(structural model)에서 사용된다.[3]

이에 반해, 내생변수는 다른 변수들에 의해 영향을 받는 변수를 말한다. 즉, 인과관계의 결과를 제공해주는 역할을 하는데, 이는 외생변수와 함께 사용된다. 이를 경제학적으로 표현하면, 내생변수는 연구모형 안에서 그 해답이 결정되는 변수를 말하며, 외생변수는 그 크기가 모형 밖에서 결정되어 모형에서는 단지 데이터로서만으로 받아들여지는 변수를 의미한다.

예를 들어, 수요와 공급에 의해 결정되는 재화의 가격은 시장균형의 문제를 고려할 때에는 내생변수이다. 그러나 완전경쟁시장에서 소비자균형 문제를 고려할 때에는 소비자에게 모든 재화의 가격이 알려져 있다고 가정하므로 이때의 가격은 외생변수가 된다. 또 거시적으로 본다면 유가, 환율, 금리, 혹은 주식시장여건 등 예측불가능한 많은 외생변수들이 기업의 경영전략에 위험부담으로 작용할 수 있다.

5. 가설(hypothesis)

가설은 실증적으로 검정될 수 있는 변수들 간의 관계에 대한 관련성에 대한 잠정적인 진술(tentative statement)이라고 할 수 있다. 즉, 연구자가 연구문제를 제기한 후 해당 연구문제와 관련된 기초이론에 근거하여 2개 이상의 변수들 간의 관계 혹은 구조를 문장으로 진술한 것을 말한다. 쉽게 말해, 가설은 연구문제의 타당성을 입증하기 위한 잠정적인 해답 혹은 예측적인 해답을 말한다. 좀더 구체적으로 얘기하면, 가설은 연구문제를 해결하기 위한 변수들 간의 관계에 대한 진술로서, 연구자는 경험적 자료를 가지고 변수와 변수 간의 관계를 확인함으로써 가설검정을 실시하게 되는 것이다.

일반적으로 실증분석에서는 연구가설(research hypothesis)을 전개하고 이를 검정하게 되는데, 연구가설은 실증분석을 하기 전에 연구문제에 대한 해답을 도출하여 이를 검정해 보려고 하는 잠정적인 진술이다. 이와 같이 가설은 연구문제에 대한 잠정적인 해답이 된다.

연구자는 모집단이 아닌 표본집단을 대상으로 자료를 조사한 후 연구가설을 검정한다. 이때 연구자는 가설의 진위여부가 결정되면 이러한 검정결과를 일반화시키고자 한다. 이런 점에서 가설은 실증적 검정의 대상이 되고, 실증분석을 구체화하기 위해 사용된다. 또한 연구문제의 초점을 명확히 함으로써 연구설계가 제대

---

3) 외생변수 중에는 이미 도출된 연구가설의 검정을 위해 독립변수와 종속변수의 인과관계를 보다 명확히 파악할 수 있도록 이들을 적절히 제한시켜주는 변수가 있다. 이를 통제변수(control variable)라고 하는데, 이는 통제된 외생변수라고 할 수 있다. 매개변수 등이 여기에 해당된다.

로 되어 있는지를 확인시켜주게 된다. 따라서 가설검정의 결과는 실제 현상을 설명할 수 있는 타당한 이론을 제시하며, 연구결론을 통해 시사점을 내릴 수 있는 개념적인 준거를 제공하게 되는 것이다.

(1) 귀무가설(null hypothesis, 영가설)

실증분석에서는 연구의 진행과정에서 통계적 검증과정을 거쳐야만 하는데, 이때 귀무가설과 연구가설이 등장한다. 귀무가설은 연구자가 검정하고자 하는 연구가설이 옳은지의 여부를 알아보기 위해 그것과 논리적으로 상반되게 기술된 가설을 말한다. 일반적으로 "차이가 없다", "효과가 없다", "영향을 미치지 않는다" 등과 같이 변수들 간에 관계가 없다는 형태로 구성된다. 즉, 귀무가설은 연구가설과 논리적으로 반대의 입장을 취하는 내용으로 진술된 가설이다.

(2) 연구가설(research hypothesis, alternative hypothesis, 대립가설)

연구가설은 연구주제와 직접 관련된 이론적인 배경에 기반을 두고 전개된 가설로서, 실제로 연구자가 검정하고자 하는 가설을 말한다. 즉, 연구문제의 해답이 결과를 통해 입증될 때까지 그 문제에 대한 잠정적인 설명(tentative explanation)으로서, 실증분석을 하기 전에 연구자가 옳다고 주장하고 싶은 가설이다.

연구가설에서는 "차이가 있다", "효과가 있다", "영향을 미친다" 등의 내용을 담고 있다. 결국, 연구가설이란 연구자가 "전개된 가설검정에 의한 연구결과는 이럴 것이고 저럴 것이다"라고 주장하고 싶은 내용이 된다. 다시 말해, 연구가설은 연구결과를 사전에 예측하고 설명하면서 해당 변수를 정의하고 변수들 간의 관련성을 정립하는 데에 그 의미가 있다.

일반적으로 통계학 관련 서적에서는 귀무가설이 설정되고 난 후에 연구가설이 설정되는 것으로 설명하고 있다. 그러나 대부분의 사회과학분야의 연구에서는 연구자의 관심영역인 연구가설만을 전개하는 것이 일반적이다. 이 연구가설을 통해 구체적으로 변수 상호간의 변화와 관련성을 검정하고자 하는 것이 실증연구(empirical study)의 한 영역이 된다. 따라서 연구가설을 전개시키는 주된 이유는 연구문제를 구체화시키고 이에 대한 검정을 함으로써 실증연구의 방향을 보다 명확하게 하기 위해서이다.

6. 연구조사와 이론 및 연구방법론과의 상호관련성(articulation)

이론(theory)은 개념 간의 관련성에 대한 진술로서 어떤 현상을 설명하고 예측하는 데 과학적 연구의 기본적인 틀을 제공한다. 일반적으로 이론이 관념적이고 추상적인 세계에서 어떤 경제적 사실이나 현상을 설명할 수 있는 것이라면, 조사(survey)는 경험적이고 구체적인 현실세계에서 어떤 현상을 보다 광범위하게 설명할 수 있는 것이다.

반면, 연구조사(research)란 관념적인 세계에서 다룰 수 있는 이론을 경험적인 세계에서 일어나는 현상과 연결시키거나, 혹은 경험적인 세계에서 일어나는 증거(현상)를 관념적인 세계에서 다루어지는 이론과 접목시키는 과정을 말한다. 이러한 과정 속에서 관념적 수준의 이론과 경험적 수준의 현상 사이의 논리적 관계를 실증(계량)모형을 통해 체계적으로 탐구하거나 설명하고 논의하는 학문이 바로 연구방법론(research methodology)이다.

이론적인 준거를 토대로 전개된 연구가설은 경험적인 세계에서 실증적으로 검정되어지는데(hypothesis testing), 이를 수행하는 과정이 연구조사의 한 형태에서 이루어진다. 즉, 연구조사란 객관적이고 논리적으로 타당한 이론을 기본으로 하여 어떤 경험적 증거(현상)에 의해 연구문제를 구체화시키고 이를 입증하고 해결하는 과정을 말한다.

이를 그림으로 간략히 표현하면 다음과 같이 나타낼 수 있다.

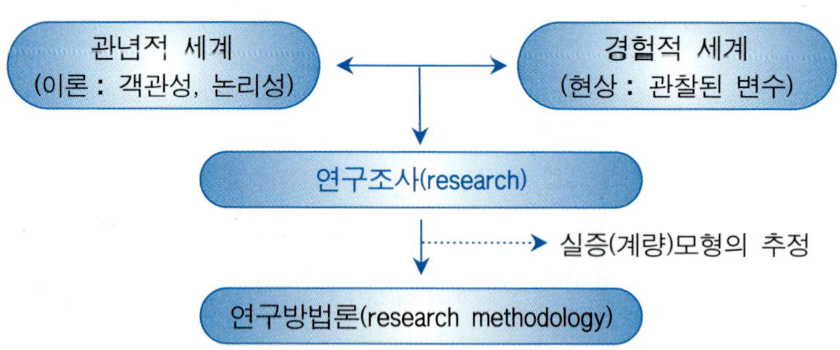

제 3 절 연구조사의 과정(research process; 연구논문의 체계)

사회과학분야에서 관심 있는 영역의 연구주제가 선정되면 연구자는 연구의 초점을 확실히 하기 위해 연구주제에 대한 적절한 연구문제(research question)를 제기해야 한다. 이 연구문제를 해결하기 위해 연구자는 연구논문의 일정한 형식과 체계를 갖추어 연구를 진행해야 한다.

물론 연구의 목적이나 형태에 따라 다소 차이가 있다. 그러나 일반적으로 과학적 연구조사의 과정(research process)은 연구문제를 제기하며 종합적으로 이를 검토하는 서론(introduction), 선행연구의 고찰(previous literature review)을 통한 이론적 배경(theoretical background), 연구설계(research design), 통계적 분석(statistical analysis), 결과분석 및 활용(analysis of results & application), 그리고 결론 및 시사점(conclusion & implication) 등의 체계화된 순서로 연구가 진행된다.

연구조사 과정의 각 단계 내에서도 상호 연계적인 속성을 지니고 있으며 다양한 활동이 존재한다. 이들의 활동을 단계별로 나타내면, 다음과 같이 개괄적인 연구조사 과정의 흐름을 제시할 수 있다.

1. 연구주제 선정(research topics)

연구자가 연구주제를 선정함에 있어서 중요한 것은 "왜 이 주제를 선정해야 하는지"를 우선 이해하는 것이다. 즉, 무엇에 관심을 갖기 때문에 이 연구주제를 선택했는지를 명확히 설명할 수 있어야 한다.

특히 사회과학분야에 있어서 대다수의 연구자는 평상시의 실무경험을 통해 사회현상에 대한 문제점을 발견하고 그 문제점을 해결하기 위한 구체적인 방안을 모색하기 위해 관심 있는 연구주제를 선정할 수 있다. 또한 각종 학회저널이나 학위논문 등에 주안점을 두고 연구문헌을 체계적으로 습득하고 고찰함으로써 기존의 이론이나 개념적인 틀을 이용해 실용적이고 학술적 가치가 될 수 있는 연구주제를 선정할 수 있다.

〈연구조사의 과정〉

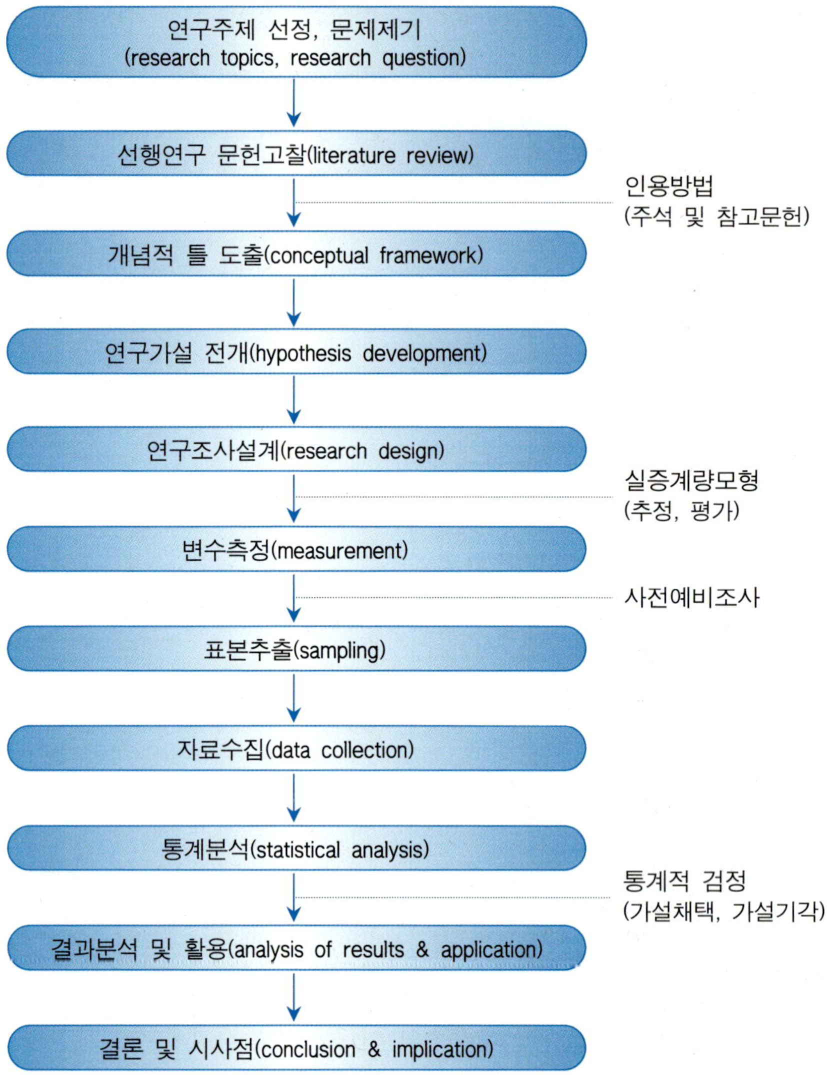

예를 들어, 어떤 특정 분야의 연구결과가 서로 일치하지 않는 경우나 혹은 현상에 대한 인과관계를 실증적으로 검증할 수 있는 타당한 주제임에도 불구하고, 아직까지 연구가 활발하게 진행되지 않은 특정한 영역을 발견할 수도 있다. 때로는 신문이나 경제 관련 잡지 등에서 나오는 경제현상을 중심으로 연구대상에 대한 필요한 실제 자료를 체계적으로 수집하여 정밀하게 분석할 수도 있다. 또한 각 학술

연구논문의 말미에 나오는 향후 연구를 위한 제언 등을 참조하여 연구주제를 선정하는 것도 주제선정을 위한 좋은 길잡이로 활용할 수 있다.

연구논문을 평가할 수 있는 주요 기준으로는 다음과 같은 항목을 들 수 있다.

- 연구내용의 독창성 및 논리성
- 변수들 간 관계의 명확성(필요성)
- 연구모형의 타당성(설명력, 예측력)
- 자료의 신뢰성
- 연구결과의 실용성(일반화)

2. 연구문제 제기(research question, research problem)

연구자는 현재 연구하고자 하는 주제와 관련하여 연구가 필요한 문제를 제기하고 기술해야 한다. 동시에 연구주제를 통해 나타내고자 하는 연구내용과 관련하여 연구문제를 해결하기 위해 필요한 변수가 무엇이며, 변수들 간에 어떤 관계가 존재하고 있는지, 구체적으로 이에 대한 의문을 제기해야 한다. 왜냐하면 어떤 현상에 대한 원인과 결과를 분석하고자 할 때에는 관련된 변수들 간의 관련성이 반드시 연구문제로 등장하기 때문이다.

모든 과학적 연구에서, 특히 사회과학분야의 연구는 막연한 의문이나 사소한 문제점의 인식에서부터 출발한다. 즉, 연구문제에 대한 의문을 제기해 연구목적을 도출하는 것으로 시작한다. 이와 같이 연구자가 연구를 통해 앞으로 입증하고자 하는 내용이 무엇인지 변수들 간의 관련성에 대한 의문을 제기함으로써 구체적인 연구문제가 형성된다. 전술한 대로 이러한 연구문제에 대해 예상되는 잠정적 해답 혹은 잠정적인 설명(tentative explanation)이 바로 연구가설이 되는 것이다.

3. 선행연구 문헌고찰(literature review)

선행연구의 검토는 연구자가 연구를 진행하는 과정 속에서 매우 중요한 연구활동이 된다. 연구를 시작하기 전에 우선 연구주제와 관련된 기존의 연구문헌과 연구보고서 등을 참조하면 지금까지 수행된 연구진행 상황을 한눈에 파악할 수 있게 된다. 이를 통해 연구문제의 해결을 위한 발판으로 삼을 수 있다.

모든 종류의 학술연구는 기존 연구의 연장선이라 할 수 있다. 따라서 선행연구를 검토하는 것은 필수적인 단계이다. 이렇게 함으로써 연구문제 해결에 도움을 얻을 수 있으며, 기존 연구의 내용과도 중복을 피할 수 있다. 또한 선행연구의 문헌고찰을 통해 기존 연구에서 가미하지 못했던 주요 내용을 발견함으로써 새로운 아이디어를 개발하여 수행하고자 하는 연구논문의 독창성을 창출할 수 있는 것이다.

특히, 수행하려는 연구주제가 기존의 연구들과 어떤 관련성이 있으며, 또 어떤 차별성이 있는지 혹은 기존 연구에 어떤 기여를 할 수 있는지를 구체적으로 서술하는 것이 중요하다. 이때 선행연구들의 연구설계나 자료수집방법 그리고 통계분석방법 등에 대한 면밀한 검토를 하게 된다. 이렇게 함으로써 자신의 연구를 수행할 때 나타날 수 있는 문제점을 사전에 찾을 수 있으며, 이를 해결할 수 있는 방안에 대한 구체적인 정보를 얻을 수도 있다. 또한 선행연구를 검토함으로써 연구주제와 관련된 다양한 자료 출처를 발견하여 연구자의 입장에서 관련 이론들을 재정립할 수 있는 것이다.

이를 위해 무엇보다도 중요한 것은 연구주제와 관련되어 선행연구를 검토한 최근의 리뷰논문(review paper)들을 찾는 일이다. 즉, 연구주제와 관련된 기존 연구들을 정리 분석하고 향후 연구방향을 제시하고 있는 리뷰논문을 상세히 검토하다보면, 연구주제의 내용과 연구조사방법뿐만 아니라 주제와 관련된 정보를 광범위하게 파악할 수 있어 연구수행에 큰 도움이 될 수 있기 때문이다. 따라서 실제 연구를 수행하다 보면 연구의 전체 진행과정에 걸쳐 선행연구의 검토가 필수적으로 요구되는 것이다.[4)]

4. 개념적 틀(conceptual framework, theoretical framework)의 구축

개념적 틀의 구축이란 기존의 연구문헌을 분석한 후에 연구자의 생각을 연구주제와 함께 종합적으로 정리하고 구체화시켜 전체적인 연구윤곽의 이론적 틀을 만드는 과정이다. 즉, 연구주제와 관련하여 제기된 연구문제를 해결할 수 있는 이론적

4) 학술논문의 맨 뒤에 있는 참고문헌(reference)을 완성할 때에는 본문이나 주석에서 제시된 기존의 모든 연구문헌들은 참고문헌의 목록에 반드시 올려야 한다. 다시 말해, 참고문헌의 목록에 올라온 기존의 모든 연구문헌들은 논문의 본문이나 주석에서 반드시 인용되어야 한다는 것이다.

인 틀을 구축하는 것을 말한다. 이를 문제정의(definition of research problem)라고도 할 수 있는데, 연구문제와 관련된 개념들의 관계를 체계화시키는 것이다. 이와 같이 개념적 틀이란 연구문제와 연관된 현상과 관련하여 주요 변수들 간의 관계를 구체적으로 나타내주는 연구모형이라고 할 수 있다.

개념적 틀이 구축되었다는 것은 연구하려는 개념과 내용이 명확히 정의되고 연구목적이 구체화되었다는 의미이다. 따라서 사회과학분야에서 연구방법론상 매우 중요한 과정이라 할 수 있다. 연구문제에 따른 개념과 측정될 변수를 명확히 식별하고, 이들 간의 관계를 정의하는 것이 과학적 연구의 기본이기 때문이다.

따라서 개념적 틀이란 연구문제와 관련된 개념과 변수들 간의 관계를 구체화시켜주고 연구문제의 해결에 필요한 이론까지 포함하고 있다는 점에서 이론적 틀(theoretical framework)이라고도 부른다. 여기에서 기존 연구들의 전체적인 흐름을 파악할 수 있으며, 연구문제에 대한 가설을 전개시킬 수 있다.

5. 가설전개(hypothesis development)

가설전개란 기존 문헌연구를 통해 얻어진 관련 이론에 의거하여 연구문제의 개념적인 틀을 정립하고 이를 근거로 연구가설(hypothesis)을 도출하는 것을 말한다. 이렇게 도출된 가설은 측정이 가능한 경험적인 자료에 의거해 검정된다. 전술한 대로, 가설이란 연구문제와 관련된 두 개 이상의 변수들 간의 관계를 알아내기 위해 실증분석단계 이전에 전개되는 연구문제에 대한 잠정적인 결론이며, 또 논리적으로 검증되는 명제(proposition)이기도 하다.

그러나 명제는 관찰되는 현상이나 사실이 참인지 거짓인지를 판단하는 개념적인 진술이지만, 자료를 통해 실증적으로 검정하여 분석할 경우에는 가설이 된다. 이와 같이 가설은 실증연구에서 연구문제를 해결하기 위한 잠정적인 해답으로서 변수들 간의 관련성을 구체적으로 밝혀준다. 즉, 연구가설을 통해 연구문제의 방향성이 구체적으로 제시되며, 동시에 이를 실증적으로 확인함으로써 현상을 설명할 수 있는 이론이 검증되는 것이다.

일반적으로, 가설은 연구가설(alternative hypothesis)과 귀무가설(null hypothesis)로 분류된다. 연구가설은 연구문제에 대한 해답을 잠정적으로 제시한 가설을 말한다. 즉, 기존에 주어진 이론으로부터 새로운 변화나 추가적 효과가 존재한다는 등의 주장을 함으로써 연구자가 실증적으로 옳다고 밝혀내고 싶은 내용을 진술한 가설을 말한다.[5] 따라서 관련 이론과 개념적인 틀에 기반을 두고 실증분석을 통해 연구자가 검정해야 할 가설이 바로 연구가설이다. 반면에 귀무가설은 연구자가 검정하고자 하는 연구가설이 맞는지 논리적으로 비교할 수 있도록 그 반대의 입장에서 진술한 가설을 의미한다.

연구자는 연구진행 과정 속에서 통계적인 검증과정을 통해 연구가설을 기각하든지 아니면 채택하든지를 선택하게 된다. 실제 대부분의 연구논문에서는 연구주제에 맞은 연구가설만을 전개하여 서술하는 것이 일반적이다. 구체적으로 말하면, 연구가설은 연구문제와 관련된 두 개 이상의 변수들 간의 관계를 문장으로 기술한 것을 말하는데, 이 변수들 간의 관계와 변화를 검정하고자 하는 것이 바로 실증연구의 기본이라 할 수 있다. 앞에서 설명한 대로, 연구가설을 전개하는 주된 이유는 변수들 간의 관계를 구체화시킴으로써 실증연구의 방향을 명확하게 하기 위해서이다. 따라서 연구가설은 실증적 검정의 대상이 되며, 실증연구를 구체화하고 명확화하게 하기 위해 사용된다.

6. 연구설계(research design)[6]

연구설계란 연구문제가 어떻게 해결되는지 그 진행과정을 상세히 기술하고, 연구문제에 대하여 정확한 해답을 얻을 수 있도록 연구과정의 전체윤곽을 미리 준비하는 기획이라고 할 수 있다. 즉, 연구설계는 개념적 틀인 연구모형을 기초로 하여 연구가설의 전개, 연구조사방법, 자료수집방법 그리고 결과분석기법에 이르기까지 연구의 전반적인 모든 활동을 포함한다.

따라서 연구자가 실증적으로 검정할 수 있는 가설을 설정하면 그 다음으로는 가설검정을 위한 전략인 연구설계를 하는 일이다. 이때 적용되는 연구설계가 적절할 때만이 연구결과의 신뢰성과 타당성이 증대될 수 있다. 다시 말해, 연구가설이 도출되면 연구자는 연구목적을 달성하기 위해 가장 효과적으로 연구를 수행할 수 있는 연구형태를 설계해야 하는 것이다.

예를 들어, 연구진행 계획에 따라 직접 조사를 할 것이지, 아니면 다른 연구자

5) 이론은 변수들 간의 관계를 구체화시킴으로써 현상에 대한 체계적인 견해를 제시하는 개념 혹은 명제의 집합체라는 점에서 가설과 구별된다. 반면에 가설은 연구주제와 걸맞은 관련 분야의 제이론들과 부합된 진술로서 실증적 연구의 대상이 되어야 한다.

6) 이에 대한 구체적인 내용은 제3장 '연구설계의 첫걸음'에서 설명된다.

가 이미 구축해놓은 연구방법의 틀을 그대로 적용할 것인지, 혹은 분석에 필요한 자료를 어떻게 수집할 것인지, 또 수집한 자료를 이용하여 횡단면연구를 할 것인지 아니면 종단면연구를 진행할 것인지 등을 결정해야 한다. 동시에 연구대상을 무엇으로 하며, 또 어떻게 결정해야 하는지를 판단해야 한다. 또한 연구가설을 효과적으로 검정하기 위해 가설검정에 필요한 표본의 크기는 얼마로 하며, 표본추출은 어떤 방법으로 하는지, 자료분석의 통계적 검증기법은 무엇으로 하는지 등을 총체적으로 점검해야 한다.

연구설계가 끝나면 연구자는 무엇보다 각 변수(variable)들의 값을 관찰해야 하는데, 연구조사 대상에 따라 최적의 연구결과가 나타날 수 있는 변수를 선정해야 한다. 또한 연구와 직접 관련이 없는 다른 변수들이 연구결과에 작용하지 못하도록 해야 한다. 이것이 변수통제(variable control) 과정이다.

예를 들어, 대학생들의 대학성적이 취업률에 미치는 영향을 찾아내는 연구를 한다고 가정하자. 이럴 때에는 대학생들의 조사대상(예: 연령/성별/지역/4년제, 2년제 등)을 다양하게 하되, 대학성적 이외에 취업률에 영향을 미칠 수 있다고 생각되는 다른 변수(예: 외국어 성적, 자격증소지 여부, 학교 서열, 성격, 미모, 예의, 특기 등)들이 작용하지 못하도록 통제해주는 것이다.[7)]

7. 자료수집(data collection) 및 통계분석(statistical analysis)

과학적 연구에 있어서 자료수집이란 연구문제를 해결하기 위해 필요한 자료를 실제로 수집하고 측정하는 것을 말한다. 자료수집 과정에서 모집단(population)과 표본(sample)의 범위를 확정해야 하며, 필요하다면 표본조사를 위한 표본추출(sampling)을 한다. 적절한 표본이 추출되면 이를 대상으로 연구문제를 해결하기 위한 가장 적절한 자료를 수집하고 이에 맞는 통계분석을 하여야 한다.

전술한 대로, 자료에는 우선 도서관에서 서적이나 정기간행물을 통해 쉽게 얻을 수 있는 2차 자료(secondary data)가 있다. 이러한 2차 자료는 기존 자료(ready-made data)로서 개인, 정부기관, 언론매체, 기업체, 각종 기관의 간행물이나 보고서 및 통계자료, 그리고 학술지 등을 모두 포함한다.

또한 연구자가 자신의 연구문제를 해결하기 위해 연구대상으로부터 직접 관찰

---

7) 변수측정의 기준이나 방법을 설정할 때는 연구가설검정의 통계처리방법을 위해 명목척도로 해야 하는지 혹은 서열척도로 해야 하는지 등을 고려해야 한다.

이나 조사를 통해 얻을 수 있는 1차 자료(primary data)가 있다. 또한 인터넷을 이용해 설문조사를 통해 직접 수집할 수도 있다. 이러한 1차 자료는 연구자의 필요에 따라 수집한 정보이기에 타당성과 신뢰성이 높다고 볼 수 있지만, 자료를 수집하기 위해 노력과 비용이 많이 소요된다는 어려움이 수반된다.

일단 자료가 수집되면 이를 이해할 수 있고 실제로 분석이 가능한 형태로 전환되어야 한다. 이때 표본을 통해 모집단의 특성을 추론하여 가설검정을 실시하며, 연구설계시에 이미 구상했던 각종 통계처리기법을 이용해 자료분석을 실시한다. 여기에는 표본의 특성을 나타내는 기술적 분석부터 시작하여 다양한 통계적 분석방법이 동원된다.[8)]

8. 연구결과의 해석(analysis of results) 및 결론(conclusion)

연구결과의 해석이란 연구과제의 실증적인 자료분석 결과를 바탕으로 연구문제에 대한 해답을 추론하여 이를 간략하고 명료하게 서술하는 단계이다. 이때 특별히 주의해야 할 점은 반드시 연구가설의 검정결과에 근거해 객관적으로 사실관계나 시사점을 기술해야 한다. 통계적 가설검정의 결과에 대한 논리적인 설명이 필요하다. 가설검정 결과와는 무관한 연구자의 주관적인 판단이 되거나 혹은 분석결과를 통해 연구자가 평소 하고 싶은 주장을 피력해서는 안 된다. 분석결과를 주관적으로 유추해 해석하고 정리해서는 안 된다. 다시 말해, 연구문제 해결을 위해 전개된 연구가설 검정에 대한 실증분석의 결과만을 명확하게 추론하여 언급해야 한다.

이 단계에서는 연구결과를 일반화할 수 있는 이론적 근거와 연구결과의 타당성을 상술한다. 동시에 연구결과가 실무현장 및 교육적 측면에서 기여할 수 있는 내용이 무엇인지 그리고 향후 개선과제가 무엇인지를 밝히고, 학제적 측면뿐만 아니라 정책적 측면에서 실무적용의 가능성을 논의한다. 또한 연구결과의 타당성을 저해할 수 있는 연구방법상의 한계점이 무엇인지를 정리한다.

---

8) 이에 대한 구체적인 내용과 방법은 제Ⅱ부 '계량분석의 개요'에서부터 소개된다.

9. 주석(footnote) 및 참고문헌(reference, bibliography)

주석에서는 논문의 본문에서 설명하기에는 적절하지 못하지만 그 내용이 중요할 경우, 주석에서 추가적인 보충설명을 해주어야 한다. 예를 들어, 논문에서 어떤 특정의 통계치나 처음으로 인용된 전문용어 등은 이를 식별하기에 충분하도록 그 내용이 본문에서 혹은 최소한 주석에서 언급되어야 한다. 특히, 참고문헌 중 reference 성격을 지닌 문헌인 경우에는 전술한 대로 논문의 본문이나 주석에서 인용된 문헌에 한하여 참고문헌 목록에 반드시 포함시켜야 한다.

그러나 bibliography의 성격을 지닌 참고문헌인 경우에는 본문이나 주석에서 인용되지 않았다 하더라도, 해당 연구논문과 직·간접적으로 관련 있는 주요 문헌을 참고문헌에 포함시킬 수 있다. 이와 같이 참고한 연구문헌들을 가나다순과 알파벳순으로 국내외 참고문헌에 열거하고 해당 자료의 출처 등을 분명히 제시하여야 한다.[9]

제 4 절 연구논문의 형태(types of research paper)

연구자는 연구주제에 대해 논리적인 바탕 위에서 자신의 주장을 본문에 피력해야 한다. 이를 뒷받침할 수 있는 근거자료를 제시하고 통계적인 분석을 실시하며, 그 분석결과를 논리적으로 해석하고 시사점을 제시해야 한다. 이렇게 하여 완성된 결과물을 연구논문/연구보고서라고 하는데, 이때 논리적인 주장을 펴기 위해서는 올바른 연구방법을 이해할 필요가 있다.

일반적으로 사회과학분야의 연구논문의 종류는 여러 가지 기준에 따라 다양한 형태로 분류할 수 있다. 여기에는 크게 실증연구논문(empirical paper), 문헌고찰논문(review paper), 그리고 이론적 논문(theoretical paper) 등이 있다. 실제로는 대부분의 연

9) 학술연구논문인 경우, 각 학회의 저널마다 서로 다른 논문 투고요령과 작성기준이 있다. 예를 들어, 본문 및 각주와 참고문헌의 표기방법에 대한 기본적인 틀은 대체적으로 일정하지만, 나름대로 독자적인 형식을 요구하기 때문에 투고하고자 하는 학회의 저널편집방침에 맞춰 올바르게 작성해야 한다. 일반 학위논문도 학교마다 작성기준이 다르지만 기본적인 틀은 마찬가지이다.

구논문이 위의 3가지 논문형태로 혼합되어 있는데, 아래에서 먼저 이들 각각에 대해 간략하게 설명하기로 한다.

1. 실증연구논문(empirical paper)

실증연구논문은 어떤 경제적 사건이나 현상을 측정해 수치화된 자료를 분석하고 통계적 기법을 활용해 연구결과를 얻는 양적 연구(quantitative research)를 말한다. 즉, 실증연구논문은 실증연구의 결과물을 통해 도출되는 논문으로서 연구가설에 대한 실증적인 검정을 거침으로써 연구결과를 분석하고 해석하는 형태의 논문을 말한다.

논문작성자가 스스로 경험적인 실제 자료를 입수하고 연구문제를 분석하여 연구결과를 제시한다는 측면에서 실증연구논문은 독창적인 연구라 할 수 있다. 사회과학분야의 일반적인 논문의 대부분이 이 형태를 취하고 있다. 특히, 이 과정에서 계량분석을 하게 되는데, 계량분석의 묘미는 많은 기존문헌으로부터 입수된 내용과 관련 이론을 근거로 실제 자료에 적용해 통계적 분석을 실시하고 분석결과를 해석한다는 점이다.

또한 실생활의 주위환경에서 일어날 수 있는 여러 경제현상을 분석하고 예측하여, 이에 대한 의문점을 해결할 수 있다는 차원에서도 중요한 의미를 갖는다. 예를 들어, 미국의 금리변동률과 우리나라 상장기업의 주가흐름은 어떤 상관관계가 존재하는지, 혹은 상장기업의 광고비 지출은 매출액(혹은 매출수익)에 어떤 영향을 미치는지, 혹은 우리나라 공기업의 인사고과점수에 영향을 미치는 주요 특징변수는 무엇인지 등을 연구주제로 선택하여 실증연구논문을 작성할 수 있다.

2. 문헌고찰논문(review paper)

문헌고찰논문은 선정된 연구주제와 관련해 기존에 발표된 선행연구의 여러 문헌들을 요약해 문헌별/주제별/연도별로 상호 연관성과 차이점, 모순점, 그리고 개선점 등을 제시해주며, 이에 대해 비판적인 평가를 하면서 연구흐름의 새로운 방향 혹은 해결방안 등을 논리적으로 도출해내는 논문을 말한다.

특히, 해당 연구주제와 관련한 다른 연구문헌을 충분히 고찰하였는지를 살펴본다. 이때 그 주제와 관련이 있는 다른 학문분야의 연구도 고찰하였는지, 혹은 가장 최근에 이루어진 연구분야의 내용을 충분히 포함하고 있는지를 검토해야 한다. 또한 아직 출판이나 게재가 되지 않았지만 현재 진행중인 연구문헌(working paper)을 고려하는 것이 좋다. 동시에 해당 연구분야 전문가의 개인적인 의견까지도 긍정적으로 검토할 필요가 있다고 본다.

문헌고찰논문의 대표적인 유형으로는 수집된 자료를 체계적으로 분석하여 추론을 이끌어내는 연구형태인 내용분석(content analysis)이 있다. 이는 각종 서적, 논문, 보고서, 신문, 잡지, 작품, 그리고 방송내용 등을 중심으로 연구대상에 대해 필요한 자료를 객관적인 방법으로 수집하고 분석하여 추론하는 연구형태를 말한다.

문헌고찰논문의 연구목적은 특정 분야에 관련된 다양한 자료를 재정리하여 그 분야에 대한 전체적인 흐름을 파악하고, 아직 해결하지 못한 이슈의 문제해결을 위해 다양한 방법을 제시함으로써 현재의 연구흐름과 미래의 연구방향을 제시하는 데에 있다고 할 수 있다. 또한 이미 알려진 객관적 연구결과를 바탕으로 그 현상이나 사실이 어떻게 그리고 왜 발생하고 있는지를 논리적으로 설명하고 비판하고자 하는 연구이다.

3. 이론적 논문(theoretical paper)

이론적 논문은 지금까지 발표된 어떤 연구논문에서도 아직 나타나지 않았던 새로운 이론의 개발을 시도하려는 논문이라 말할 수 있다. 즉, 연구결과를 통해 특정 과제의 이론적 논리나 개념이 새롭게 재창조되는 연구라 할 수 있다. 그러나 특히 사회과학분야 연구에서 새로운 이론이나 개념을 개발한다는 것은 그리 쉬운 일이 아니다. 따라서 기존의 선행연구에 대한 정리와 분석을 토대로 하여 관련 이론의 문제점이나 모순점을 논리적으로 제시하려는 연구라고 보는 편이 더 타당하다고 할 수 있겠다.

이와 같이 어떤 개념적인 측면에서 볼 때 문헌고찰논문과 이론적 논문은 그 성격과 구조상 서로 유사하다고 볼 수 있지만, 이론적 논문을 쓰고자 하는 연구자는 기존 이론에 대한 새로운 발전과 개발에 연구문제의 초점을 두고 있어야 한다. 구체적으로 말하자면, 이론적 논문은 기존 이론들을 분석하여 문제점을 지적하면서 특정의 어떤 이론이 다른 이론에 비해 상대적으로 우월하다는 것을 체계적으로 입증하는 경우이다.

CHAPTER 3

연구설계의 첫걸음

연구논문의 출발은 연구자가 앞으로 다루어야 할 연구문제를 심도 있게 제기함으로써 전반적인 연구흐름을 서술하는 것부터 시작된다. 이것이 연구의 서론 혹은 문제제기가 된다. 즉, 연구주제와 관련하여 연구의 논점을 정리하여 어떤 연구가 이루어지며 왜 연구를 해야 하는지를 알려주는 작업이다. 이와 같이 연구문제를 제기하며 그에 대한 해답을 얻기 위한 진행과정을 서론에서 제시함으로써 연구의 출발이 이루어진다.

이때 가장 중요한 것은 연구자는 연구문제에 대한 해답을 이끌어내기 위한 연구계획, 즉 연구설계의 개념을 이해하고 있어야 한다. 다시 말해, 연구진행절차에 대한 개념을 분명히 이해하고 있어야 한다는 것이다. 특히, 사회과학분야에서의 연구설계는 측정하기 어려운 변수들이 많고, 종속변수에 영향을 미치는 외생변수(extraneous variable)들이 수없이 존재하기 때문에 변수들 간의 관계를 규명하기가 쉽지 않다. 따라서 연구설계가 자칫 자의적으로 이루어지기 쉽다. 그러나 연구설계는 매우 체계적으로 이루어져야 한다.

이러한 연구설계의 적합성을 판단하는 기준으로는 내적 타당성(internal validity)과 외적 타당성(external validity)을 들 수 있다. 예를 들어, 종속변수의 변화가 독립변수의 영향에 의해서만 거의 움직이고 있다면 내적 타당성이 매우 높다고 할 수 있다. 또한 특정 주제의 연구결과가 동일한 조건에 처해 있는 모집단에 일반화할 수 있는 범위가 크다면 외적 타당성이 매우 높다고 할 수 있다. 이에 관해서는 연구설계의 개요 및 형태와 함께 아래에서 구체적으로 살펴보기로 한다.

제 1 절 연구설계(research design)의 개요

1. 연구설계의 개념

연구설계(research design)는 연구하려는 내용과 목적에 따라 다양하며, 하나의 정형화된 특정의 방법이 있는 것은 아니다. 그러나 기본적으로 연구설계는 연구문제에 대한 해답을 이끌어내고 오류(error)를 통제하기 위해 필요한 연구계획(plan)과 구조(structure) 그리고 전략(strategy)이라 할 수 있다. 즉, 연구모형이라고 할 수 있는 기본적인 틀(framework)을 기반으로 표본의 선정, 변수의 측정 및 조작, 연구결과의 타당성, 그리고 연구결과의 분석에 이르기까지 일련의 모든 절차와 방법을 제시한 것이 연구설계이다. 그러므로 연구설계는 연구의 초기단계인 연구주제의 선정부터 연구결과의 해석에 이르기까지 연구문제에 대한 해답을 얻을 수 있도록 연구진행의 효율성을 높이는 데 중점을 두어야 한다.

특히, 자료수집단계에서는 모집단(population)과 표본(sample)의 범위를 계획해야 하며, 가설검정에 필요한 변수들 또는 요인들 간의 관계를 구체화하는 기본적인 틀을 만들어야 한다.[1] 의미 있는 자료분석을 하기 위해서는 다양한 통계적인 분석기법을 활용하여 연구문제 해결을 위한 윤곽을 제시해야 한다. 그러나 자료가 아무리 훌륭하게 수집되고 편집되었다 하더라도 통계처리기법이 미숙하다면 연구내용과 분석결과가 왜곡될 수밖에 없는 것이다.

2. 연구설계와 연구문제

특정의 연구문제를 해결하기 위해서는 연구방법에 따라 다양한 연구설계가 가능하기 때문에 유일하고 완전한 연구방법은 존재한다고 할 수 없다. 즉, 개별적인 연구

---

1) 모집단과 표본은 추측통계학의 가장 기본적인 개념이다. 모집단은 연구자가 관심을 가지고 있는 집단 전체를 의미한다. 모집단에 대한 어떤 지식을 얻기 위해 일반적으로 모집단에서 어떤 개체를 추출하는데, 이 개체를 표본이라 한다. 이 표본을 관찰함으로써 모집단에 대한 특성을 추측한다. 이때 모집단의 특성을 나타내는 특성치를 모수(parameter)라 하고, 표본의 특성을 나타내는 특성치를 통계량(statistic)이라 한다. 이러한 모수와 통계량을 나타내는 범위에는 평균, 분산, 공분산, 상관계수 등이 있는데, 구체적인 내용은 본서에서 후술된다.

과제에 대해 연구문제와 연구목적이 다르기 때문에 연구설계도 이에 따라 다르게 이루어져야 된다는 것이다.

특히, 사회과학분야에서 연구설계가 중요한 이유 중의 하나는 종속변수에 영향을 미치는 변수(예: 독립변수 및 외생변수 등)들이 무수히 많아 연구설계에 따라 연구결과가 크게 다르게 된다는 것이다. 또한 측정이 불가능하거나 측정이 어려운 개념이나 변수가 많다. 동시에 검증(testability)이 불가능한 개념도 무수하다. 따라서 연구방법의 형태에 따라 연구설계의 유형도 무수히 많아지게 된다.

3. 연구설계의 목적

연구설계는 무엇보다도 연구문제에 대해 정확한 해답을 경제적으로 제공하도록 이루어져야 한다. 이러한 연구설계의 목적은 연구가설의 검정을 위해 모집단에서 표본을 추출하여 자료를 수집하고 이를 분석하기 위한 구체적인 방법을 제시하기 위함이다. 특히, 연구결과의 외적 타당성 및 내적 타당성을 증진시킬 수 있도록 설계되어야 한다. 또한 자료에 대한 변동성(variation)을 쉽게 통제할 수 있도록 설계되어야 한다. 이렇게 함으로써 연구문제에 대한 해답을 객관적이며 경제적으로 제공하게 된다. 즉, 독립변수에 영향을 미치는 외생변수들을 효과적으로 통제하고 연구의 타당성을 낮게 하는 요인들을 제거하는 것이다. 이는 주요 변수인 독립변수와 종속변수의 관계를 명확하게 하기 위함이다.

물론 연구목적에 따라 연구설계가 이루어지고 자료수집방법이 결정된다. 만약 어떤 개념의 인과관계를 규명하려는 연구목적을 가졌다면 실험설계가 타당할 것이다. 동시에 외생변수를 통제하고 독립변수를 조작하여 연구결과를 얻을 수 있는 대상을 선택해야 한다. 이때 일반적으로 아래에서 기술된 'MAXMINCON'(변량의 통제원리)가 적용된다.

(1) 체계적 변량(변동)의 극대화(maximizing the systematic variation)

체계적 변량(변동성)을 극대화한다는 것은 독립변수에 의해 영향을 받는 종속변수의 변량을 극대화(maximization)시킴으로써 원인인 독립변수가 결과인 종속변수에 미치는 영향을 보다 명확하게 한다는 것이다. 즉, 독립변수의 강도 변화를 극대화시킴으로써 종속변수의 효과변량을 최대한으로 크게 하는 것을 말한다.

(2) 오차변량(변동)의 극소화(minimizing the error variation)

측정오류(measurement error)는 연구대상의 속성에 수치를 부여하기 위해 측정을 할 때 본래의 참값과 측정값 간에 나타나는 측정상의 오류를 말한다. 오차변량(분산)을 극소화한다는 것은 이러한 측정오류 중에서 체계적 오류(systematic error, bias)와 비체계적 오류(무작위 오류; nonsystematic error, random error)를 극소화시켜야 한다는 것이다. 체계적 오류는 일정한 방향으로 규칙적으로 나타나는 오차를 말하고, 비체계적 오류는 방향이 일정하지 않을 뿐만 아니라 불규칙적으로 나타나는 오차를 말한다.

이때 연구자는 신뢰도(reliability)와 타당도(validity)를 검토할 필요가 있는데, 신뢰도와 타당도가 높은 측정도구를 사용하여 측정상의 오류를 극소화(minimization)시킬 수 있기 때문이다.[2] 신뢰도란 동일한 개념이나 속성에 대해 측정을 반복적으로 했을 때 나타나는 측정값들의 분산을 의미한다. 이러한 신뢰도는 일관성으로도 해석하는데, 체계적 오류와는 관계없이 연구자가 측정하고자 하는 개념이나 속성을 일관성 있게 측정했는지를 나타낸다. 즉, 그 측정도구가 일관성이 있는지의 개념이다. 반면, 타당도는 연구자가 측정하고자 하는 개념이나 속성을 얼마만큼 정확하게 측정하였는지를 의미한다. 즉, 어떤 개념이나 속성을 측정하기 위해 개발된 측정도구가 해당 속성을 얼마만큼 정확성 있게 반영하고 있는지를 나타낸 것이다.

(3) 외생변수의 통제(controlling the extraneous variables)

전술한 대로 독립변수와 종속변수의 관계를 명확히 하기 위해서는 독립변수와 종속변수 그리고 외생변수(extraneous variable)들을 효과적으로 통제(control)해야 한다. 외생변수의 통제란 연구설계의 목적의 하나인 내적 타당도를 높이기 위해 외생변수를 효과적으로 통제하는 것이다.

즉, 연구조사 목적과는 직접적으로 관련이 없는 외생변수들의 영향을 없애거나 혹은 최소화시킬 수 있도록 연구설계를 해야 한다는 것이다. 그렇지 않으면, 변수들 간에 실제로 인과관계가 없는데도 불구하고 인과관계가 있는 것으로 잘못 나타날 수 있기 때문이다. 외생변수를 통제하기 위해서는 무작위 배정(randomization)과 짝짓기(matching), 그리고 통계적 분석법 등 다양한 방법이 있다. 특히, 그중에서도

2) 신뢰도와 타당도에 대해서는 제4장 제5절에서 구체적으로 설명한다.

실험대상의 무작위화가 무엇보다 중요하다.[3]

예를 들어, 사회과학분야에서는 연구자가 모집단을 모두 다 측정하지 못하기 때문에 실제로는 연구대상인 모집단의 일부만을 추출한다. 이것이 표본(sample)이다. 그러나 연구자가 표본을 추출할 때 자의성이나 편의(bias)가 개입될 수 있기 때문에 무엇보다 무작위 배정이 중요하다. 이와 같이 무작위 표본추출(random sampling)을 통해 선택된 표본의 특성치(통계량: statistic)가 모집단의 특성치(모수: parameter)를 추리할 수 있도록 하는 것이다.

4. 연구결과의 타당성(validity)

(1) 내적 타당성(internal validity)

내적 타당성이란 측정된 변수들의 변화를 얼마나 논리적으로 잘 설명할 수 있는지의 정도를 말한다. 즉, 종속변수의 변화가 독립변수의 변화에 의해 얼마만큼 직접적으로 영향을 받았는지에 관한 개념이다. 내적 타당성은 종속변수의 변화가 독립변수에 의한 것인지, 아니면 다른 조건에 의한 것인지 판별하는 기준이 된다. 예를 들어, 종속변수의 변화가 순수하게 독립변수의 영향 때문이라고 한다면 연구결과는 내적 타당성이 매우 높다고 할 수 있으며, 두 변수 간의 인과관계에 대한 검증력이 매우 강하다는 것을 내포하고 있다.

바꿔 말하면, 종속변수의 변화가 독립변수가 아닌 다른 외생변수의 효과에 의해 직접적으로 야기되었을 경우, 이는 내적 타당성이 낮아진다고 할 수 있다. 따라서 내적 타당성을 높이기 위해서는 다양한 외생변수들을 어떻게 통제하느냐에 달려 있는 것이다. 내적 타당성을 저해하는 것으로는 연구대상을 잘못 선정하여 왜곡된 연구결과를 초래하는 외재적 요인이 있으며, 연구의 진행과정에서 연구대상이 변화하거나 측정도구의 변화로 인해 왜곡된 연구결과를 초래하는 내재적 요인이 있다.[4]

---

3) 무작위화(randomization)는 무작위 표본할당(random allocation)과 무작위 표본선정(random selection)으로 구분할 수 있다. 무작위 표본할당은 내적 타당성과 관련되어 있고, 무작위 표본선정은 외적 타당성과 관련되어 있다. 하지만 일반적으로 무작위화는 무작위 표본할당을 의미하는데, 이는 무작위 선정에 의해 발생되는 외적 타당성보다 무작위 할당에 의해 발생되는 내적 타당성이 더 중요하다고 보기 때문이다.

4) 예컨대, 내적 타당성을 높이기 위한 연구설계로서 순수한 독립변수만의 효과를 인지할 수 있

예를 들어보자. 연구조사를 할 때 변수의 투입이 이루어지는 실험집단(experimental group, 연구집단)의 연구대상과 실험집단과 비교하기 위해 구성된 통제집단(control group, 대조집단)의 연구대상이 서로 상이한 특성을 지닌 표본으로 구성된다면, 내적 타당성이 약화되어 연구효과가 왜곡될 수 있다. 이때에는 실험집단과 통제집단을 동질적으로 구성하기 위해 무작위 배정(random assignment)을 하거나 혹은 비교될 수 있는 연구대상으로 짝짓기(matching)를 하여 표본을 선정해야 한다. 따라서 비교되는 두 집단이 서로 동질적인 속성을 지닌 표본집단이 될 때 높은 내적 타당성을 확보할 수 있게 된다.

(2) 외적 타당성(external validity)

외적 타당성이란 연구결과를 일반화(generalization)할 수 있는 정도를 나타낸다. 즉, 특정 연구대상으로부터 산출된 연구결과가 서로 다른 연구대상이나 다른 시기, 그리고 다른 연구환경하에서도 적용가능한지에 대한 개념이다. 관심을 가지고 측정된 구성요소로부터 측정되지 않은 다른 구성요소에까지 일반화할 수 있는지에 대한 개념을 말한다. 연구결과를 통해 동일한 조건하에 있는 서로 다른 모집단들에 대해 일반화가 가능해야 한다. 그렇지 않으면 연구결과의 의미가 퇴색되고 왜곡되는 것이다. 그러므로 일반화할 수 있는 범위가 넓으면 넓을수록 외적 타당성이 높다고 말할 수 있다.

외적 타당성에 영향을 미치는 요인들은 물론 여러 가지가 있다. 예를 들어, 무엇보다도 독립변수와 종속변수가 실제로 연구하고자 하는 개념을 올바르게 대표할 수 있어야 한다. 또한 측정하고자 하는 변수와 다른 요인이 결합되면 해당 변수의 순수효과를 기대하기가 어려워진다. 즉, 어떤 특정한 표본과 어떤 특정한 사건을 연구하려고 할 때 그 밖의 다른 표본과 다른 사건이 연결된다면, 이는 연구결과를 일반화하기가 곤란해진다. 다시 말해, 일반화의 가능성을 높이기 위해서는 추출된 표본집단이 모집단을 적절히 대표(representative)할 수 있어야 한다는 것이다.

연구자는 연구의 질을 높이기 위해 우선 내적 타당성에 치중하여 독립변수에 의한 효과를 정확히 찾아낼 수 있도록 연구설계를 해야 한다. 이를 위해 연구모형을 이론적으로 도출한다든지 혹은 높은 R^2 등 각종 통계치로 모형의 유의성을 높인다든지 등을 예로 들 수 있다. 그러나 실제 연구문제를 효과적으로 해결하기 위

는 순수실험설계를 들 수 있다.

해서는 이와 동시에 연구결과를 일반화할 수 있는 외적 타당성을 중시한 연구설계를 해야 한다.[5] 예를 들어 과거의 자료를 가지고 만들어진 연구모형의 현재 결과가 과거와 유사한 패턴을 유지하게 되면 미래에 대해서도 상당히 높은 예측력을 보일 수 있다는 것이다. 다시 말해, 연구결과의 일반화가 가능하여야 한다. 동일한 조건에서 다른 모집단에 대해 조사할 경우라도 같은 연구결과를 얻을 수 있어야 한다는 것이다.

제 2 절 연구설계의 형태(types of research design)

사회과학분야에서는 다양한 연구목적에 따라 이에 적합한 많은 형태의 연구가 존재한다. 각 연구의 형태마다 연구문제와 연구목적, 그리고 연구상황 등이 다르기 때문에 개별적으로 가장 적합한 연구설계가 이루어져야 한다.

일반적으로 연구의 형태는 그 내용과 성격에 따라 순수기초연구와 응용연구로 구분할 수 있다. 순수기초연구에서는 정립된 이론이 미래의 사회문제에 적용될 수 있을지라도 현재의 사회문제의 적용 여부에는 크게 관심을 두지 않는다. 다만 이론적으로 예측을 하기 위한 연구이다. 따라서 정립된 이론을 근거로 연구가설을 전개하고 이를 실증적으로 분석했다 하더라도 연구결과를 가지고 사회문제의 현상을 일반화하기에는 다소 어렵고 매우 추상적이라 할 수 있다.

이에 반해, 응용연구에서는 연구결과를 현재 당면하고 있는 사회문제에 직접적으로 적용할 수 있다는 측면에서, 이는 매우 현실적이며 실무적이라 할 수 있다. 물론 연구의 성격과 종류, 그리고 연구대상에 따라 자료수집방법이나 연구설계과정이 달라진다. 일반적으로, 사회과학분야에서의 연구는 주로 응용연구에 해당된다고 할 수 있다. 아래에서는 분류기준에 따른 연구설계의 형태를 살펴보기로 한다.

5) 내적 타당성과 외적 타당성 사이에는 상충관계(trade-off)가 존재할 수 있다. 즉, 내적 타당성을 높이기 위해서는 종속(결과)변수의 변화가 순수한 독립(원인)변수의 변화에 의해서만 이루어질 수 있도록 외생변수를 철저히 통제하여야 한다. 예를 들어, 이와 같이 철저히 통제되어 내적 타당성이 높아진다면 연구상황이 현실과는 많은 괴리가 있을 수 있기 때문에 연구결과를 일반화하기에는 다소 문제가 있을 수 있다.

1. 변수조작(manipulation of independent variable)에 따른 분류

(1) 순수실험설계(true experimental design)

실험(experiment)이란 조사대상에 대한 변수들 간의 인과관계를 인위적으로 정하여 조작된 변수의 효과를 직접 파악하는 방법이다. 실험은 실험환경을 통제하고 조작한다는 점에서 통계적 연구조사와는 구별된다. 실험설계는 엄격한 외생변수의 통제하에서 독립변수를 조작함으로써 변수들 간의 인과관계를 밝히기 위해 사용되는 연구설계방법이다. 실험설계를 통해 여러 변수들 중에서 원인이 되는 변수와 결과가 되는 변수를 명확하게 밝힐 수 있다.

즉, 연구에 사용된 독립변수를 임의로 조작하여, 그 결과가 종속변수에 어떻게 영향을 주는지를 평가하려는 설계방법이다. 따라서 무엇보다도 변수들 간의 인과관계를 명확하게 규명할 수 있다.[6] 실험계획을 할 경우에는 랜덤화(randomization)나 블록화(blocking) 혹은 반복(replication)의 원리를 적용하면 실험의 효과가 좋아지고 분석이 용이해진다.

실험연구는 주로 자연과학분야에서 많은 발전이 지속되고 있으며, 최근 사회과학분야에서도 순수한 의미의 실험은 할 수 없지만 사회현상이나 복잡한 인간행동의 과학적 측면에서 인과관계를 규명하려는 노력이 이루어지고 있다. 이는 후술되는 현장연구(field research)에 해당된다. 이때 원인변수(독립변수)가 결과변수(종속변수)에 영향을 미치고 있다는 것을 규명하기 위해서는 독립변수 이외에 제3의 외생변수를 제거한 상태에서 독립변수와 종속변수 간의 관계가 검증되어야 한다. 즉, 내적 타당성이 검증되어야 한다. 또한 연구상황이나 연구시간의 범위를 확대해서라도 독립변수와 종속변수의 관계가 지속적으로 성립되는지, 이에 대한 일반화(generalization)의 여부가 검증되어야 한다. 즉, 외적 타당성이 검증되어야 한다.

전체적으로 볼 때, 이러한 실험설계는 외생변수의 철저한 통제로 인해 내적 타

6) 명확한 인과관계를 밝히기 위해서는 이러한 실험설계를 해야 하는데, 최근에는 통계학의 발달로 인해 다변량기법 중의 하나인 LISREL(Linear Structure Relation)이나 Amos를 이용하여 인과관계를 밝힐 수 있게 되었다. 이에 대한 구체적인 내용은 제14장 구조방정식모형에서 다루기로 한다.

사회과학분야에서는 변수가 많아지면 대부분 인과관계의 흐름을 알기가 어려워진다. 이러한 경우, 일반적으로 LISREL을 이용해 현실적으로 어떤 인과관계가 옳은지를 검증할 수 있다. 하지만 이를 위해서는 전반적인 통계기법의 이해가 요구되기 때문에 누구나가 널리 사용하기에는 다소 어려움이 따른다고 하겠다.

당성은 높겠지만, 이로 인한 실험실 연구상황과 현실의 괴리성 및 부자연성으로 인해 외적 타당성은 낮아진다고 할 수 있다.

(2) 유사실험(현장실험)설계(quasi-experimental design)

유사실험설계는 실험실이 아닌 실제 현상이 일어나는 현장에서 실험하려는 조사설계를 말한다. 충분하지는 않지만 실제상황에서 연구자가 어느 정도는 외생변수를 통제하고, 독립변수를 조작함으로써 실험변수의 효과를 검증하려는 설계방법이다. 따라서 유사실험설계는 실용성과 현실성은 높지만 순수실험설계보다는 통제력이 훨씬 약하다고 말할 수 있다.

유사실험설계는 사회과학분야에서 복잡한 사회현상을 주로 연구하기 때문에 현장실험설계(field experimental design)라고도 부른다. 또한 실험설계보다 연구결과의 실용성 및 일반화 측면에서 우월하다고 할 수 있지만, 인과관계의 명확한 규명은 실험설계보다 다소 떨어진다. 따라서 유사실험설계는 외적 타당성은 높지만 내적 타당성이 상대적으로 다소 낮다고 할 수 있다.

(3) 비실험설계(non-experimental design, 사후설계: ex-post facto design)

비실험설계에서는 연구자가 독립변수를 임의로 조작할 수 있는 것이 아니다. 여기에서는 독립변수가 이미 노출되어 있기 때문에 인위적인 조작이 불가능한 상태가 된다. 이때 종속변수와 독립변수의 관계를 사후적으로 분석하는 조사설계방법이 있다. 따라서 이를 비실험설계 혹은 사후설계(ex-post facto design)라고 부른다.[7]

비실험설계에서는 독립변수의 조작을 마음대로 할 수 없기 때문에 변수들 간의 인과관계(cause and effect: causality)를 밝히기는 어렵다고 할 수 있다. 다만, 변수들 간의 상호 상관관계(correlation)만을 밝힐 수 있을 뿐이다.

비실험설계에서는 현실 상황에서 광범위한 대상으로부터 자료수집이 가능하기 때문에 주요 변수들 간의 상호 상관관계를 발견하기 위해 이론적인 근거로 도출된 가설검정을 위한 연구가 가능하다. 또한 독립변수에 대한 인위적인 개입이 전혀 없

7) 사회과학분야에서는 진정한 의미의 실험설계는 불가능하지만 실험설계의 기본원리와 동일하게 응용할 수 있다고 본다. 먼저 연구대상에 실험집단을 배정하고 동질적인 속성을 지닌 통제집단을 무작위로 배정하여 동질화하여 실험집단과 통제집단 각각의 종속변수를 측정한 후 변화의 차이를 비교할 수 있다.

어 매우 현실적이라는 특징을 지니고 있다.

2. 연구조사 상황(research setting)에 따른 분류

(1) 실험실연구(laboratory research)

과학적 연구는 연구조사가 행해지는 상황에 따라서도 구분될 수 있다. 실험실 연구는 독립변수와 종속변수 간의 순수한 인과관계를 밝히기 위해 외생변수를 철저히 통제할 수 있는 실험실 내의 연구를 말한다. 즉, 연구상황을 철저히 통제할 수 있는 실험실 내의 연구이다. 전술한 순수실험설계(true experimental design)가 여기에 해당한다. 반면, 외생변수의 효과를 철저히 통제하기가 불가능할 때 행해지는 현장 실험연구가 있다.

(2) 현장연구(field research)

현장연구는 외생변수의 효과를 철저히 통제할 수 있는 실험실 연구가 불가능할 때, 실제 현상이 일어나고 있는 현장에서 실시하는 연구를 말한다. 좀더 구체적으로 설명하면, 여기에서는 현재 실제 현상 속에서 작용하고 있는 변수들 간의 관계를 검증하기 위한 연구를 할 수 있다. 또한 모집단으로부터 표본을 선정하여 표본의 특성치(통계량)를 구하고, 이를 이용해 모집단이 갖는 특성치(모수)를 분석하여 사회적 변수들 간의 상호작용을 밝히기 위해 현장조사연구를 할 수도 있다.

여기에는 연구사가 독립변수를 어느 정도 조작할 수 있는 유사실험설계(현장실험설계: quasi-experimental design)와 독립변수를 조작할 수 없는 사후설계(ex-post facto design)가 있다. 사후설계는 어떤 결과가 발생한 이후에 그 원인을 사후적으로 추적하여 찾아내는 방법을 말하는데, 일반적으로 외생변수의 개입 여지가 크고 내적 타당성이 낮다.

위와 같은 내용을 다시 정리하면 다음과 같이 기술할 수 있다.

〈연구설계의 분류〉

독립변수의 조작(manipulation) 여부		실험장소
조작가능	조작불가능	
순수실험설계 (true experimental design)		실험실연구
유사실험(현장실험)설계 (quasi-experimental design)	사후설계(현장조사) (ex-post facto design)	현장연구

3. 연구조사 목적(research objective)에 따른 분류

(1) **탐색연구**(exploratory research)

탐색연구는 오늘날 인터넷 환경의 다양한 정보원천에서 입수된 자료에 근거하여 연구문제를 검토하고 그 원인을 찾아내는 연구를 말한다. 이러한 탐색연구는 전문가의 의견조사, 문헌연구, 심층면접, 그리고 사례분석 등을 통해 이루어진다. 예를 들어, 연구문제를 발견하거나 혹은 변수들을 규명하거나 혹은 변수들 간에 인과관계의 추론을 목적으로 연구가설을 명확하게 하기 위해 실시하는 사전조사연구도 여기에 속한다. 따라서 탐색연구는 주로 본 연구(main test)를 실시하기 전에 행해지는 예비조사(pilot test, pretest)의 성격을 띠고 있다. 예비조사는 연구주제에 대한 충분한 사전지식을 얻기 위한 기초조사를 말한다.

(2) **기술연구**(descriptive research)

기술연구는 어떤 현상이나 모집단의 특성에 대한 분포도, 발생빈도, 혹은 평균 등의 기술통계학을 이용하여 문제나 현상을 보다 정확하게 파악하기 위해 행하는 실태연구를 말한다. 다시 말해, 연구문제에 대한 해답을 얻기 위해 자료를 수집하여 현상이 일어난 그대로를 기술하고 이를 해석할 목적으로 수행되는 연구이다. 여기에서는 실태파악을 위해 현상의 존재나 특성이 어떠한지를 설명해준다. 주로 현황조사, 서베이연구(survey research), 내용분석연구, 시뮬레이션 연구(simulation study), 관찰조사연구(observation study), 그리고 표본조사연구(sample survey) 등이 여기에 속한다.

(3) 가설검정연구(hypothesis testing research)

가설검정연구는 측정하고자 하는 변수들 간의 관계, 즉 변수들 간의 상호관계를 규명하기 위해 실시되는 연구를 말한다. 이는 실제 현상에 있어서 변수들 간에 공통적으로 존재하는 관련성의 방향(direction)이나 정도(degree)를 분석하는 연구이다. 상관관계연구(associational research)와 인과관계연구(causal research) 등이 여기에 속한다.

여기에서 상관관계연구란 독립변수의 조작이 불가능하여 인과관계를 쉽게 밝힐 수 없는 연구를 말한다. 다만, 측정되는 변수들 간에 상호관련성의 방향과 정도 등을 파악하여 그 관련성이 통계적으로 유의한지를 판단하게 된다. 비실험설계가 여기에 속한다.

반면, 인과관계연구란 독립변수의 조작이 가능하여 외생변수의 통제를 통해 인과관계를 밝힐 수 있는 연구를 말한다. 인과관계의 정도는 원인 값과 결과 값의 크기를 말하는데, 독립변수의 변화가 종속변수의 값에 얼마만큼 영향을 주는지를 관찰함으로써 파악할 수 있다. 실험설계가 여기에 속한다.

4. 조사시점(research timing)에 따른 분류

(1) 횡단면연구(cross-sectional research)

횡단면연구는 일정한 표본을 추출해 일정시점에서 다수의 분석단위에 대한 자료를 토대로 광범위하게 실시하는 조사를 말한다. 횡단면연구의 특징은 측정이 한 번만 이루어지고 반복되지 않는다는 점이다. 같은 종류의 다수의 개체에 대하여 일정한 시점의 통계자료에 의거해 변수 간의 연관성을 분석하는 것이다. 이는 하나의 개체 또는 일정범위의 개체를 집계한 것을 대상으로 서로 다른 시점에서 관측한 자료를 분석하는 시계열분석에 대응되는 연구이다.

이와 같은 횡단면연구의 목적은 서로 상이한 특성을 가진 집단 간의 차이를 비교하고 분석하기 위함이다. 이때 주의할 점은 표본의 크기가 각 집단을 충분히 반영할 수 있도록 구성되어야 한다. 예를 들어, 계층별 여론조사, 인구조사, 지역별 시장조사, 기업별 신용분석, 기업별 직무분석, 기업별 이익조정행위 등과 같은 연구설계가 여기에 해당된다.

(2) 종단면연구(longitudinal research)

종단면연구는 시간간격을 두고 동일한 표본에 속한 연구대상을 토대로 반복하여 실시하는 조사를 말한다. 다시 말해, 시점을 달리해 둘 이상의 시점에서 동일한 현상에 대한 측정을 반복해 조사하는 것을 말한다. 이때 각 조사기간 동안에 일어나는 연구대상의 변화와 그 변화에 영향을 미치는 요인을 파악하는 것이 종단면연구의 주된 목적이다.

이러한 종단면연구는 변화되는 추세흐름(trend)을 파악함으로써 실험효과를 검증하려는 설계방법이다. 예를 들어, 주로 계절효과와 관련된 시계열연구(time-series study)나 혹은 하나의 동일한 대상을 각 시점마다 여러 번 반복하여 조사하는 패널연구(panel study) 등과 같은 연구설계가 여기에 해당된다.

(3) 패널조사연구(penal survey research)

패널조사연구는 사회과학조사의 한 방법으로 일정기간 동안 같은 질문을 반복하는 조사기법을 말한다. 이때 고정된 조사대상자를 패널이라고 한다. 원래는 시장조사에서 소비자의 소비행태의 변화과정에 대한 분석을 하기 위해 시계열자료로 활용되었는데, 요즈음은 여론의 형성과정이나 그 변화과정의 연구에 활용되고 있다. 이와 같이 패널조사연구란 특정 조사대상인 고정집단을 사전에 선정한 후, 이들을 대상으로 여러 기간 동안 반복적으로 조사를 실시하는 연구를 말한다.

또한 조사기간 동안에 시점을 달리하여 상이한 고정집단을 반복해 측정하면 시계열자료로 사용할 수 있어 추세분석을 할 수 있다. 이를 연구설계의 형태에 따라 다시 추세조사연구(trend survey research)와 패널조사연구(panel survey research)로 분류할 수도 있다.

이와 같이 패널조사연구와 시계열연구는 유사하다고 할 수 있지만 그 속성이 매우 다르다. 예를 들어, 2000년부터 2008년까지 상장기업의 환경회계운동에 대한 투자자의 인식이 매년 어떻게 변하고 있는지를 조사하고자 한다면 우선 종단면연구를 실시해야 한다. 이때 동일한 기업들을 대상으로 매년 반복하여 조사한다면 이는 패널조사연구가 된다. 그러나 상이한 기업들을 대상으로 매년 반복하여 조사한다면 이는 시계열연구가 될 것이다. 일반적으로 패널조사연구(패널분석)는 전술한 횡단면자료와 시계열자료를 결합하여 함께 추정하는 계량경제학의 한 분석방법이라 할 수 있다. 따라서 패널분석을 pooling cross-section and time-series analysis라고 부른다.

CHAPTER 4

측정과 연구자료

제 1 절 측정(measurement)

1. 측정의 개념

측정이란 인과관계를 형성하고 있는 변수 간의 관계를 진술한 연구가설을 검정하기 위해 각 변수들의 속성을 현실에서 측량하는 작업이다. 연구주제나 내용을 과학적인 방법으로 연구조사하기 위해서는 우선 정확하게 연구가설을 설정(전개)할 수 있어야 한다. 더 정확하게 말하자면, 연구가설을 설정(전개)한다는 것은 연구주제를 현실세계에서 검증이 가능한 형태로 만들어야 한다는 의미이다.

또한 연구가설이 될 수 있다는 것은 가설을 구성하고 있는 변수의 내용이 현실적으로 검증되도록 그에 맞는 자료를 수집할 수 있다는 것이다. 이때 변수의 속성이 검정될 수 있도록 만드는 주된 작업이 바로 측정이다. 연구형태에 따라 다소 다르겠지만 과학적 연구를 통해 해결하려는 연구문제는 이론적인 개념이 경험적인 변수로 전환되는 과정을 거쳐야 한다. 또한 전환된 변수는 현실세계에서 측정가능한 자료로 변환되어 숫자의 형태로 나타나야 한다. 이 경우 측정이라는 연결고리를 통해 변수가 수치로 나타나게 된다.

이와 같이 측정이란 어떤 일정한 규칙에 의해 연구하려는 조사대상(objects)이나 사건(events)이 지니고 있는 속성(특성, characteristics, attributes)에 수치(number)를 부여하는 것을 말한다. 따라서 측정의 대상은 사람이나 사물 등과 같은 실제 대상이 아니라 그 대상이 지니고 있는 속성(특성)을 일컫는다. 예를 들어, 연구자가 기업의 가치를 측정하기 위해서는 기업이 발행한 유통주식에 대한 시가 혹은 기업이 올린 매출액 등이 기업의 가치를 측정하기 위한 속성으로 고려될 수 있다.

또한 측정이라는 연결고리를 통해 변수를 수치로 나타내기 위해서는 어떤 규칙이 필요한데, 이때 적용되는 규칙을 척도(scale) 혹은 지표(indicator)라고 부른다. 변환된 수치는 가감승제를 할 수 있는 자연수를 의미하는 것은 물론이고, 대상의 특성을 나타내는 기호(symbols)라는 의미도 함께 갖고 있다.

결국 측정이란 특정한 조사대상의 속성에 대해 일정한 규칙(척도, 지표)에 따라 질적 혹은 양적인 값을 부여하는 과정이라고 할 수 있다. 하지만 가능하다면 측정치를 통해 조사대상의 속성을 현실 값(true score)과 근접하게 나타낼 수 있어야 한다. 따라서 측정을 통한 숫자 형태의 자료를 획득함으로써 각종 통계적 기법의 적용이 가능하게 된다.

연구결과의 질을 높이기 위해서는 먼저 연구주제와 관련된 개념들을 측정하는 작업과 함께 측정할 수 있는 척도를 개발하는 방법을 명확하게 이해해야 한다. 연구모형이나 이론적 배경이 아무리 논리적이라 하더라도, 연구하고자 하는 개념을 측정할 수 있는 척도가 현실적으로 마련되지 않는다면 실증적 연구는 그 의미가 퇴색되기 때문이다.

사회과학분야에서는 연구대상의 측정이 어렵다고 할 수 있는데, 그 이유는 다음과 같이 정리할 수 있다. 첫째, 측정하려고 하는 개념이 지나치게 추상적이고 관념적인 개념이 많다. 둘째, 측정하려고 하는 개념이 다른 개념들과 함께 서로 복합적으로 얽혀 있는 경우가 많다. 셋째, 측정을 위한 일정한 규칙이나 정형화된 측정도구가 자연과학분야에 비해 상대적으로 부족하다는 사실이다. 따라서 측정할 수 없다는 것은 과학적 연구의 검증을 할 수 없을 뿐만 아니라 연구대상의 속성에 대해 아무것도 모른다는 의미이다. 즉, 연구대상을 알지 못한다는 것은 측정할 수 없다는 의미이다.

2. 속성(특성)에 수치를 부여하는 원리(isomorphism)

속성(특성)에 수치를 부여하는 원리는 측정하고자 하는 대상에 대한 속성(특성)의 양적/질적 관계와 측정을 위한 수치체계가 갖는 특징이 서로 1 : 1로 대응되어야 한다는 의미이다. 다시 말해, 수치를 부여하는 체계가 현실(reality)을 적절하게 반영해야 한다는 것이다. 따라서 측정하고자 하는 속성(특성)을 나타내주는 척도가 무엇인지, 또 척도에는 어떤 종류들이 있는지를 먼저 이해할 필요가 있다. 측정하고자 하는 연구대상의 속성에 따라 척도의 형태가 달라지기 때문이다.

3. 척도(scale)의 종류

전술한 대로 측정은 조사대상의 속성에 대해 일정한 규칙에 따라 수치를 부여하는 과정이다. 이때 일정한 규칙이 바로 척도(scale)가 된다. 쉽게 말해, 척도는 측정을 하기 위한 규칙체계(잣대)로 보면 된다.

이러한 척도는 측정하고자 하는 개념의 수준에 따라 다음의 4가지로 나눌 수 있다. 척도의 종류에는 척도의 속성이 순위(order), 등간격(equal interval), 그리고 절대영점(absolute zero)을 내포하고 있는지의 여부에 따라 명목척도(nominal scale, 유목척도: categorical scale), 순위척도(ranking scale, 서열척도: ordinal scale), 등간척도(interval scale, 구간척도), 혹은 비율척도(ratio scale, 비례척도: proportionate scale) 등으로 구분된다.

측정대상의 속성에 따라 그에 적합한 척도를 사용해야 한다. 명목척도, 순위척도, 등간척도, 비율척도의 순으로 자료가 담고 있는 정보의 양이 보다 많아지며, 보다 정확하고 다양한 통계분석을 할 수 있게 된다. 즉, 명목척도보다 순위척도가, 순위척도보다 등간척도가, 등간척도보다 비율척도가 양질의 좋은 척도라고 생각하면 된다. 그러나 연구대상을 집단별로 분류하여 통계분석을 할 때에는 반드시 명목척도가 필요하다. 아래에서 이들의 척도를 살펴보기로 한다.

(1) 명목척도(nominal scale, 유목척도: categorical scale)

명목척도란 수치가 단지 척도가 지니고 있는 속성의 존재 유무(category)만을 나타내주는 가장 단순한 척도이다. 따라서 이를 유목척도(categorical scale)라고도 한다. 즉, 측정대상을 그 속성에 따라 구분하거나 확인만이 가능한 척도이다. 숫자의 크기가 양적 크기를 내포하지 않고, 단지 속성들의 차이와 연구대상의 구분만을 가능하게 한다는 데 그 의미가 있다. 사회과학분야에서 명목척도로 측정되는 명목변수로는 성별, 학력, 직업, 종교, 인종, 지역, 빈부, 존재의 유무 등을 들 수 있다.

예를 들어, 성별에 따라 남(1)과 여(2)를 구별한다든지, 혹은 노동조건에 따라 사용자(1)와 노동자(2)를 구분한다든지, 혹은 종교에 따라 기독교(1)와 불교(2)를 구분한다든지, 혹은 학력에 따라 대졸(1)과 고졸(2) 등으로 분류할 때 사용될 수 있는 척도이다. 이는 단지 숫자를 통해 구분한 것이지 2가 1보다 크다는 양적인 것을 나타내지 않는다. 일반적으로 질적(qualitative) 측정인 경우에는 대부분 명목척도에 의해 처리된다.

(2) 순위척도(ranking scale, 서열척도: ordinal scale)

순위척도란 수치가 속성에 따른 대소 관계 혹은 서열관계를 나타내줄 수 있는 척도이다. 예를 들어, '더 강하다', '더 크다' 등과 같이 범주 간의 크기나 순위 비교가 가능하도록 측정할 필요가 있을 때 사용된다. 이를 서열척도라고도 한다. 즉, 측정대상에 대한 속성의 크기 순위(order)에 따라 대상을 구분한다. 그러나 수치의 크기가 속성의 절대적인 양이나 크기의 차이를 나타낼 수 없는 척도이다.

예를 들어, 소비자 선호도에 따라 제품가치에 순위점수를 매긴다든지 혹은 제품품질에 따라 제품가치에 순위점수를 매기는 등 순위척도에 의해 얻은 측정치는 단순히 대소관계만을 나타낸다. 순위척도는 양적인 차이비교를 할 수 있는 정보제공은 불가능하지만 =, ≤, ≠, < 등과 같은 수학적 연산이 가능한 척도이다(예: A>B, B>C, A>C ≠ A−B = B−C).

(3) 등간척도(interval scale, 구간척도)

등간척도란 측정대상의 속성에 대해 서열을 매길 수 있을 뿐만 아니라 서열 간의 간격이 동일하도록 수치를 부여함으로써 산술적으로 비교가 가능한 척도를 말한다. 즉, 척도점 간의 산술적인 크기가 일정하게 유지되는 척도이다. 그러나 수치 크기의 차이가 양적인 차이를 나타내주지만, 양의 절대적인 크기를 나타내줄 수 없는 척도이기 때문에 비율계산이 불가능하다.

예를 들어, 온도, 물가지수, 생산지수, 주가지수, 환경지수, IQ지수 등의 각종 지수 등은 절대적인 크기의 상호비교가 불가능한 등간변수들이다. 왜냐하면 속성의 양이 존재함에도 불구하고 0이라는 수치를 부여하기 때문이다. 온도 10도와 12도 간의 차이와 온도 22도와 24도 간의 차이는 동일(equal interval, 등간격)하다. 하지만 온도 0도의 경우, 열이 전혀 없다는 것을 의미하지 않는다. 즉, 측정하고자 하는 속성(여기에서는 열)이 실질적으로 존재함에도 불구하고, 0이라는 수치를 부여한다. 임의적 수치 0이 존재할 뿐 절대적 수치 0(절대영점, absolute zero)은 존재하지 않는다는 것이다.

이와 같이 등간척도는 속성에 대한 양의 절대적인 크기를 나타내주지 못하기 때문에 비율 계산이 불가능한 척도이다.

(4) 비율척도(ratio scale, 비례척도: proportionate scale)

비율척도란 척도들 중에서 가장 수준이 높은 척도를 말한다. 측정 결과로 얻어진 자료에 내포되어 있는 정보의 양이 가장 많다는 것이다. 즉, 명목척도, 순위척도, 등간척도, 비율척도 등에 대한 정보를 모두 내포하고 있다. 비율척도로 측정대상을 분류할 수 있고, 순위를 부여할 수 있으며, 또한 차이를 비교할 수도 있고, 추가적으로 비율에 대한 그 어떤 분석도 가능하다. 따라서 모든 형태의 통계분석이 가능한 척도이다. 이와 같이 비율척도는 등간척도처럼 산술적인 계산이 가능하면서, 동시에 현실적인 의미의 절대적 수치인 0을 포함하고 있는 척도이다.

쉽게 말해, 등간척도에 절대영점(absolute zero)이 존재하는 경우에 비율척도가 되는 것이다. 이와 같이 비율척도는 절대적인 크기의 상호비교가 가능하기 때문에 비율의 계산이 가능하며, 또 가감승제를 포함한 모든 형태의 수학적 계산도 가능하다. 이와 같은 비율척도의 예를 든다면, 여기에는 키, 몸무게, 매출액, 소득, 광고선전비, 연구개발비, 당기순손익 등이 있다.

각 척도의 특징을 비교하기 위하여 자료의 분석력과 민감도 및 정보력, 그리고 자료분석상의 효율성 측면에서 이를 간략하게 정리하면 다음과 같이 기술할 수 있다.[1]

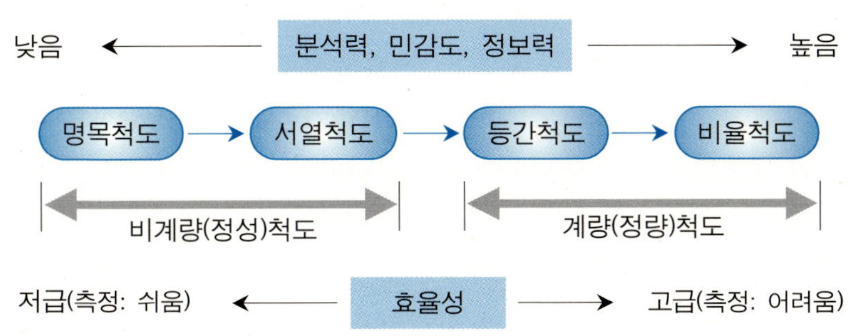

1) 명목척도에서 비율척도로 갈수록 데이터가 갖고 있는 정보의 수준이 높아지기 때문에 고급화된 척도로 간주된다. 따라서 비율척도 혹은 최소한 등간척도 이상을 사용해야만 다양한 통계분석이 가능해진다. 하지만 연구대상을 집단별로 분류해 상호비교를 위한 통계처리를 할 때에는 반드시 명목척도가 필요하다. 따라서 각 척도의 내용과 활용가치를 정확하게 이해하고 난 후 사용하는 것이 중요하다.

4. 척도(scale)의 형태

척도의 종류와 마찬가지로 척도의 형태도 여러 가지로 분류되어 사용된다. 특히, 사회과학분야의 연구에서 사용하는 개념은 구체적인 연구대상이 아닌 주로 추상적인 개념이다. 따라서 기존 연구에서 개발된 유용한 척도가 있으면 그 척도를 사용하는 것이 타당성과 신뢰성 차원에서 바람직할 수 있다. 그러나 실제 연구에서는 위에서 설명한 척도들을 기준으로 하여 효과적으로 자료를 수집하고 분석할 수 있도록 연구자 나름대로 신뢰성이 있는 다양한 형태의 척도를 개발하여 활용하는 것이 중요하다. 아래에서 살펴보기로 하자.

우선, 측정대상의 속성을 단일 연속선상에 배열하고 몇 개의 항목으로 구별하여 그중 하나를 선택하도록 만든 척도를 들 수 있다. 즉, 척도점이 연속선상에 배열된 척도로서 그중에서 특정의 평정척돗값을 선택하도록 하는 것이다. 이를 평정척도(rating scale)라고 한다.

이 평정척도는 단일항목식과 복수항목식으로 나눌 수 있다. 단일항목식은 말 그대로 하나의 개념을 측정하기 위하여 하나의 척돗값을 선택하는 경우이다. 복수항목식은 다수의 평정값을 선택하고 이를 단순 합산하여 해당 개념을 측정하는 방식의 척도를 말한다. 이를 리커트식 척도라고 부른다. 리커트식 척도는 다시 리커트 합산척도(Likert summated scale)와 서스톤 척도(thurstone scale)로 구분된다.

이 외에도 측정하고자 하는 속성을 기준으로 대상의 순위를 매기는 척도인 순위척도(rank order scale)가 있다. 여기에서는 측정 결과 얻어진 자료가 바로 순위자료가 된다. 또한 측정대상을 구성하고 있는 항목에 점수를 분할해주면 응답자가 자신이 생각하는 상대적 중요도에 따라 점수를 할당하는 척도인 고정총합척도(constant sum scale)가 있다. 즉, 각 항목마다 점수를 배분하여 그 합계가 일정한 값을 갖도록 설계된 척도를 말한다.[2] 이는 응답자에게 측정대상의 각 항목마다 일정한 수치를 부여하고, 이 수치를 응답자가 생각하는 기준에 맞추어 각 항목에 할당하는 방법이다.

이 중에서 가장 많이 사용되는 평정척도는 복수항목식 척도의 하나인 리커트식 합산척도이다. 이는 응답자 중심의 접근법으로 측정대상의 속성을 측정하기 위해 다수의 평정척도로 된 항목을 구성하고, 각 항목의 측정치를 단순 합산하여 해당 속성을 측정하는 척도이다. 다시 말해, 여러 개의 항목으로 응답자의 태도를 측

---

2) 조금 다른 형태로서 상위의 척도점이 하위의 척도점에 해당하는 특성을 모두 포함하고 있는 척도가 있다. 이를 누적척도라 한다. 또한 반응 중심의 접근방법으로 기술되는 Guttman 척도법이 있는데, 이와 관련된 구체적인 내용은 본서에서는 생략하기로 한다.

정하고, 해당 항목들에 대한 측정치를 단순 합산하여 평가대상의 점수를 얻어내는 척도이다.

하나의 개념에 대해 여러 개의 측정항목이 있기 때문에 최종적으로는 각 항목별 점수를 합산하고 이를 항목수로 평균하여 평가대상의 속성에 대한 측정치를 얻어내는 척도이다. 이때 주의할 점은 각 항목들은 반드시 단일 차원을 설명하고 있는 하나의 개념이 되어야 한다는 사실이다.

복수항목식 척도 중에서 또 하나는 측정대상의 속성에 대해 많은 항목을 분류하고 항목별로 가장 많이 동의하는 항목을 대표척도로 간주하는 서스톤척도가 있다. 이는 문항 중심의 접근법으로, 응답자가 동의한 항목들의 척돗값을 합산하고 항목수로 평균하여 해당 개념에 대한 측정치를 얻어내게 된다. 만약 응답자가 해당 항목에 동의하면 그 항목의 척돗값을 얻게 되고, 동의하지 않으면 0점으로 처리된다. 결국 동의한 항목들의 점수를 합산하고 이를 평균하여 해당 개념에 대한 측정치가 산출되는 것이다.

이와 같이 척도에는 다양한 종류와 형태가 있다. 사회과학분야에서 존재하는 개념은 복합적인 내용으로 구성되어 있는 것이 대부분이기에 신뢰성과 타당성을 높이기 위해서 다양한 척도를 개발하여 측정을 하게 된다. 특히 설문지조사의 경우, 연구자는 자료를 수집하고 분석하면서 어떤 형태의 척도를 이용해 연구조사를 해야 할지를 결정해야 한다. 이때 주의 깊게 고려해야 할 사항은 다음과 같다.

① 가설검정에 적용될 통계분석기법을 고려하여 이에 적합한 형태의 척도를 선정해야 한다. 또한 연구분석결과를 설명하는 데 어려움이 있는 척도는 피할 필요가 있다. 무엇보다 간결한 문체를 사용한다. '만약', '왜냐하면' 등의 단어는 쓰지 않는 것이 좋다.

② 응답자들은 모르는 내용이 나오면 엉뚱한 항목에 응답함으로써 신뢰도를 떨어뜨릴 수 있기 때문에 '무응답'이나 '모른다'에 해당되는 항목을 두어 그렇게 응답한 항목은 최종자료에서 삭제하는 작업이 필요하다. 또한 무응답 항목이 없으면 대체로 중간점을 택하기 쉽다. 따라서 중간점이라는 것도 하나의 수치로서 평균값에 영향을 주기 때문에 무응답 항목처럼 자료에서 제거한 후 분석하는 것도 고려해 봄직하다.

③ 척도점의 수(몇 점 척도)를 신중하게 결정해야 한다. 척도점의 수가 많을수록 민감도는 높아지지만 측정상의 어려움이 수반된다. 따라서 가능한 척도점의 수를 늘리되, 응답자의 수준과 문제의 특성을 고려해 이를 조정해야

한다. 동시에 부정적인 방향과 긍정적인 방향을 표현하는 문항수가 거의 같도록 함으로써 균형 있게 질문하는 것이 중요하다. 즉, 어느 한쪽에 해당되는 척도점의 수가 많으면 안 된다는 것이다.

④ 문장은 현재 시제로 쓰며, 이중부정은 혼동을 일으킬 소지를 만들기 때문에 피해야 한다(예: 나쁘지 않다, 피하지 않는다, 믿지 않는다 등). 또한 전체 긍정이나 전체 부정이 담긴 문장은 피해야 한다(예: 항상, 절대로, 모두, 언제나, 아무도 등).

⑤ 앵커링(anchoring)이 척도점 간격을 제대로 반영할 수 있도록 신중을 기해야 한다. 앵커링이란 척도점 사이의 거리가 동일하도록 문장을 기술하는 것을 말한다. 즉, 각 척도점이 나타내는 상태를 글로 표현해놓은 것이다. 이 앵커링을 잘못하면 잘못된 응답을 할 수 있다. 왜냐하면 앵커링을 띄엄띄엄 해놓은 경우, 앵커링이 붙어 있는 척도점에는 응답수가 몰리고 붙어 있지 않은 척도점에는 응답수가 줄어드는 현상이 나타날 수 있기 때문이다.

제 2 절 설문지 설계방법(questionnaire design)

설문지 설계방법은 설문지를 이용하여 응답자들로부터 효율적으로 자료(데이터)를 수집하여 분석하는 조사방법이다. 이는 사회과학분야에서 가장 널리 사용되는 데이터 수집방법이다. 정형화된 설문지를 이용하여 동일한 방법으로 응답자들에게 질문함으로써 체계적으로 자료를 수집하고 분석하는 방법이다.[3)]

설문지는 측정도구의 최종 형태로서, 특히 사회과학분야에서 어떤 대상에 대한 태도나 인지도 등과 같은 심리적인 속성의 측정을 위해 매우 중요하다. 또한 어떤 현상에 대한 개선방안 등을 도출하기 위해 설문지를 사용한다. 이때 연구자가 원하는 결과를 얻기 위해서는 충분한 설문항목이 필요하며, 높은 응답률을 얻기 위해서

3) 실무현장에서 주로 통계조사를 자주 하게 된다. 통계조사란 특정 문제에 대한 사회현상을 관찰하고 그 결과를 집계하는 것을 말한다. 즉, 특정 문제에 대한 사회현상들을 수치화함으로써 객관적이고 구체적인 특징을 파악하기 위한 조사과정이라고 할 수 있다. 통계조사방법에는 면접법(interview method), 관찰법(observation method), 우편전화법(mail & phone method) 등 여러 가지가 있으나 본서에서는 생략하기로 한다.

는 설문항목이 최소화되어야 한다. 즉, 최소한의 설문항목으로 최대한의 효율적인 정보를 얻어내는 설문지 설계를 해야 한다.

따라서 설문지 작성을 위해 무엇보다도 측정하고자 하는 변수(개념)의 명확한 정의와 함께 이를 실제 현상과 연결시켜줄 수 있는 조작적 정의를 적절히 내림으로써 타당도와 신뢰도가 높은 설문항목을 구성해야 한다. 또한 가설검정에 필요한 분석기법을 고려해 이에 적합한 형태의 척도를 선정하여 사용해야 한다.

이와 같이 설문내용은 연구조사 전반에 걸쳐 핵심적인 사항이 된다. 따라서 상당한 시간과 검토를 통해 사려 깊게 작성되어야 한다. 보통 설문내용부터 작성하는 경향이 있는데, 잘못된 설문항목을 이용하면 연구조사를 완전히 그르친다는 것을 명심해야 한다. 특히 가설검정이 있는 실증분석의 경우에는 연구문제와 관련된 가설검정을 할 수 있는 적절한 설문항목으로 구성되어야 하며, 가설검정의 결과에 대한 기대치를 사전에 생각하고 설문항목을 작성해야 한다. 즉, 설문내용은 연구에서 얻고자 하는 정보를 명확하게 파악한 후 연구조사 목적에 따라 결정해야 한다.

설문지 설계방법은 일정한 일반원리나 명확한 이론이 적용되는 것이 아니라 연구자의 경험과 설문작성에 있어 기술적 차원의 문제와 관련되어 있기 때문에 과학(science)이라기보다는 예술(art)이라고 할 수 있다.

1. 설문지 설계방법의 목적

전술한 대로, 가설검정이 있는 실증분석의 경우에는 연구문제와 관련되어 가설검정을 할 수 있도록 설문항목이 구성되어야 한다. 구체적으로 설명하자면, 먼저 연구가설을 세운다. 그러고 난 후 설문항목으로 이 연구가설을 검정할 방법을 찾는다.

검정할 방법으로는 크게 나누어 본다면 이미 앞에서 설명한 연역법과 귀납법을 들 수 있겠다. 연역법적 검증방법일 경우, 모든 전제가 명확하고 의문의 여지가 없는 경우에 사용할 수 있다. 그러나 대부분의 경우에는 귀납법적 검증방법을 사용한다. 물론 귀납법적 검증방법을 사용한다 하더라도, 논리의 전개상 연역법적 사고를 거치는 경우가 많기 때문에 연역법과 귀납법은 검증방법이라기보다는 오히려 논리적인 해석방법이라고 보는 것이 타당하다.

귀납법적 검증방법으로는 자연과학의 경우, 실험과 관찰이 있으며 사회과학의 경우, 설문조사와 관찰 그리고 탐색탐문 등을 들 수 있겠다. 문제는 설문조사를 무작정 실시할 것이 아니라 이 설문조사를 통해 무엇을 얻을 것인지를 먼저 따져보아야 한다. 우선, 연구가설을 세우고 이 가설이 타당한지 혹은 부당한지를 통계적 기법으로 따져보아야 한다.

예를 들어, 법학분야의 경우 특히, 법학의 경우에는 설문조사시 조문과 판례 등의 문리적 근거를 찾는 방법이 있을 수 있다. 일반 사회과학분야의 경우에는 설문조사와 관찰 등의 현실세계를 분석하고 정리하는 방법이 있다. 이와 같이 설문조사는 실태파악을 하거나 혹은 연구가설을 검정하기 위한 하나의 수단으로서 선택되어야 한다.

설문조사에서는 많은 사람들에게 동일한 질문이 기록되는 설문지라고 불리는 측정도구가 이용된다. 그러나 설문지를 통해 얻어지는 자료(data)는 연구문제의 해결을 위한 정보로서 직접 사용되기에는 어렵다. 따라서 설문자료를 수집하고 수집된 자료에 대한 통계분석 과정을 통해 의미 있는 정보(information)로 바꾸어야 한다.

이와 같은 설문조사에서는 측정도구인 표준화된 설문지를 이용함으로써 연구결과의 비교가능성을 높일 수 있도록 해야 한다. 빠른 시간에 문제해결을 위한 핵심적인 정보만을 선별하여 입수할 수 있으며, 비교적 객관적이고 정확한 자료를 입수할 수 있다. 그러나 무엇보다 중요한 것은 이렇게 수집된 자료로부터 연구문제해결을 위한 필요한 자료를 분석하는 과정이라 할 수 있다.

그러나 설문지 설계방법의 연구결과가 왜곡되는 가장 큰 이유 중의 하나는 바로 연구에 사용된 측정도구의 설문지가 지니고 있는 설문내용이 잘못 기재된다는 점이다. 또한 설문지 내용뿐만 아니라 통계적 자료분석방법, 표본의 속성, 혹은 자료분석결과에 대한 해석 등의 입장 차이 때문에 결과가 왜곡되기도 한다.

2. 설문시의 내용

설문조사는 일반적으로 사회현상의 여러 분야에서 나타나고 있는 다양한 문제점을 개선하고 또 해결하기 위해 연구문제와 관련된 사람이나 조직에 대해 설문지를 통해 자료를 수집하는 과정이다. 이 과정에서 수집된 자료를 분석함으로써 문제해결에 도움을 줄 수 있는 유용한 정보를 얻어내는 것이다.

설문내용은 연구자의 조사목적에 따라 결정된다. 설문의 세세한 문장을 결정하기 전에 설문조사에서 얻고자 하는 정보를 사전에 명확히 파악해 설문내용을 결정해야 한다. 실증분석의 경우, 무엇보다 설문항목은 가설검정을 위한 논리적 순서에 의해 배열되어야 한다. 또한 질문의 순서를 정할 때에는 대답하기 쉬운 질문들이 서두에 있는 것이 좋으며, 복잡한 질문일수록 후미에 나오도록 하는 것이 좋다.

물론 모든 설문지는 응답자가 가지고 있는 정보를 잘 이끌어낼 수 있는 것만은 아닐 것이다. 설문내용은 응답자에게 설문의 목적을 알리고 협조를 구하는 내용으로 시작하여 편안하고 적극적으로 응답할 수 있도록 작성되어야 한다.

3. 설문자료의 분석

설문조사의 가장 큰 특징으로는 설문항목에 대한 응답자의 응답형태를 통해 필요한 자료가 수집되고 분석된다는 것이다. 그러나 수집된 자료의 양이 방대하기 때문에 필요한 정보를 직접적으로 파악한다는 것은 쉽지 않다. 따라서 문제해결에 도움을 줄 수 있는 정보를 얻기 위해서는 명확한 목적하에 설문조사된 자료만을 토대로 분석해야 한다.

무엇보다 수집된 자료를 분석하기 위해 적절한 통계적 분석방법을 사용함으로써 자료가 지니고 있는 의미 있는 유용한 정보를 얻을 수 있게 되는 것이다. 이것이야말로 설문자료를 분석할 때 아무리 강조해도 지나치지 않은 내용이다.

4. 설문조사의 절차

설문지에 기재된 설문내용은 여러 가지 의미로 해석되어 정확한 대답이 곤란한 경우가 있다. 질문하는 방법과 응답자의 의견이 전혀 맞지 않을 수도 있고, 응답자가 질문의 의미를 다르게 해석하고 응답하는 경우도 있다. 이는 설문자료 분석에 있어 잘못된 연구결과를 도출할 가능성이 있다.

따라서 성공적인 설문조사를 위해서는 설문 진행과정에서 응답자의 역할을 충분히 숙지하면서 조사를 진행해야 한다. 이것은 실제 응답률(response rate)에 영향을 미친다. 표본 응답의 대표성에 대한 하나의 지침이 되는 적정응답률은 어느 정도가 좋은지 이에 대한 일반적인 기준은 없다. 그러나 사회과학분야에서는 연구주제와 표본의 성격에 따라 다르겠지만 응답률이 최소한 30% 내지 40% 이상은 되어야 적절한 것으로 여겨지고 있다.

특히, 연구자는 연구문제를 어떻게 해결하고 싶은지 조사목적을 명확하게 하여 설문지를 설계하는 것이 무엇보다 중요하다. 설문지는 연구에 사용되는 가장 중요한 측정도구이기 때문이다. 설문지 설계에 대한 사전지식과 경험이 아무리 풍부해도 연구목적에 대한 의식이 결여되어 있으면 연구문제의 해결에 직접적으로 활용될 수 있는 연구결과를 얻어내기가 힘들기 때문이다. 즉, 설문자료를 분석할 때 자료분석결과의 신뢰성은 분석된 통계방법보다 수집된 설문자료 자체에서 가장 많은 영향을 받게 된다. 이와 같은 설문조사는 일반적으로 다음과 같은 절차를 거쳐 진행된다.

제 3 절 표본조사(sample survey)와 표본추출(sampling)

1. 표본조사의 개념

(1) 전수조사(total survey, census) 및 표본조사(sample survey)

연구문제를 해결하기 위하여 연구대상의 속성을 측정하기 위한 측정도구가 결정되면 측정도구를 적용할 연구대상을 선정해야 한다. 전수조사(total survey, 총조사: census)는 연구대상인 사람이나 기업, 혹은 집단의 전체자료를 수집하는 조사방법이다. 즉, 모집단(population) 전체를 조사하여 모집단으로부터 직접적으로 필요한 정보를 얻는 방법이다. 그러나 실제로 전체 모집단 개체를 전부 조사하는 것도 쉽지 않고 개체의 수를 아는 경우도 매우 드물다.

반면, 표본조사란 모집단의 특성치를 추정하기 위해 모집단을 대표할 수 있는 일부분을 표본(sample)으로 추출하여 관찰하는 조사방법이라 할 수 있다. 예를 들어, 여론조사나 소비자 만족도조사 등 일상생활의 다방면에서 널리 이용되고 있는 간편한 자료분석방법이다. 이때 모집단의 특성치(참값)를 전문용어로 모수(parameter)라 부른다. 또한 모집단으로부터 표본을 선택하는 과정을 표본추출이라고 한다.

표본조사의 전제가 되는 주요한 핵심은 특정 표본이 모집단을 가장 잘 대표할 수 있도록 대표성 확보가 선행되어야 한다는 것이다. 따라서 모집단으로부터 얻어진 표본을 이용하여 모집단의 특성치(모수)를 의미 있게 추정하여 모집단을 설명할 수 있어야 한다.

전수조사의 경우에는 다량의 자료를 수집하는 과정에서 자료의 처리 등이 정확하지 못해 오류가 발생된다. 예를 들어, 다수의 측정자가 관여함으로써 조사원칙이 무시되어 측정오차가 발생한다. 또한 자료의 양이 방대하여 자료수집이나 코딩(coding) 등에서 오류가 발생할 수 있다. 이를 비표본오차(non-sampling error)라고 부른다.

반면, 표본조사의 경우에는 모집단의 일부를 표본으로 선정하여 자료를 수집하고 분석하는 것을 말한다. 이는 적정한 규모의 표본으로만 조사가 이루어지고 자료의 수집과정을 통제할 수 있다. 따라서 전수조사에서 발생하는 비표본오차의 오류를 상대적으로 줄일 수 있다. 또한 모집단을 대표할 수 있는 소수의 대상을 측정하기 때문에 시간과 비용을 크게 줄이면서 명확한 연구결과를 얻을 수 있게 된다.

따라서 사회과학분야에서는 연구문제의 해결을 위해 보다 간편한 방법인 표본의 특성치(표본통계량: sample statistic)를 토대로 모집단의 특성치(모수: parameter)를 추론(inference, estimation)하는 표본조사방법을 많이 사용한다. 그러나 표본조사에서는 전수조사처럼 전체의 모집단을 전부 조사하지 못하기 때문에 표본오차(sampling error)가 발생한다. 표본조사에서 표본오차란 표본의 특성치를 가지고 모집단의 특성치를 추론할 때 나타나는 오차를 말한다.

표본오차는 표본의 크기가 커질수록 줄어든다. 따라서 표본조사 때 표본의 크기에 따른 표본오차와 전수조사 때 상대적으로 크게 발생하는 비표본오차 모두를 동시에 고려하여 최적의 표본크기를 선정하는 것이 무엇보다 중요하다. 표본의 특성치(통계량) 및 모집단의 특성치(모수)와 관련하여 표본오차와 비표본오차를 다음과 같이 나타낼 수 있다.

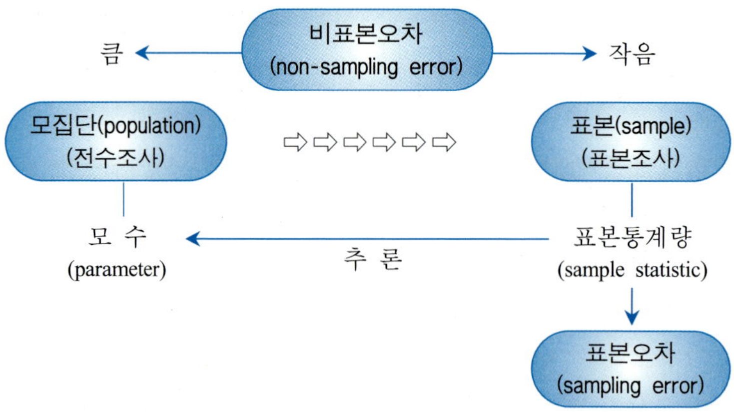

(2) 표본추출의 목적

표본추출(sampling)은 관찰해야 할 연구대상(observations)을 선정하는 과정이라 할 수 있다. 표본추출은 추출된 표본의 특성이 모집단의 특성에 대해 올바른 추론을 할 수 있도록 충분한 정보를 제공하는 데에 그 목적이 있다. 즉, 모집단의 특정치(모수)를 잘 나타낼 수 있도록 표본을 추출해야만 한다. 왜냐하면 표본은 모집단의 일부에 지나지 않으며 모집단에 대한 정확한 정보를 알 수 없으므로 반드시 오차가 생기게 되기 때문이다.[4)]

따라서 이러한 오차를 줄이기 위해 모집단을 잘 대표할 수 있는 표본을 추출하여야 한다. 표본의 대표성 확보가 표본추출에서 가장 중요한 과제이기 때문이다. 즉, 모집단 자체가 크든 작든 표본을 수집한 자료의 분석 결과는 모집단 전체를 대상으로 일반화(generalization)될 수 있어야 한다. 또한 적절한 표본추출방법과 표본크기의 결정 등 표본조사와 관련된 개념과 통계적 기법에 대한 정확한 이해가 필요하다. 표본조사에서 왜 표본추출이 중요한지를 간단히 정리하면 다음과 같다.

① 검증하고자 하는 변수들 간의 관계를 잘 나타낼 수 있도록 표본이 추출되어

4) 현상의 참값을 발견하기 위해 전체 모집단을 조사하는 전수조사가 정확성과 신뢰성이 더 있다고 생각하는 사람들이 의외로 많은데, 반드시 옳다고는 볼 수 없다. 전수조사로 인해 더 많은 문제점과 부작용이 발생한 사례가 있기 때문이다. 그러나 모집단 자체가 작은 경우에는 표본조사는 의미가 없게 된다.

야 한다. 예를 들어, 인과관계를 검증하고자 할 때 동질적이거나 혹은 비슷한 대상으로 표본이 추출되면 독립변수와 종속변수 간의 관계를 파악하기가 어려워진다.

② 모집단 전체에서 무작위로 표본추출(random sampling)하여 모집단을 잘 대표할 수 있는 표본이 선정되어야 한다. 그렇지 않으면, 표본통계량으로부터 모집단의 특성(모수)을 추론하기가 어려워진다.

③ 잘못된 표본추출로 인해 표본조사 결과로부터 나타난 현상이 모집단에서는 일어나지 않을 수 있다. 따라서 추출된 표본을 대상으로 시행된 연구결과가 왜곡되어 연구결과를 일반화하기가 매우 어려워진다.

(3) 표본추출방법(sampling method)

연구결과를 일반화하기 위해서는 무엇보다도 모집단의 명확한 규명이 필요하다. 이를 위해 모집단의 대표성을 확보할 수 있는 추출방법을 선정해야 한다. 표본의 규모만 크다고 해서 모집단 특성치의 추정을 쉽게 할 수 있는 것은 아니기 때문이다. 그렇다면 모집단을 대표할 수 있는 표본을 어떻게 추출하는 것이 가장 바람직한 방법인지를 검토해야 한다. 통상적인 연구논문에서는 이를 위해 무엇보다 모집단을 구성하고 있는 각각의 개체가 표본으로 선정될 확률이 똑같도록 설계하여 그 확률이 0이 아니도록 한다. 즉, 확률표본을 사용한다는 것이다. 이렇게 확률표본을 추출하는 것을 무작위표본추출(random sampling)이라고 한다.

그러나 많은 연구보고서에서 '무작위 표본추출을 실시하였다'라고 명시하고 있지만, 무작위 표본추출방법을 제대로 지키지 않고 조사한 경우가 많다. 예를 들어, 어떤 표본조사결과에서 서울 강남지역에 거주하는 초등학교 재학생 남녀비율이 50 : 50으로 발표되었다고 가정하자. 그러나 모집단을 실제로 전수조사한 결과, 70 : 30으로 판명되었다면 이 표본조사는 처음부터 무작위 표본추출방법을 사용하지 않았든지 혹은 편의상 조작되었다고밖에 볼 수 없는 것이다.

표본추출방법의 유형은 크게 두 가지 방법으로 구분할 수 있는데, 확률표본추출법(probability sampling method)과 비확률표본추출법(non-probability sampling method)이 있다. 확률표본추출법이란 모집단을 구성하고 있는 각 구성요소가 수학적 지침에 따라 일정한 확률에 의해 표본으로 추출되는 방법으로, 모집단에 대한 통계적 추론이 가능하여 그 결과를 일반화(generalization)할 수 있다. 반면, 비확률표본추출법은 수학적 지침을 따르지 않아 모집단의 모든 구성요소들이 표본으로 추출될 확률을 모르는 경우로서, 모집단에 대한 통계적 추론이 어렵고 일반화의 가능성이 극히 제한된다. 아래에서 구체적으로 살펴보기로 한다.

1) 확률표본추출법(probability sampling method)

확률표본추출법은 무작위 선택을 할 때마다 모집단의 각 구성요소가 표본으로 선정될 확률이 동일하게 되도록 한 후에 무작위로 표본을 선정하는 방법(random selection)이다. 즉, 표본으로 선정될 확률이 0이 아닌 추출방법이라 할 수 있다. 일정한 기준에 의해 일정 수 이상의 표본크기를 확보할 경우, 모집단의 특성을 객관적으로 나타내는 모수의 추정이 가능하다. 따라서 모집단 특성치인 모수의 추정에 대해 객관적인 정확성을 유지할 수 있고, 표본조사의 결과로 인해 일반화(generalization)가 이루어질 수 있다는 장점이 있다. 다시 말해, 확률표본추출법은 모집단의 대표성(representative)을 높여주고, 그 결과로 인해 모집단에 대한 정확한 추정을 가능하게 한다.

이러한 확률표본추출법의 대표적인 방법으로는 표본단위의 설정방법에 따라 단순무작위표본추출(simple random sampling), 체계적 표본추출(systematic sampling), 층화표본추출(stratified sampling),[5] 그리고 군집(집락)표본추출(cluster sampling) 등을 들 수 있다.

2) 비확률표본추출법(non-probability sampling method)

비확률표본추출법은 모집단의 모든 구성요소가 표본으로 선정될 확률을 알 수 없는 표출방법이다. 즉, 모집단 내에 있는 모든 대상이 표본으로 선정될 확률이 똑같지 않고, 연구자의 주관에 따라 인위적으로 표본을 선정할 수 있는 방법이다. 모집단에 대한 정확한 정보가 없을 때 쉽게 이용이 가능한 방법이다. 그러나 이 방법은 표본의 대표성을 확보하기 어렵고 표본조사결과에 대한 일반화가 어려워진다.

이러한 비확률표본추출법의 대표적인 방법으로 임의표본추출(convenient sampling, 편의표본추출), 판단표본추출(judgement sampling, 목적표본추출), 그리고 할당표본추출

5) 층화표본추출은 사회과학분야 조사에서 가장 많이 사용되고 있는 방법 중의 하나이다. 이 방법은 모집단을 2개 이상의 상호배타적인 집단으로 분류하고, 각 집단에서 무작위로 표본을 추출하는 방법이다. 각 층마다 다시 무작위로 표본이 추출되는데, 각 층의 크기에 따라 비례하여 추출할 수도 있고, 아니면 비례하지 않고 불비례하여 추출할 수도 있다. 이 방법은 층화를 통해 표본의 대표성이 높아지고 층별 특성을 파악할 수 있다는 장점 때문에 일반적으로 많이 사용된다. 처음부터 모집단의 비율만큼 표본의 비율을 만들 수 있기 때문에 단순무작위 표본추출보다 대표성이 더 높을 수 있다.

(quota sampling)[6] 등을 들 수 있다.

이와 같이 표본추출방법에는 여러 가지가 있으며, 각 방법마다 특성이 있기 때문에 연구자는 연구목적에 따라 표본추출을 달리해야 할 것이다. 따라서 연구자는 어떤 표본추출방법을 사용할지 깊이 생각하고 결정해야 한다.

연구결과의 일반화의 폭을 넓게 하기 위해서는 비확률표본추출법보다 확률표본추출법을 하는 것이 바람직할 것이다. 이론적으로는 확률표본추출법이 더 나은 방법이라 할 수 있지만 실제로는 비확률표본추출법이 선택되는 경우가 자주 있다. 그러나 표본이 모집단을 대표하지 못할 때 표본추출의 편중(sample bias)이 발생하게 된다. 이때 표본추출의 편중이 있으면 표본으로부터 얻은 연구결과를 모집단에 일반화하는 데 문제가 생긴다는 점을 간과해서는 아니 된다.

이와 같은 표본추출방법의 유형을 표로 정리하면 다음과 같다.

〈표본추출방법〉

Ⅰ. 확률표본추출법	Ⅱ. 비확률표본추출법
1. 단순무작위표본추출 (simple random sampling) 2. 체계적 표본추출 (systematic sampling) 3. 층화표본추출(비례, 불비례) (stratified sampling) 4. 군집(집락)표본추출 (cluster sampling)	1. 임의표본추출: 편의표본추출 (convenient sampling) 2. 판단표본추출: 목적표본추출 (judgement sampling) 3. 할당표본추출 (quota sampling)

---

6) 할당표본추출은 비확률표본추출법에서 가장 정교한 기법이라고 할 수 있다. 즉, 모집단에 대한 사전지식을 기초로 하여 모집단의 속성을 대표할 수 있는 범주들을 결정하고 각 범주를 대표하는 할당량을 결정하는 것이다.

할당표본추출은 모집단을 상호배타적인 집단으로 세분화하는 면에서 층화표본추출과 매우 유사하지만 각 집단(층)에서 표본을 추출하는 방법이 다르다. 층화표본추출의 경우에는 각 층에서 무작위로 표본을 추출(확률표출)하지만, 할당표본추출인 경우에는 임의로 표본을 추출(비확률표출)한다는 점이 다르다. 그러나 사전지식을 기초로 하여 표본을 선정하면 모집단의 대표성을 높일 수 있고, 시간과 비용이 경제적이라는 점에서 각종 여론조사 등에서 많이 이용되고 있다.

2. 표본의 규모(sample size)

통계분석을 위해 연구자들이 가장 많이 고민하는 것은 표본의 크기(sample size)이다. 왜냐하면 표본조사가 전수조사에 비해 비용이나 시간을 절약할 수 있는 측면도 있지만, 표본조사 자체만으로도 비용과 시간이 소요되기 때문에 너무나 많은 표본수는 경제적이 아닐 수 있다. 여기에서의 중요한 판단기준은 추출된 표본의 규모가 과연 경제적이면서 모집단의 대표성(representative)을 지니고 있는지의 여부이다.

일반적으로 표본의 크기는 모집단의 약 5% 정도이면 대표성이 있는 것으로 인정하고 있지만 모집단분포의 형태에 따라 훨씬 작을 수도 있다. 또한 통계처리상 표본통계량이 정규분포(normal distribution)를 이루고 있다고 가정한다. 그러나 모집단이 정규분포를 이루고 있지 않더라도 중심극한정리(central limit theorem)에 의하면 표본크기가 30개 이상이면 정규분포를 따르는 것으로 보고 있다.[7] 일정한 표본크기가 모집단의 대표성을 항상 보장하지는 못한다. 따라서 대표성 있게 표본추출이 이루어진다면 표본의 크기는 크게 문제될 것은 없지만, 최소한 30개 이상이 되면 거의 모든 표본분포는 모집단분포에 관계없이 정규분포의 형태를 갖게 되어 추론에 큰 영향을 미치지 않는다.

표본크기를 결정하는 방법으로 다음과 같은 원칙을 고려할 필요가 있다. 전통적인 99%, 95%, 90%의 신뢰도(신뢰수준) 중에서 일반적으로 설문지조사의 경우에는 95%($\alpha=0.05$)의 신뢰도를 기준으로 실시하는 경우가 대부분이다. 따라서 표본정규분포상 Z값은 1.96으로 한다. 여기에서 95%의 신뢰도란 어떤 표본구간이 모평균을 포함하고 있다는 것을 100번 똑같은 표본조사를 하면 95번 정도 나온다는 것이다. 모평균이 해당 표본구간에 속할 확률이 95%라는 의미는 아니다.[8]

표본의 크기는 모집단의 모수 추정의 신뢰도 및 타당도(정확도)와 관련이 있다. 신뢰도는 표본으로부터 추정된 값의 범위 내에 실제 모수를 포함할 확률이다. 반면, 타당도(정확도)는 추정된 값의 범위가 얼마나 좁은지의 문제이다.

예를 들어, 모집단의 평균을 표본의 평균(100)±10(1σ)이라고 추정한 경우와 혹은 100±30(3σ)이라고 추정한 경우, 후자의 신뢰도가 더 높다. 왜냐하면 100±30 내에 모집단의 모수가 포함될 가능성이 더 높기 때문이다. 그러나 타당도(정확도)는

7) 중심극한정리란 모집단이 정규분포를 이루지 않는다 하더라도 표본의 크기가 커지면 커질수록 표본분포는 정규분포로 단정할 수는 없지만 점점 정규분포에 가까워진다는 것을 말한다. 구체적인 내용은 제6장에서 후술된다.

8) 대략 2단계추출법에서는 구한 표본수의 약 2배, 그리고 3단계추출법에서는 구한 표본수의 약 3배가 적정한 표본수라고 생각하면 된다.

더 떨어진다. 왜냐하면 추정된 값의 범위가 더 넓기 때문이다. 따라서 신뢰도와 정확도를 높이기 위해서는 표본의 수를 크게 하는 것이 중요하다. 이에 대한 구체적인 내용은 제Ⅱ부 제6장 '통계기법의 첫걸음'에서 설명하기로 한다.

표본조사에서 발생되는 표본오차(sampling error)는 표본의 크기와 반비례하기 때문에 대체적으로 표본의 크기가 클수록 오차는 낮아진다. 그러나 또 한 가지, 표본의 크기 자체만으로 모집단의 추정이 불충분하다. 전술한 대로 더 중요한 것은 표본의 크기가 작다 하더라도 모집단을 적절히 대표할 수 있는 표본을 추출해야 하는 것이다.[9]

제 4 절 자료입력 및 자료분석(data preparation and data analysis)

실증조사연구의 경우, 이미 설계된 실증계량모형을 추정하기 위해서는 이러한 모형에 포함된 변수에 대한 구체적인 통계자료가 있어야 한다. 또한 이러한 통계자료를 수집하고 사용할 때 간과해서는 안 될 사항은 실제로 사용가능한 자료와 분석에 필요한 자료가 상호 일치해야 한다는 점이다. 예를 들어, 기업이익의 지표로 매출총이익이 적합한지, 아니면 경상이익이 적합한지, 아니면 당기순이익이 적합한지

---

9) 예를 들어, 4년마다 행하는 우리나라 대통령선거의 여론조사에서는 표본의 크기를 대략 2,000명 내지 3,000명 정도로 추출한다. 전체 인구 숫자에 비해 턱없이 부족한 수이지만 지지율에 대한 사전예측이나 선거 후 출구조사를 통한 당선가능 예측에 대한 정확도가 상당히 높은 편이다. 왜냐하면 지역, 연령, 성별, 학력 등으로 표본집단이 모집단인 유권자 전체를 대표할 수 있도록 적절히 선정되기 때문이다. 그러나 표본의 크기 자체가 항상 모집단의 대표성을 보장하는 것만은 아니다.

좀더 구체적으로 쉽게 설명하자면, 예를 들어 대통령선거 여론조사에서 표본 2,000명을 대상으로 지지도에 대해 '그렇다', '아니다' 중 하나를 답하게 하고 신뢰도(신뢰수준) 95%와 허용오차 ±3%를 가졌다고 하자. 그리고 지지도에 대한 결과를 다음과 같이 얻었다고 하자. 지지한다: 65%, 지지하지 않는다: 35%. 여기에서 2,000명의 표본은 모집단에서 무작위로 추출한 일부에 불과하기 때문에 이 결과를 100% 신뢰할 수는 없다. 이때 얼마만큼 이 결과를 신뢰할 수 있는지를 나타내는 것이 신뢰도와 허용오차이다. 따라서 위 여론조사의 결과에서, 그 설문에 대해 '지지한다'는 의견을 가진 사람수는 전체 모집단의 62%~68%일 확률이 95%이거나 혹은 '지지하지 않는다'는 의견을 가진 사람수는 전체 모집단의 32%~38%일 확률이 95%이라는 의미이다. 같은 맥락으로 나머지 5%의 확률은 이 여론조사 결과가 틀릴 수도 있다는 뜻이 된다. 따라서 신뢰도가 높을수록 정확하게 예측할 수 있는 여론조사가 될 수 있는 것이다.

를 판단하고, 어떤 자료를 지표로 이용할 것인지를 고려해야 한다. 어떤 자료를 사용하는지에 따라 실증분석결과가 다르게 도출되기 때문이다.

설문조사의 경우에는 설문지가 준비되었고 표본추출계획이 이미 설정되었다면 비로소 실제 설문조사에 착수하게 된다. 수집된 설문지가 어느 정도나 성의 있고 의미 있게 조사되었는지를 먼저 검토하여야 한다. 특히, 설문지의 항목들 간의 내적 일관성을 검토하여야 한다. 예를 들어, 월평균소득이 100만원 이하인데도 불구하고 소유한 차량이 고급차종으로 응답되었다면, 이는 신뢰성 있는 응답이라고 하기에는 다소 무리가 따른다. 그러므로 설문자료의 검토 및 분석과정에서 이와 같은 응답은 제거되는 편이 좋다.

자료를 수집하여 이를 분석하기 위해서는 편집(editing)과 부호화(코딩, coding)를 통한 자료처리과정을 거쳐야 한다. 편집은 자료의 정확성을 높이기 위해 일정한 기준에 따라 체계적으로 검토하고 수정하는 작업을 말한다. 이렇게 자료의 검토과정이 끝나면 다음으로는 부호화 준비과정을 거쳐야 한다. 예를 들어, 검토한 설문지는 어떠한 숫자로 코딩할 것인지를 결정하여야 한다. 코딩이란 컴퓨터를 사용하여 효율적인 데이터 요약과 분석을 위해 설문지상의 모든 응답 항목들을 수치화하여 기록하는 과정이다. 물론 처음에 설문지를 작성할 때 설문지에 코딩양식을 표시해 둔다면, 코딩양식지를 따로 만들 필요가 없기 때문에 다소 간편할 것이다.

이렇게 코딩이 완료되면 자료를 입력한다. 즉, 응답자별로 변수이름에 따라 각 변수의 값을 부여한다. 이러한 연구데이터를 입력하기 위해 사용할 수 있는 도구로는 Excel 혹은 통계전용 패키지인 SPSS 데이터 편집기를 사용하거나 혹은 여러 가지 편집전용 응용프로그램을 사용할 수 있다.[10]

자료의 정리가 전체적으로 이루어지면 쉽게 이해할 수 있도록 자료를 조정하거나 혹은 해석이 가능한 형태로 전환해야 한다. 이를 자료분석(data analysis)이라 한다. 이를 바탕으로 연구문제에 대해 적절한 해답을 추론하고 또 결론을 도출하는 것이 자료해석이다. 이와 같은 자료해석은 자료의 분석결과를 연구문제와 관련해 추론하는 작업이라고 할 수 있다.

기업의 연구보고서인 경우, 이러한 자료분석결과의 실제 채택여부는 연구자가

10) 코딩은 문항번호, 변수명, 변수설명 등을 기준으로 할 수 있으며, 데이터 입력을 위한 다양한 프로그램으로는 에디터, 스프레드시트(Excel, Word 등), 워드프로세서(Word, 한글 등) 등을 사용할 수 있다. 특히 이때 주의해야 할 사항은 데이터 입력시 워드프로세서를 사용할 경우, 파일을 저장할 때에는 반드시 ASCII파일(텍스트파일)로 저장해야만 SPSS로 읽을 수 있다는 점이다. 그러나 SPSS는 ASCII파일뿐만 아니라 database파일, excel파일, lotus파일 등 여러 형식으로 저장된 파일을 읽을 수 있다.

조사결과를 경영자(의사결정자)에게 보고하는 방식의 차이와 연구자의 의지에 따라 많은 영향을 미치게 된다. 일반적으로 경영자들은 단지 분석결과에 대한 서면보고와 구두보고만을 원하고 있으며, 연구조사방법과 그 과정에 대해서는 관심이 없는 경우가 대부분이다. 그러나 경영자가 조사결과에 근거하여 합리적인 의사결정을 내리기 위해서는 조사결과의 가치를 물론 인정해야겠지만 이에 못지않게 연구조사과정을 명확히 이해하고 있어야 한다. 동시에 연구조사자는 조사결과를 이해하기 쉽게 간결하고 정확하게 전달하여야 한다.

제 5 절 측정의 신뢰도(reliability)와 타당도(validity)

일반적으로 사회과학분야에서는 연구대상이 되는 추상적인 개념을 객관적이고 경험적인 지표로 측정하는 과정에서 오류가 발생할 수 있다. 이때 문제가 되는 것이 바로 신뢰도(reliability)와 타당도(validity)이다. 이 때문에 측정도구에 대한 신뢰도와 타당도의 개념을 명확하게 이해해야 한다. 아무리 정확하게 측정했다 하더라도 측정도구 자체를 신뢰할 수 없다면 이를 이용한 측정치는 부정확할 수밖에 없기 때문이다.

따라서 좋은 측정도구는 오류를 최소화시키며 신뢰도와 타당도를 높일 수 있는 것이어야 한다. 쉽게 말해, 신뢰도는 "연구자가 반복해서 측정할 때 얼마나 일관성 있게 측정하였는지(일관성: consistency)"에 관한 것이며, 반면 타당도는 "연구자가 경험적인 지표로 측정하고자 하는 추상적인 개념을 얼마나 정확하게 측정하였는지(정확성: accuracy)"에 관한 개념이다.

데이터를 측정할 때 측정하고자 하는 속성이 아닌 다른 속성을 측정하게 되는 경우, 일반적으로 본래의 참값과 측정값 사이에 불일치라는 측정오류(제3종 오류, type Ⅲ error)가 발생하게 된다. 이때 발생할 수 있는 측정오류는 체계적 오류(systematic error)와 비체계적 오류(nonsystematic error, random error, 무작위오류)로 구분할 수 있다. 체계적 오류는 측정시에 일정한 방향으로 규칙적으로 나타나는 오류이며, 비체계적 오류는 무작위적으로 그 크기와 방향이 변화되어 예측할 수 없도록 불규칙하게 나타나는 오류이다.

신뢰도는 측정에 있어 비체계적 오류와 관련된 개념이며, 타당도는 측정에 있어 체계적 오류와 관련된 개념이라 할 수 있다.[11] 신뢰도는 수치로 표현할 수 있기 때문에 보통 '측정한다'라고 말한다. 그러나 타당도는 현실적으로 쉽게 측정할 수 없기 때문에 보통 '평가한다'라고 말한다.

1. 신뢰도의 증대방법

신뢰도(reliability)란 전술한 대로 동일한 개념이나 속성에 대해 측정을 반복했을 때 나타나는 측정값들에 대한 분산을 의미한다. 다시 말해, 측정하고자 하는 것을 얼마나 일관성(consistency) 있게 측정했는지에 관한 개념이다. 즉, 신뢰도가 높다는 것은 일관성이 있다는 것으로도 해석할 수 있다. 체계적 오류가 있다 하더라도 무작위오류(비체계적 오류)가 없으면 동일한 측정결과를 얻게 되고, 이는 곧 신뢰성이 높다는 의미이다. 이와 같이 신뢰도는 체계적 오류와는 아무 관련 없이 그 측정도구가 일관성이 있다는 것이다.

이러한 신뢰도 측정방법으로는 여러 가지 방법이 있다. 그러나 흔히 신뢰도를 말할 때 가장 많이 사용되는 개념으로는 크론바 알파계수(Chronbach's Alpha Coefficient)가 있다. 크론바 알파계수를 구하기 위해서는 우선 반분신뢰도(split-half reliability)를 이해하고 있어야 한다. 반분신뢰도란 예를 들어, 여러 개의 문항을 가지고 동일한 개념을 측정할 경우, 그 측정결과에 일관성이 있어야 한다는 논리이다. 먼저 여러 문항을 무작위로 두 집단으로 분류한다. 그러고 난 후 이들 두 집단의 측정치 간의 상관관계를 분석해 신뢰도를 측정하는 방법이다. 만약, 두 집단의 측정치가 서로 유의하게 차이가 난다면 이는 신뢰도가 낮다고 볼 수 있다.[12]

크론바 알파계수는 신뢰성계수(reliability coefficient)로 널리 사용되고 있는데, 해당 문항을 가지고 구성할 수 있는 모든 집단 간의 반분신뢰도를 구한 후 이것의 평균값을 산출한 것이다. 이를 통해 해당 척도를 구성하고 있는 개별항목들에 대한 신뢰도를 평가할 수 있는 것이다. 따라서 일관성이 없는 문항을 찾아내어 이를 측정도구에서 제외시킴으로써 신뢰성을 높이고자 하는 것이다.

---

11) 예를 들어, 군대에서 사병군인이 사격연습을 할 경우, 소총 자체가 잘못 생산되어 사격수의 능력과 관계없이 표적흔적이 일정한 방향으로 편중되어 생긴 오류를 체계적 오류라 하고, 사격수의 능력부족과 부주의로 인해 사격연습을 할 때마다 매번 다르게 나타나는 오류를 비체계적 오류라 한다.

12) 반분신뢰도를 통해 두 집단 간의 측정결과가 서로 일치한다면, 이는 내적 일관성이 높다고 할 수 있다.

일반적으로 집단수준일 경우 크론바 알파계수가 0.7 이상, 개인수준일 경우 0.9 이상이면 신뢰도가 높다고 간주한다. 일반적으로 연구논문에서는 신뢰도를 측정할 때 이러한 반분신뢰도와 크론바 알파계수가 제시된다.

신뢰도는 비체계적 오류(무작위오류)와 관련되었기 때문에 신뢰도를 높인다는 것은 무작위오차의 발생가능성을 최대한으로 통제하여 오차분산을 극소화시키면 된다. 예를 들어, 설문지 설계방법의 경우, 구체적으로 신뢰도를 개선하기 위한 방법으로 다음과 같이 여러 가지를 고려할 수 있다.

첫째, 측정도구의 신뢰성이 낮다고 생각되면 측정항목수를 늘리거나 측정도구(문항)의 모호성을 제거해야 한다. 이는 표본의 크기가 클수록 측정값이 정규분포를 이루어가는 것과 같은 논리이다. 또한 측정대상자가 분명히 이해할 수 있는 알기 쉬운 어구와 단어를 사용해야 한다.

둘째, 척도점의 크기를 더 늘리는 것이다. 예를 들어, 일반적으로 4점 혹은 5점 척도보다는 7점 척도의 신뢰도가 높다.

셋째, 사전에 신뢰도가 검증된 표준화된 측정도구를 이용하는 것이 바람직하다.[13] 그러나 이미 개발되어 있는 관련 내용의 설문지가 있다면, 그중에서 가장 편리하고 안전한 항목들을 채택하는 것이다.

넷째, 비체계적 오류(무작위오류)를 줄이기 위해 측정자의 태도와 측정방식의 일관성이 항상 유지되도록 해야 한다.

마지막으로, 무엇보다 중요한 것은 설문지 개발을 완료하기 전에 반드시 예비조사를 실시하여 신뢰성이 낮은 문항들을 제거하는 것이 좋다. 그러나 이미 개발되어 있는 설문지 중에서 신뢰도가 높은 것을 그대로 사용하는 것도 좋은 방법이 될 수 있다.

2. 타당도의 증대방법

타당도(validity)는 전술한 대로 연구자가 '측정하고자 하는 개념이나 속성을 얼마나 정확하게 측정하였는지'에 관한 개념이다. 즉, 연구자가 특정 개념이나 속성을 측정하기 위해 개발된 측정도구를 통해 '측정하고자 하는 것'을 얼마만큼 정확하게 반

13) 설문조사의 경우, 문항 간의 상관계수가 작다고 하더라도 문항수가 충분히 많으면 크론바 알파계수가 커지며, 동시에 신뢰도는 높아진다. 이것이 설문지의 문항수를 늘리려는 부분적인 이유이다.

영하고 있는지 그 정도를 나타낸다. 이와 같은 타당도는 체계적 오류(무작위오류)와 관련이 있기 때문에 척도가 제대로 그 기능을 다하고 있는지에 따라 다르게 된다.

타당도는 평가방법에 따라 여러 가지로 나눌 수 있다. 여기에서는 내용(content)과 구성(construct, 개념: concept)면에서의 타당도를 측정하고 평가하기 위한 방법을 살펴보기로 한다. 내용타당도란 측정항목에 포함된 지표나 항목이 측정하고자 하는 내용을 잘 대변하고 있는지를 나타낸다. 또한 기존의 이론적인 틀에 근거해 측정하고자 하는 개념들 간에 만들어진 이론적인 틀에 얼마나 부합하는지를 나타내는 구성타당도가 있다. 즉, 구성타당도란 측정값의 분산이 해당 구성(개념)의 변화에 의해 나타난 것인지에 초점을 두고 타당성을 평가하는 방법이다. 구성타당도를 평가하기 위해 사용되는 대표적인 방법으로 다속성-다측정방법(multitrait-multimethod matrix technique)과 요인분석(factor analysis)을 들 수 있다.

다속성-다측정방법의 경우, 먼저 2개 이상의 개념에 대해 측정도구를 각각 2개 이상 개발한다. 그러고 난 후 이들을 측정할 때 동일한 개념에 대해 상이한 측정방법으로 측정하더라도 측정값 간에는 동일한 결과가 산출됨으로써 상관관계가 높아야 한다는 것이다(집중타당도: convergent validity). 또한 상이한 개념을 측정한 측정값 간에는 측정도구와는 상관없이 상이한 결과가 산출됨으로써 상관관계가 낮아야 한다는 것이다(판별타당도: discriminant validity). 이와 같이 다속성-다측정방법은 이러한 논리에 의거해 2개 이상의 측정방법과 2개 이상의 특성을 매트릭스로 작성하여 구성타당도를 평가하는 방법이다.

요인분석의 경우에도 집중타당도(convergent validity)와 판별타당도(discriminant validity)의 논리에 의거해 구성타당도를 평가하는 방법이다. 즉, 서로 상이한 개념들에 대한 측정항목을 개발한 후에 측정을 실시하고 동일한 개념을 측정하는 항목들이 과연 동일한 요인으로 묶여지는지를 평가하는 방법이다. 요인분석의 기본원리는 항목들 간의 상관관계가 높은 항목끼리 하나의 요인으로 보고, 요인들 간에는 상호독립성을 유지하도록 하는 것이다.

따라서 요인분석에서는 하나의 요인으로 묶여진 항목들은 동일한 개념을 측정하는 것으로 간주한다. 마찬가지로, 서로 다른 요인으로 묶여진 항목들은 서로 상이한 개념을 측정하는 것으로 간주한다. 이와 같이 요인들 상호 간에는 상관관계가 존재하지 않기 때문에 각 요인들은 서로 상이한 독립적인 변수(개념)라고 간주할 수 있다. 따라서 요인분석에서는 요인 내의 항목들은 집중타당도를 유지하고, 요인 간의 항목들은 판별타당도가 유지되는 것으로 해석할 수 있는 것이다.[14)]

3. 신뢰도와 타당도의 상호관련성(articulation)

전술한 대로 타당도는 정확성(accuracy)과 관련된 것이고 신뢰도는 일관성(consistency)과 관련된 것이다. 무엇보다 측정에 있어서는 타당도와 신뢰도를 동시에 확보하는 것이 중요하다. 논리적으로 볼 때 이들은 상호보완적인 관계이지만, 타당도를 강조하다보면 신뢰도가 약화되고, 신뢰도를 강조하다보면 타당도가 약화되는 결과가 초래된다.

연구자가 측정하고자 하는 것을 제대로만 측정한다면 생산적인 연구결과가 나올 것은 분명해진다. 따라서 이론적으로는 타당도의 확보가 더 중요한 과제가 된다. 그러나 사회과학분야에서 특정 현상을 측정할 때 제대로 정확하게 측정한다는 것은 매우 어려운 일이다. 즉, 타당도의 문제가 발생한다는 것이다. 이런 의미에서 연구방법론 측면에서 신뢰도의 확보가 중요한 과제가 되는 것이다.

이들 간의 관계를 한번 짚고 넘어가기로 하자. 무엇보다 신뢰도가 높다고 해서 반드시 타당도가 높아지는 것은 아니다. 그러나 타당도가 높아지면 반드시 신뢰도가 높아지게 된다. 간단한 예를 들어 설명하기로 하자.

타당도와 신뢰도는 측정대상의 속성에 수치를 부여하는 과정 속에서 나타나는 측정오류와 관련된다는 사실은 전술한 바와 같다. 타당도는 체계적 오류와 관련이 있으며, 신뢰도는 비체계적(무작위) 오류와 관련이 있다. 따라서 측정치는 다음과 같은 식으로 표현할 수 있다.

측정치(A) = 참값(B) + 체계적 오류(C) + 비체계적(무작위) 오류(D)

여기에서 만약 측정도구를 이용하여 측정한 수치가 측정대상의 속성을 측정오류 없이 완벽하게 반영한다면, 전체 측정오류(C+D)는 거의 영(0)에 가깝다고 할 수 있다. 또한 측정대상의 속성을 동일한 측정도구로 여러 번 반복 측정했을 때, 측정치가 거의 일정한 수치를 나타낸다면 그 측정은 신뢰도가 매우 높다고 할 수 있다. 즉, 비체계적 오류(D; 무작위오류)가 매우 낮게 나타났다는 것이다. 그러나 이 경우라 할지라도 체계적 오류(C)가 크게 존재한다면 타당도가 매우 낮아 측정에 문제가

14) 좀더 구체적으로 설명하면, 집중타당도(convergent validity)란 동일한 개념(변수)을 2개 이상의 상이한 방법으로 측정해 이들의 측정치가 유사하게 나타나는 정도를 말한다. 따라서 이들의 상관계수가 높을수록 집중타당도는 높아진다. 이에 반해 판별타당도(discriminant validity)는 서로 상이한 개념(변수)을 동일한 방법으로 측정해 이들 개념들 간의 차이가 얼마나 존재하는지를 나타내는 정도이다. 따라서 이들의 상관계수가 낮을수록 판별타당도는 높아진다.

있다는 것을 알 수 있게 된다.

사회과학분야에서 사회현상을 측정할 때 연구대상의 속성을 정확하게 반영하는 것은 무엇보다도 중요한 일이다. 즉, 측정하고자 한 것을 정확하게 반영한다는 것은 체계적 오류(C)가 거의 없는 타당도가 높은 측정이 된다. 이때는 동일한 측정도구를 가지고 여러 번 측정해보는 연구방법론 측면에서의 신뢰도의 크기는 큰 문제가 되지 않는다. 따라서 타당도가 높으면 신뢰도는 반드시 높지만, 신뢰도가 높다고 해서 반드시 타당도가 높지는 않다는 것이다.

이를 좀더 구체적으로 설명하기 위하여 또 다른 예를 살펴보기로 하자. 하나의 개념을 측정하기 위해 2가지의 측정도구 A, B를 개발하였다고 가정한다. 이때 측정치들의 분산을 크게 3가지로 나누어 설명할 수 있다. 즉, 측정도구 A와 B로 측정한 측정치들이 공유할 수 있는 공유분산(V^{co}: common factor variance)과 각각의 측정도구 A, B가 다른 측정도구와 상관없이 변하는 자체분산(V^{sp}: specific variance), 그리고 측정상의 오류로 발생하는 각각의 오차분산(V^{e}: error variance)으로 분리하여 설명할 수 있다.

따라서 측정치들의 총분산(V^{T}: total variance)은 다음과 같은 식으로 나타낼 수 있다.

$$V^{T} = V^{co} + V^{sp} + V^{e}$$

위의 식에서 각 항을 총분산(V^{T})으로 나누면 다음과 같다.

$$1 = (V^{co} / V^{T}) + (V^{sp} / V^{T}) + (V^{e} / V^{T})$$

또한 측정결과에서 얻어진 각각의 실제분산(V^{t}: true variance)은 공유분산과 자체분산을 더한 값으로서 다음과 같이 기술할 수 있다.

$$V^{t} = V^{co} + V^{sp}$$

여기에서 신뢰도는 총분산(V^{T})에 대한 실제분산(V^{t})의 비율이며, 타당도는 총분산에 대한 2가지의 측정도구가 공유하는 공유분산의 비율(V^{co}/ V^{T})이 된다. 즉, 타당도(V^{co})는 신뢰도($V^{co}+ V^{sp}$)에서 측정도구의 자체분산(V^{sp})을 뺀 개념이다. 이를 식으로 정리하면 다음과 같이 나타낼 수 있다.

$$\text{신뢰도} = V^t / V^T = (V^{co} + V^{sp}) / V^T$$

$$\text{타당도} = V^{co} / V^T = \text{신뢰도}\, V^t / V^T - \text{자체분산}(V^{sp} / V^T)$$

$$= \text{신뢰도}[(V^{co} + V^{sp}) / V^T] - \text{자체분산}(V^{sp} / V^T)$$

이와 같이 신뢰도는 타당도에 각 측정도구의 자체분산을 합한 개념이기 때문에 타당도가 높아지면 신뢰도는 반드시 높아지게 되지만, 신뢰도가 높다고 해서 반드시 타당도가 높아지는 것은 아니라는 것을 쉽게 알 수 있다.

따라서 타당도의 문제가 연구대상의 속성을 측정할 때 핵심이 된다는 것을 알 수 있다. 다시 말해, 사회과학분야에서 사용되는 측정도구를 적용한 측정치에 충분한 타당도가 있다면 신뢰도는 연구방법론 측면에서 볼 때 사실 큰 의미가 없다. 그러나 현실적으로 볼 때 실제 연구대상에 대한 속성을 측정할 때는 정확성이 강조되는 타당도 측정에 여전히 문제점이 많기 때문에 측정에 있어서 신뢰도는 그만큼 중요하다고 할 수 있겠다.

이와 같은 신뢰도와 타당도의 상호관계를 측정치들의 분산을 통해 다음과 같이 쉽게 나타낼 수 있다.

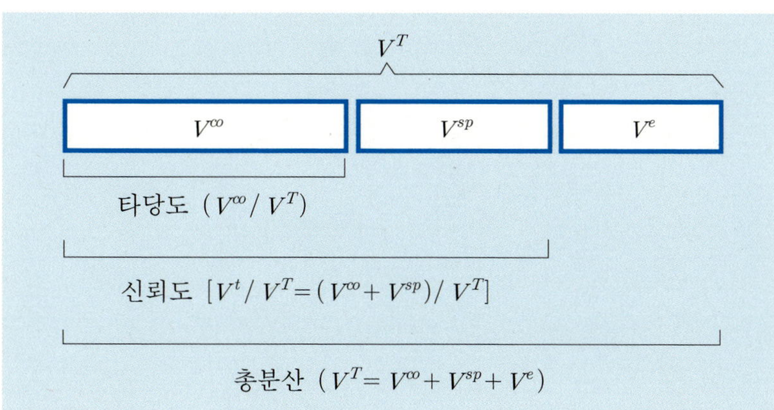

앞에서도 설명했지만 연구대상에 대한 속성을 측정할 때 가장 중요한 이슈가 되는 것은 측정에 대한 신뢰도와 타당도이다. 이들의 관계에서 나타났듯이 신뢰도는 타당도를 위한 기본 전제조건이라고 할 수 있다. 즉, 높은 타당도의 확보가 과학적 연구에 있어 더 중요한 기본이 된다는 것이다.

다시 강조하면, 신뢰도는 반복적인 측정이 얼마만큼 동일한 결과를 가져오는 것인지와 관련된 내용이다. 신뢰도가 낮다는 것은 측정할 때마다 다른 수치를 나타낼 수 있다는 것이다. 예를 들어, 무게를 재는 체중계와 같은 것이다. 반면, 타당도는 측정하고자 하는 추상적인 개념을 측정지표가 얼마만큼 정확하게 반영하고 있는지와 관련된 것으로서 측정하고자 하는 개념의 본질을 나타내는 내용이다.

PART

Ⅱ

계량분석의 개요

CHAPTER 5

계량분석의 첫걸음

제 1 절 계량분석(quantitative analysis)의 목적

오늘날 우리는 다양한 형태의 많은 정보와 자료를 접하며 살고 있다. 즉, 각종 경제지표를 비롯하여 사회의 각 분야에서 각종 수치자료를 근거로 한 통계적 접근방법을 통해 작성된 다양한 정보와 여러 가지 수집된 자료를 참조하며 살아가고 있다.

이러한 다양한 자료와 정보는 정부에서 각종 정책을 입안할 때에는 물론이고, 기업 경영인이 주요 의사결정을 할 때, 그리고 개인이 사적인 의사결정을 할 때에도 막대한 영향을 끼치고 있다. 이를 위한 통계적 방법의 기본목표는 다양한 기법을 활용해 수집된 자료를 체계적으로 정리하고 분석하여 합리적인 의사결정을 할 수 있도록 하는 데에 있다. 수집된 자료를 분석한다는 것은 일반적으로 주어진 사회현상에 대해 알기 쉽게 통계적 수치로 설명한다는 의미이다.

계량분석이란 일반적으로 다양한 통계기법을 이용하여 수치자료(numerical data) 분석대상집단에 대한 성격을 파악하고, 집단 간의 특성을 비교가능하게 함으로써 주요 의사결정을 위한 근거를 제시하는 작업이라 할 수 있다. 계량분석은 결국 복잡한 수치자료를 간단하게 만드는 작업이라 할 수 있다. 이때 주요 지표를 산출하여 분석대상집단의 특성이 간단하게 제시되어야 한다.

이와 같은 계량분석의 목적은 사회현상에 대한 실제 경제자료를 분석하기 위해 실증계량모형을 통해 양적 결과를 제공하는 것이다. 예를 들어, 증권업계에서는 증권시황을 평가하기 위해 기업의 재무제표나 각종 경제지표, 환율, 이자율 등 증권시장에 영향을 미치는 수치자료를 통계적 기법을 이용하여 분석한다. 이와 같은 통계적 분석기법을 계량분석기법이라 한다. 즉, 계량기법을 통해 투자자가 합리적인 의사결정을 할 수 있는 근거가 제시된다.

제 2 절 통계학(statistics)과 계량경제학(econometrics)

일반적으로 통계학(statistics)은 분석하고자 하는 연구대상과 관련해 연구조사나 실험의 결과로 얻을 수 있는 요약된 분석자료나 차트 혹은 도표의 형태를 제시한다. 이러한 통계학에는 크게 수리통계학과 응용통계학이 있다. 수리통계학(mathematical statistics)은 통계이론이나 법칙 등을 개발하고 이를 증명하는 학문분야이다.

반면, 응용통계학(applied statistics)은 실제 일어나고 있는 사회현상의 문제를 해결하기 위해 이러한 통계이론이나 법칙 등을 응용하는 학문분야이다. 응용통계학은 기술통계학(descriptive statistics)과 추론통계학(inferential statistics)으로 나누어진다. 기술통계학은 합리적인 의사결정을 하도록 주어진 수치자료에 대한 평균이나 분산을 구하고, 또 그래프를 도출하여 자료를 수집 및 분석하고 해석하는 방법에 관한 학문분야이다. 추론통계학은 모집단에서 수집된 표본의 관측자료에 기초하여 가설검정 등 보다 일반적인 현상을 분석하고, 모집단의 특성치를 추론하여 어떤 결론을 내리거나 또 예측하는 통계적 추론(statistical inference)을 주요 내용으로 하는 학문분야이다.

이에 반해, 계량경제학(econometrics)에서는 글자 그대로 경제현상의 참모습을 밝히기 위해 측정한다(economic measurement)는 의미를 담고 있다. 또한 경제현상을 수학적 기호로 모형화하고 통계적인 조사방법을 통해 분석하고 검증한다. 즉, 경제현상의 참모습을 밝히기 위해 통계적 방법을 기초로 하여 다양한 경제현상의 특징을 분석하고, 개발된 이론이 현실경제를 반영하고 있는지 실제 경제자료를 토대로 검증하는 학문영역이다. 동시에 정부정책을 분석하고 합리적인 경제활동을 계획하며 미래경제흐름에 대한 올바른 예측을 할 수 있도록 적합한 모형을 개발하는 경제학의 한 분야라고 할 수 있다.[1)]

1) 대부분의 계량분석기법은 통계학의 방법론과 일맥상통한 면이 있지만 계량분석의 기법은 이론검증과 관련하여 실증분석을 위해 연구모형이 수립되고 개발된다는 측면에서 통계학과는

제 3 절 수리경제모형(economic model)과 실증계량모형(econometric model)

경제이론에서 도출되는 실증계량모형(econometric model)의 현실적인 적합성을 검증하기 위해서는 ① 이론에 근거한 적절한 변수선정 및 변수들 간의 관계를 설명할 실증모형의 구축, ② 모형에 포함될 변수에 대한 표본자료의 수집 및 분석, ③ 구축된 모형의 모수 추정 및 검정, 그리고 ④ 추정결과에 대한 분석 및 예측 등을 통해 경제적 실증모형을 구체적으로 활용할 수 있어야 한다.

즉, 실증계량모형은 경제현상에 대한 분석과 예측을 목적으로 복잡한 경제현상의 변수들 간의 상호의존관계를 이론적으로 규명한다. 또한 이를 다시 수식화시켜 통계자료에 의해 검증되며 동시에 미래 경제예측에 사용된다. 아래에서는 이와 관련된 내용을 단계별로 살펴보기로 한다.

1. 실증계량모형의 구축(building econometric model)

실증분석을 위한 계량모형접근법은 먼저 분석대상이 되는 관련이론에 근거해 경제변수 간의 관계를 수식으로 표현한 모형을 설정해야 한다. 예를 들어, 소비와 소득 간의 관계를 가정할 경우, 두 변수 X(소득)와 Y(소비)가 어떤 특정의 함수관계를 갖는지를 설명할 수 있어야 한다. 이를 단순화하여 실증분석을 하고자 할 경우, 다음과 같은 식 $Y=f(X)=\alpha+\beta Y$ 의 함수관계가 실제자료에 성립하는지 분석하면 된다.

이와 같은 모형은 종속변수(Y)와 독립변수(X)에 대한 이론적인 관계를 나타내는 이론적인 수리경제모형(economic model, mathematical model)이 된다. 이것은 소비가 소득과 선형관계가 있다는 수리모형의 한 예가 된다. 이때 α와 β는 종속변수 Y와 독립변수 X 사이의 관계를 부여하는 것으로 모수(parameter) 또는 계수(coefficient)라고 부른다.

이러한 수리경제모형을 통해 변수들 간의 관계를 분석하기 위해서는 다른 조건이 동일해야 한다(ceteris paribus; other things being equal)는 조건을 만족시켜야만 한

다르다고 할 수 있다. 따라서 경제상황에 적합한 방법론을 개발하는 것은 계량경제학의 주요 연구과제 중의 하나라 할 수 있다.

다. 즉, X와 Y 변수들 간에 확정적인 관계가 존재해야 하는 가정이 필요하다.

하지만 현실적으로 경제여건의 변화 등 여러 가지 이유 때문에 위의 수리경제 모형처럼 변수들 간에 정확한 관계가 성립될 수 없다. 왜냐하면 종속변수 Y(소비)에 X(소득) 이외의 다른 변수들이 영향을 미칠 수 있기 때문이다. 따라서 다른 변수의 영향을 고려하여 앞의 이론적인 경제모형을 다음과 같이 실증계량모형(econometric model, statistical model)으로 수정해야 한다.

$$Y = \alpha + \beta X + \epsilon$$

위와 같은 실증계량모형이 이론적인 수리경제모형과 부합하기 위해서는 계수의 방향도 상호 일치해야 한다. 예를 들어, $\alpha > 0$, $\beta > 0$의 조건도 성립해야 한다. 여기에서 오차항(ϵ, 교란항: disturbance term 혹은 error term)은 일정한 확률분포를 갖고 있는 확률변수이다. 즉, 종속변수에 영향을 미치지만 명시적으로 표시할 수 없는 다른 요인들을 대표하고 있다. 이 오차항 ϵ는 이론적인 관계를 도출하는 수리경제모형과 현실적인 적합성을 분석하기 위한 실증계량모형의 차이를 나타낸다.[2)]

이론적인 수리경제모형이 설정되면 종속변수와 독립변수 간의 관계가 정확하지 않기 때문에 위와 같은 실증계량모형의 함수형태를 도출해야 한다. 왜냐하면 아무리 뛰어나고 복잡한 이론적인 경제모형이라 할지라도 경제현상을 완벽하게 반영할 수는 없기 때문이다. 물론, 아무리 많은 변수들을 그 이론모형에 포함시키더라도 마찬가지이다. 이때 변수들 간의 관계는 여러 함수형태로 표시할 수 있는데, 이해하기 쉬운 선형회귀모형(linear regression model)이 널리 사용되고 있다. 이와 관련된 구체적인 내용은 제Ⅲ부에서 다루기로 한다.

2. 표본 자료수집(data collection) 및 분석(data analysis)

계량분석에 있어 연구결과와 이에 대한 해석은 궁극적으로 얼마만큼 적절한 자료를 사용했는지에 따라 다르게 된다. 자료수집(data collection)은 조사대상에 대한 정

2) 이러한 오차항 ϵ가 발생하는 이유는 모형에 변수가 누락되거나 모형설정에 오류가 있거나 X와 Y 변수를 측정할 때 발생되는 오차로 인해 나타날 수 있다. 오차항 ϵ는 독립변수 X와 종속변수 Y의 확률관계(stochastic relation)를 나타내는 변수로서 후술되는 회귀분석을 통해 분석된다.

보를 수집하는 과정을 말한다. 전술한 대로, 자료는 연구목적과 연구문제에 따라 달리 정해지지만 일반적으로 1차 자료(primary data)와 2차 자료(secondary data)로 구분된다.

1차 자료는 연구자가 현 시점에서 당면한 의사결정을 하기 위해 직접 관찰하거나 조사하여 수집한 자료를 말한다. 즉, 1차 자료는 조사목적에 적합한 시의적절한 정보를 제공한다는 장점을 가지고 있다. 하지만 설문조사나 면접 또는 자료처리 등의 자료수집 과정에서 많은 비용과 시간이 소요된다는 단점이 있다. 반면, 2차 자료는 서적이나 정기간행물 또는 보고서 등을 통해 얻을 수 있는 자료로서 다른 조사자가 또 다른 목적을 위해 이미 사용한 자료를 말한다.

그러나 2차 자료는 다른 목적에 의해 이미 수집된 자료이기 때문에 현재 직면한 의사결정을 위해 관련된 정보를 제공하기가 어렵다. 또한 관련된 정보라 하더라도 시간이 경과되어 적절하지 못한 경우가 많다. 이러한 한계점으로 인해 많은 의사결정자들은 조사목적에 적합한 정보를 시의적절하게 제공하는 1차 자료에 의존하게 된다.

실증계량모형을 추정하기 위해서는 모형에 포함된 변수에 대한 표본자료의 수집이 선행되어야 한다. 일반적으로 자료수집 과정에서 보다 많은 관측치들이 바람직하다. 왜냐하면 많은 관측치 수는 자유도를 증대시키고, 이는 추정치의 분산을 작게 하여 추정치의 정확도가 높아지기 때문이다. 또한 연구자는 어떤 자료를 사용하는지에 따라 실증분석의 결과가 다르게 나타난다는 것을 알아야 하며, 연구목적과 방법에 적합한 자료를 수집해 분석해야 한다.[3] 이러한 자료는 형태와 속성에 따라 다음과 같이 여러 가지로 구분할 수 있다.

(1) 정량적 자료(quantitative data)와 정성적 자료(qualitative data)

자료는 크게 형태에 따라 분류될 수 있다. 이때 많고 적음을 뜻하는 자료로 숫자로 표시될 수 있는 자료(예: 매출액, 가격, 지출액, 소득, 몸무게, 월급, 성적 GPA 등)를 정량적 자료 또는 양적자료(수치자료)라고 한다. 즉, 경험주의에 바탕을 둔 실증자료이다. 그러나 숫자로 표시하기가 곤란하여 수량화할 수 없기 때문에 직접 측정할 수 없는 속성을 뜻하는 자료(예: 남녀, 순위, 빈부, 학력, 종교 등)를 정성적 자료 또는 질적자료(범주자료)라고 부른다.

3) 요즈음은 인터넷을 활용하여 직접 온라인 설문조사 결과를 얻기도 한다. 하지만 자료수집방법으로서 신뢰성과 타당성을 검증하기에는 아직 많은 어려움이 따르고 있다.

(2) 연속형 자료(continuous data)와 이산형 자료(discrete data)

양적자료 중에서 수치로 표시할 수 있는 자료, 특히 자료의 계수가 가능한 경우(예: 기업 수, 종업원 수, 상품 불량품 개수 등)의 자료를 이산형 자료라고 한다. 반면, 측정도구의 한계로 인해 정확하게 측정할 수 없어 연속적인 값으로 나타낼 수 있기 때문에 계수가 불가능한 경우(예: 몸무게, 키, 온도, 시간 등)의 자료를 연속형 자료라고 한다. 질적자료(범주자료)는 모두 이산형 자료이다. 그러나 양적자료(수치자료)는 연속형 자료일 수도 있고 이산형 자료일 수도 있다.

(3) 횡단면자료(cross-section data)와 시계열자료(time series data)

어떤 특정 시점에서 하나 이상의 개체에 대해 동일한 속성을 관찰하고자 하는 경우에 사용되는 자료를 횡단면자료라 한다. 예를 들어, 어떤 일정한 시점에 우리나라의 지역별 소비수준이나 실업률을 관찰하기 위해 사용되거나 혹은 2008년도에 우리나라 경제성장률을 파악하기 위해 세계 각국의 GNP/GDP 자료가 사용된다면 이는 횡단면자료이다.

반면, 둘 이상의 시간적 간격을 두고 여러 다른 시점에서 상이한 대상을 관찰하는 경우에 사용되는 자료를 시계열자료라 한다. 예를 들어, 특정 지역의 소비수준이나 실업률을 기간별로 관찰한다든지, 연도별 물가동향조사를 한다든지, 혹은 세계 각국의 GNP/GDP 자료 혹은 정부예산자료에 대해 2000년부터 2008년까지의 관측치를 일정한 시간간격을 두고 입수하는 경우 등을 말한다. 이러한 시계열자료는 관측빈도에 따라 일별, 주별, 분기별, 반기별, 그리고 연도별 자료 등으로 구분할 수 있다.

(4) 합동자료: 패널자료(panel data)

하나의 동일한 개체에 대한 속성을 시간의 흐름에 따라 관측하는 경우에 사용되는 자료를 말한다. 예를 들어, 2000년부터 2008년 동안에 세계 각국 제조업체 회사의 매출액 또는 당기순이익 자료를 이용하는 경우에는 횡단면자료와 시계열자료의 특징이 동시에 복합되어 합동자료(pooled data)인 패널자료로 나타나게 된다.

이때 동일한 제조업체를 대상으로 시간의 흐름에 따라 관측하며 연구조사를 한다면 이는 패널자료가 된다. 이와 같이 패널자료는 여러 기간에 걸쳐 매기마다 동일한 단위(제조업, 사람 등)를 기준으로 하여 지난번 조사기간과 비교해 어떤 변화가 있었는지를 발견하여 유용한 정보를 제공하게 된다.[4] 그러나 여러 기간에 걸쳐 매기마다 상이한 단위(예를 들어, 이번에는 은행업 등)를 대상으로 연구조사를 한다면 이는 시계열자료가 된다.

3. 실증계량모형의 통계적 추론(statistical inference)

실증계량모형(econometric model)을 설정하고 자료를 수집하면 그 다음 단계는 이론에 대한 실증적 내용을 보여주는 실증모형의 모수(parameter, 계수: coefficient)들의 추정치를 구하는 일이다. 그렇다면 이러한 모수들을 어떻게 추정할 수 있을까? 이들을 추정하기 위해 통계적 분석도구가 필요한데, 여기에서는 회귀분석을 그 예로 설명하기로 한다.

우선 전체 모집단에 대한 독립변수 X와 종속변수 Y의 관계를 반영하는 모집단 회귀식(population regression function)은 $E(Y)=\alpha+\beta X$ 와 같이 표기할 수 있다. 그러나 이러한 모집단 회귀식을 추정하기 위해서 실질적으로는 일정한 표본만을 사용하게 된다. 실증분석에서 사용하는 표본회귀식(sample regression function)은 $Y=\alpha+\beta X+\epsilon$을 통해 결국은 추정회귀식 $\hat{Y}=a+bX$로 나타내게 되는 것이다. 여기에서 a와 b는 추정계수가 된다.

다시 말해, 회귀분석의 목적은 표본을 통해 자료의 분포에 가장 적합한 회귀식을 도출하여, 전체 모집단 회귀식의 모수 α, β를 추정해야 한다. 이 경우에 표본자료는 모집단의 일부만을 반영하기 때문에, 일반적으로 $a=\alpha$(상수), $b=\beta$(기울기)의 관계는 성립되지 않는다.

따라서 추정계수 a, b가 검정하고자 하는 경제이론과 일치하는지를 판단해야 한다. 즉, 이 추정계수가 통계적으로 유의한지? 만약 유의하다면 X, Y 변수들의 관계가 지니고 있는 이론을 지지하는 것이고, 그렇지 않다면 이론을 반박하는 것이 된다. 다시 말해, 실증모형의 표본회귀식의 추정계수 a, b에 대한 확률분포적 특징을 이용하여 모집단 회귀식의 계수 α와 β에 대한 가설검정을 시행하는 것이다. 이것이 통계적 추론이다. 이와 같이 통계적 추론이란 표본이 갖고 있는 정보를 분석하여 모집단의 모수에 대한 결론을 유도하고, 이에 대한 연구가설의 옳고 그름을

4) 동일한 단위를 기준으로 하여 시간의 흐름에 따라 수집한 특별한 형태의 합동자료들을 패널자료(panel data) 또는 미시패널자료(micro-panel data)라고도 한다.

판단하는 것을 말한다.

또한 수집된 표본자료를 이용하여 실증적인 회귀모형을 추정하기 위해 모형의 특징에 따라 적합한 추정방법을 적용해야 한다. 이와 관련된 구체적인 내용은 회귀계수에 대한 가설검정과 함께 제Ⅲ부에서 자세히 설명하기로 한다.

4. 실증계량모형의 추정결과분석 및 예측: 추정결과의 활용

실증분석의 마지막 단계는 실증계량모형에 의해 구체화된 변수들의 관계를 통계적 분석기법을 적용하여 추정하고, 추정결과를 분석하고 예측하는 일이다. 이러한 실증계량모형이 이론에 근거한 가설과 부합하다면, 독립변수 X값을 알고 있거나 미래 값을 예상할 수 있을 때 종속변수 Y의 미래 값을 예측할 수 있을 것이다.

이와 같이 추정결과가 기존의 이론적 배경을 뒷받침해준다면, 변수들 간의 관계를 통해 정부의 현안 및 기업의 정책결정에 대한 통제 혹은 미래예측 등에 적절히 활용할 수 있다. 예를 들어, 기업의 재고자산회전율이 경영성과에 미치는 영향을 조사하여 미래에 재고자산의 적절한 보유량을 책정할 수 있을 것이다. 또한 추정결과가 연구가설과 잘 부합하지 않아 기존 이론과 맞지 않는 경우에는 정책결정에 활용하기보다는 그 전에 왜 이론과 부합하지 않는지 이에 대한 타당한 근거를 찾는 것이 중요하다.

그러나 실증모형의 분석절차에 따라 가설검정이 이루어졌다 하더라도 계량분석이 완료되었다고 할 수 없다. 단지 양적분석(quantitative analysis)을 한 것에 불과하기 때문이다. 모집단의 현상에 대한 참모습(모수)을 밝히기 위해서는 양적분석만으로 충분하지 않다. 예를 들어, 특정 기간에 영어성적이 좋다고 반드시 영어를 잘하는 학생이라고 할 수 없으며, 부동산이 많다고 전부 부자라고 할 수 없기 때문이다. 따라서 표본자료에 포함되지 않은 특정 기간에 대해 추정된 실증모형을 적용하여 예측값을 구하고 해당 기간에 대한 실젯값과 비교하여 그 차이에 대한 유의성을 살펴보아야 한다. 만약 유의성 검정결과, 그 차이가 통계적으로 유의하지 않다면, 그 실증모형의 예측력은 양호한 것으로 평가할 수 있다. 이때 미래 예측과정에서의 종속변수 Y와 독립변수 X의 구조적 관계는 예측기간중에도 과거의 기간과 동일하다고 가정한다. 다시 말해 두 기간의 모수들이 변하지 않는다고 가정하는 것이다.

CHAPTER 6

통계기법의 첫걸음

제 1 절 확률(probability)과 확률변수(random variable)

사람들은 흔히 확률(probability; P)을 단순히 현실 속에서 어떤 사건이 일어날 가능성을 숫자로 표시한 것으로만 생각한다. 그러나 좀더 자세히 들여다보면 현실세계에서 모르고 지나쳤던 다양한 사건의 배후에는 확률의 법칙이 늘 존재하고 있다는 것을 알 수 있다. 확률은 미래 불확실성의 치열한 생존경쟁 속에서 잠재적인 오류를 방지하는 데 매우 중요한 역할을 한다. 이를 움직일 수 있는 확률의 논리를 이해한다면 오늘날과 같이 불확실성을 안고 살아가는 상황에서 적절한 해답을 내릴 수 있다. 특히 비즈니스 세계에서는 선입관이나 직관만을 갖고 당면한 현실문제를 판단하는 것이 아니라 확률적 사고를 통해 당면한 문제를 냉정하게 바라볼 수 있어야 한다.

따라서 우리는 현재 확률세계에서 살아가고 있다고 해도 틀린 말이 아니다. 그러나 급속도로 변화하는 불확실성의 경제환경 속에서 전체흐름을 제대로 파악하기란 쉽지 않다. 이러한 상황에서 많은 의사결정이 불확실성하에서 내려지고 있기 때문에 이를 현실에 적용한다는 것도 그리 쉬운 일이 아니다. 따라서 미래의 환경을 정확히 예측한다는 것은 불가능하다. 그러나 이때 미래를 예측할 수 있도록 잠재력을 심어주는 것이 확률이라고 할 수 있다. 비즈니스 세계를 둘러싼 다양한 기업환경 속에서 확률이라는 체계적인 과정을 통해 불확실한 미래를 가능성 있는 수치로 구체화할 수 있다는 것이다.

이와 같이 비즈니스 세계에서 확률적 사고는 가능성을 극대화해 나가는 기술이라 할 수 있다. 확률은 비즈니스 환경에 유용한 정보를 바탕으로 실패의 위험을 최소화하고 성공의 기회를 좀더 많이 갖도록 해준다. 비즈니스 세계에서는 단지 재력이 있고 운이 좋다고 성공하는 게 아니다. 더군다나 개인의 능력만으로 성공하는 것도 아니다. 성공의 가능성을 극대화할 수 있도록 이 같은 재력과 운, 그리고 능력을 통제하는 효과적인 매개체가 바로 '확률'이다. 이와 같이 확률적 사고는 현실세계에서 의사결정을 위해 적극적으로 활용될 수 있다.

1. 확률의 속성

확률(P)은 어떤 특정한 사건이 발생할 가능성을 숫자로 나타낸 것이다. 예를 들어, 하나의 표본공간(sample space; S)[1] 속에 존재하는 하나의 사건을 A라고 한다면, 사건 A가 발생할 확률을 $P(A)$로 표시한다. 이때 확률이란 n회의 실험에서 반복되는 시행을 통해 사건 A가 f번 발생할 수 있는 빈도를 상대적으로 나타낸 것이다. 따라서 사건 A의 상대빈도확률은 $P(A)=f/n$로 표시된다. $P(A)$는 실숫값을 갖는 함수로서 다음과 같은 속성을 지니고 있다.

(1) 모든 사건 A에 대해 $0 \le P(A) \le 1$의 값을 갖고 있다.
즉, 확률은 항상 0과 1 사이의 값을 지닌다.

(2) 만약 A, B, C, $\cdots$가 사건들의 총집합이라면, $P(A+B+C+\cdots)=1$이다.
즉, 실험결과 발생하는 모든 단순사건(A, B, C, $\cdots$)에 대한 확률의 합은 1이다.
[즉, $\sum_{i=1}^{n} P_i = P_1 + P_2 + \cdots P_n = 1$]

(3) 만약 A, B, C가 상호배타적 사건이라면,[2]

1) 표본공간(sample space)이란 보통 S로 표시되는데, 관찰이나 실험으로 발생하는 모든 사상들의 총 집합체이다. 예를 들어, 주사위의 표본공간을 S라고 한다면, $S=\{1, 2, 3, 4, 5, 6\}$이다.

2) 상호배타적 사건(mutually exclusive events)이란 동시에 같이 일어날 수 없는 사건을 말한다. 그러나 독립적인 사건(independent events)이란 어느 특정 사건의 발생이 다른 사건이 발생될 확률에 전혀 영향을 주지 않는 사건을 말한다. 즉, $P(A|B)=P(A)$ 혹은 $P(B|A)=P(B)$이다.
따라서 상호배타적인 사건은 독립적인 사건과는 다르다. 왜냐하면 상호배타적 사건인 경우

$P(A \cup B \cup C) = P(A) + P(B) + P(C)$ 이다.

[즉, 연속되는 사건 E_1, E_2, …에 대해 $P(\bigcup_{i=1} E_i) = \sum_{i=1} P(E_i)$]

(4) 표본공간 전체 S에 부여되는 확률은 1이며, 공집합(ϕ)에 부여되는 확률은 0이다. [즉, $P(S)=1$, $P(\phi)=0$]

2. 확률변수(random variable)

무작위실험에서 나타나는 실험결과에 의하여 그 값이 수치로 결정되는 변수를 확률변수(random variable)라고 부른다. 이는 표본공간에서 정의되는 실수의 값을 갖는 함수를 말한다. 즉, 실험에 의해 일정한 확률을 가지고 발생되는 임의의 사건에 수치가 부여된 변수이다. 이를 우연변수(chance variable)라고도 한다.

일반적으로 확률변수는 X, Y, Z와 같이 대문자로 표시되며, 확률변수가 취하는 구체적인 값은 x, y, z와 같이 소문자로 표시된다. 즉, x_i, $i=1, 2, \cdots, n$으로 $X=x_i$로 표시된다. 이러한 확률변수의 특징은 확률분포에 의해 결정된다는 것이다. 확률변수에는 이산확률변수(discrete random variable)와 연속확률변수(continuous random variable)가 있다.

예제 3개의 동전을 던지는 실험으로 발생하는 모든 결과들의 총 집합체인 표본공간은 다음과 같다.

HHH, HHT, HTH, HTT, THH, THT, TTH, TTT

만약 확률변수 X를 표본공간 위에서 나타날 수 있는 사건 중 "앞면(H)의 수"라고 정의한다면, X가 취할 수 있는 값은 $\{0, 1, 2, 3\}$이 될 것이다. 이때 확률변수 X의 확률분포는 다음과 같다.

$P(X=0) = 1/8$, $P(X=1) = 3/8$, $P(X=2) = 3/8$, $P(X=3) = 1/8$

위의 예제처럼, 동전 던지기에 의해 나타나는 앞면과 뒷면의 수나 혹은 은행에 방문하여 대기하는 고객의 수 등과 같이 확률변수가 취할 수 있는 값이 어떤 특정

에는 $P(A \cap B) = \phi$이지만, 독립적인 사건의 경우에는 $P(A \cap B) = P(A)P(B)$이기 때문이다.

값으로 나타낼 수 있는 경우에는 이산확률변수가 된다. 반면에 사람의 키, 몸무게, 가구당 소득, 평균수명, 또는 에너지 사용량 등과 같이 임의의 실숫값을 갖는 경우에는 연속확률변수가 된다. 이는 어떤 특정 수치의 구간 사이에서는 그 어떤 값도 가질 수 있는 변수이다.

즉, 이산확률변수는 확률변수가 취하는 값을 셀 수 있는 경우로 두 값 사이에 간격을 가질 수 있다. 그러나 연속확률변수의 경우에는 확률변수가 취하는 값을 셀 수 없기에 간격을 가질 수 없다. 이와 같이 확률변수는 이산형 혹은 연속형 형태를 취하는데, 이에 대한 구체적인 내용은 아래에서 살펴보기로 한다.

제 2 절 형태별 확률밀도함수(probability density function: pdf)

1. 이산확률변수(discrete random variable)의 확률밀도함수

확률함수(probability function)는 확률변수에 부여된 수치를 0에서 1까지의 확률에 대응시키는 함수를 말한다. 예를 들어, 이산확률변수 X가 가질 수 있는 여러 값을 $x_1,\ x_2,\ x_3 \cdots\ x_k$로 표시하고, 확률변수 X가 x_i값을 취할 확률을 $P(X=x_i)$로 표시한다고 하자. 이때 다음의 확률함수를 X의 이산확률(밀도)함수라고 부른다.[3)]

$$f(x_i)=P(X=x_i \geq 0),\ i=1,\ 2,\ 3,\ \cdots\ k=0,\ x \neq x_k \text{인 경우}$$
$$\sum_{i=1}^{\infty}\int(x_i)=\sum_{i=1}^{\infty}P(X=x_i)=1$$

이산확률변수의 확률분포에는 이항분포와 초기하분포 그리고 포아송분포 등이 있다.

3) 확률밀도(probability density)란 확률변수에 대응되는 확률을 말한다. 이러한 함수관계를 나타낸 것을 확률밀도함수(probability density function: pdf)라고 한다. 확률함수에는 이산확률함수와 연속확률함수가 있는데, 이산확률변수에 대해서는 $p(x)$로 표시하고 연속확률변수에 대해서는 $f(x)$로 표시한다. 일반적으로는 연속확률함수를 확률밀도함수라고 부른다.

(1) 이항분포(binomial distribution)

베르누이(Bernoulli) 확률변수란 나타날 수 있는 가능한 결과가 예컨대, 성공과 실패, 양품과 불량품 등 두 가지인 확률변수를 의미하는데, 보통 0과 1 두 가지 값을 취한다. 즉, X를 베르누이 확률변수라 하고 X가 1의 값을 취하는 확률을 p라 하면, 베르누이 확률변수의 확률분포는 다음과 같다.

$$P(X=1)=p,\ P(X=0)=1-p$$

또한 성공확률이 p인 베르누이 실험을 n번 독립적으로 반복했을 때 나타나는 성공의 횟수를 확률변수 Y라 하자. 이때 Y의 확률분포를 시행횟수 n과 성공확률 p를 갖는 이항분포라 한다.

예를 들어, 불량률이 20%인 제품이 있다고 가정하자. 4개의 제품을 무작위로 추출한다고 하고 확률변수 Y를 불량품의 수(y)라 하자. 이때 확률변수 Y의 확률분포는 다음과 같이 얻을 수 있다.

Y의 값	0	1	2	3	4
경우의 수	XXXX	OXXX XOXX XXOX XXXO	OOXX OXOX OXXO XOOX XOXO XXOO	OOOX OOXO OXOO XOOO	OOOO
$P(Y=y)$	0.2^4	$4\times0.2^3\times0.8$	$6\times0.2^2\times0.8^2$	$4\times0.2^3\times0.8$	0.8^4

n개의 제품을 추출하였을 때, 그리고 불량품의 수(y)를 확률변수 Y로 정의하였을 때, 확률변수 Y는 이항분포를 따르게 되며 이항분포의 일반적인 꼴은 다음과 같은 식으로 표현된다.

$$P(Y=y)=\binom{n}{y}p^y(1-p)^{n-y},\ y=0,\ \cdots,\ n$$

예제 제품 한 상자에 5%의 불량품이 들어 있다고 한다. 이 상자에서 10개의 제품을 무작위로 관찰하여 불량품이 2개 이상인 경우에는 이 상자를 폐기처분한다고 할 때 이 상자가 폐기처분될 확률은 다음과 같이 계산된다.

확률변수 X가 10개의 관찰치 중에서 불량품의 수를 나타낸다고 할 때, 각 관찰치가 불량일 확률은 5%(0.05)이므로 확률변수 X의 확률분포는 다음과 같다.

$$P(X=x) = \binom{10}{x} 0.05^{x}\ 0.95^{10-x},\ x = 0,\ 1,\ \cdots,\ 10$$

이때 상자가 폐기될 확률은

$P(X \geq 2) = 1 - P(X \leq 1)$이다.

여기에서,

$$P(X=0) = 0.95^{10} = 0.599,$$

$$P(X=1) = \binom{10}{1} 0.05^{1}\ 0.95^{9} = 0.346$$

따라서

$$P(X \geq 2) = 1 - 0.945 = 0.055$$

(2) 초기하분포(hypergeometric distribution)

크기 N인 유한모집단에서 M개가 특별한 속성 O을 가지고 있고 나머지 $N-M$개는 속성 O를 가지고 있지 않다고 가정한다. 이러한 모집단에서 크기가 n인 표본을 단순무작위 추출할 때, 추출된 표본에서 속성 O를 가지고 있는 것의 개수를 확률변수 W로 정의한다면, 확률변수 W의 확률분포를 초기하분포라고 한다.

확률변수 W가 초기하분포를 따른다고 할 때, 이 분포의 일반적인 꼴은 다음과 같은 식으로 표현된다.

$$P(W=w) = \frac{\binom{M}{w}\binom{N-M}{n-w}}{\binom{N}{n}},\ w = Max(0, n-(N-M)),\ \cdots,\ Min(n, M)$$

예제 100개의 제품으로 구성된 로트에 불량품이 20개 있다. 5개의 제품을 무작위로 뽑았을 때, 그중 불량품이 1개 이하 들어 있을 확률은 다음과 같이 계산된다.

$$P(W \le 1) = \frac{\binom{20}{0}\binom{80}{5}}{\binom{100}{5}} + \frac{\binom{20}{1}\binom{80}{4}}{\binom{100}{5}} = 0.7395$$

(3) 포아송분포(Poisson distribution)

프랑스의 수학자 포아송(Poisson)은 n이 매우 크고 p가 매우 작을 때 이항확률을 근사적으로 계산할 수 있는 방법을 제안하였다. 모수 λ를 이항분포에서 얻은 np라고 할 때 확률변수 X의 확률분포를 포아송분포라고 한다.

포아송분포는 일정한 시간 내에서 혹은 공간에서의 사건 발생횟수의 개념이며, 이항분포는 실험의 결과 발생하는 발생횟수의 개념이다. 그러나 포아송분포나 이항분포 모두 사건 발생횟수를 확률변수로 한다는 점에서 볼 때 서로 비슷하다고 할 수 있다.

확률변수 X가 포아송분포를 따른다고 할 때 이 분포의 일반적인 꼴은 다음과 같은 식으로 표현된다.

$$P(X = x) = \frac{\lambda^x e^{-\lambda}}{x!}, \ x = 0, 1, 2, \cdots.$$

예를 들어, $n = 100$이고 $p = 0.01$인 이항확률변수 X의 확률분포를 포아송분포로 근사시키면 다음과 같다.

〈이항확률의 포아송 근사〉

x	$\binom{100}{x}0.01^x 0.99^{n-x}$	$\frac{e^{-\lambda}\lambda^x}{x!}$
0	0.366	0.386
1	0.370	0.368
2	0.185	0.184
3	0.061	0.061
4	0.015	0.015
5	0.003	0.003
6	0.000	0.001
7 이상	0.000	0.000
확률	1.0	1.0

이와 같이 포아송 확률변수는 이항확률변수의 확률계산을 편하게 하려고 만들어졌지만, 현재 일정한 단위시간 혹은 단위공간에 발생빈도를 설명하는 문제에 유용하게 활용되고 있다.

예제 어떤 지역에서 교통사고로 사망하는 사람의 수는 포아송분포를 따르며 평균 사망자수는 이틀에 1명이라고 한다. 어떤 날 하루에 2명 이상의 교통사고 사망자가 발생할 확률은 다음과 같이 계산된다.

$$P(X \geq 2) = \sum_{x=2}^{\infty} \frac{e^{-0.5}0.5^x}{x!} = 1-(X \leq 1) = 1-\sum_{x=0}^{1} \frac{e^{-0.5}0.5^x}{x!} = 0.090$$

2. 연속확률변수(continuous random variable)의 확률밀도함수

연속확률변수는 이산확률변수와 달리 몸무게, 키, 온도, 소득 등과 같이 어느 일정한 범위 내에서 무수한 실숫값을 가질 수 있다. 따라서 어느 특정한 범위 내에 하나의 실숫값을 가질 수 있는 확률은 0이 된다. 즉, 연속확률변수가 어떤 특정한 값을 지닐 수 있는 확률은 0이고,[4] 해당 구간의 면적에 의해 확률이 계산되기 때문에 해당 확률함수를 적분하여 확률을 구해야 한다.

4) 즉, 연속확률변수는 어떤 특정한 값을 가질 수 있는 확률이 0이기 때문에 $\int_a^a f(x)dx = 0$이다.

일반적으로 연속확률분포의 확률분포곡선을 확률밀도함수(pdf)라고 한다. 예를 들어, X를 연속확률변수라고 가정하자. 다음의 조건을 만족할 경우 $f(x)$를 X의 확률밀도함수라고 부른다. 이를 수식으로 표시하면 다음과 같이 나타낼 수 있다.

$$f(x) \geq 0$$

$$\int_{-\infty}^{\infty} f(x)dx = 1$$

여기에서 예를 들어, $f(x)dx$는 연속확률변수의 a와 b의 구간에 존재하는 확률을 말한다. 즉, 연속확률변수 x가 구간 a와 b 사이에 속할 확률은 확률밀도함수 $f(x)$를 적분함으로써 구한다. 즉, $f(x)$와 x축 위의 두 실수 a와 b 사이의 면적으로 구하는 것이다. 어떤 특정한 값을 지닐 수 있는 확률은 0이기 때문에 이를 수식으로 표시하면 다음과 같다.

$$\int_{a}^{b} f(x)dx = P(a \leq x \leq b) = P(a < x < b) = P(a < x \leq b) = P(a \leq x < b)$$

확률밀도함수는 확률변수의 분포모양을 나타내준다. 함수의 종류는 여러 가지가 있지만 연속확률분포에 속하는 대표적인 것으로는 정규분포, t분포, 카이스퀘어(χ^2)분포, F분포 등이 있다. 본 단원에서 먼저 정규분포만을 살펴보고 나머지는 제4절에서 다시 설명하기로 한다.

■ 정규분포(normal distribution)

수학자 Gauss(1777~1855)는 각종 물리학 실험을 수행할 때 수반되는 계측오차에 대한 확률분포로서 가우스 분포(Gauss distribution)를 제시했다. 그 이후 많은 학문 분야에서 이 분포를 기본 확률모형 또는 근사적인 확률모형으로 채택하였다. 특히, 통계학의 초기 발전 단계에 있어서는 모든 자료의 히스토그램을 그렸을 경우, 이 분포의 곡선 형태와 비슷하지 않으면 자료수집 과정이 잘못된 것이라고 믿었던 적도 있었다.

확률분포(probability distribution)란 자료집단이 흩어져 있는 모습을 확률로 표현한 것이라 할 수 있다. 이러한 확률분포는 표, 그래프, 함수 등으로 나타나고 있다. 또한 실험이나 관찰을 통해 수집된 자료집단의 모습은 일반적으로 평균을 중심으로 좌우대칭인 형태로 흩어진 분포로 나타난다. 이러한 확률분포를 정규확률분포라 부른다. 그러나 많은 분야에서 연속확률변수가 가져야 할 기본적인 확률모형으로 이 분포가 자리를 잡음에 따라 간단히 정규분포(normal distribution)라 불리게 되었다. 이러한 정규분포의 일반적인 형태는 다음과 같은 정규곡선(normal curve)을 갖는다.

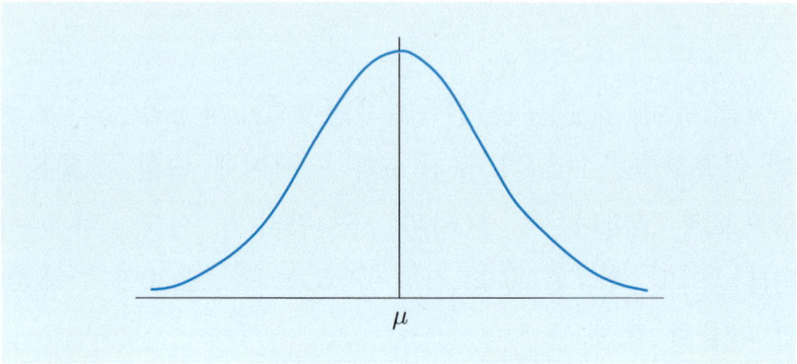

[정규분포의 일반적인 형태]

사회과학에서 현상을 분석할 때 자주 사용하는 확률분포가 바로 정규분포로서 이는 가설검정 및 추정을 비롯한 기본적인 통계적 추론에 있어서 통계학의 기초가 되는 중요한 개념이다. 정규분포는 중심을 나타내는 μ(뮤; mu)와 산포를 의미하는 σ(시그마; sigma)에 의해 결정되는 분포로서 하나의 연속확률변수 X가 정규분포를 따른다고 할 때 종 모양을 갖는 다음과 같은 정규분포 확률밀도함수 $f(x)$를 가진다.

$$\text{정규분포 확률밀도함수}: \quad f(x) = \frac{1}{\sqrt{2\pi}\,\sigma} e^{-\frac{(x-\mu)^2}{2\sigma^2}}$$

$(-\infty < x < \infty,\ \pi \fallingdotseq 3.142,\ e \fallingdotseq 2.718,\ x$: 확률변수$)$

정규분포의 모습은 두 모수인 μ와 σ에 의해 결정되는데, 이때 중심을 나타내는 μ는 평균을 의미하고 산포를 나타내는 σ는 표준편차를 의미한다. 평균은 정규분포에서 항상 수평축의 한가운데에 있고, 표준편차는 정규분포의 넓게 퍼짐(spread)을 결정한다. 예를 들어, 다음은 평균이 52이고 표준편차가 24인 정규분포를 나타내는 그림이다.

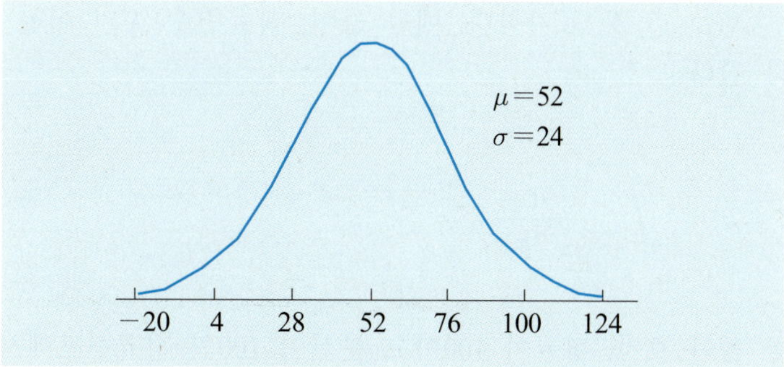

[평균이 52이고 표준편차가 24인 정규분포]

또한 확률변수 X가 평균이 μ이고 표준편차가 σ인 정규분포를 따른다고 할 때, 변수 X의 확률적 특성은 μ와 σ에 의해서 다음과 같이 표현된다.

$P(\mu-\sigma< X< \mu+\sigma)=0.6826$(약 68%)[5]
$P(\mu-2\sigma< X< \mu+2\sigma)=0.9544$(약 95%)
$P(\mu-3\sigma< X< \mu+3\sigma)=0.9974$(약 99%)

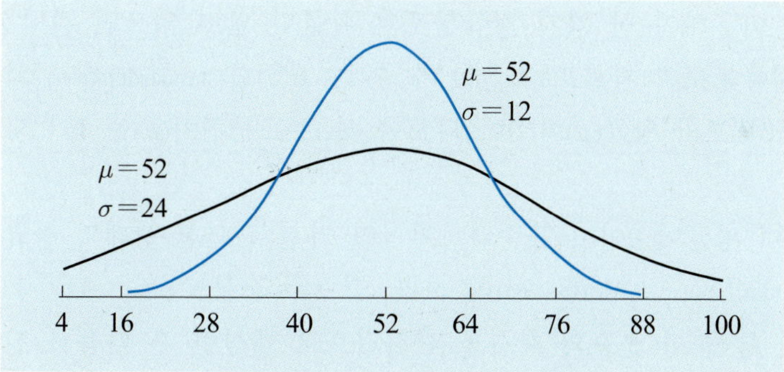

[표준편차의 차이에 따른 정규분포]

정규분포의 형태는 위의 그림과 같이 평균 μ를 중심으로 좌우대칭이고 평균값에서 최고점을 가지며 전체적으로 종 모양과 흡사하다. 위의 그림은 평균은 같은데 표준편차가 서로 다른 두 정규분포를 나타낸 것이다. 정규분포의 모양과 위치는 μ와 σ로 결정되며, 어떤 확률변수 X가 평균이 μ이고 표준편차가 σ인 정규분포를

5) 확률 0.6826은 정규분포함수를 적분한 값이다. 예를 들어, $\int_{\mu-\sigma}^{\mu+\sigma} f(x)dx=0.6826$이다.

따른다면 $X \sim N(\mu, \sigma^2)$로 표기한다. 예를 들어, 확률변수 X가 어떤 값 b 이하일 확률은 다음과 같다.

$$P(X \leq b) = \int_{-\infty}^{b} \frac{1}{\sqrt{2\pi}\,\sigma} e^{-\frac{(x-\mu)^2}{2\sigma^2}} dx$$

다른 예를 들어 보자. 평균이 100이고 분산이 100인 정규분포에서 150 이상의 확률을 계산한다고 가정하자. 이 확률은 수학적으로 적분이 불가능하기 때문에 확률계산을 할 수 없다. 그렇다면 컴퓨터를 통해서 근사적으로 계산할 수밖에는 없을 것이다. 또한 평균이 110이고 분산이 160인 정규분포에서 다시 150 이상의 확률을 계산하려 한다면 또다시 컴퓨터를 이용해서 이러한 확률을 계산해야 한다.

이와 같이 사람들이 필요로 하는 정규분포는 무수히 많은데 모든 사람이 컴퓨터를 다 잘 쓸 수도 없는 노릇이고, 일일이 이러한 정규분포의 확률을 미리 계산해 놓는다는 것도 거의 불가능하다.

이러한 정규분포는 평균을 중심으로 분포의 모양이 변하지 않은 채로 움직이고, 표준편차의 비율로 분포의 폭이 커지는 특성이 있다. 따라서 통계학자들은 이러한 특성을 이용하여 한 가지 정규분포의 확률만 알고 있으면 적당한 변환을 통해 어떠한 정규분포의 확률도 계산할 수 있는 표준화(standardization) 기법을 발견했다. 모든 정규분포의 평균(μ)이 0이 되도록 하고 표준편차(σ)는 1이 되도록 표준화시킨 것이다.

이와 같이 평균이 0이고 표준편차가 1인 가장 간단한 형태의 정규분포를 표준정규분포(standard normal distribution)라 하며, 간단히 Z분포 $Z \sim N(0,\ 1)$으로 표기한다. 컴퓨터를 통해 이 분포의 확률을 근사적으로 계산한 후 다음과 같은 표준화과정을 거치면 원하는 정규분포의 확률을 계산할 수 있다.

즉, 확률변수 X의 평균이 μ이고, 분산이 σ^2인 정규분포를 따르고 있을 때 $P(X \leq a)$의 확률은 다음과 같이 쉽게 계산될 수 있다.[6)]

$$P(X \leq a) = P\left(\frac{X-\mu}{\sigma} \leq \frac{a-\mu}{\sigma}\right) = P\left(Z \leq \frac{a-\mu}{\sigma}\right)$$

---

6) 즉, 확률변수 X는 다음과 같이 표기된다. $X \sim N(\mu, \sigma^2)$. 이때 확률변수 X가 어떤 값 a 이하일 확률은 $P(X \leq a) = \int_{-\infty}^{a} \frac{1}{\sqrt{2\pi}\,\sigma} e^{-\frac{(x-\mu)^2}{2\sigma^2}} dx$이다.

여기에서, Z는 표준정규분포를 따르는 표준화된 확률변수(standardized variable)로 표준화변수(표준정규변수)라 부른다. 본 교재 부록에 이것의 확률값이 주어져 있다.

예제 한 집단의 연간소득을 확률변수 X라 하고, X는 평균이 1,000(만원)이고 표준편차가 40(만원)인 정규분포를 따른다고 하자. 한 사람을 무작위로 선택했을 때 이 사람의 연간소득이 1,000(만원) 이하일 확률은 다음과 같이 계산된다.

$$P(X \le 1{,}000) = P\left(Z \le \frac{1{,}000 - 1{,}000}{40}\right) = P(Z \le 0) = 0.50$$

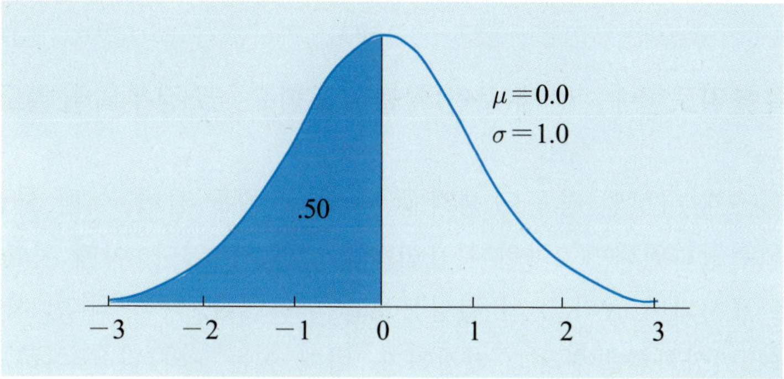

동일한 조건에서 이 사람의 연간소득이 960(만원)이 넘고 1,040(만원) 이하일 확률은 다음과 같이 구할 수 있다.

$$P(960 < X \le 1{,}040) = P\left(\frac{960 - 1{,}000}{40} < Z \le \frac{1{,}040 - 1{,}000}{40}\right)$$

$$= P(-1 < Z \le +1) = 0.6826$$

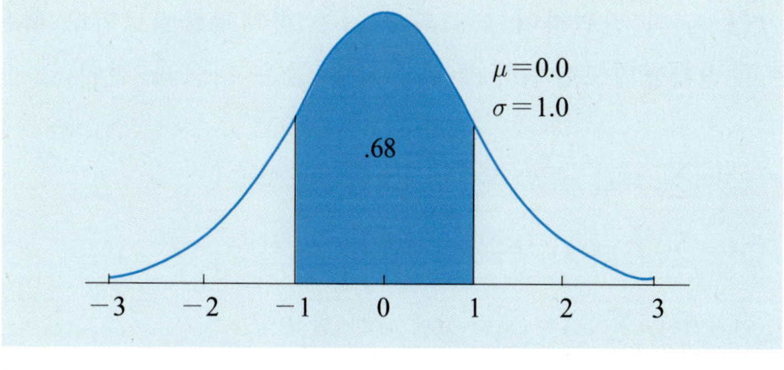

마찬가지로, 연간소득이 920(만원)과 1,080(만원) 사이일 확률은 다음과 같다.

$$P(920 < X < 1{,}080) = P(-2 < Z < +2) = 0.9544$$

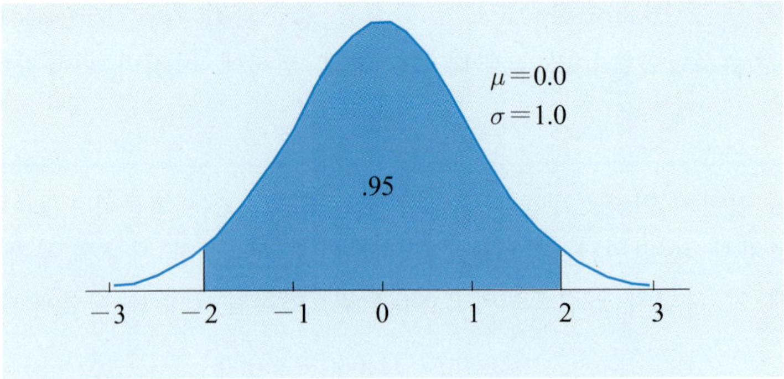

3. 결합확률밀도함수, 한계(주변)확률밀도함수, 조건부확률밀도함수

확률변수가 2개 이상인 경우도 생각할 수 있다. 예를 들어, 어떤 사람의 키 X와 몸무게 Y를 관찰하였다면 2차원 확률변수를 얻을 수 있다. 이때 확률밀도함수(pdf)는 $f(x, y)$로 표시되며 X와 Y의 결합분포를 나타낸다. 다시 한 번 확률변수 X와 Y를 두 개의 이산확률변수라고 가정하자. 이때 X는 x의 값을 취하고 Y는 y의 값을 취하는 이산변수 X와 Y의 결합함수는 다음과 같이 표시된다. 이는 결합확률을 나타내는데, 둘 이상의 사건이 동시에 발생할 확률이기 때문에 동시확률이라고도 한다.

$$f(x,\ y) = P(X = x \text{ 그리고 } Y = y) \geqq 0,\ X \neq x,\ Y \neq y \text{ 인 경우}$$

또한 $f(x, y)$와 관련하여 $f(x)$와 $f(y)$는 한계확률밀도함수 혹은 개별확률밀도함수 혹은 주변확률밀도함수라고 부른다. 이들은 다음과 같이 표시할 수 있다.

$$f(x) = \sum_y f(x,\ y) \quad X\text{의 한계확률밀도함수}$$
$$f(y) = \sum_x f(x,\ y) \quad Y\text{의 한계확률밀도함수}$$

여기에서, $\sum_x$: X의 모든 값에 대한 합산
$\sum_y$: Y의 모든 값에 대한 합산

어떤 경우에는 어떤 특정 변수의 주어진 값을 조건으로 하여 다른 한 변수의

행태를 분석하게 되는데, 다음과 같은 조건부확률밀도함수(pdf)를 검토함으로써 해결할 수 있다. 다음의 함수는 Y가 y의 값을 이미 가지고 있는 상황에서 X가 x의 값을 가질 수 있는 조건부확률을 의미한다. 즉, 한계확률과 결합확률의 관계를 나타낸다.

$$\begin{aligned} f(x|y) &= P(X=x|Y=y) \\ &= p(X|Y) \\ &= \frac{p(Y \cap X)}{p(Y)},\ p(Y) > 0 \end{aligned}$$

예제 한 상자 속에 같은 모양의 공 3개에 1, 2, 3의 숫자가 적혀 있다. 이 상자에서 두 개의 공을 차례로 꺼내는 실험을 고려한다고 할 때, 확률변수 X를 첫 번째 꺼낸 공의 숫자, 확률변수 Y를 두 번째 꺼낸 공의 숫자라고 하자. 이때 확률변수 X와 Y의 결합확률 $f(x,\ y)$는 다음과 같이 계산된다.

y \ x	1	2	3	$f(y)$
1	0	1/6	1/6	1/3
2	1/6	0	1/6	1/3
3	1/6	1/6	0	1/3
$f(x)$	1/3	1/3	1/3	1.0

만약, 확률변수 $X=2$가 주어졌을 때 확률변수 Y의 행태에 관심이 있다면 다음과 같이 조건부확률을 통해 분석해볼 수 있다. 즉,

$$f(y|x=2) = \frac{f(y,\ 2)}{f(2)} = \begin{cases} \dfrac{1/6}{1/3} = \dfrac{1}{2},\ y=1 \\ \dfrac{0}{1/3} = 0,\ \ y=2 \\ \dfrac{1/6}{1/3} = \dfrac{1}{2},\ y=3 \end{cases}$$

확률변수 X와 Y를 두 개의 연속확률변수라고 가정하자. 두 연속확률변수 X와 Y의 확률밀도함수 $f(x,\ y)$가 다음의 조건을 충족할 때 이는 연속결합확률밀도함수라고 한다.

$$f(x,\ y) \geq 0$$

$$\int_{-\infty}^{\infty}\int_{-\infty}^{\infty} f(x,\ y)\,dx\,dy = 1$$

$$\int_{c}^{d}\int_{a}^{b} f(x,\ y)\,dx\,dy = P(a < x \leq b,\ c < y \leq d)$$

또한 결합확률밀도함수 $f(x,\ y)$와 관련하여 $f(x)$와 $f(y)$는 개별확률밀도함수 혹은 주변확률밀도함수라고 부르며 다음과 같이 표시할 수 있다.

$$f(x) = \int_{-\infty}^{+\infty} f(x,\ y)\,dy \quad X\text{의 주변확률밀도함수}$$

$$f(y) = \int_{-\infty}^{+\infty} f(x,\ y)\,dx \quad Y\text{의 주변확률밀도함수}$$

예제 두 확률변수 X와 Y의 결합확률밀도함수가 다음과 같다고 가정하자.

$$f(x,\ y) = x + y, \quad 0 < x < 1,\ 0 < y < 1$$

이때 두 확률변수 X와 Y의 주변확률밀도함수는 각각 다음과 같이 나타낼 수 있다.

$$f(x) = \int_{0}^{1} (x+y)\,dy = x + \frac{1}{2}, \quad 0 < x < 1$$

$$f(y) = \int_{0}^{1} (x+y)\,dx = y + \frac{1}{2}, \quad 0 < y < 1$$

4. 확률변수의 통계적 독립성(statistical independence)

통계적으로 독립성이란 의미는 어느 한 사건이 다른 사건의 발생에 영향을 미치지 않는 것을 말한다. 이는 상호배타적이라는 의미와 다르다. 독립적 사건(independent events)은 $P(A \cap B) = P(A)P(B)$로 표기할 수 있지만, 상호배타적인 사건(mutually exclusive events)은 $P(A \cap B) = \phi$로 표기한다.

즉, 실험이나 관찰을 통하여 나타나는 사상이 서로 아무런 관련성이 없을 때

통계적 독립(statistical independent)이라고 한다. 예를 들어, 동전을 두 번 던질 때, 첫 번째 앞면이 나타난 사상과 두 번째 앞면이 나타나는 사상은 서로 아무런 관련성이 없기 때문에 서로 독립적이다. 또한 주사위를 던질 때 처음에 1이 나타난 사상은 다음번에 2가 나타나는 사상과는 아무 관련이 없기에 서로 독립적이 된다.

이와 같이 모든 사건 x_i, y_i에 대해 $P(X=x_i \cap Y=y_i)=P(X=x_i)\ P(Y=y_i)$가 성립할 때 확률변수 X와 Y는 통계적으로 독립적이라고 말한다. 만약, 두 사건 A와 B가 상호종속적이라면 $P(A\cap B)=P(A)P(B|A)$가 성립된다. 그러나 여기에서 사건 A와 B가 상호독립적이라면 $P(B|A)=P(B)$가 되기 때문에 $P(A\cap B)=P(A)P(B|A)=P(A)P(B)$가 성립된다.

즉, 두 확률변수 X와 Y가 통계적으로 독립적이기 위해서는 다음의 등식이 성립하여야 한다. 이는 결합확률밀도함수가 주변확률밀도함수의 곱으로 표시될 때 두 확률변수가 통계적으로 독립성이 성립된다는 의미이다.

$$f(x,\ y)=f(x)\ f(y)$$

예제 두 확률변수 X와 Y의 결합확률밀도함수가 다음과 같다고 가정하자.

$$f(x,\ y)=e^{-x-y},\quad 0<x<\infty,\ 0<y<\infty$$

이때 두 확률변수 X와 Y의 주변확률밀도함수는 각각 다음과 같이 나타낼 수 있다.

$$f(x)=\int_0^\infty e^{-x-y}\,dy=e^{-x},\quad 0<x<\infty$$

$$f(y)=\int_0^\infty e^{-x-y}\,dx=e^{-y},\quad 0<y<\infty$$

따라서 두 확률변수 X와 Y는 서로 독립적임을 알 수 있다.

제 3 절 확률분포(probability distribution)의 속성

1. 기댓값(기대치, expected value)

(1) 기댓값의 정의

내일의 날씨를 예상하거나 1년 후의 경제상황을 예측하는 경우, 정확하게 그 결과를 알지 못하는 미래에 대하여 사전에 어떤 의견을 가지고 있는 것을 기대(expectation)라고 한다. 또 이러한 기대가 필연적으로 적중되지 않는 미래의 상황을 불확실성(uncertainty)이라고 한다.

기댓값(expected value)은 일반적으로 확률의 개념이 포함된 가중평균을 말한다. 구체적으로, 이산확률변수 X의 기댓값은 확률변수의 평균을 말한다. 이러한 평균(μ)을 기댓값이라고 하며, $E(X)$로 표시된다. 이는 각 사건이 벌어졌을 때의 값과 그 사건이 일어날 확률을 곱한 것으로서 평균적으로 기대할 수 있는 값을 의미한다. 즉, 기댓값은 확률분포에서 분포의 무게중심을 말하는데, 다음과 같이 정의할 수 있다.

$$\mu = E(X) = \sum_{x} = x \cdot P(x)$$

반면, 변수 X가 그 어떤 값도 취할 수 있는 연속확률변수 X의 기댓값은 다음과 같이 정의된다. 연속확률변수와 이산확률변수의 차이점은 이산형인 경우에는 합산부호로 표시하고, 대신 연속형인 경우에는 적분부호로 대체되었다는 점이다.

$$E(X) = \int_{-\infty}^{\infty} xf(x)dx$$

(2) 기댓값의 속성

① 상수의 기대치는 상수이다. 즉, $E(a) = a$

② a와 b가 상수이면, 다음의 식이 성립한다. $E(aX+b) = aE(X)+b$

③ 두 변수 X와 Y가 상호독립적인 확률변수이면,
X와 Y의 곱에 대한 기대치는 X와 Y의 개별기대치의 곱과 같다.
[즉, $E(XY) = E(X)E(Y)$]

④ a와 b가 상수이면, 다음의 식이 성립한다. $E(aX+bY) = aE(X)+bE(Y)$

⑤ 확률변수 X가 확률밀도함수 $f(x)$를 지니고 있으며, $g(x)$가 X의 함수일 경우, 다음의 식이 성립된다.

$$E[g(x)] = \sum_x g(X)p(x) \text{ : 변수 } X\text{가 이산형일 경우}$$

$$= \int_{-\infty}^{\infty} g(X)f(x)dx \text{ : 변수 } X\text{가 연속형일 경우}$$

예제 하나의 주사위를 던지는 실험에서 확률변수 X는 주사위의 눈금이라고 하자. 이때 확률변수 X의 기댓값은 다음과 같다.

$$E(X) = \sum_{x=1}^{6} \frac{x}{6} = \frac{21}{6}$$

만약, 주사위를 던졌을 때 눈금의 2배를 상금으로 준다고 했다면 그 기댓값은 다음과 같다.

$$E(2X) = \sum_{x=1}^{6} 2\frac{x}{6} = \frac{42}{6}$$

2. 분산(variance)

(1) 분산의 정의

확률변수의 분포를 분석하기 위해서는 평균(μ)과 함께 분산(σ^2) 혹은 표준편차(σ)를 계산해야 한다. 분산이란 확률분포의 변이성을 의미한다. 즉, 통계자료 분포에 대한 흩어짐의 정도를 나타내는 양을 말한다. 일반적으로 확률변수의 값들이 기대치를 중심으로 확률분포가 얼마나 널리 퍼져 있는지를 측정하기 위한 수단으로 확률변수의 분산이 이용된다.

이러한 분산은 확률분포의 모양을 결정하는 대표적인 수단이다. 예를 들어, 분산이 크다는 것은 확률변수의 값들이 평균을 중심으로 더 넓게 흩어져 있음을 의미한다. X를 확률변수라고 하고 X의 기댓값 $E(X)=\mu$라고 할 때 분산은 다음과 같이 정의할 수 있다.7)

$$Var(X)=\sigma^2(X)=E(X-\mu)^2=\sum_x (X-\mu)^2 P(X) : X\text{는 이산확률변수}$$
$$=\int_{-\infty}^{\infty}(X-\mu)^2 f(x)dx : X\text{는 연속확률변수}$$

따라서 확률변수의 값들이 기대치를 중심으로 확률분포가 더 넓게 흩어지면 흩어질수록 분산은 더 커지게 되는 것이다. 만약 확률변수 X가 일정한 값을 유지한다면, 확률변수 X의 표준편차는 0이고 분산도 0이다. 그러나 확률변수 X가 갖는 값의 범위가 크면 클수록 편차가 커지기 때문에 표준편차와 분산이 큰 값이 된다.

위에서 제시한 분산을 손쉽게 계산할 수 있도록 다음과 같이 다른 공식으로 표시할 수 있다.

$$\begin{aligned}Var(X)=\sigma^2(X)&=E(X-\mu)^2\\&=E(X^2)-\mu^2\\&=E(X^2)-[E(X)]^2\end{aligned}$$

(2) 분산의 속성

① 확률변수 X의 분산을 간편하게 계산하기 위해 다음의 식을 이용할 수 있다.

$$E(X-\mu)^2=E(X^2)-\mu^2$$

② 상수(constant)의 분산은 0이다. [예: $\sigma^2(10) = 0$]

③ 확률함수 X의 선형함수가 Y이면, $Y=a+bX$

이때, $\sigma^2(Y)=\sigma^2(a+bX)=b^2\sigma^2(X)$

따라서 $\sigma^2(a+X)=\sigma^2(X)$

$\sigma^2(bX)=b^2\sigma^2(X)$ [예: $\sigma^2(3X)=9\sigma^2(X)$]

---

7) 분산의 제곱근은 표준편차(standard deviation)라고 부르며 $\sigma(X)$ 혹은 $\sqrt{\sigma^2(X)}$로 표시된다. 이 표준편차도 분산과 함께 분포의 모양을 결정한다.

④ X와 Y가 상호독립적인 확률변수일 때 다음 식이 성립된다.

$$\sigma^2(X+Y) = \sigma^2(X) + \sigma^2(Y)$$
$$\sigma^2(X-Y) = \sigma^2(X) + \sigma^2(Y)$$

⑤ 위와 같은 원리는 변수가 2개 이상인 경우에도 적용할 수 있다.
예를 들어, X와 Y가 상호독립적인 확률변수이고 a와 b가 상수이면,

$$\sigma^2(aX+bY) = a^2\sigma^2(X) + b^2\sigma^2(Y)$$

[예: $\sigma^2(3X+8Y) = 9\sigma^2(X) + 64\sigma^2(Y)$]

예제 한 주사위를 던지는 실험에서 확률변수 X는 주사위의 눈금이라고 하자. 이 때 확률변수 X의 분산은 다음과 같이 계산된다.

$$Var(X) = \sum_{x=1}^{6} \frac{(x-\mu)^2}{6} = \frac{35}{2}$$

만약, 새로운 확률변수 $Y = 2X + 10$이라고 정의했을 때, 확률변수 Y의 분산은 다음과 같이 계산될 수 있다.

$$Var(Y) = Var(2X+10) = 4\,Var(X) = 4 \times \frac{35}{2} = 70$$

3. 공분산(covariance)과 상관계수(coefficient of correlation)

두 확률변수 X와 Y가 동시에 발생하는 결합확률분포는 두 변수가 동시에 발생하는 확률분포를 나타낸다. 기본적으로 이러한 두 확률변수의 결합확률분포의 변화를 측정하는 통계량에는 공분산과 상관계수가 있다. 이들은 두 변수 사이의 연관성을 측정한다.

공분산(covariance)은 서로 다른 두 변수 사이의 선형관계의 방향을 의미한다. 두 확률변수 X, Y의 임의의 함수를 $g(X, Y)$라 할 때 여기에서 $g(X, Y) = (X-\mu_x)(Y-\mu_y)$인 경우, 공분산을 다음과 같이 나타낼 수 있다.

$$\begin{aligned}\sigma_{xy} = Cov(X, Y) &= E[(X-\mu_x)(Y-\mu_y)] = E(XY) - E(X)\mu_y - \mu_x E(Y) \\ &= E(XY) - \mu_x\mu_y\end{aligned}$$

만일 두 변수가 상호독립적이라면, $cov(X, Y) = E(X)E(Y) - \mu_x \mu_y = 0$이 된다. 그러나 상호의존적이라면, 공분산은 음(−) 또는 양(+)의 크기를 갖는다. 이와 같은 공분산은 음(−)과 양(+)의 크기보다는 선형관계의 방향성을 나타낸다.

이와 같이 공분산은 두 변수 사이의 밀접한 정도를 나타내는 데에는 부적합하기 때문에 이때에는 두 변수의 표준편차로 나눈 상관계수를 사용하게 된다. 즉, 상관계수는 두 변수 간의 선형관계가 얼마나 강한지 그 정도를 지수로 측정하고자 할 때 사용된다.

공분산의 개념을 이용하여 두 변수 X와 Y의 상관계수를 다음과 같이 나타낼 수 있다.

$$\rho_{xy} = Cov(X, Y) = \frac{Cov(X, Y)}{\sqrt{Var(X)\,Var(Y)}} = \frac{Cov(X, Y)}{\sigma_x \sigma_y}$$

이와 같이 정의된 상관계수(ρ : rho)는 두 변수 사이의 선형 상관관계의 정도를 −1과 +1 사이에서 측정하는 통계량이다. 두 확률변수가 완전한 양(+)의 상관관계라고 한다면 $\rho=1$이 된다. 또한 완전한 음(−)의 상관관계이면 $\rho=-1$이며, 아무런 상관관계를 갖고 있지 않다면 $\rho=0$이 된다.

다시 정리하면, 두 변수 간의 연관성을 나타내는 데 가장 간단한 관계는 선형관계이다. 상관계수는 두 변수 간의 선형관계를 나타내는 좋은 척도이다. 또한 변수 X와 Y의 상관계수는 대칭적이다. 즉, $\rho_{xy} = \rho_{yx}$이다. 일반적으로 분산(variance)은 자료의 평균으로부터 얼마나 퍼져 있는지를 측정한다. 반면, 공분산(covariance)은 두 변수 간의 변화가 어떻게 나타나고 있는지를 측정한다.

공분산은 변수들 간의 선형관계의 방향을 나타내는데, 한 변수의 분산 중에서 다른 변수와 함께 변화하는 분산에 따라 다르게 된다. 상관관계는 공분산이 어느 정도인지에 따라 좌우된다. 즉, 공분산이 적으면 적을수록 상관관계는 낮아지며, 공분산이 크면 클수록 상관관계는 높아진다.

이때 변수들 간의 상관관계가 어느 정도 강한지, 즉 얼마나 밀접한 관계가 있는가를 알아보기 위해서 그 정도를 나타내주는 것이 상관계수이다. 두 변수가 완전한 양(+)의 상관관계를 보이면 두 변수 간의 상관계수는 +1이며, 완전한 음(−)의 상관관계를 보이면 상관계수는 −1이 된다. 또한 변수 간에 아무런 상관관계를 갖고 있지 않다면 상관계수는 0이 된다.[8]

8) 모집단의 상관관계를 분석하기 위해 피어슨상관계수(Pearson correlation coefficient)가 가장 많

예제 2개의 동전을 던지는 실험에서 확률변수 X를 동전 앞면(H)의 수라고 하고, 확률변수 Y를 동전 앞면(H)과 뒷면(T)의 차이라고 하자. 이때 이산확률변수 X와 Y의 결합확률을 표시해주는 결합확률밀도함수 $f(x,\ y)$는 다음과 같다.

y \ x	0	1	2	$f(y)$	μ_Y
-2	1/4	0	0	1/4	
0	0	1/2	0	1/2	0
2	0	0	1/4	1/4	
$f(x)$	1/4	1/2	1/4		
μ_X		1			

이때 이산확률변수 X와 Y에 대한 선형관계의 방향을 나타내는 공분산은 다음과 같이 계산된다.9)

$$Cov(X,\ Y) = E(XY) - \mu_x\mu_y = \sum_y\sum_x XYf(x,\ y) - \mu_x\mu_y = 1 - 0 = 1$$

제 4 절 확률분포(probability distribution)의 종류

과학적 연구에서 실증분석을 할 경우에는 여러 가지 형태의 자료를 이용하게 된다. 이때에는 관련 자료의 통계적 속성을 이해하는 것이 중요하다. 또한 자료로부터 도출된 표본통계량의 분포상태와 경제변수의 특성을 묘사하는 데 사용되는 확률분포를 반드시 이해하고 있어야 한다. 확률분포란 무수히 존재하는 각 표본에서 나타난 통계량은 어떠한 성격을 갖고 어떠한 모습으로 나타나는지를 표현한 확률분포이다. 이러한 확률분포는 이론을 토대로 전개된 연구가설을 검정하기 위해 필요한 사항이기에, 여기에서는 가장 광범위하게 활용되는 확률분포의 종류만을 간략히 설명하고자 한다. 대표적인 것으로는 정규분포, t분포, 카이스퀘어(χ^2)분포, F분포 등이

이 사용된다. 일반적으로 상관계수는 두 변수 간의 방향과 정도를 나타내지만 인과관계(causality)나 종속관계(dependence)를 나타내는 것이 아니다. 상관분석은 제11장에서 구체적으로 후술된다.

9) 만약 X와 Y가 이산확률변수가 아닌 연속확률변수일 경우의 공분산은 다음과 같이 계산된다.

$$Cov(X,\ Y) = \int_{-\infty}^{\infty}\int_{-\infty}^{\infty}(X-\mu_x)(Y-\mu_y)f(x,\ y)dxdy = \int_{-\infty}^{\infty}\int_{-\infty}^{\infty}XYf(x,\ y)dxdy - \mu_x\mu_y$$

있는데, 정규분포는 본장의 제2절에서 이미 설명하였다.

1. 표본통계량(sample statistic)과 표본분포(sample distribution)

관심 있는 모집단의 특성을 추론하기 위해 모집단으로부터 크기 n인 표본을 추출했다고 가정하자. 예를 들어, 모집단평균을 추정하려고 한다면 모집단을 모두 조사하지 않는 한 표본을 추출해서 구한 통계량을 바탕으로 추정할 수밖에는 없을 것이다.

만약, 이렇게 추출된 표본에서 계산한 표본평균의 값이 100이라면 모집단평균이 100 근처에 있을 것으로 생각할 것이다. 그러나 다른 필요에 의해서 다시 표본을 선택했을 때 계산된 표본평균이 150이라면 모집단평균은 어떤 값으로 생각해야 할까? 그래서 이를 해결하기 위하여 또다시 표본을 선택했더니 표본평균이 200이 나왔다. 이런 경우, 모집단평균은 도대체 어떻게 추정할 수 있을까?

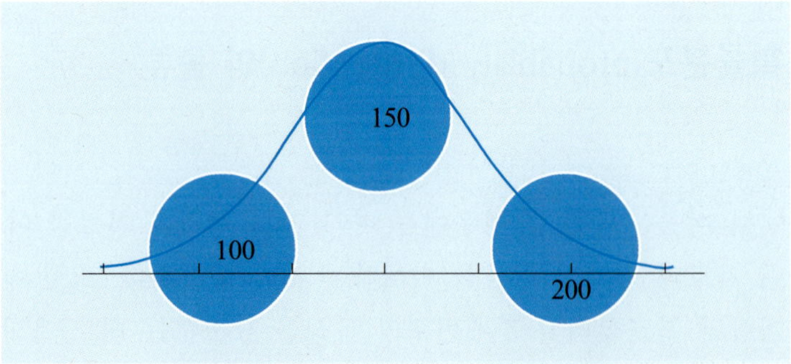

[추출된 표본에 따른 표본평균의 변화]

추출된 표본은 모집단의 확률분포와 매우 밀접한 연관이 있게 된다. 즉, 이 모집단 확률분포는 표본평균의 분포에 크게 영향을 미치게 된다. 표본이 어떻게 선택되느냐에 따라 표본평균의 값은 계속 변할 것이다. 그러나 그 변화는 무작정 변하는 것이 아니고 어떤 특정한 패턴을 가지면서 변하게 되는데, 이때 모집단의 확률분포가 그 변화의 주요인이 된다.

표본에서 얻은 값을 가지고 모집단 모수를 추정하려고 할 때 연구자가 반드시 고려해야 하는 사항은 표본에서 얻은 값이 어떤 패턴을 가지고 변화하는지를 검토하는 일이다. 이것을 바로 알고 있어야만 위의 예제에서 논의된 어떤 평균이 연구자가 원하는 모집단평균에 가장 근사한 값인지를 판단할 수 있다.

모집단의 특성을 나타내는 평균, 분산 등을 지칭하는 값을 모수(parameter)라 하듯이 마찬가지로 모수에 대응되는 표본의 특성을 통계량(statistic)이라고 한다. 통계량은 모수에 관한 추론을 하는 데 매우 중요한 역할을 한다. 따라서 통계량의 분포는 모수 추론을 정확하게 하는 데 큰 영향을 미치게 된다.

모집단으로부터 무작위로 추출된 크기 n의 표본을 X_1, $\cdots$, X_n이라 할 때 대표적인 통계량인 표본평균과 표본표준편차는 다음과 같이 정의된다.

$$\text{표본평균}: \overline{X} = \frac{\sum_{i=1}^{n} X_i}{n}$$

$$\text{표본표준편차}: s = \sqrt{\frac{\sum_{i=1}^{n} (X_i - \overline{X})^2}{n-1}}$$

예를 들어, 모집단분포가 표준편차가 알려지고 평균은 알려져 있지 않은 정규분포를 따른다고 하자. 평균에 관한 추론을 하고자 할 때 가장 합리적으로 사용될 수 있는 통계량으로 표본평균이 있다. 모집단이 정규분포를 따를 때 표본평균의 표본분포는 다음과 같다.

$$\overline{X} \sim N(\mu, \frac{\sigma^2}{n})$$

즉, 표본평균의 평균은 모집단평균 μ이고 표본평균의 표준편차는 $\frac{\sigma}{\sqrt{n}}$이다. 표본평균의 표준편차는 표준오차(standard error)라고 불린다. 이 표본평균의 표본분포를 이용하여 모집단평균 μ에 관한 추론을 할 때 다음과 같이 표준화시킨 후 확률을 계산하여 이용한다. 이렇게 계산된 확률을 이용하여 평균 μ를 추론하는 방법은 계속해서 논의하도록 한다.

$$\frac{(\overline{X} - \mu)}{\sigma / \sqrt{n}} \sim N(0, 1)$$

앞에서 이미 설명한 정규분포는 연속확률분포의 하나로 체중이나 키, 학교성적 등 일상생활의 여러 가지 분포상태를 나타내는 데 주로 사용되고 있다. 이를 가우스분포(Gaussian distribution)라고도 한다. 정규분포는 이러한 자료로부터 도출된 표본 통계치를 이용한 가설검정에 주로 사용되는 t-분포와 F-분포 등 다른 여러 가지 확률분포이론의 기초가 되고 있다.

정규분포는 가설검정 및 추정을 비롯한 기본적인 통계적 추론에 있어서 확률분포이론의 중심이 되는 중요한 개념이다.[10] 정규분포를 갖는 연속확률변수 X의 확률밀도함수는 다음과 같은 정규분포의 평균과 표준편차를 갖는 함수로 표시할 수 있다.

$$f(x) = \frac{1}{\sigma\sqrt{2\pi}} e^{-\frac{(x-\mu)^2}{2\sigma^2}}$$

$$-\infty < x < \infty$$

$$e = 2.718 \quad \pi = 3.141$$

x = 확률변수
μ = 정규분포 확률변수의 평균
σ^2 = 정규분포 확률변수의 분산

일반적으로 연속확률변수 X의 평균이 μ, 분산이 σ^2인 정규분포를 $X \sim N(\mu, \sigma^2)$로 표기한다. 정규분포를 갖는 확률변수에 대해 확률을 구하기 위해서는 확률밀도함수를 이용하여 적분하여야 한다. 그러나 적분을 하는 것은 까다로운 일이기 때문에 평균 $\mu=0$이고, 분산 $\sigma^2=1$인 경우에 대해 확률을 계산해놓은 표를 이용한다. 이때 평균이 0이고 분산이 1인 정규분포를 표준정규분포(standard normal distribution)라고 부르며, 이를 Z분포 $Z \sim N(0, 1)$으로 표기한다.

이와 같이 표준정규분포는 모든 정규분포의 평균을 0이 되도록 하고 표준편차가 1이 되도록 표준화시킨 정규분포인 Z분포를 의미한다. 일반적으로, 평균이 μ이고 분산이 σ인 정규분포를 갖는 확률변수 X를 다음과 같이 변환시키면 표준정규분포를 갖는 확률변수가 된다.

10) 통계적 추론은 표본이 갖고 있는 정보를 분석하여 미지수인 모집단의 특성치인 모수에 관한 결론을 유도하고, 이에 대한 가설의 옳고 그름을 판단하는 것을 말한다. 이때 모집단이 정규분포를 이루고 있다는 가정하에 행해진다. 모집단의 특성을 추론하기에 앞서 표본자료가 정규분포를 이룬 모집단으로부터 추출되었음을 확인하는 것이 중요하다. 이를 위해서는 일반적으로 통계전용프로그램을 통해 정규성 테스트를 실시한다.

$$Z = \frac{(X-\mu)}{\sigma} \sim N(0,\ 1)$$

Z= 표준정규분포 확률변숫값(즉, 표준화된 확률변수)
X= 정규분포 확률변숫값

Z값은 표준화된 점수로서 정규분포의 평균 μ와 어떤 값 x 사이의 실제차이를 표준편차와의 비율로 나타낸 가치를 말한다. 컴퓨터를 통해 이 분포의 확률을 근사적으로 계산한 후 표준화과정을 거치면 정규분포의 확률을 쉽게 계산할 수 있다.[11)]

2. χ^2-분포(chi-square distribution)

실제 정규분포를 따르는 모집단에서 평균이 알려져 있지 않고 또 표준편차도 알려져 있지 않은 경우를 생각해보자. 또 관심의 대상이 평균이 아니고 모집단의 산포를 나타내는 모집단의 표준편차를 추론한다고 가정하자. 이때 사용될 수 있는 가장 합리적인 통계량은 표본의 표준편차일 것이다. 그러나 표본의 표준편차에 대한 표본분포를 논하는 것보다 확률변수의 제곱형태인 표본분산의 표본분포가 더 많이 알려져 있다. 따라서 다음의 식을 살펴보기로 한다.

$$\frac{(n-1)s^2}{\sigma^2} \sim \chi^2(n-1)$$

이렇게 구성된 통계량의 분포는 자유도(df)가 $(n-1)$인 χ^2-분포(chi-square distribution)를 따르게 된다. χ^2-분포는 정규모집단의 분산을 추론하고 검정하는 데 매우 유용하게 사용되는 분포이다. 자유도에 따른 χ^2-분포의 변화를 나타내면 다음과 같다.

11) 본문에서 설명한 대로, Z는 평균이 0이고, 분산이 1인 정규분포를 한다. 평균이 0이고, 분산이 1인 정규분포 N~(0, 1)로 표기되는 표준정규분포(standard normal distribution)를 말한다. 구체적으로, Z란 어떤 값 x가 μ로부터 표준편차의 몇 배(몇 σ) 떨어져 있는지를 나타내는 값을 의미한다.

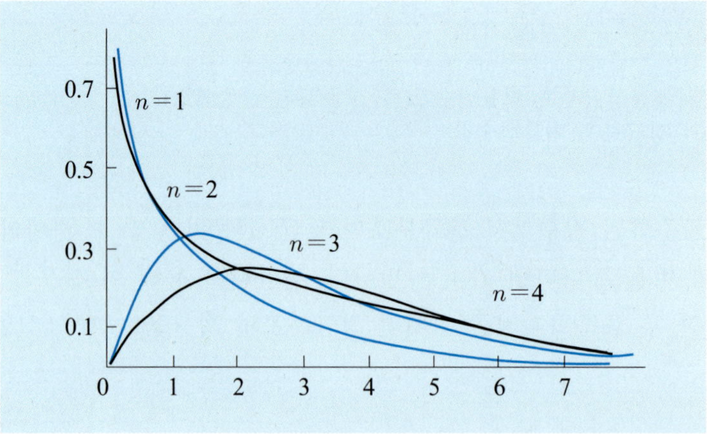

[자유도에 따른 χ^2-분포의 변화]

예를 들어, 자유도가 10인 χ^2-분포를 따르는 확률변수 V의 확률을 계산하면 $P(V \leq 3.94)=0.95$[12]이다. 이러한 χ^2-분포는 정규분포에서 파생된 연속확률분포의 하나이다. 표본평균뿐만 아니라 표본분산 역시 확률변수로서 표본분포를 이룬다. 만약 표본의 모집단이 정규분포를 이루면 표본의 분산(s^2)에 대한 표본분포는 χ^2-분포를 이룬다. 따라서 모집단의 분산(σ^2)에 대한 가설검정에 사용된다.

χ^2-분포는 다음과 같이 서로 독립적인 표준정규분포를 갖는 표준화변수 Z에 대한 제곱의 합으로 정의된다. 다시 말해, 표준정규분포를 갖는 표준화변수 Z_1, Z_2, Z_3, …, Z_k가 서로 독립적일 때 확률변수 X는 자유도가 k인 χ^2-분포를 갖는데, 이는 다음과 같이 표시할 수 있다.

$$X=\sum_{i=1}^{k} Z_i^2=\left(\frac{X_1-\mu}{\sigma}\right)^2+\left(\frac{X_2-\mu}{\sigma}\right)^2+\cdots+\left(\frac{X_n-\mu}{\sigma}\right)^2$$
$$=\sum_{i=1}^{n}\left(\frac{X_i-\mu}{\sigma}\right)^2 \sim \chi^2(k)$$

χ^2-분포의 확률밀도함수는 자유도(df: degree of freedom)[13] k에 따라 민감하게

12) χ^2-분포의 확률 계산은 본 교재 뒤의 부록을 참고하길 바란다.

13) 자유도(df: degree of freedom)란 자유롭게 선택할 수 있는 자료의 수($n-1$)를 말한다. 예를 들어, 10개 숫자의 평균이 9라고 한다면, 10개 숫자의 합이 90이 되기 위해 자유롭게 선택할 수 있는 자료의 수는 9개이다. 왜냐하면 10번째 숫자는 자동적으로 결정된다. 즉 10개의 평균을 계산하기 위해 1개의 자유도를 잃어버렸다는 의미가 된다. 따라서 이때의 자유도는 $10-1=9$

달라지는데, 오른쪽으로 긴 꼬리 모양을 하고 있으며 비대칭이다. 그러나 자유도 k가 커질수록 좌우대칭인 정규분포와 같은 확률분포를 갖게 된다. 이러한 χ^2-분포는 수직축의 오른쪽에만 있으며, 오직 양수(+)만을 가정하고 있다.

3. t-분포(t-distribution)

실제 정규분포를 따르는 모집단에서 표준편차가 알려져 있는 경우는 현실적으로 매우 드물다. 따라서 모집단의 분포가 평균(μ)과 표준편차(σ) 모두 알려져 있지 않은 정규분포를 따르는 경우에 평균에 관한 추론을 생각해보자. 위에서 언급한 대로 표본평균의 분포는 정규분포를 따른다. 하지만 이 사실을 이용해서 표본평균에 관련된 확률을 계산할 때 표준편차를 모르면 확률계산을 할 수 없다. 이때 확률을 계산하려면 표준편차를 표본에서 추정하여 다음과 같은 식으로 계산해야 한다.

$$\frac{(\overline{X}-\mu)}{s/\sqrt{n}} \sim t(n-1)$$

그러나 이렇게 구성된 통계량의 분포는 더 이상 표준정규분포를 따르지 않고 자유도가 $(n-1)$인 t-분포(t-distribution)라는 것을 따르게 된다. 이러한 t-분포는 정규분포의 평균을 추론하는 데 매우 유용하게 사용되는 중요한 분포이다. t-분포는 정규분포와 달리 자유도라는 개념에 의해서 분포가 결정된다.

자유도(df)란 어떤 통계량이 독립적인 관찰치 몇 개로 표시될 수 있는지를 나타내는 의미이다. 위에 언급된 t-통계량에는 표본평균 $\overline{X}$와 표본표준편차 s가 있다. 그러나 표본표준편차 s는 표본평균이 계산되어야만 계산될 수 있다. 표본평균을 계산한 후 표본표준편차 s는 n개의 편차 $(X_1-\overline{X}), \cdots, (X_n-\overline{X})$의 제곱합으로 계산되는데, 이들은 $(n-1)$개의 값만 있으면 항상 나머지 하나가 자동으로 결정됨을 알 수 있다. 왜냐하면 이들 편차의 합은 항상 0이기 때문이다. 즉, 자유도란 통계량을 구성하고 있는 독립적인 관찰치의 수라고 이해할 수 있다.

다음 그림은 자유도(df)가 3, 6, 혹은 ∞인 t-분포를 나타내고 있으며 각각의 그림에서 상위, 하위 5%점을 표시하고 있다.

가 되는 것이다.

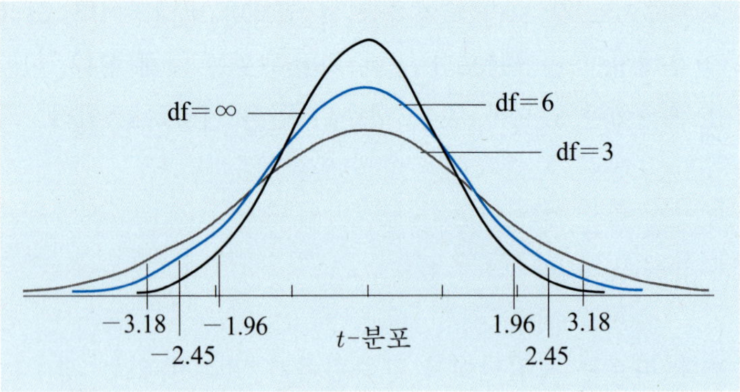

[자유도의 변화에 따른 t-분포의 상위 및 하위 5% 확률점]

예를 들어, 자유도가 10인 t-분포를 따르는 확률변수 T의 확률을 계산하면 다음과 같다.

$$P(T \leq 1.812) = 0.05$$[14)]

이러한 t-분포는 χ^2-분포와 같이 정규분포에서 파생된 연속확률분포의 하나이다. 표본의 크기가 30개 미만으로 작고 모집단의 표준편차를 모를 경우, 표본평균($\bar{x}$)을 이용하여 모집단평균(μ)과 관련된 가설검정에 사용된다.

이는 다음의 식과 같이 정의된다. 여기에서 표준화변수 Z는 평균이 0이고 분산이 1인 표준정규분포를 따르고 X는 자유도가 k인 χ^2-분포를 따른다고 하자. 즉, $Z \sim N(0, 1)$ 그리고 $X \sim \chi^2(k)$이며 서로 독립적인 확률변수이다. 그러면 변형된 확률변수 t는 자유도가 k인 t-분포를 따른다.

$$t = \frac{Z}{\sqrt{X/k}} \simeq \frac{\overline{X} - \mu}{s/\sqrt{n}} \sim t(k)$$

t-분포의 확률밀도함수는 분모인 χ^2-분포의 자유도 k에 따라 다르게 되며 표준정규분포와 같이 평균 0을 중심으로 좌우대칭인 확률분포를 갖고 있다. t-분포의 분산[$\sigma^2 = k/(k-2)$, 여기에서 $k > 2$]은 자유도 k가 증가함에 따라 작아지며, 특히 $k \geq 30$인 경우 분산은 1이 가깝게 되어 표준정규분포 z에 접근한다. 즉, 자유도가 커질

14) t-분포의 확률 계산은 본 교재 뒤의 부록을 참고하길 바란다.

수록 경사가 있는 확률분포곡선이 되면서 정규분포로 접근한다는 것이다.

자유도 k를 가진 t-분포의 기대치(평균)는 z분포와 마찬가지로 항상 0이다. 즉, $E[t(k)]=0$이다. 그러나 실질적으로 t-분포의 표준편차는 z분포와는 달리 1이 아니라 항상 1보다 크다. 표준편차는 자유도에 따라 달라지는데, t-분포 역시 자유도가 증가함에 따라 정규분포로 접근한다. 이러한 t통계량은 모평균은 물론이고 모집단 회귀계수에 대한 신뢰구간 추정과 가설검정에서 유용하게 사용된다.

4. F-분포(F-distribution)

계량분석에서 자주 사용되는 또 하나의 확률분포가 F-분포이다. 정규분포를 따르는 두 독립적인 모집단이 있다고 가정한다. 또한 두 모집단 모두 평균과 분산이 알려져 있지 않지만, 두 모집단의 평균이 동일하다는 것은 알려져 있다고 가정하자. 예를 들어, 첫 번째 집단은 평균이 μ_1이고 분산이 σ_1^2인 정규분포를 따르고, 두 번째 집단은 평균이 μ_2이고 분산이 σ_2^2인 정규분포를 따른다고 가정하자. 이때 두 모집단 모두 분산의 동일성을 의미할 수 있는 두 집단 간 분산의 비율, (σ_1^2/σ_2^2)에 관심이 있는 경우가 많다.

모집단에서 평균이 알려져 있지 않고 표준편차도 알려져 있지 않은 경우, 각 집단에서 얻은 표본분산은 χ^2-분포를 따른다는 것은 이미 설명하였다. 예를 들어, 첫 번째 집단의 표본크기가 n_1이고 두 번째 집단의 표본크기가 n_2일 때 다음과 같이 표현된다.

$$\frac{(n_1-1)s_1^2}{\sigma_1^2} \sim \chi^2(n_1-1), \quad \frac{(n_2-1)s_2^2}{\sigma_2^2} \sim \chi^2(n_2-1)$$

이때 두 집단이 서로 독립적이라는 조건이 있을 때 다음과 같이 정의된 F-통계량은 자유도가 $(n_1-1,\ n_2-1)$인 F-분포를 따른다고 정의된다.

$$F=\frac{s_1^2/\sigma_1^2}{s_2^2/\sigma_2^2}$$

F-분포는 두 개의 독립적인 χ^2-통계량의 비율로 구성되기 때문에 자유도가 2

개 있게 된다. 분자의 자유도를 첫 번째로 사용하며 분모의 자유도를 두 번째로 사용한다. 자유도에 따른 F-분포의 변화를 나타내면 다음과 같다.

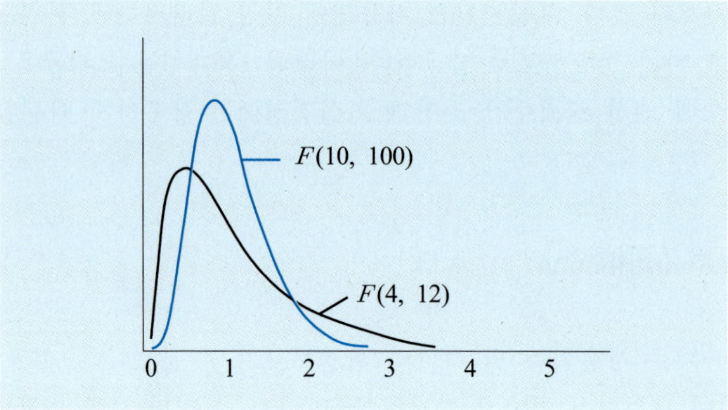

[자유도에 따른 F-분포의 변화]

F-분포는 독립된 두 개의 정규모집단을 비교하기 위해 두 개의 독립적인 집단의 분산에 대한 동일성을 조사하는 데 매우 유용한 분포이다. 또한 여러 집단의 평균을 비교하는 데에도 매우 중요하게 사용되는 분포이다.[15)]

이러한 F-분포는 서로 독립적인 χ^2-분포의 비율로 정의될 수 있는데, 두 모집단의 분산차이(분산비율)에 대한 가설검정에 많이 사용된다. 즉, 두 표본집단의 평균차이($\overline{x_1} - \overline{x_2}$)를 이용하여 두 모집단의 평균차이($\mu_1 - \mu_2$)에 대해 가설검정을 하듯이, 두 표본집단의 분산차이($s_1^2 - s_2^2$)를 이용하여 두 모집단의 분산차이($\sigma_1^2 - \sigma_2^2$)를 검정할 수 있다. 이때 두 표본집단의 분산비율이 특정한 분포를 이룬다고 가정하는데, 이를 F-분포라 한다. 확률변수 F는 다음과 같이 표시할 수 있다.

$$F = \frac{X_1 / k_1}{X_2 / k_2} \sim F(k_1,\ k_2)$$

이때 확률변수 F는 두 종류의 서로 독립적인 χ^2 확률변수 간의 비율로 정의된다. 여기에서 χ^2-통계량인 변수 X_1, X_2는 서로 독립적이며 자유도는 각각 k_1, k_2인 F-분포를 갖는 확률변수로 표시된다. 또한 F-분포의 확률밀도함수는 분모와 분자에 들어 있는 χ^2-분포를 가지고 있는 자유도 k_1, k_2에 따라 다르게 된다. 예를

15) F-분포의 확률 계산은 본 교재 뒤의 부록을 참고하길 바란다.

들어, 자유도 k_2인 t-분포를 갖는 확률변수의 제곱은 분자의 자유도 1과 분모의 자유도 k_2인 F-분포를 갖고 있으며, 이들의 관계는 다음과 같이 표시할 수 있다. 즉, 분자의 자유도가 1인 경우에는 t-분포와 F-분포 사이에는 다음과 같은 관계가 성립된다.

$$F(1,\ k_2) \sim [t(k_2)]^2$$

F-분포는 두 종류의 자유도에 따라 그 모습이 변하며, 자유도가 크면 클수록 정규분포에 접근한다. 이와 같이 자유도가 클수록 t-분포, χ^2-분포, F-분포 모두 정규분포로 수렴되기 때문에 정규분포와는 상호 밀접한 관계가 존재한다.[16)]

제 5 절 통계적 가설검정(hypothesis testing)

현실적으로 표본자료인 데이터를 기초로 연구자는 모집단의 특성에 대한 의사결정을 내려야 하는 상황이 많이 있다. 이러한 의사결정을 통계적 의사결정(statistical decision making)이라고 하는데, 이러한 의사결정을 위해 표본자료를 토대로 모집단의 특성에 대한 가정이나 추정을 하게 된다. 이때 이러한 가정이나 추정을 통계적 가설이라고 한다.

통계적 가설검정(hypothesis testing)이란 모집단의 특성(모수: 평균, 분산)에 대한 가설을 전개하고 표본자료의 특성(통계량)을 활용함으로써 모수에 대한 주장이 옳은지를 알아보기 위해 가설을 실증적으로 검정하는 것을 말한다. 가설검정에서의 기본은 검정하고자 하는 모집단의 모수에 대한 가설이 우선 이론적으로 전개되어야 한다. 모집단의 모수에 대해 이와 같이 전개된 연구가설을 주어진 표본자료를 통해 통계적인 결론을 유도하는 과정이 바로 가설검정이다. 즉, 표본으로부터 구한 추정량이 의미 있는 추정량인지 아니면 우연에 의한 추정량인지를 검정(test)하여 유의

16) 일반적으로 가장 쉽게 접하는 정규분포의 경우 통계분포의 모양이 정해져 있다. 그러나 t-분포, F-분포, χ^2-분포는 통계분포의 모양을 결정할 때 자유도가 필요하게 된다. 따라서 기각영역을 결정할 때에도 자유도가 있어야 그 통계분포를 알 수 있으며 또 유의수준에 따른 값을 찾을 수 있다.

성(significance, 의미 있음)을 판정하는 것이 가설검정이다.

이때 표본을 선정하여 표본자료의 추정치를 관찰한 후에 가설의 채택여부를 결정한다. 가설은 귀무가설(null hypothesis; H_0)과 대립가설(alternative hypothesis; H_1)의 두 가지로 구분한다.

구체적으로 말하면, 통계적 가설검정이란 모집단에 대한 어떤 가설을 설정한 후에 표본관찰이나 실험을 통해 귀무가설과 대립가설 중에서 하나를 선택하는 과정이라고 할 수 있다. 가설검정을 위한 통계분석은 변수의 수에 따라 일변량분석 혹은 다변량분석으로 구분된다. 그러나 분석방법도 분포의 형태와 집단의 수에 따라 다양하다.

이론적으로 가설검정에서는 귀무가설이 옳다는 전제하에서 표본관찰에 의해 구한 검정통계량 T[17]의 값이 나타날 가능성이 크면 귀무가설을 채택하고, 가능성이 적으면 귀무가설을 기각하게 된다.

이때 '가능성이 크다' 혹은 '가능성이 적다'의 판단기준은 유의수준(α)과 신뢰수준($1-\alpha$)에서 결정된다. 따라서 모든 가설검정에서 가설의 채택여부를 결정하는 경우에는 항상 유의수준이 제시되는 것이다. 아래에서 살펴보기로 한다.

1. 유의수준(significance level, α, 유의도), 신뢰수준(confidence level, $1-\alpha$), 기각역(critical region; C 혹은 rejection region), p-값(p-value, 유의확률)

유의수준(유의도) α란 귀무가설이 옳은데도 불구하고 이를 기각하는 확률의 크기를 말한다. 즉, 실제로는 모집단이 어떤 특성을 갖고 있는 것이 사실인데, 그렇지 않다고 잘못 생각하여 오류를 범할 가능성의 최대치를 말한다. 검정통계량 T를 구하는 것과는 무관하게 연구자의 임의적인 판단에 따라 결정한다. 유의수준 α는 일반적으로 실험자료와 같은 정교한 데이터인 경우에는 1%, 5%, 10%를 이용한다. 즉, 10% 이상의 유의수준을 적용하는 것은 바람직하지 않다고 할 수 있다. 그러나 사회분야의 자료와 같이 다소 거친 데이터를 분석할 경우에는 유의수준 10%, 20%를 이용할 수도 있다.

표본이 커질 때 모집단 모수의 옳은 구간치를 얻을 확률을 신뢰수준($1-\alpha$, 신뢰

17) 모집단 모수에 대한 가설을 설정한 후 표본관찰을 통해 가설검정에 필요한 통계량을 구한다. 이때 검정에 이용되는 필요한 통계량을 검정통계량(test statistics; T)이라고 부른다. 검정통계량의 분포(distribution)는 항상 가설에서 주어지는 모수가 갖는 분포를 따른다.

도)이라고 부른다. 이때 $L \le \mu \le U$를 신뢰구간(confidence interval)이라고 하는데, L은 신뢰구간의 하한치(lower bound), U는 신뢰구간의 상한치(upper bound)를 나타낸다. 즉, 신뢰구간은 모집단 모수의 진실값의 범위로서 하한치와 상한치를 갖게 된다.

유의수준 α가 달라지면 신뢰수준 $1-\alpha$도 달라진다. 신뢰수준 $1-\alpha$는 %로 표시하는데, 신뢰수준이 $1-\alpha$인 신뢰구간을 $100(1-\alpha)\%$ 신뢰구간이라고 부른다. 예를 들어, 유의수준 5%인 경우에는 95%의 신뢰수준을 갖는 검정이 되며, 유의수준 10%인 경우에는 90%의 신뢰수준을 갖는 검정이 된다.

모든 신뢰구간이 모집단의 평균 μ를 100% 포함하는 것은 불가능하다. 따라서 신뢰수준(신뢰도)은 100% 미만일 수밖에 없다. 만약, 100개의 표본을 선택해 100개의 구간을 추정한다면 각각의 구간이 모집단평균 μ를 포함할 수도 있고 포함하지 않을 수도 있다. 예를 들어, 90%의 신뢰수준이란 추정된 표본구간이 모집단평균 μ를 포함할 것을 90% 정도 신뢰한다는 뜻이다. 즉, 수많은 신뢰구간 중 90%는 모집단평균 μ를 포함하지만 10%는 포함하지 않을 것이라는 의미이다.[18]

신뢰구간은 다음과 같이 해석할 수 있다. 즉, 신뢰도가 $1-\alpha$인 신뢰구간은 신뢰구간이 모집단평균 μ를 포함할 확률이 $1-\alpha$라는 의미이다.

$$P(L \le \mu \le U) = 1 - \alpha$$

다시 말해, 일단 표본을 추출하여 계산된 표본평균($\overline{X}$)을 이용해 만들어지는 특정 신뢰구간은 옳을 수도 있고 틀릴 수도 있다. 그 구간이 옳은지 혹은 그른지는 모집단평균(μ)이 알려져 있지 않기 때문에 정확하게 알 수가 없다. 다만 $1-\alpha$가 충분히 크면 그 결과가 모집단평균 μ를 포함할 확률이 커서 그만큼 신뢰할 수 있다는 것이다. 이와 같이 연구자가 주관적으로 판단하여 신뢰구간을 이용하는 것이다.

신뢰수준(신뢰도) $1-\alpha$의 선택은 제대로 된 신뢰구간이 얻어질 확률이 얼마인지에 따라 달라진다. 일반적으로 90%, 95%, 그리고 99%가 가장 많이 사용되고 있다. 예를 들어, 유의수준 $\alpha=0.05$인 경우에는 95%의 신뢰수준을 가지는 검정이 되며, $\alpha=0.01$인 경우에는 99%의 신뢰수준을 가지는 검정이 된다. 신뢰수준 $1-\alpha$의 값을 크게 할수록(즉, 유의수준, α의 값을 작게 할수록) 구간추정을 함에 있어서 연구자는 신중하고 보수적인 방법을 취하는 입장이라고 볼 수 있다.

기각역(critical region; C 혹은 rejection region)이란 가설검정에서 유의수준 α가 정

18) 여기에서 주의할 점은 모집단의 평균 μ가 표본구간에 속할 확률이 90%라고 해석하는 것은 옳지 못하다. 다만, 추정된 표본구간이 모집단평균 μ를 포함할 확률이 90%라는 의미이다.

해졌을 때, 검정통계량(T)의 분포에서 이 유의수준의 크기에 해당하는 영역을 말한다. 기각역 C와 유의수준 α의 관계는 다음과 같이 표시할 수 있다.[19)]

$$P(T \in C | H_0) = \alpha$$

이론적으로 귀무가설의 기각여부는 유의수준 α와 직접적인 관련이 있다. 동일한 검정통계량 T의 경우에도 유의수준의 크기에 따라 귀무가설을 기각할 수 있고 혹은 기각하지 않을 수도 있다. 일단 유의수준 α가 결정되면 기각역 C가 결정되고 이를 중심으로 귀무가설의 기각여부가 결정되기 때문이다.

실제 가설검정을 실시하는 경우에는 p-값(p-value, 유의확률)이 주어진다. p-값이란 귀무가설하에서 검정통계량의 값이 나타날 가능성을 측정하는 확률이다. 즉, 귀무가설을 기각할 수 있는 최소한의 유의수준이다. 이는 귀무가설의 채택여부를 결정하는 유의수준 α와 직접적인 관련이 있다.

가설검정에서는 p-값과 유의수준 α의 관계를 다음과 같이 나타낼 수 있다.

p-값 $\geq \alpha$: 귀무가설 채택
p-값 $< \alpha$: 귀무가설 기각

2. 제1종 오류(type Ⅰ error)와 제2종 오류(type Ⅱ error)

앞에서 설명한 대로, 가설검정에서는 두 가지 가설, 즉 귀무가설 H_0과 대립가설 H_1을 설정하며, 모집단에서 추출된 표본관찰을 통하여 두 가지 가설 중 하나를 채택하게 된다. 따라서 제한된 표본자료를 기초로 모집단의 특성을 분석하기 때문에 가설검정 과정에서 다음과 같은 두 가지 종류의 오류가 발생할 수 있다.

첫째, 사실상 귀무가설 H_0이 옳은데도 불구하고 귀무가설 H_0을 기각하게 되는 오류(제1종 오류, α)이다. 즉, 옳은 모집단의 특성을 틀리다고 기각하는 오류이다. α

19) 유의수준 α는 전통적으로 1%, 5%, 10%를 이용한다. 예를 들어, 한 검정에서 유의수준 α를 5%로 정할 경우, 귀무가설하에서 구한 검정통계량의 값이 나타날 가능성이 5% 이하이면 귀무가설을 기각하고, 5% 이상이면 귀무가설을 채택하게 된다. 따라서 유의수준이란 귀무가설을 기각하게 되는 확률의 크기로서 '귀무가설이 옳은데도 불구하고 이를 기각하게 되는 확률의 크기(즉, 제1종 오류, α오류)'로 정의된다. 즉, 유의수준이란 제1종 오류를 범할 확률과 같다고 생각하면 된다.

값은 검정의 유의수준을 말하며 제1종 오류를 범할 확률을 말한다.

둘째, 실제로는 귀무가설 H_0이 옳지 않은데도 불구하고 귀무가설 H_0을 수락하게 되는 오류(제2종 오류, β)이다.[20] 즉, 틀린 모집단의 특성을 옳다고 받아들이는 오류이다. β값은 제2종 오류를 범할 확률을 의미한다.

따라서 가설검정에서는 모집단의 모수에 대한 진정한 참값을 설정할 수 없다. 두 가지 오류를 다시 정리하면, 제1종 오류를 일으킬 확률을 α로 표시하고 α오류라고 하며, 이는 이미 설명한 유의수준 α와 같다. 또한 제2종 오류를 일으킬 확률은 β로 표시되며 β오류라고 한다.

가설검정에서는 이 두 가지의 오류를 극소화시키는 것이 가장 이상적이지만 불행하게도 두 가지 오류를 동시에 최소화한다는 것은 이론적으로 불가능하다. 누구든지 표본통계량에 의해 잘못된 의사결정을 원하지 않는다. 그러나 예측정확도가 100%가 된다는 것은 불가능하기 때문에 가능한 한 오류의 폭을 낮추어 의사결정을 할 수밖에 없다.

기각역 C의 크기를 작게 하면 제1종 오류 α는 작아진다. 그러나 제2종 오류 β는 커지게 된다. 반대로 기각역 C를 크게 하면 제2종 오류는 작아지지만 제1종 오류는 커지게 된다. 따라서 가설검정에서는 제1종 오류의 확률 α의 크기를 1%, 5%, 10% 등으로 고정시킨다. 그러고 난 후, 제2종 오류의 확률 β의 크기가 최소화되도록 기각역을 설정하는 것이 바람직하다.

가설검정결과의 판정과 이러한 오류의 관계를 정리하면 다음과 같이 나타낼 수 있다.

〈가설검정결과와 오류의 관계〉

표본특성	모집단 특성	
가설검정결과	H_0이 옳음	H_1이 옳음
H_0 채택	옳은 결정 신뢰수준$(1-\alpha)$	제2종 오류 (β오류)
H_1 채택	제1종 오류 (α오류)	옳은 결정 검정력$(1-\beta)$

20) 제3종 오류(type Ⅲ error)란 측정하고자 하는 속성이 아닌 다른 속성이 측정됨으로써 발생되는 오류를 말한다. 주로 설문조사연구에서 설문문항의 내용 때문에 발생하는 경우가 많다.

일반적으로는 표본의 크기가 이미 고정되어 있거나 혹은 표본이 이미 추출된 상태에서 가설검정을 하기 때문에 이때에는 두 가지 위험 중 하나만을 통제할 수밖에 없으며, 나머지 오류는 그대로 수용하여야 한다.[21)]

그렇다면 α오류와 β오류 중 어느 것을 더 중요시하여야 할까? 두 가지 위험의 중요도는 어느 가설을 H_0로 하고 어느 가설을 H_1로 하는지에 따라 다르게 된다. 즉, 연구가설의 속성에 따라 다르게 되는 것이다. 보통의 경우에는 제1종 오류인 α 위험이 더 중요하다고 판단하여 α위험만을 통제하게 되는데, 그 이유는 α위험이 중요하게 여겨지도록 연구가설을 설정하기 때문이다.

그러므로 가설검정의 전통적인 접근방법에서는 제1종 오류인 α를 1%나 5%의 수준으로 확정하고 난 후 검정력$(1-\beta)$을 극대화하려고 한다. 즉, 제2종 오류인 β를 극소화하려고 하는 것이다. 이때 검정력(power of test)은 글자 그대로 power(힘)이기에 힘은 강할수록 좋은 것이다.

3. 가설검정절차

가설검정절차는 모집단 모수에 대한 추정치를 통해 해당 이론이 옳은지 그른지를 표본자료로부터 얻은 정보를 이용해 판정하는 과정을 말한다. 이와 같은 통계적 가설검정은 아래와 같은 순서로 진행된다. 본 단원에서는 자주 사용되는 z분포와 t-분포의 경우만을 살펴보기로 한다. 기본적인 가설검정 방법은 여러 모형의 추정치에 대한 검정에 동일하게 적용되기 때문에 구체적인 내용은 제Ⅲ부에서 다루기로 한다.

(1) 가설전개(hypothesis development)

가설검정을 하기 위해서는 우선 연구주제와 관련된 이론에 근거하여 연구자가 채택할 연구가설을 전개해야 한다. 그러고 난 후에는 적절한 유의수준(α)을 설정하고 통계적 검정을 위해 사용될 검정통계량의 값을 추정해야 한다. 즉, z분포, t-분포, χ^2분포, F분포 등 적정한 하나를 선택하여 표본통계량을 구해야 한다. 일반적

21) 표본의 크기를 임의로 결정할 수 있을 때에는 α오류뿐만 아니라 β오류도 통제가 가능하다. 즉, α오류와 β오류를 1% 혹은 5% 이내로 통제하고자 할 때 모집단의 표준편차 σ에 대한 예상치에 큰 문제가 없다면, 가장 적정한 표본의 크기를 결정할 수 있기 때문이다.

으로 검정통계량을 계산하는 과정은 가설의 형태에 따라 각각 다르지만 기본적인 접근방법은 서로 비슷하다.

(2) 검정통계량(test statistic) 추정

z분포는 하나의 모집단에서 모집단평균이나 모집단비율의 가설검정에 이용된다. 또한 두 모집단의 분산(σ^2)을 알고 표본이 큰 경우, 평균차이에 대한 가설검정에 이용된다. 가설검정은 표본이 큰 경우에는 모집단의 분포와 상관없이 중심극한정리(central limit theorem)에 근거하여 표준정규분포(z분포)를 사용한다.

중심극한정리란 모집단의 분포와 상관없이 표본크기 n을 충분히 크게 할 경우, 표본에서 얻은 표본통계량의 확률분포, 즉 표본분포는 항상 정규분포에 접근하게 된다는 이론이다. 쉽게 말해, 중심극한정리란 모집단이 정규분포를 따르지 않는다 할지라도 표본분포는 정규분포에 근접하는 형태를 취한다는 것이다. 특히, 표본의 크기가 커질수록 표본분포는 표준정규분포를 따르게 된다는 이론이다.

다시 말해, X_1, X_2, $\cdots$, X_n은 n개의 상호독립된 확률변수이고 각각의 확률변수는 평균 μ와 분산 σ^2을 가진 동일한 확률밀도함수(pdf)를 가지고 있으며, 그러한 변수의 수(n)가 무한대로 증가한다면(즉, $n \to \infty$), 표본평균($\overline{X}$)은 다음과 같이 표시할 수 있다.

$$\overline{X} \sim N(\mu, \ \frac{\sigma^2}{n})$$

즉, $\overline{X}$는 평균 μ와 분산 σ^2/n을 가진 표준정규분포에 분포수렴된다는 의미이다. 그렇다면 표본의 크기가 충분히 크다는 기준은 무엇일까? 구체적으로 말하자면, 표본의 크기(n)가 30개 이상인 경우, 모든 표본분포는 모집단의 분포형태에 관계없이 점근적으로 정규분포를 띠게 된다는 것이다. 표본의 크기(n)가 충분히 크다면, 어떤 모집단에 대해서도 표본통계량의 확률분포 $Z \simeq \dfrac{\overline{X} - \mu}{s(\overline{X})}$는 다음과 같이 표준정규분포에 접근하게 된다는 것이다. 즉, n이 커져감에 따라 Z_n의 분포가 $N(0, 1)$에 접근한다.

$$\overline{X} \sim \frac{\overline{X}-\mu}{s(\overline{X})} \simeq \frac{\overline{X}-\mu}{\sqrt{\sigma^2/n}} \simeq Z_n \sim N(0,\ 1)$$[22]

$s=\sigma$에 대한 최선의 추정량

아래의 그림에서는 표본평균에 대한 중심극한정리의 예로서 표본의 크기(n)가 상대적으로 증가함에 따라 표본분포는 종모양의 정규분포곡선과 유사해진다는 것을 나타내주고 있다.

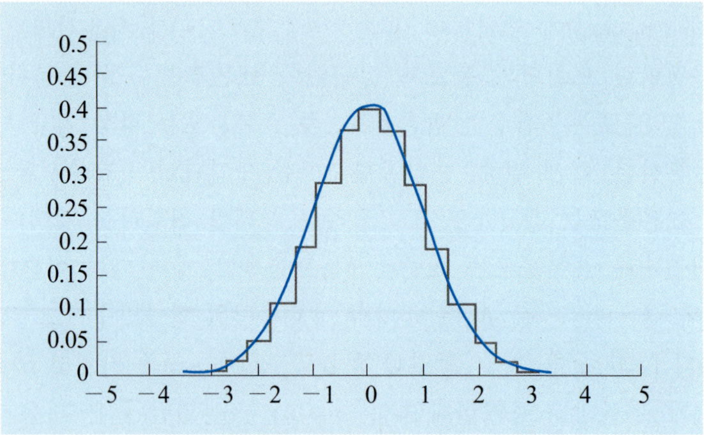

[중심극한정리의 예 - 표본평균의 근사적인 분포]

이와는 대조적으로 표본이 작고 현실적으로 모집단의 표준편차(σ)를 아는 것이 불가능할 경우, 모집단이 정규분포와 유사한 분포라는 전제하에 t분포(t-distribution)를 사용한다. t분포는 하나의 모집단에서 표본의 크기가 30개 미만인 경우 모집단 평균에 대한 가설검정에 이용된다. 또한 두 모집단의 분산이 같고 표본이 작은 경우에 두 모집단의 평균차이에 대한 가설검정에도 이용된다.

즉, 표본크기(n)가 작을 때에는 중심극한정리를 사용할 수 없다는 것이다. 그러나 이때에도 모집단이 정규분포이거나 정규분포에서 크게 벗어나지 않는다면 확률변수 t는 다음과 같이 정의되는 통계량을 사용하여 검정할 수 있다.

$$\overline{X} \sim \frac{\overline{X}-\mu}{s(\overline{X})} \simeq \frac{\overline{X}-\mu}{\sqrt{s^2/n}} \simeq t(n-1)$$[23]

22) 표준화변수 z분포는 표준정규분포로서 $\mu=0$, $\sigma=1$인 정규분포를 말한다.

(3) 판단기준(가설의 기각여부 기준) 설정

연구자가 유의수준(유의도) α를 결정하면 이에 따른 기각역(critical region; C 혹은 rejection region)이 확정된다. 여기에서 계산된 검정통계량의 값(예: z값, t값, χ^2값, F값)이 어느 영역에 있느냐에 따라 이를 중심으로 연구가설의 기각여부가 결정된다. 가설을 기각하든지 기각하지 않든지 연구자는 α%만큼 오류를 범할 가능성이 항상 있다는 것을 유념하고 있어야 한다. 즉, 가설검정의 결과는 유의수준에 따라 다르게 된다.

대부분의 가설검정은 모집단이 특정한 분포를 따르고 있다는 가정하에 모수에 대한 검정을 다루는 모수방법으로 한다.[24] 예를 들어, 모집단평균 혹은 모집단비율에 대한 검정은 대표본인 경우 Z-분포를 이용하고, 또한 소표본인 경우라 하더라도 모집단의 분산을 알고 있을 때에는 Z-분포를 이용한다. 그러나 소표본인 경우 모집단의 분산을 모를 때에는 t-분포를 이용한다. 하나의 모집단 분산에 관한 가설검정은 χ^2-분포를 이용하며, 두 모집단의 분산차이에 대한 검정은 F-분포를 이용한다.

그러나 실제로는 모집단에 대한 분포의 형태가 정규분포가 아니거나 혹은 아예 모르는 경우가 많다. 또한 변수측정에 사용된 척도가 비정량적인 자료일 수도 있다. 이때에는 비모수방법을 사용하는데, 이에 대한 구체적인 내용은 제V부 제17장 '비모수통계학' 편에서 설명하도록 한다.

---

23) t-분포는 z분포와는 달리 자유도[(df: degree of freedom; ν('누'라고 함)]를 가지는데, 모집단으로부터 n개의 표본을 무작위로 추출할 경우에 자유도가 $(n-1)$인 t-분포를 따른다. t-분포는 z분포와 유사하지만 z분포에 비해 분산이 크기 때문에 곡선의 퍼져 있는 정도가 약간 크다. 그러나 이때에도 자유도가 커지면 t-분포는 z분포에 근접하게 된다.

24) 가설검정(hypothesis testing)과 추정(estimation)은 개념적으로 통계적으로 서로 상당한 차이가 있다. 공통점으로는 모수(parameter)를 예측하려고 한다는 것이다. 그러나 차이점으로는 추정의 경우, 모집단에 대해 알지 못해 추정을 하지만 가설검정의 경우, 모집단을 알고 있으면서 가설검정을 한다는 것이다.

구체적으로 설명하면, 추정은 표본통계량을 가지고 모집단의 모수를 예측하는 것이다. 여기에는 표본통계량을 기초로 '하나의 값으로 추정'하는 점추정(point estimator)이 있고, 모수가 '포함될 범위를 일정한 구간으로 추정'하는 구간추정(interval estimator)이 있다. 따라서 오차의 크기와 신뢰성 정도를 측정할 수 있는 구간추정이 점추정보다 자주 사용된다. 반면, 가설검정은 표본통계량을 가지고 모수와 관련된 연구가설에 대해 그 가설의 타당성을 판정하여 채택여부를 확인하는 것이다.

PART

III

계량분석의 형태 I

CHAPTER 7

회귀분석의 이해

회귀분석(regression analysis)은 변수와 변수 사이에 존재하는 상호인과적인 관계를 규명하기 위해 측정된 표본자료를 이용한 통계적 분석방법으로 사회과학분야에서 널리 사용되고 있다. 최근 들어 회귀분석의 영역은 통계학의 이론적인 영역을 넘어 사회과학분야 전반에 큰 영향력을 행사하고 있다.

좀더 구체적으로 설명하면, 회귀분석은 이 함수관계를 이용하여 독립변수(independent variable, 설명변수)가 어떻게 종속변수(dependent variable, 반응변수)에 영향을 주는지를 예측하고 설명하는 분석방법이다. 종속변수는 독립변수에 의해 종속적으로 결정되는 변수이다.

회귀분석의 목적은 하나 또는 그 이상의 독립변수 중에서 종속변수에 가장 많이 영향을 주는 변수가 무엇인지 발견하고자 할 때 사용된다. 즉, 종속변수가 독립변수에 의해 어떠한 통계적 관계(statistical relation)로 나타나는지를 밝히고자 하는 것이다. 이로 인해 독립변수의 고정된 값에 대응되는 종속변수의 값을 예측할 수 있다. 이러한 회귀분석에는 하나의 종속변수와 하나의 독립변수 간의 관계를 분석하는 단순회귀분석(simple regression analysis, 혹은 2변수 회귀분석: two-variable regression analysis)이 있으며, 하나의 종속변수에 영향을 미치는 두 개 이상의 독립변수들 간의 함수관계를 분석하는 다중회귀분석(multiple regression analysis, 중회귀분석)이 있다.

실증분석에서는 종속변수 Y에 여러 개의 독립변수 X가 영향을 미치는 것이 일반적이다. 따라서 이와 같은 경우에 단순회귀모형을 설정한다면 우선 모형의 설정이 정확하지 않게 된다. 또한 종속변수 Y를 설명하는 데에 중요한 독립변수들이 누락되기 때문에 두 개 이상의 독립변수가 존재할 경우에 단순회귀분석은 그 유용성이 상실된다.

다중회귀분석은 독립변수가 두 개 이상이라는 것 이외에는 기본적인 개념 및 추정 검정절차가 단순회귀분석과 서로 동일하다. 따라서 다중회귀분석을 이해하면 단순회귀분석은 저절로 알 수 있기 때문에 본장에서는 다중회귀분석을 중심으로 설명하기로 한다.

제 1 절 변수 간의 관계와 선형회귀모형(linear regression model)

변수 간의 관계는 일반적으로 함수적 관계(functional relation)와 통계적 관계(statistical relation)로 나누어볼 수 있다. 함수적 관계는 두 변수 X와 Y에 있어서 X값을 알면 Y값을 정확하게 알 수 있는 확정적 관계를 말한다. 이에 반해, 통계적 관계란 X값에 대한 Y값을 정확하게 결정하기 곤란한 관계를 말한다. 사회과학분야에서 일어나는 현상은 변수 간에 존재하는 관련성에 오차가 있기 때문에 대부분 통계적 관계로 나타난다.

특별히 두 변수 간의 관계가 비례적인 선형(linear)관계로 나타날 때, 즉 두 변수 사이에 직선의 관계를 나타내는 모형을 선형회귀모형(linear regression model)이라 한다. 반면, 두 변수 간의 관계가 곡선의 모양인 비선형(nonlinear)관계로 나타날 때 이를 비선형회귀모형(nonlinear regression model)이라고 한다.

그러나 비선형모형이라 할지라도 변수를 적절히 변환하게 되면 선형으로 바꿀 수 있기 때문에 사실 선형모형이 중요한 의미를 갖는다.[1)]

---

1) 일반적으로 회귀모형에서 선형(linearity)이라는 것은 변수 X에 대한 선형이 아닌 모수 β에 대한 선형을 의미한다. 독립변수가 양적변수(quantitative variable)가 아닌 질적변수(qualitative variable)인 경우의 회귀모형과 비선형회귀모형은 본장의 뒷부분에서 따로 구체적으로 설명하기로 한다.

제 2 절 다중회귀분석(multiple regression analysis)

1. 다중회귀모형(multiple regression)

단순히 하나의 독립변수와 하나의 종속변수 간의 관계를 분석하는 단순회귀모형(simple regression model)은 다음과 같이 나타낼 수 있다.

$$Y_i = \beta_0 + \beta_1 X_i + \epsilon_i$$

그러나 상수항(constant)을 포함하여 독립변수가 여러 개(즉, k개)인 다중회귀모형(multiple regression model)의 경우에는 다음과 같이 단순회귀모형을 확장하여 표시할 수 있다.[2)]

$$Y_i = \beta_0 + \beta_1 X_{1i} + \beta_2 X_{2i} + \cdots + \beta_k X_{ki} + \epsilon_i$$

Y_i: 반응변수(i번째 종속변수의 값)
β_0: 회귀식의 절편
$\beta_1 \sim \beta_k$: 각 설명변수의 계수(편회귀계수)
$X_{ij}(j=1,\ 2,\ \cdots,\ k,\ i=1,2,\ \cdots,\ n)$: j번째 독립변수에 대한 i번째 관측치
ϵ_i: 오차항(교란항), 서로 독립적이며 $N(0,\ \sigma^2)$의 분포를 따른다.
σ^2: k개의 독립변수의 값이 주어졌을 때 확률분포 Y의 분산

여기에서 k가 1이면 위의 다중회귀모형의 식은 단순회귀모형과 같아진다. 일반적으로 다중회귀분석이라 함은 선형다중회귀모형을 분석하는 것을 의미한다. 회귀모형에서 설명변수 X가 1차식이 아닌 것, 즉 지수를 포함하거나 설명변수 간의 곱으로 표현하거나 혹은 함수를 포함하는 식으로 구성될 경우에도 비선형이 아닌 선형다중회귀모형이라고 부른다. 다시 말해, 회귀모형은 모수 β에 대한 선형관계를 가정하고 있기 때문이다.

이제부터는 문제를 단순화하기 위해 독립변수가 2개(즉, k=2)인 다중회귀모형을 가지고 내용을 전개하기로 한다. 이때의 회귀모형은 다음과 같이 표시된다.

2) 다중회귀모형에서 독립변수가 k개에 이르는 모형을 적절히 다루기 위해서는 행렬(식)과 선형대수에 대한 별도의 설명이 필요하기에 본서에서는 생략한다.

$$Y_i = \beta_0 + \beta_1 X_{1i} + \beta_2 X_{2i} + \epsilon_i$$

여기에서 잔차(오차항, 교란항) ϵ_i는 확률(stochastic)변수이기 때문에 Y_i도 확률변수가 된다. 잔차는 독립변수 X가 설명하지 못하는 종속변수 Y의 비체계적인 부분을 나타낸다. 또한 회귀분석의 기본가정 중 하나인 $E(\epsilon_i)=0$이기에 모든 X와 Y에 대해 Y_i의 기대치로 표시하면 회귀함수(regression function)는 다음과 같다. 즉, $E(Y)$는 종속변수 Y의 값 중에서 독립변수 X가 설명하는 체계적인 부분을 나타낸다.

$$E(Y) = \beta_0 + \beta_1 X_1 + \beta_2 X_2$$

회귀계수 β에 대해 다음의 몇 가지를 생각해볼 수 있다. 첫째, β_0은 회귀함수의 절편으로 X_1과 X_2가 0일 때 Y분포의 평균이다. 둘째, 회귀계수 β_1, β_2에 대한 해석은 단순회귀분석에서나 마찬가지이지만, 다중회귀분석에서는 딱 한 가지 근본적인 차이가 있다. 예를 들어, 다중회귀분석에서는 β_1은 X_2가 일정하다는 조건하에 X_1의 1단위변화량에 따른 Y의 평균값 $E(Y)$가 얼마나 변하는지를 나타낸다. 즉, X_2가 불변일 때 X_1에 대한 $E(Y|X_1, X_2=0)$의 기울기를 다음과 같이 나타내고 있다.

$$\beta_1 = \frac{\partial E(Y)}{\partial X_1} = \frac{dE(Y)}{dX_1} \qquad \triangle X_2 = 0$$

이와 마찬가지로 β_2는 X_1이 일정하다는 조건하에 X_2의 1단위변화량에 따른 Y의 평균값 $E(Y)$가 어떻게 변하는지를 나타낸다. 즉, X_1이 불변일 때 X_2에 대한 $E(Y|X_2, X_1=0)$의 기울기를 다음과 같이 나타내고 있다

$$\beta_2 = \frac{\partial E(Y)}{\partial X_2} = \frac{dE(Y)}{dX_2} \qquad \triangle X_1 = 0$$

이와 같이 다중회귀분석에서는 회귀계수를 해석할 때 주의를 요한다. 독립변수의 단위가 비교가능한 동일한 단위가 아니라면 회귀계수의 크기를 통해 독립변수의 공헌도를 말할 수는 없다. 즉, 해당되는 독립변수만의 직접효과(direct effect, 순효과: net effect)를 알기 위해서는 다른 독립변수들이 불변으로 유지하는 조건하에서 해당되는 독립변수의 1단위변화에 따른 종속변수의 평균변화량을 살펴봐야 한다.

다시 말해, 다중회귀분석에서의 추정계수 β는 하나의 독립변수가 변할 때 다

른 독립변수들이 일정한 상태에서 종속변수에 직접적으로 미치는 영향을 나타낸다는 것이다. 이러한 근본적인 이유는 다중회귀분석에서는 독립변수가 여러 개이기 때문에 이들 변수들 간에 상호 상관관계가 존재하기 때문이다. 따라서 다중회귀모형의 회귀계수를 편회귀계수(partial regression coefficient)라고 부르는 이유가 바로 여기에 있다.

2. 회귀식의 추정(estimation)

앞에서 설명한 회귀분석의 기본요건으로서 회귀모형에서의 오차항(교란항) ϵ_i에 대한 기본가정은 다음과 같다. 이에 대한 구체적인 내용은 후술된다.

① ϵ_i는 정규분포를 갖는다.[3)]
(normality, 정규성)

② $E(\epsilon_i)=0$. 즉, ϵ_i의 기대치는 0으로 실제 관찰값이 회귀선을 중심으로 분포되어 있다.[4)]
(0의 평균값)

③ $\sigma^2(\epsilon_i)=\sigma^2$. 즉, ϵ_i의 분산은 모든 X의 관찰치에서 동일하다.[5)]
(homoscedasticity, 등분산성)

④ $Cov(\epsilon_i,\ \epsilon_j)=0$. $i \neq j$, 즉 ϵ_i는 서로 독립적으로 자기상관성(autocorrelation)을 갖지 않아야 한다.[6)]
(independence of error, 독립성: 비자기상관성)

---

3) 자료가 정규분포에서 크게 벗어나지 않으면 신뢰수준이나 α위험에 큰 문제가 생기지 않기 때문에 잔차를 개략적으로 검토하여 정규성을 판단하여도 무방하다. 예를 들어, 만약 ϵ_i가 오른쪽(왼쪽)꼬리를 가진 비대칭일 경우에는 Y 대신 $\log Y$를 사용해도 무방하다.

4) 만약 선형회귀식이 타당하다면 관찰값이 회귀식을 중심으로 무작위로 상하로 흩어지거나 혹은 잔차가 0을 중심으로 무작위로 흩어지게 된다. 이때 선형회귀식이 적합하지 않을 때에는 비선형회귀식의 사용을 고려하는 것이 좋다.

5) Y_i의 기댓값은 $\beta_0+\beta_1 X_1+\beta_2 X_2$이며 이는 상수이기 때문에 Y_i의 분산은 ϵ_i의 분산과 일치하게 된다. 즉, $\sigma^2(Y_i)=\sigma_2(\beta_0+\beta_1 X_{1i}+\beta_2 X_{2i}+\epsilon_i)=\sigma^2(\epsilon_i)=\sigma^2$. 만약, 등분산의 가정에 문제가 있을 때에는 자료를 로그(log)변환하든지 혹은 가중최소자승법(WLS: weighted least square method)을 사용한다.

6) 회귀분석자료는 시간의 간격을 두고 계속적으로 얻어낼 수 있다. 자기상관성이 높다는 의미는 어떤 시점의 ϵ_i가 양수(음수)이면 일정 시점 후(j시점 후)의 ϵ_{i+j}도 양수(음수)일 가능성이 크다는 것이다.

회귀분석에서는 자료의 분포에 대한 가장 적합한 선을 찾아내야 한다. 모집단 평균 μ가 알려져 있지 않을 경우에 표본평균 $\overline{X}$를 가지고 추정한다. 마찬가지로, 모집단의 다중회귀모형에서 모수(β)는 알려져 있지 않다. 따라서 선형회귀모형의 모집단의 모수인 β_0, β_1, β_2는 표본자료를 가지고 이를 추정하여야 한다. 즉, 모집단회귀선 $E(Y)=\beta_0+\beta_1 X_1+\beta_2 X_2$일 때 모회귀선의 모수 β_0, β_1, β_2를 추정하기 위해서는 우선 표본을 추출하여 표본의 다중회귀선을 찾아야 한다.

이때 표본자료를 이상적으로 표현할 수 있는 가장 적합한 표본회귀선을 찾는 방법 중의 하나가 최소자승법(least square method, 최소제곱법)이다. 아래에서 구체적으로 살펴보기로 하자. 추정된 표본회귀식(estimated model)을 다음과 같이 표시하기로 한다.

$$\widehat{Y}=b_0+b_1 X_1+b_2 X_2$$

좋은 추정식을 만들기 위해서는 전체적으로 잔차(즉, $e_i=Y_i-\widehat{Y}_i$)가 가장 작아야 한다. 그러나 회귀선을 중심으로 음(−)과 양(+)으로 나타나는 잔차가 서로 상쇄되기 때문에 잔차의 합($\sum e_i$)은 당연히 0이 된다. 잔차의 합은 표본회귀선을 구하는 데 쓸모가 없다는 것이다. 따라서 잔차를 최소화하기 위해 잔차에 대한 절댓값의 합($\sum|e_i|$)이나 제곱합($\sum e_i^2$)을 이용할 수 있다.

여기에서는 잔차의 제곱합을 최소화시키는 방법을 이용해 표본회귀식을 추정하고자 한다. 이때 각각의 표본회귀계수 b_0, b_1, b_2는 모집단회귀계수인 β_0, β_1, β_2에 대한 가장 좋은 추정량인 최소자승추정량(BLUE: best linear unbiased estimator)이 불편성(unbiasedness)을 갖게 되는 것이다. 즉, $E(b_0)=\beta_0$, $E(b_1)=\beta_1$, $E(b_2)=\beta_2$이다. 최소제곱직선의 식에서 아래와 같은 잔차의 제곱합 $\sum e_i^2$이 최소가 되는 표본회귀식의 계수 b_0, b_1, b_2를 각각 찾으면 된다. 이를 최소자승법이라고 한다.[7]

$$\begin{aligned}\sum_{i=1}^{n} e_i^2 &= \sum(Y_i-\widehat{Y}_i)^2 \\ &= \sum[Y_i-(b_0+b_1 X_{i1}+b_2 X_{i2})]^2\end{aligned}$$

7) 잔차의 제곱합을 최소화시키는 조건은 b_0, b_1, b_2에 대해 편미분한 것이 0을 만족하도록 해야 한다. 최소자승법에는 일반최소제곱법(OLS: ordinary least squares)과 가중최소제곱법(WLS: weighted least squares), 그리고 일반화최소제곱법(GLS: generalized least squares) 등이 있다.

표본회귀식에 독립변수가 4개, 5개, 6개, 7개 등으로 증가하면 이 수식을 수작업으로 계산한다는 것은 참으로 복잡하고 어려운 일이다. 물론 일반적으로 다중회귀분석에서는 컴퓨터를 이용하여 모집단회귀계수 β의 추정량인 b와 분산 σ^2의 추정치 $\hat{\sigma}^2$를 구하는 것이 보편화되어 있다.

그러나 회귀분석에 대한 원리를 올바르게 이해할 때만이 컴퓨터를 바르게 활용할 수 있고 출력물의 결과도 바르게 해석할 수 있다. 따라서 수식에 대해 이해하고 토론하는 것도 중요하겠지만 추정치가 구해진 후 이에 대한 해석과 추론이 더 중요하다. 일단, 최소제곱직선에서 b가 구해지면 표본회귀식은 이미 도출된 것이다. 그 이후에 β_0, β_1, β_2에 대한 가설검정 등 통계적 추론이 시작된다.[8)]

모집단회귀선은 하나만 존재하기 때문에 모수 β는 유일한 값을 갖는다. 반면, 최소자승법으로 구하는 표본회귀선은 표본자료에 따라 수없이 많기 때문에 표본회귀계수 b는 모수 β와 일치하지 않고 오차가 발생한다. 따라서 모수 β에 대한 통계적 추론을 할 때에는 표본회귀계수 b가 얼마나 정확한지(정확성), 얼마나 의미가 있는지(유의성), 또는 표본자료는 표본회귀선에 얼마나 적합한지(적합성) 등을 고려해야 한다.

3. 표본회귀식의 잔차(residual, e_i)와 모집단회귀식의 오차항(error term, ϵ_i)

실제 관찰값 Y_i와 추정된 표본회귀식에 의한 추정치 $\hat{Y}_i$의 차이를 잔차(e_i)라고 하는데, 이것을 다시 한 번 모집단회귀식에서의 오차항(ϵ_i)과 함께 정리하면 다음과 같다.

$$Y_i = \beta_0 + \beta_1 X_{1i} + \beta_2 X_{2i} + \epsilon_i$$
$$\boldsymbol{Y_i} = b_0 + b_1 X_{1i} + b_2 X_{2i} + e_i$$
$$\epsilon_i = Y_i - (\beta_0 + \beta_1 X_{1i} + \beta_2 X_{2i}) = Y_i - E(Y_i)$$
$$e_i = \boldsymbol{Y_i} - (b_0 + b_1 X_{1i} + b_2 X_{2i}) = \boldsymbol{Y_i} - \hat{Y}_i$$

8) X와 Y에 입력하는 자료의 단위를 변환시키면 표본회귀계수의 추정치는 달라지지만 단위를 고려한 회귀계수의 해석과 추론은 마찬가지이다. 단위를 변환한다 하더라도 t-통계치와 결정계수 R^2값은 변화가 없기 때문이다.

정확하게는 오차항(ϵ_i)은 관찰값 Y_i와 모집단회귀식의 편차를 말하며, 잔차(e_i)는 관찰값 Y_i와 추정된 표본회귀식의 편차를 말한다. 따라서 모집단회귀식의 ϵ_i는 실제로 알 수가 없기 때문에 실제로는 표본회귀식의 e_i에 의해 추정된다. 즉, e_i는 ϵ_i의 추정치로 생각하면 된다.

4. 회귀분석의 기본가정(assumptions)

최소자승법을 통하여 표본회귀식을 도출하는 목적이 단지 미지수인 모집단의 모수만을 추정하는 것은 아니다. 추정된 표본회귀계수 b가 모집단의 참값인 모수 β에 얼마나 근접해 있는지에 대한 통계적 추론을 이끌어내야 한다. 이를 위해 회귀분석에서는 독립변수 X와 확률적 변수인 잔차(오차항)에 대한 다음과 같은 여러 가정을 전제로 한다.

[가정 1] 회귀모형은 모수 β에 대해 선형인 모형이다.

여기서 선형인 모형이라 함은 독립변수 X와 종속변수 Y 간의 관계는 직선관계라는 것이다. 이는 독립변수 X에 대한 선형이 아니라 모수 β에 대해 선형인 모형을 가정하는 것이다.9) 만약 독립변수와 종속변수 간에 직선관계인 선형이 아닐 경우에는 변수들을 로그나 역수 등을 사용해 선형으로 변환할 수 있다.

[가정 2] 독립변수 X는 비확률(nonstochastic)로 확정변수이며, 확률변수인 잔차 e_i와 녹립이어야 한다.

즉, 공분산이 0이라는 것이다. $cov(X_{i,}\ \epsilon_i) = 0$. 독립변수 X는 반복되는 표본추출에 있어서 고정된 값이고 서로 다른 값이다. 다시 말해, X는 확률변수가 아닌 서로 다른 상수이다. 이때 $cov(X_{i,}\ e_i) \neq 0$가 되는 현상을 내생성(endogeneity)이라고 한다.10)

9) 독립변수 X나 종속변수 Y가 비선형인 경우에는 선형변환을 통해 사용할 수 있지만 모수 β를 추정하기 위한 추정계수가 비선형이라면 모형 자체를 분석할 수 없기 때문에 반드시 추정계수의 선형성(linearity)이 보장되어야 한다.

10) 이러한 내생성을 해결하기 위해 2SLS(two stage least square method)를 활용할 수 있는데, 구체적인 내용은 본서에서 생략하기로 한다. 그러나 제14장 구조방정식모형 편에서 2SLS를 간단히 소개하였다.

[가정 3] 독립변수 X들 간에는 완전한 선형관계가 나타나지 않는다.

즉, X변수들 간에 다중공선성(multicollinearity)이 존재하지 않는다. 독립변수들 간에 상호연관성이 없어야 한다는 것이다. 다중공선성이 존재하면 독립변수의 개별적인 영향을 정확히 파악할 수 없게 된다. 그러나 일반적으로 사회과학분야의 연구에서 다중공선성이 전혀 존재하지 않는 경우는 거의 없다.

[가정 4] 확률변수인 잔차 e_i의 합 또는 잔차의 평균은 0이다.

즉, $E(e_i) = 0 \ \forall \ i$. 관찰값과 회귀식에서 얻은 추정값의 차이인 잔차(e_i)의 합 혹은 평균은 0으로서 회귀식이 주어진 관찰값의 평균선상에서 움직인다. 따라서 각각의 독립변수 X가 주어졌을 때 잔차의 기댓값 $E(e_i) = 0$이다. 이는 모회귀선 $E(Y_i|X_i) = \beta_0 + \beta_1 X_i$를 의미한다.

[가정 5] 잔차 e_i의 분산은 모든 관찰치 X_i에 대해 일정한 분산을 갖는다.

등분산성(homoscedasticity)의 가정이다. 즉, $Var(e_i) = \sigma^2 \rightarrow Var(Y_i|X_i) = \sigma^2$이다. 여기에서 $0 < \sigma^2 < \infty$이다. 각 독립변수의 값 X_i에 대해 i에 관계없이 종속변수 Y의 값이 이루는 분산이 같아야 한다는 것이다. 다시 말해, 다양한 X값에 해당하는 모든 Y값들이 갖는 신뢰도나 중요도가 똑같아야 한다는 것이다. 그러나 일반적으로 사회과학분야에서 완전한 등분산성을 갖는 경우는 거의 없다.

[가정 6] 잔차 간에 자기상관이 존재하지 않는다(no autocorrelation).

즉, $cov(e_i, e_j) = E[e_i - E(e_i)][e_j - E(e_j)] = E(e_i, e_j) = 0 \rightarrow cov(Y_i, Y_j) = 0$, $i \neq j$이다. 서로 다른 관찰치 i와 j 간에 잔차들의 상관관계가 없어야 한다는 가정(independence of error)이다. 즉, 잔차는 백색소음(white noise)이라는 가정이다. 이는 각 독립변수의 값에 대해 종속변수들의 값들이 갖는 잔차에는 서로 연관성이 없어야 한다는 것이다. 이는 서로 다른 기간의 잔차 사이에는 공분산이 0이어야 한다는 것과 일치한다.

[가정 7] 주어진 관찰치 X_i에 대하여 잔차 e_i는 정규분포를 따른다.

즉, $e_i \sim N(0, \sigma^2) \rightarrow \left[Y_i \sim N(\beta_1 + \beta_2 X_i, \sigma^2) \right]$이다. 각 독립변수의 값에 대해 종속변수($Y_i$)들의 값들이 갖는 분포는 정규성(normality)을 가져야 한다는

것이다. 즉, 확률변수인 잔차 e_i는 정규분포를 따르며 분산은 불변이라는 가정이다.

5. 회귀모형의 적합도(goodness of fit): 결정계수(R^2)와 조정결정계수($\overline{R^2}$)

독립변수와 종속변수로 회귀모형을 추정할 때 주요 관심사는 추정된 회귀모형이 주어진 자료로부터 독립변수가 종속변수를 얼마나 잘 설명하고 있는지를 파악하는 일이다. 즉, 표본으로부터 산출된 회귀선이 실제 모집단의 자료들을 얼마나 잘 요약하고 있는지를 살펴야 한다. 이를 위해 독립변수와 종속변수의 관계를 얼마나 잘 설명하고 있는지, 이를 측정하기 위한 어떤 척도가 필요하다.

이때 사용되는 다중결정계수(R^2: coefficient of multiple determination)는 추정된 표본회귀식이 실제 모집단의 자료를 얼마나 잘 설명하는지 평가하는 기준이 된다. 이는 독립변수와 종속변수 간의 관계를 얼마나 정확하게 설명하고 있는지를 알려주기 때문이다. 이와 같은 결정계수는 관측치들이 표본회귀선에 얼마나 가깝게 접근해 있는지를 잴 수 있는 척도이다. 즉, 회귀모형의 설명력이나 혹은 회귀선의 적합도(goodness of fit)를 측정하는 단위가 된다.

만약, 관측치들이 모두 표본회귀선상에 있다면, '관측치=예측치'가 되고 R^2는 1이 된다. 또한 회귀선이 종속변수의 변동을 전혀 설명하지 못한다면 R^2는 0이 된다. R^2의 값이 클수록 표본회귀선의 적합도가 높아지고, 회귀선이 종속변수의 변동을 잘 설명하고 있다는 의미이다. 따라서 결정계수 R^2는 0부터 1까지의 값을 갖게 된다(즉, $0 \leq R_2 \leq 1$).

구체적으로 예를 든다면, 만약 $b_1 = b_2 = \cdots = b_k = 0$이라면, 회귀식의 설명력이 전혀 없다는 의미이다. 따라서 $R^2 = 0$이 된다. 반대로 추정된 표본회귀식이 주어진 모든 표본자료에 완전히 적합하다면, 즉 모든 관측치 Y_i값들이 추정회귀식선상에 있을 경우에는 결정계수 $R^2 = 1$이 된다. 다시 말해, $R^2 = 1$이란 추정된 회귀식($\hat{Y}$)이 Y의 총변동을 100% 설명하고 있다는 의미이다.[11] 이러한 R^2는 다음의 그림을 통해 설명될 수 있다.

---

11) 회귀식의 설명력을 측정하는 또 하나의 척도는 다중상관계수(R: coefficient of multiple correlation)라고 부르는데, 이는 결정계수(R^2)의 제곱근을 말한다. 유념할 사항은 표본상관계수(r)나 모집단상관계수(ρ)는 음($-$)이 될 수도 있지만 다중상관계수(R)는 항상 양($+$)의 값을 갖는다는 점이다.

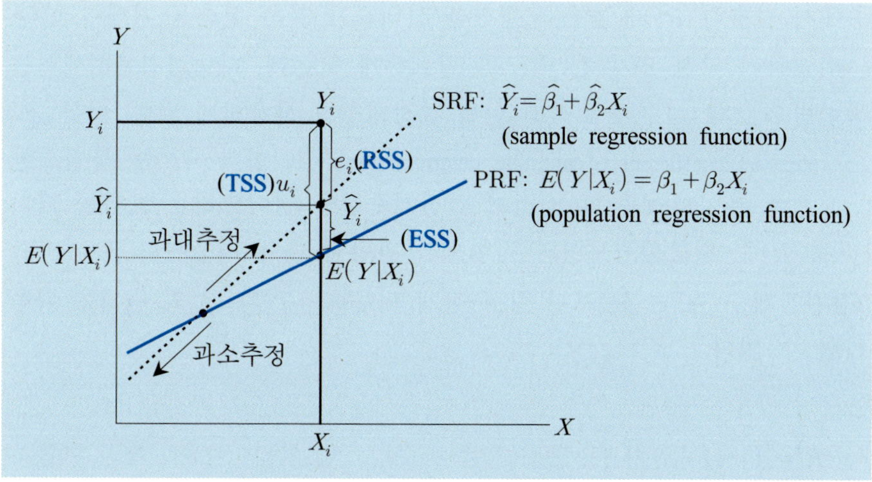

[Y변동의 분해와 결정계수(R^2)의 관계]

즉, 결정계수(R^2)는 종속변수 Y의 총제곱합(총변동) 중에서 독립변수 X에 의해 설명되는 부분의 변동이 어느 정도인지를 측정하는 것이다. 추정된 표본회귀선이 표본자료에 적합한지를 측정한다. 이를 쉽게 설명하면 다음과 같다.12)

$$\frac{X\text{에 의한 } Y\text{의 설명되는 변동(ESS)}}{Y\text{의 총변동(TSS)}} = R^2$$

이러한 결정계수(R^2)의 특성은 독립변수의 수가 많아질수록 그 값은 반드시 커지게 되어 있다. 즉, 독립변수의 개수가 늘어감에 따라 R^2는 절대로 감소하지 않는다. 가령 추가되는 독립변수가 종속변수를 설명하는 데에 도움이 전혀 안 되는 불필요한 변수라 할지라도 R^2는 조금이라도 증가하게 된다.

따라서 단순히 독립변수의 수를 늘려 R^2값을 크게 함으로써 회귀모형의 유용성을 판단하는 것은 바람직하지 않다. 왜냐하면 독립변수의 수를 늘리면 회귀모형 자체가 복잡해질 수 있으며, 독립변수 간의 상관관계가 높아질 수 있기 때문에 다중공선성(multicollinearity)의 문제가 심각하게 발생할 수 있다.

이와 같은 바람직하지 않은 폐단 때문에 독립변수 X의 개수가 각각 다른 회귀

12) 종속변수 Y의 총변동(TSS: total sum of squares)은 회귀선에 의해 설명되는 부분(ESS: explained sum of squares)과 회귀선의 추정으로 설명되지 않은 무작위요소에 의한 부분(RSS: residual sum of squares)으로 구성되어 있다. 즉, TSS=ESS+RSS이다.

모형 중에서 단순히 R^2가 높은 모형만을 선택하는 것은 신중을 기해야 한다. 이때 모형을 비교하기 위한 또 다른 척도가 필요하게 되는데, 다중회귀분석에서는 모형 내의 독립변수 X의 개수를 고려해 만든 결정계수를 사용하게 된다. 이를 조정결정계수($\overline{R^2}$: adjusted coefficient of multiple determination)라고 한다. $\overline{R^2}$는 불필요한 독립변수가 모형에 추가되었을 때 오히려 결정계숫값을 떨어뜨리는 효과를 가지고 있다. 따라서 $\overline{R^2}$는 다중회귀모형의 적합도를 판단할 때에 이용된다.

조정결정계수 $\overline{R^2}$는 R^2보다 항상 작게 되는데, $\overline{R^2}$와 R^2의 관계는 다음과 같이 나타낼 수 있다.

$$\overline{R^2} = 1 - (1 - R^2)\frac{N-1}{N-k}$$

위 식에서 N은 표본의 크기이며, k는 절편항을 포함한 회귀모형 내 모수의 개수이다. 즉, 절편항을 포함한 독립변수의 개수이다. 위의 식에서 명백히 알 수 있는 것은 다음과 같은 사실이다.

① $k > 1$일 때 항상 $\overline{R^2} < R^2$이다. 이는 독립변수가 증가할수록 $\overline{R^2}$가 R^2보다 덜 증가한다는 것이다.13)

② R^2는 0에서 1 사이의 값을 갖는다. N이 큰 대표본인 경우에는 $\overline{R^2}$와 R^2값에는 큰 차이가 없지만, 반면에 N이 작은 소표본인 경우에는 $\overline{R^2}$값이 R^2값보다 훨씬 작게 된다. 한편, $\overline{R^2}$는 음의 값(−)을 가질 수 있으며, 이때에는 $\overline{R^2} = 0$으로 간주한다. 물론 $\overline{R^2}$가 1이면 R^2도 1이다.14)

그러므로 다중회귀분석에서 모형의 적합도를 위해 연구자는 R^2를 사용하기보다는 $\overline{R^2}$를 사용하는 것이 더 좋은 방안이라고 할 수 있다. 이들은 모두 잔차를 기초로 하고 있으며 잔차가 클수록 회귀선의 적합도는 감소하는 원리를 따르고 있다.

무엇보다도 결정계수(R^2)를 해석할 때 주의할 사항은 종속변수 Y가 서로 다른

13) 단순회귀모형에서 절편이 있는 모형인 경우에는 결정계수 r^2가 항상 양(+)이 된다. 하지만 경우에 따라 원점을 통과하는 회귀선이 필요할 때도 있다. 이와 같은 '절편이 없이 원점을 통과하는 단순회귀모형'에서의 결정계수 r^2는 음(−)이 될 수 있다. 따라서 절편이 없이 원점을 통과하는 2변수 회귀모형(regression through the origin)을 사용할 때에는 신중을 기해야 한다.

14) 실제 회귀분석결과에서 $\overline{R^2}$의 값이 음(−)이 나올 경우에는 그 값은 0으로 간주한다. 이때에는 고려하고 있는 회귀모형이 자료에 적합하지 않다는 것을 의미하기 때문이다.

두 모형 간에 결정계수의 값을 비교하는 것은 무의미하다는 사실이다. 예를 들어, 독립변수가 같은 자료라 할지라도 한 모형에서는 In(Y)를 종속변수로 하고 있고, 다른 모형에서는 Y를 종속변수로 하고 있다면 두 모형 간의 결정계수 R^2를 비교하는 것은 아무런 의미가 없다.

그 이유는 종속변수 In(Y)의 변화는 상대적인 비율변화를 나타내고, 종속변수 Y의 변화는 절대적인 변화수치를 나타냄으로써 변수 Y의 전체 변동값이 서로 다르기 때문이다.

6. 통계적 추론(statistical inference)과 회귀모형의 유의성 검정: F-검정

다중회귀모형에서 독립변수가 종속변수에 영향을 미치는지의 여부에 대한 각각의 개별 회귀계수 $\beta_1, \cdots, \beta_k$에 대한 추정은 앞에서 설명한 모집단 μ에 대한 가설검정과 그 절차가 유사하다. 즉, 개별 회귀계수에 대한 가설검정은 $n-k$의 자유도(df)를 갖는 t-통계량을 이용하여 유의성을 검정한다.

그러나 개별 회귀계수의 유의성 검정도 중요하지만 모든 다중회귀계수에 대한 유의성 검정도 중요하다. 이것이 바로 회귀모형의 적합도 검정이라 할 수 있다. 회귀모형의 적합도 검정은 추정된 표본회귀선에 대한 전반적 유의도 검정이 된다. 이때에는 종속변수 Y가 모든 독립변수 X 사이에 선형관계로 연결될 수 있는지를 검정하는 것이다. 따라서 종속변수 Y와 k개의 독립변수 X의 집합인 $\{X_1, X_2, \cdots, X_k\}$ 간의 관계를 검정하여야 하기 때문에 t-통계량을 통한 개별 회귀계수에 대한 각각의 유의성 검정은 적합하지 않다. 이때에는 회귀모형의 설명력이 충분한지, 그 의미가 있는지의 여부는 $k-1$과 $n-k$의 자유도(df)를 갖는 F-통계량($\frac{ESS/k-1}{RSS/n-k}$)을 통해 이루어진다.

다중회귀분석에서 이와 같은 회귀모형의 유의성을 검정하기 위한 가설은 상수항을 제외한 모든 독립변수가 종속변수에 영향을 미치는지의 여부를 검정하는 것이다. 즉, 회귀계수들 모두가 동시에 0이라는 결합가설을 검정하게 되는데, 이에 대한 가설은 다음과 같이 전개된다.

H_0: $\beta_0 = \beta_1 = \cdots = \beta_k = 0$

(회귀선은 유의하지 못하다)

**H_1: 위의 회귀계수 중 적어도 하나의 β는 0이 아니다
(회귀선은 유의하다)**

이러한 회귀모형의 적합도를 검정하는 가설은 바로 R^2의 유의성을 검정하는 것과 같다(즉, $H_0 : R^2=0$). 이때에는 다음과 같이 R^2로 표시된 F-통계량을 사용하면 된다.[15]

$$F=\frac{R^2/(k-1)}{(1-R^2)/(n-k)} \sim F(k-1,\ n-k)$$

이와 같이 결정계수 R^2와 회귀분석에서의 분산분석이라고 부르는 F-검정 사이에는 상호 밀접한 관련성이 존재한다. 만약, $R^2=0$이면 $F=0$이다. R^2가 클수록 F값도 커진다. 또한 $R^2=1$이면 $F=\infty$가 된다. 이와 같이 R^2와 F-검정의 관련성을 통해 회귀모형의 적합도 검정을 쉽게 이해할 수 있다.

7. 독립변수의 독립성 문제: 다중공선성(multicollinearity)

다중회귀분석에서는 일부 또는 전체 독립변수들(X) 간에는 정확한 선형관계가 없어야 한다고 가정한다. 즉, 독립변수들이 서로 연관성이 없고 독립적이어야 한다는 것이다. 그렇지 않으면 독립변수들 간에 다중공선성(multicollinearity)의 문제가 생긴다. 다시 말해, 독립변수들 간에 상관관계가 높아진다는 것이다. 이렇게 되면 이때의 회귀계수는 의미 없는 수치가 되어버린다.

이와 같이 다중공선성은 두 개 이상의 독립변수 사이에 정확한 선형관계가 나타나는 경우를 말한다. 독립변수들끼리 밀접한 관련성이 있어 엉켜 있다는 의미이다. 이때에는 독립변수들이 상호 밀접하게 같이 움직이기 때문에 종속변수에 미치는 각 변수의 직접효과를 각각 구할 수 없다. 왜냐하면 X변수들 간에 **완전한 다중공선성(완전공선성: perfect multicollinearity)이 나타난다면 해당 변수들이 포함된 회귀**

15) 다중회귀모형의 전반적인 유의성 검정을 위해서는 R^2로 표시된 F-통계량 이외에도 분산분석표를 작성하여 F-통계량을 구한 후 회귀모형의 적합도 검정을 할 수 있다. 그러나 단순회귀모형에서 모형의 적합도 검정은 독립변수 X의 회귀계수(즉, 기울기와 절편)를 검정하는 것으로 t-분포를 이용할 수도 있고, 혹은 F-분포를 이용할 수도 있다. 이때 이들 통계량 간에는 $t^2=F$의 관계가 성립된다.

모형의 정확한 계수추정이 불가능하게 되고 그들의 표준오차는 무한대가 되기 때문이다.

예를 들어보자. 독립변수 X_1과 X_2가 종속변수 Y와 다중회귀모형으로 설정되었을 때 종속변수와 독립변수가 아래와 같은 관련성을 보인다고 하자. 이때 다중공선성의 정도는 다음과 같이 X_1과 X_2 간에 중복되는 크기에 의해 측정될 수 있다.

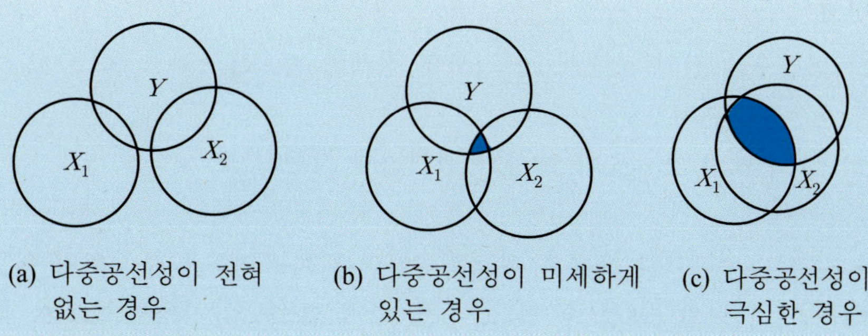

[다중공선성의 크기]

그러나 통상적인 다중회귀모형에서는 독립변수 간에 완전한 선형관계가 나타나는 것이 아니다. X변수들이 불완전하게 서로 상관되어 있는 경우가 허다하다. 그러므로 사회과학분야의 연구에서 독립변수들 간에 상관관계가 높게 나타나는 경우에도 불완전한 다중공선성이 있는 것으로 광범위하게 사용되고 있다. 그러나 다중공선성이 불완전하다 할지라도 그 정도가 크다면 회귀계수들은 큰 표준오차를 가지게 되어 회귀계수들이 정확히 측정될 수 없다.

일반적으로 다중공선성의 문제는 시계열자료에서 많이 발생하기는 하나 회귀모형의 설정 때문이 아니라 주로 표본자료의 부적합 때문에 발생된다. 또한 다중공선성은 독립변수 간의 상관계수가 높을 때 발견되는 경우가 많다. 이러한 다중공선성은 회귀모형의 잔차분석을 통해 감지해내기는 쉽지 않다.

예를 들어, 회귀식에 포함된 독립변수 간에 상관관계가 아주 높을 때에는 모형의 설명력이 높게 나타나는데도 불구하고(예: 높은 R^2와 F값), 각각의 독립변수 X 모두 통계적인 유의성이 낮게 나타난다(예: 비유의적인 t-값). 이와 같은 이유로 독립변수들 모두가 설명력이 낮고 통계적으로 유의성이 없는 것으로 판단하는 오류를 범하게 되는 것이다.[16)]

16) 독립변수 X가 모두 유의적이지 않다고 해서 반드시 다중공선성의 징후라고 판단할 수는 없

회귀모형을 분석하는 과정에서 다중공선성의 징후나 존재를 쉽게 확인하는 몇 가지 일반적인 방법을 살펴본다면 다음과 같이 정리할 수 있다.

① 모형 전체의 높은 R^2값, 그러나 독립변수의 개별 회귀계수에 대한 낮은 t-통계치
② 새로운 독립변수의 추가 혹은 제거시 회귀계수에 대한 t-통계치의 민감한 변화
③ (독립변수들 간의 상관계수) > (모형 전체의 R^2값)
④ 단순상관계수 $\geq$ 0.8
⑤ 회귀계수의 부호(sign)가 예상과 현격하게 다른 부호

이와 같은 다중공선성 문제를 최소화시키면서 회귀모형을 추정하기 위한 방법으로는 여러 가지를 생각해볼 수 있다. 우선, 쉽게 할 수 있는 방법으로는 상관관계의 공선성이 존재하는 두 변수가 존재한다면 그중 하나만 선택하여 회귀모형에 포함시켜야 한다. 이를 위해 독립변수를 나머지 독립변수들에 대해 회귀분석을 한 후 본래의 R^2를 초과하는 R^2값이 나올 때 모형의 종속변수로 설정한 독립변수를 다중공선성의 주요인변수로 판정하는 방법이 있다. 물론, 타당한 이론에 의해 포함된 설명력이 높은 변수를 연구자가 임의로 제거시킨다는 것은 누락변수로 인한 모형 설정의 오류를 범할 수는 있겠지만 회귀분석 결과의 신뢰도를 높이기 위해서 반드시 필요한 과정이다.

또한 원래의 자료에 대해 1차 차분이나 로그변환을 시도하여 기존의 변수를

다. 왜냐하면 독립변수의 수가 관측치보다 많은 경우에도 각 X변수의 회귀계수가 통계적으로 비유의적이 될 수 있기 때문이다. 실제로 다중공선성을 설명하기 위해 많은 통계적 수식이 등장하는데, 많은 컴퓨터 프로그램의 결과물로부터 다중공선성 존재 여부를 판단하는 것은 어렵지 않다. 몇 가지 예를 들어본다면 다음과 같다.

(1) VIF(variance inflation factor; 분산확대인자, 분산팽창인자)가 10보다 크면 다중공선성의 문제가 존재한다고 판단한다.
(2) 각 변수의 전체분산이 어떠한 비율로 분포되어 있는지를 나타내는 Variance Proportion(분산비율: VP) 등을 통해 다중공선성을 확인할 수 있다.

예를 들어, 설명변수 예측치의 분산 정도를 나타내는 Eigenvalue(고유치)가 1을 기준으로 0에 가까울수록 완전한 다중공선성이 된다. 또한 다중공선성의 심각성을 나타내는 Condition Index(상태지수: CI)가 1을 기준으로 커질수록 다중공선성이 강해진다. 분산비율은 0.7 이상, CI가 10 이상이면 다중공선성이 있는 것으로 간주하고 30 이상이면 심각한 다중공선성의 문제가 있는 것으로 간주한다. 따라서 Eigenvalue(고유치)가 0에 가까우며, 상태지수(CI)가 높고, 동시에 분산비율(VP)이 높은 변수들 간에는 다중공선성이 존재한다고 판단한다.

변형시키면서 독립변수의 측정방법을 달리하면, 다중공선성의 정도가 어느 정도 완화될 수 있다. 동시에 명목변수를 실질변수로 전환하거나 새로운 관측치를 좀더 추가해 표본의 수를 증가시키는 것이다. 이때 독립변수의 총변동이 커지게 되기 때문에 다중공선성의 문제가 다소 완화될 수 있다.

그러나 R^2값이 매우 낮은데도 모든 독립변수의 개별 회귀계수가 모두 높은 t-통계치를 나타내는 경우가 있다. 이는 다소 특이한 상황으로 개별 독립변수와 종속변수 간에 단순상관계수가 매우 낮고 독립변수 간의 단순상관계숫값이 마이너스(−) 부호를 가질 때 발생될 수 있다(Maddala, 1977, pp. 123-124).

그 밖에도 독립변수들 간의 상관관계가 높을 때에는 인자분석(요인분석; factor analysis)이나 능형회귀법(ridge regression) 등 복잡한 통계기법을 통해 회귀분석을 하는 방법이 있다.[17] 인자분석과 관련해서는 제13장에서 설명하도록 한다.

8. 이분산(heteroscedasticity)

(1) 이분산과 자기상관의 속성

회귀모형에서 오차항에 대한 기본적인 가정 중의 하나로 오차항 e_i의 분산은 모든 관찰치 X값에 대해 동일한 분산값을 갖는다고 하였다. 즉, X값에 대응하는 종속변수 Y는 동일한 분산을 갖는다는 것이다. 이 가정을 [$Var(e_i|X_i) = \sigma^2$, (등분산성)]으로 표현할 수 있는데, 이는 homoscedasticity(equal variance)를 가정한다는 것이다. 반면, 이분산(heteroscedasticity)이란 독립변수 X값의 변화에 따라 종속변수 Y의 분산이 달라지는 것을 말한다.

또 하나의 기본적인 가정은 오차항이 서로 독립적이라는 것이다. 즉, 주어진 두 X값에 대응하는 두 종속변수 Y값이 종속변수의 평균으로 떨어져 있는 차이를 오차항 $e_{i,}\ e_j$라 한다면, e_i와 e_j는 서로 아무런 관련성이 없다는 가정이다. 이 가정

17) 능형회귀추정방법은 개발 초기에 비해 사용빈도가 떨어지고 있다. 이 방법은 Hoerl과 Kennard(1970)에 의해 주장되었는데, 설명변수 간에 다중공선성이 존재할 경우 베타 β에 대한 추정치로 최소제곱추정치 대신 능형추정량(ridge estimator)을 사용한다. 능형추정량의 기본적인 아이디어는 0에 가까운 수의 역수는 매우 불안정하기 때문에 여기에 적당한 양수를 더해준다면 그 역수는 상관관계를 하락시켜 어느 정도 안정적이 된다는 것이다. 즉, 설명변수 간에 상관관계가 매우 높을 때 능형회귀분석은 비교적 안정적인 좋은 추정치를 제공한다. 구체적인 내용은 Neter *et al.*(1996)을 참조할 것. pp. 410-416

을 $[cov(e_i, e_j) = 0, \; i \neq j]$으로 표현할 수 있는데, 이는 오차항 사이에 상관관계로 일컫는 자기상관(autocorrelation, 혹은 serial correlation)이 나타나지 않는다는 의미로서 오차항이 **백색소음(white noise)**이라고 가정한다. 다시 설명하면, 어떤 특정 관찰치와 관련된 오차항은 또 다른 관찰치와 관련된 오차항에 의해 영향을 받지 않는다는 것이다.

이러한 조건들이 충족되지 못하면, 이분산과 자기상관이 나타나는 문제가 발생하게 된다. 이러한 **이분산[즉, $Var(e_i|X_i) = \sigma_i^2(\text{for } i)$]의 문제는 주로 횡단면자료에서 많이 나타나고, 반면에 자기상관[즉, $Cov(e_i, e_j) \neq 0, \; i \neq j$]의 문제는 주로 시계열자료**에서 나타난다.[18]

이분산과 자기상관이 나타나는 경우, 회귀계수 추정량의 분산이 커지기 때문에 검정결과의 효율성이 낮아지게 된다. 따라서 회귀계수의 추정치를 이용한 t-검정이나 F-검정 등의 검정통계량이 왜곡되고, 이것으로부터 도출되는 통계적인 추론이나 결론을 신뢰하기 어렵게 되는 것이다.

(2) 이분산의 해결방안

그렇다면, 연구자는 이분산이 실제로 발생하는지 어떻게 감지할 수 있을까? 대부분의 방법들은 모집단 u_i가 아닌 실제로 관찰할 수 있는 표본의 오차항 ϵ_i에 기초하여 이루어지고 있다. 예를 들어, 오차항 ϵ_i이나 혹은 오차항의 제곱 ϵ_i^2을 추정된 $\hat{Y}$나 X_i에 대해 산포도를 그려봤을 때 이분산의 존재 여부는 체계적인 양상(증감 혹은 무변화)을 띠고 있는지의 여부를 확인하는 것이다.

이와 같은 오차항에 대한 이분산 문제를 고려하지 않으면 회귀모형의 추정과 검정에서 심각한 오류가 발생되기 때문에 이분산 문제를 해결하는 방안을 찾는 것이 무엇보다 중요하다. 이를 위해 **원래의 자료를 적절히 변형할 필요가 있는데**, 물론 이때에도 회귀모형의 조건을 만족시켜야 한다. **예를 들어, 원래의 회귀식을 로그(log)나 제곱근, 혹은 역수 등으로 변형하는 것**이다. 특히, 로그(log) 변환식은 로그 변환으로 인해 변수들의 측정단위가 축소됨으로써 변숫값의 차이를 줄일 수 있기 때문에 이분산이 줄어들 수 있다.

즉, 오차항의 분산을 줄이기 위해 $Y_i = \beta_o + \beta_1 X_i + \epsilon_i$ 모형 대신에 $\text{Ln}\,Y_i = \text{Ln}\beta_0 + \beta_1 \text{Ln}\,X_i + \epsilon_i$ 모형으로 설정하는 것이다. 그러나 로그 변환은 X나 Y가 취하

18) 시계열자료를 사용할 때 주로 나타나는 오차항의 자기상관 문제는 장을 달리하여 설명하고자 한다. 이에 대해서는 제V부 제15장에서 구체적으로 다루기로 한다.

는 값 중에서 0이나 음(−)의 값이 있다면 적용할 수 없음을 명심해야 한다.

오차항 ϵ_i가 이분산을 갖는 경우에 효율적인 회귀계수의 추정치를 도출하는 방법을 예제로 제시하면 다음과 같다. 우선 오차항이 서로 다른 σ_i^2을 나타내고, 이분산 σ_i^2값을 알고 있다고 가정할 때, 일반적인 다중회귀모형 $Y_i = \beta_1 + \beta_2 X_{2i} + \beta_3 X_{3i} + \epsilon_1$을 다음과 같이 변형할 수 있다.

$$(\frac{Y_i}{\sigma_i}) = \beta_1(\frac{1}{\sigma_i}) + \beta_2(\frac{X_{2i}}{\sigma_i}) + \beta_3(\frac{X_{3i}}{\sigma_i}) + \frac{\epsilon_i}{\sigma_i}$$

$$\downarrow$$

$$Y_i^* = \beta_1^* + \beta_2 X_{2i}^* + \beta_3 X_{3i}^* + \epsilon_i^*$$

여기에서, $* = \frac{1}{\sigma_i}$

변형된 위의 식을 사용할 때 오차항 ϵ_i^*의 분산은 항상 1로서 동일하기 때문에 (즉, 등분산성) 일반적인 OLS를 적용해도 문제가 없게 된다. 이렇게 변형된 모형은 OLS 추정을 위한 모든 조건을 만족시킬 수 있는 형태가 된다. 따라서 모형은 변형되었지만 일반적인 OLS 최소자승법을 적용할 수 있기 때문에 '일반화 최소자승법'(GLS: generalized least squares) 또는 '가중최소자승법'(WLS: weighted least squares)이라고 부른다. 이를 통해 t-통계량, F-통계량 등도 왜곡 없이 도출할 수 있다.[19)]

그러나 현실적으로 모집단의 분산 σ_i^2값을 알지 못하기 때문에 이럴 때에는 표본자료로부터 이 값을 추정한 후 이를 가중치로 하여 최소자승법을 적용해야 한다. 이와 같이 오차항의 분산을 추정하여 가중최소자승법을 이용하는 방법을 '실행가능한 일반최소자승법'(feasible GLS: FGLS) 혹은 '추정된 일반최소자승법'(estimated GLS: EGLS)이라고 부른다. 이를 통해서도 t-통계량, F-통계량 등을 왜곡 없이 도출할 수 있어 통상적인 가설검정을 할 수 있는 것이다. 한 가지 주의할 점은 가중최소자승법은 표본이 큰 경우에 적용하는 것이 바람직하다.

이분산이 나타나는 경우에 손쉽게 해결할 수 있어 널리 사용되는 방안으로는

---

19) 위 식에서 보는 바와 같이 오차항의 표준편차를 알고 있다는 가정하에 이를 이용해 가중치를 구한 후 최소자승법을 적용하는 GLS기법이다. OLS에서는 가중치를 구하지 않고 RSS (Residual Sum of Squares)를 극소화한다. 그러나 GLS에서는 오차항의 분산이 큰 관찰치들은 상대적으로 작은 가중치가 부여되고 오차항의 분산이 작은 관찰치들은 큰 가중치가 부여된다. 따라서 GLS는 가중된 RSS를 극소화하기 때문에 이를 '가중최소자승법'(WLS: weighted least squares)이라고도 부른다.

회귀계수에 대한 White의 일치추정량을 구하면 된다. 이때 White검정법의 이분산 일치추정량(heteroscedasticity-consistent)을 이용하면 된다. 이를 이용하면 이분산이 나타나는 경우라 할지라도 가설검정을 할 때 일반적인 OLS 추정치와 t-검정 통계량을 그대로 사용할 수 있다. 일반적으로 OLS 적용결과가 일치추정량이나 WLS를 사용했을 때와 비교하여 OLS 추정량과 오차항 크기가 거의 비슷한 검정결과로 크게 다르지 않다면, 처음에 예상했던 이분산현상이 심각하지 않다고 해석할 수 있다.

CHAPTER 8

선형회귀모형의 응용

제 1 절 회귀모형의 특수형태(1): 비선형회귀모형(nonlinear regression)

지금까지 회귀모형으로서 $Y_i = \beta_0 + \beta_1 X_{1i} + \beta_2 X_{2i} + \cdots + \beta_k X_{ki} + \epsilon_i$를 사용하여 설명하였다. 이와 같은 모형을 일반선형회귀모형(GLM: general linear model)이라고 부른다. 회귀계수에 지수형태나 혹은 계수끼리의 곱 혹은 루트($\sqrt{\ }$) 등이 없기 때문이다.

그러나 일반적으로 사회과학분야의 여러 영역에서는 독립변수와 종속변수의 관계가 선형이라기보다는 비선형이 오히려 적합한 경우가 많이 있다. 예를 들어보자. 광고비의 증가에 따라 기업의 매출액은 증가하지만 증가하는 속도가 점점 느려지는 것이 일반적이다. 즉, 광고비가 어느 정도 이상 지출되면 매출액은 계속 증가하지 않고 오히려 감소함으로써 독립변수의 증가에 따른 종속변수가 곡선관계를 보이는 경우이다. 따라서 이때의 회귀모형은 오히려 다음과 같은 2차식의 모형이 적당하다고 할 수 있다.

$$Y_i = \beta_0 + \beta_1 X_i + \beta_2 X_i^2 + \epsilon_i$$

이와 같이 모수 β_1과 β_2에 대해서는 선형이지만 변수 X에 대해서는 비선형인 위와 같은 모형은 회귀분석에 있어 오히려 문제가 있지 않을까 걱정할 수 있다. 그러나 위의 모형에서 $X_i = X_{1i}$로 그리고 $X_i^2 = X_{2i}$로 하면 독립변수가 두 개인 다음과 같은 일반선형회귀모형으로 똑같이 나타낼 수 있다. 비선형회귀모형(nonlinear regression)도 적절하게 변환시킨다면 일반회귀모형의 범주에서 다룰 수 있다는 것이다.

$$Y_i = \beta_0 + \beta_1 X_{1i} + \beta_2 X_{2i} + \epsilon_i$$

그러므로 제7장 앞부분에서도 이미 설명한 것처럼, 일반적으로 회귀모형에서 선형(linearity)이라 함은 독립변수 X에 대해 선형인 모형을 가정하는 것이 아니라 모수 β_0, β_1, β_2 등에 대해 선형인 모형을 가정하는 것이다. 다시 말해, β_0, β_1, β_2에 대한 1차 미분이 함수가 아닌 일정한 상수가 되어야 한다는 것이다.

다시 정리하면, 선형(linear)이라는 의미는 '변수(variable)에 대해 선형'과 '모수(parameter)에 대해 선형'이라는 두 가지 의미로 쓰인다. 그러나 변수에 대하여 비선형모형이라 하더라도 일반선형모형으로 변환할 수 있기 때문에 일반적으로 선형회귀모형은 '모수에 대해 선형'을 의미한다. 예를 들어, $Y_i = \beta_0 + \beta_1 X_i^2 + \epsilon_i$는 선형회귀모형이다.[1] 그러나 $Y_i = \beta_0 + \sqrt{\beta_1} X_i + \epsilon_i$는 비선형회귀모형이다.

---

1) 전술한 대로 독립변수 X가 둘 이상인 다중회귀모형에서 선형관계를 가정하여 모형을 추정하는 것이 적절하지 못할 경우가 있다. 즉, 독립변수 X의 증가의 증가에 따라 종속변수 Y가 선형이 아닌 곡선관계(curvilinear relationship)가 나타날 수 있는 경우이다. 예를 들어, 두 개의 독립변수와 종속변수의 관계가 이론적으로 명확한데도 불구하고 선형회귀모형의 결과로서 유의하지 않을 경우가 있다. 이때에는 아래와 같이 이차항을 고려한 이차다항(다중)회귀모형(second order polynomial model with two independents)을 고려할 수 있다.

$$Y = \beta_0 + \beta_1 X_1 + \beta_2 X_2 + \beta_3 X_1^2 + \beta_4 X_2^2 + \beta_{12} X_1 X_2 + \epsilon$$

위 모형에서는 일차항(X_1, X_2)과 이차항(X_1^2, X_2^2) 그리고 교호작용($X_1 X_2$)의 계수가 있다. 이때 β_{12}는 이들의 교호작용효과(interaction effect)를 의미한다. 물론 삼차항도 고려할 수 있다. 모형의 추정과 적합도 검정은 다중회귀모형의 분석과 동일하게 생각하면 된다. 물론 이때에는 설명변수들 간의 관계가 1차선형관계가 아니기 때문에 다중공선성 문제는 발생하지 않는다. 그러나 비선형모형에서는 선형모형에 적용되는 최소자승법을 적용할 수 없기 때문에 회귀계수를 추정하는 방법이 간단하지 않다. 본 교재에서는 이를 생략하기로 한다.

제 2 절 회귀모형의 특수형태(2): 가변수를 이용한 회귀모형(dummy variable regression)

1. 질적변수 한 개에 대한 회귀식

회귀식에서는 계량화된 양적인 변수, 즉 정량적 변수(quantitative variable)라고 부르는 독립변수의 절대적 크기가 종속변수에 중요한 영향을 미친다. 뿐만 아니라, 독립변수로서 남녀 성별의 차이, 학력의 차이, 빈부의 차이, 어떤 사건을 전후한 변화의 차이 등을 나타낼 수 있는 질적인 속성을 가진 변수, 즉 계량화할 수 없는 정성적 변수(qualitative variable)인 가변수가 회귀식에 포함될 수 있다. 물론 정성적 변수들만 독립변수로 구성된 회귀모형은 주기능을 발휘할 수 있는 양적변수가 없기 때문에 다소 비현실적이며 일반적이지 않다. 이때 가변수(dummy variable)[2]는 이와 같은 정성적 변수를 나타내는 데에 사용된다. 자료집단의 속성을 일반적으로 '0과 1'의 값으로 가정한 변수를 가변수라고 하며, D_i로 표기한다.

본절에서는 독립변수가 가변수 형태를 갖는 회귀모형을 살펴보기로 한다. 회귀분석에서 가변수라고 부르는 질적인 설명변수의 기능에 대해 살펴보려고 한다. 다시 말해, 회귀분석에서의 종속변수 Y는 정량적 독립변수 X뿐만 아니라 수량화할 수 없는 정성적 독립변수 X(예를 들어, 인종, 종교, 빈부, 학력, 특정한 정책의 시행여부 등)에 의해서도 영향을 받는다.

이와 같은 질적변수인 가변수는 양적변수와 마찬가지로 일반적인 회귀모형에 손쉽게 사용할 수 있다. 예를 들어보기로 하자. 본 단원에서는 남녀 성별의 일반적인 임금구조를 발견하기 위해 두 남녀집단의 통합된 관측치를 사용하여 다음과 같은 가변수 회귀모형을 도출한다.[3]

---

2) 가변수를 지수변수(indicator variables), 범주변수(categorical variables), 이분적변수(dichotomous variables), 이진변수(binary variables), 질적변수(qualitative variables) 등으로 부르기도 한다.

3) 이와 같이 독립변수가 질적변수인 가변수들로만 구성된 모형을 분산분석회귀모형(AOV model: analysis-of-variance regression model)이라고 부른다. 이때 두 집단 간의 평균연봉수준의 차이가 있는지 여부를 확인하는 과정은 범주별 자료를 이용한 분산분석(ANOVA)을 실시하는 효과와 동일하게 된다.

$$Y_i = \beta_0 + \beta_1 D_i + u_i$$

여기에서, Y_i: 연봉수준
$D_i = 1$(만일 i가 남자라면)
$= 0$(만일 i가 여자라면)

위의 식은 양적변수 X 대신 질적변수인 가변수 D가 포함된 것을 제외하고는 일반적인 회귀모형과 똑같다. 그러므로 선형회귀모형에 있어서 오차항의 평균값은 0, $E(u_i | X_i = 0)$를 가정하면 다음과 같은 회귀식을 얻을 수 있다.

여자의 평균연봉 $E(Y_i | D_i = 0) = \beta_0$

남자의 평균연봉 $E(Y_i | D_i = 1) = \beta_0 + \beta_1$

위 식에서 β_0은 여자의 평균연봉이며 $\beta_0 + \beta_1$은 남자의 평균연봉이 된다. 이와 같이 나이, 근무기간, 연구업적 등과 같은 양적변수들이 동일하다고 가정할 때 남녀 성별이 남녀 간의 연봉차이에 영향을 미치는지 파악할 수 있다. 성별의 속성을 나타내는 독립변수가 종속변수 Y인 연봉수준에 미치는 영향력의 크기가 다른지 파악할 수 있다는 것이다.[4)]

그렇다면, 남녀 성별의 속성이 연봉수준에 영향을 미치는 것일까? 만약 영향을 미친다면 유의성이 있는 것인가 혹은 없는 것인가? 이는 추정과 검정의 절차로 점검할 수 있다. 만약 '연봉과 관련하여 남녀 성차별이 존재하지 않는다(H_0 : $\beta_1 = 0$)'에 대한 귀무가설에 대한 검정을 하기 위해서는 통상적인 OLS방법으로 추정된 β_1이 통계적으로 유의한지를 t-검정을 통해 분석하면 되는 것이다.

4) 만약, 질적변수의 범주가 m개이면 포함되어야 할 가변수의 수는 $m-1$개가 되어야 한다. 즉, 가변수 개수는 범주 수보다 하나 적어야 하기 때문이다. 만약, 그렇게 하지 않으면 상수항과 함께 완전공선성 때문에 OLS 모수의 추정이 불가능하게 된다. 이를 가변수 함정(dummy variable trap)이라고 한다. 여기에서는 남녀 성별이라는 2개의 범주로 되어 있기 때문에 가변수가 1개(즉, $2-1$)이어야 하는 것이다. 또한 0의 값이 부여되는 집단은 기준이 된다는 점에서 기준범주라고 부른다. 따라서 본 예제에서는 여성이 기준범주가 된다. 물론 남성이 기준범주가 될 수 있다. 그러나 이때에는 해석상의 주의를 기울여야 한다.

한편, 절편항이 없는 회귀모형을 사용한다면 m개, 즉 2개의 가변수로 집단 간 평균연봉수준의 차이를 확인할 수 있다. 그러나 이 모형은 각 집단의 평균연봉수준을 나타낼 수는 있지만 두 집단 간의 차이를 쉽게 확인하기에는 부적절한 측면이 있다.

2. 질적변수와 양적변수 각각 한 개에 대한 회귀식: 절편이 다른 경우

다른 예를 들어보기로 하자. 독립변수로 양적변수와 가변수 하나씩만 포함된 회귀모형이다. 다시 말해, 질적변수인 가변수 D(남성과 여성)만으로 구성된 위의 회귀식에 양적변수 X(근속연수) 하나를 추가한 다음의 가변수 회귀모형을 살펴보기로 한다.[5)]

$$Y_i = \beta_0 + \beta_1 D_i + \beta_2 X_i + u_i$$

여기에서, Y_i: 연봉수준

$D_i = 1$(만일 i가 남자라면)

$= 0$(만일 i가 여자라면)

X_i: 근속연수

마찬가지로, 선형회귀모형에 있어서 오차항의 평균값은 0, $E(u_i = 0)$를 가정하면 다음과 같은 회귀식을 얻을 수 있다.

$$\text{여자의 평균연봉 } E(Y_i | X_i,\ D_i = 0) = \beta_0 + \beta_2 X_i$$
$$\text{남자의 평균연봉 } E(Y_i | X_i,\ D_i = 1) = (\beta_0 + \beta_1) + \beta_2 X_i$$

위의 식에서 여자의 평균연봉은 $\beta_0 + \beta_2 X_i$이며 남자의 평균연봉은 $(\beta_0 + \beta_1) + \beta_2 X_i$이 된다. 만약, 연봉을 책정할 때 남녀 성차별이 존재한다면 β_1의 부호가 유의적인 양(+)으로 예상될 것이다. 이를 다시 표현한다면, 여기에서는 근속연수에 대한 남자와 여자의 평균연봉수준은 β_1만큼 서로 차이가 있지만 근속연수(X)에 대한 평균연봉의 변화율(기울기)은 똑같다고 가정하고 있다.

따라서 β_1에 대한 통상적인 t-검정을 통해 남자와 여자의 성별로 인한 평균연봉이 다른지를 검토할 수 있다. 즉, '연봉을 책정할 때 남녀 간 성차별이 존재하지 않는다($H_0 : \beta_1 = 0$)'는 귀무가설을 채택하기 위해서는 t-검정 결과, β_1이 통계적으로 유의하지 않아야 한다. 즉, β_1이 통계적으로 유의하지 않다면 남녀 간 연봉수준에 차이가 없다는 것이다. 그러나 t-검정을 통해 β_1이 통계적으로 유의하다면 남성과 여성들의 연봉수준이 동일하지 않고 성차별이 있다는 것을 의미한다.

5) 독립변수가 범주별 자료의 성격을 갖는 질적변수인 가변수와 양적변수 모두를 포함한 가변수 모형은 공분산 회귀모형(ACOV model: analysis-of-covariance regression model)의 결과와 동일한 효과를 갖는다.

또한 가변수 D에 붙어 있는 계수 β_1은 격차절편계수(differential intercept coefficient, 차별절편계수)라고 부른다. 왜냐하면 이 β_1계수가 남녀 성별로 인한 연봉의 차이를 나타내줄 수 있기 때문이다. 다시 말해, 0의 값이 부여되는 기준변주($D_i=0$)의 절편계수와 1의 값이 부여되는 비교범주($D_i=1$)의 절편계수의 차이를 나타내주고 있기 때문이다.

3. 질적변수 두 개와 양적변수 한 개에 대한 회귀식: 절편이 다른 경우

회귀식에서 가변수를 이용한 기법은 두 개 혹은 세 개 이상의 질적변수를 사용하여 쉽게 확장할 수 있다. 남녀의 연봉에 대한 위의 회귀식을 다시 살펴보기로 하자. 이제부터는 근속연수와 성별 이외에 흑백 간의 인종 차이가 평균연봉을 결정하는 중요한 요소라고 가정해보자. 다만, 여기에서 인종은 회귀모형의 단순화를 위해 백인종과 흑인종 두 범주로만 나누어진다고 가정한다. 따라서 다음과 같은 가변수 회귀모형을 얻을 수 있다.

$$Y_i = \beta_1 + \beta_2 D_{2i} + \beta_3 D_{3i} + \beta_4 X_i + u_i$$

여기에서, Y_i: 연봉수준
$D_2=1$(만일 i가 남자라면)[6]
$=0$(만일 i가 여자라면)
$D_3=1$(만일 i가 백인종이라면)
$=0$(만일 i가 흑인종이라면)
X_i: 근속연수

위 모형에서 두 개의 질적변수, 즉 성별과 인종은 각각 두 개의 범주를 갖고 있다. 따라서 각각의 질적변수에 대해 한 개의 가변수가 필요하다. 또한 여기에서는 0의 값으로 부여하는 기준범주는 '흑인종인 여자'(즉, $D_2=0$, $D_3=0$)로 한다. 마찬가지로, 선형회귀모형에 있어서 오차항의 평균값은 0, $E(u_i=0)$를 가정하면 다음과 같은 회귀식을 얻을 수 있다.[7]

6) 여기에서는 성별 및 흑백 인종이라는 2개의 범주로 각각 구성되어 있기 때문에 가변수도 각각 1개이어야 하는 것이다. 또한 0의 값이 부여되는 집단은 기준이 된다는 점에서 기준범주라고 부른다. 본 예제에서는 여성과 흑인종(즉, 흑인종인 여자)이 기준범주가 된다.

7) 실제 현실적으로 이와 같은 식은 성립되지 않을 수 있다. 왜냐하면 두 질적변수 남녀 D_2, 인

흑인종인 여자의 평균연봉 $E(D_2=0,\ D_3=0,\ X_i)=\beta_1+\beta_4 X_i$
흑인종인 남자의 평균연봉 $E(D_2=1,\ D_3=0,\ X_i)=(\beta_1+\beta_2)+\beta_4 X_i$
백인종인 여자의 평균연봉 $E(D_2=0,\ D_3=1,\ X_i)=(\beta_1+\beta_3)+\beta_4 X_i$
백인종인 남자의 평균연봉 $E(D_2=1,\ D_3=1,\ X_i)=(\beta_1+\beta_2+\beta_3)+\beta_4 X_i$

위 식에서도 각 회귀계수의 절편계수만 상이하고, 기울기계수 β_4는 동일한 것으로 가정하고 있다. 위의 식을 가지고 연봉을 책정하는 데 있어 남녀 간의 성차별이 있는지 혹은 흑백 인종 간에 차별이 있는지를 최소제곱법(OLS)의 추정으로 다양한 가설검정을 할 수 있다.

따라서 만일 격차절편계수(differential intercept coefficient, 차별절편계수) β_3가 통계적으로 유의하면 인종이 남녀의 연봉 책정에 영향을 미친다는 의미이며, 또 이와 같은 식으로 격차절편계수 β_2가 통계적으로 유의하면 성별이 남녀의 연봉 책정에 영향을 미친다는 의미이다. 만일 이 두 개의 격차절편계수들(β_2, β_3)이 모두 통계적으로 유의하면 이는 인종뿐만 아니라 성별 차이가 남녀의 연봉 책정에 영향을 미치는 중요한 결정요인이라는 의미로 해석할 수 있다.

지금까지는 회귀모형의 질적변수들이 기울기에는 영향을 주지 않고 오직 절편에만 영향을 주는 것으로만 가정하여 설명하였다. 그러나 질적변수들로 인해 비교대상의 회귀식 사이에 절편 혹은 기울기가 달라질 수 있고, 혹은 절편과 기울기 모두 달라질 수도 있다. 아래에서 이를 살펴보기로 한다.

4. 비교를 위한 가변수 회귀식: 절편과 기울기 모두 다른 경우

본 단원에서 지금까지 논의한 가변수 회귀모형에서는 편의상 질적변수들이 절편에만 영향을 미치고 양적변수인 근속연수(X)에 대한 회귀계수인 평균연봉의 변화율, 즉 기울기계수에는 영향을 주지 않는 것으로 가정했다.

종 D_3 간에 교호작용(interaction)이 존재할 수 있기 때문이다. 이런 경우에는 아래와 같은 곱하기 형태의 회귀식이 필요하다. 만일 교호작용의 계수(β_4)가 통계적으로 유의하다면 두 질적변수인 가변수들에 대한 각각의 개별효과를 약하게 하거나 강하게 할 것이다. 반면, 교호작용의 계수(β_4)가 통계적으로 유의하지 않다면 가변수 교호작용항을 생략하여 회귀분석하는 편이 합리적이다.

이와 같은 교호작용효과(interaction effect)를 위한 회귀식은 다음과 같이 표시될 수 있다.

$$Y_i=\beta_1+\beta_2 D_{2i}+\beta_3 D_{3i}+\beta_4(D_{2i}D_{3i})+\beta_5 X_i+u_i$$

그러나 실제 경제현상에 있어서 어떤 상황에 따른 비교를 하기 위한 두 회귀모형에서는 통계적으로 절편뿐만 아니라 기울기도 서로 상이할 수 있다. 또한 절편과 기울기가 동시에 통계적으로 유의적인 차이가 있을 수 있다. 즉, 남녀 간에 연봉의 차이가 다르다면 그 차이가 평균연봉(절편)의 차이에 기인한 것인지, 아니면 근속연수(X)에 대한 회귀계수인 평균연봉의 변화율(기울기)의 차이에 기인한 것인지, 혹은 평균연봉과 평균연봉의 변화율, 두 가지 모두의 차이에 기인한 것인지를 판단해야 한다.

따라서 이와 같은 상황을 만족시킬 수 있는 보편적인 회귀식을 개발할 필요가 있다. 이에 대해 구체적인 내용을 가지고 분석해보기로 한다. 예를 들어, 우리나라의 1997년말 외환위기(IMF) 전후기간의 저축성향 Y와 소비성향 X의 관계를 알아보고자 한다. 즉, 두 기간 동안에 저축성향과 소비성향이 어떻게 변했는지를 다음과 같은 회귀모형을 사용하여 분석하고자 한다.

IMF 이전: $Y_i = \alpha_1 + \alpha_2 X_i + u_{1i}$

$i = 1,\ 2,\ \cdots,\ N_1$

IMF 이후: $Y_i = \beta_1 + \beta_2 X_i + u_{2i}$

$i = 1,\ 2,\ \cdots,\ N_2$

여기에서 Y: 저축

X: 소비

u_{1i}, u_{2i}: 두 회귀모형의 오차항

N_1과 N_2: 두 기간 동안 관찰치의 수

위와 같은 두 회귀식을 비교하려고 할 경우, 다음과 같이 가변수를 이용한 분석방법으로 저축성향과 소비성향을 쉽게 추정할 수 있다. 두 기간의 N_1개와 N_2개의 관찰치를 모두 pooling(자료합동)하여 다음과 같은 가변수 회귀모형을 개발하고, 이를 추정하면 된다.[8)]

---

8) 만약 두 회귀식의 절편이 같고 기울기만 다른 경우를 고려한다면, 다음과 같이 통합된 하나의 식으로 나타낼 수 있다.

$$Y_i = \lambda_1 + \gamma_1 X_i + \gamma_2 (D_i X_i) + u_i$$

여기에서 γ_2는 IMF 이후의 평균저축성향의 차이, 즉 독립변수 X의 기울기 차이가 된다. 이때에도 통상적인 OLS방법으로 추정된 γ_2가 통계적으로 유의한지를 t-검정을 통해 기울기 차이를 분석하면 되는 것이다.

$$Y_i = \lambda_1 + \lambda_2 D_i + \gamma_1 X_i + \gamma_2 (D_i X_i) + u_i$$

여기에서 Y: 저축
X: 소비
$D_i = 1$(만약 i가 IMF 이전의 관찰치이면)
$= 0$(만약 i가 IMF 이후의 관찰치이면)

마찬가지로, 선형회귀모형에 있어서 오차항의 평균값은 0, $E(u_i = 0)$를 가정하면 다음과 같은 회귀식을 얻을 수 있다.

IMF 이후의 평균저축성향: $E(D_i = 0,\ X_i) = \lambda_1 + \gamma_1 X_i$
IMF 이전의 평균저축성향: $E(D_i = 1,\ X_i) = (\lambda_1 + \lambda_2) + (\gamma_1 + \gamma_2) X_i$

여기에서 λ_2는 격차절편계수(differential intercept coefficient, 차별절편계수)라고 부른다. 왜냐하면 여기에서는 0의 값이 부여되는 기준범주의 절편계수와 1의 값이 부여되는 비교범주의 절편계수의 차이를 나타내고 있기 때문이다. 마찬가지로, γ_2는 격차기울기계수(differential slope coefficient, 차별기울기계수)라고 부른다. 이는 IMF 이전의 기울기계수가 IMF 이후의 기울기계수와 얼마나 차이가 있는지를 나타내고 있기 때문이다.

다시 말해, IMF 외환위기 전후를 기준으로 소비에 대해 평균저축성향이 다르다면, 두 기간 동안에 저축성향과 소비성향의 관계를 λ_2와 γ_2를 통해 알 수 있게 된다. λ_2가 유의적이라면 IMF 전후의 평균저축성향이 다르다는 것이며, γ_2가 유의적이라면 IMF 전후의 저축성향은 소비성향에 따라 달라진다는 것을 의미한다.

이와 같이 가변수 방법을 이용하여 IMF 전후에 저축성향에 대한 두 회귀모형이 다르다면 절편(두 기간의 평균저축)의 차이에 기인한 것인지 혹은 기울기(소비성향)의 차이에 기인한 것인지 혹은 절편(두 기간의 평균저축)과 기울기(소비성향) 모두의 차이에 기인한 것인지를 정확하게 파악할 수 있다. 동시에 이러한 가변수방법은 자료를 pooling하기 때문에 자유도(df)가 증가하므로 모수에 대한 상대적인 정확도를 증대시킬 수 있다는 장점이 있다.[9)]

---

9) 가변수 방법 이외에 서로 다른 기간의 두 개 이상의 회귀식을 비교할 때 유용하게 사용되는 방법으로는 Chow검정이 있다. 그러나 Chow검정을 하기 위해서는 오차항이 상호독립적이어야 하며, 분산이 동일(동분산)해야 한다는 가정에 근거한다. 즉, 이분산이 존재하면 Chow검정을 사용할 수 없다는 제약을 가지고 있다. 또한 서로 다른 기간의 개별자료와 합동자료를 회귀분석하여 비교해야 하는 불편함이 있다. 그러나 가변수 방법은 1개의 합동자료만으로 서로 비교가 충분하며 어느 회귀계수(절편 혹은 기울기)가 상이한지를 쉽게 구별할 수 있다.

제 3 절 회귀모형의 특수형태(3): 부분적 선형회귀모형(piecewise linear regression)

본 단원에서는 가변수를 이용할 수 있는 또 다른 유형의 특수한 형태의 회귀모형을 살펴보기로 한다. 예를 들어, 어떤 회사가 영업사원에게 판매수수료를 지불할 때 영업사원이 끌어들인 판매실적(매출액)에 비례하여 본인의 수수료를 보상받게 된다고 가정해보자.

이때 판매수수료를 받을 수 있는 보상기준은 판매실적(매출액)에 대한 어떤 특정 목표수준(혹은 경계수준: target, threshold)을 설정하여 그 액수를 초과한 부분과 초과하지 못한 부분 두 가지 기준으로 나눌 수 있다고 가정하자. 다시 말해, 하나는 영업사원의 판매실적이 특정한 목표수준까지 도달했을 때까지 보상받을 수 있는 판매수수료 보상체계가 있고, 또 하나는 판매실적이 목표수준을 초과했을 때 이와는 다르게 별도로 보상받을 수 있는 판매수수료 보상체계가 있다.

즉, 회사에서는 영업사원의 판매실적에 대해 두 가지 형태의 보상기준이 있다는 것이다. 구체적으로 말한다면, 특정 목표수준까지는 영업사원의 판매실적과 정비례하여 받을 수 있는 판매수수료가 증가한다. 그러나 그 특정 수준을 초과할 때부터는 판매수수료가 그보다 더 높은 비율로 적용되어 영업사원은 판매수수료를 더 많이 받게 된다는 것이다.

따라서 판매실적과 판매수수료의 관계는 선형관계이지만 회귀식은 두 부분으로 구성되는 특수한 선형회귀함수가 된다. 즉, 판매실적이 특정 목표수준을 초과할 때부터는 회귀식의 기울기가 바뀌는 또 다른 선형회귀함수가 되는 것이다. 앞면 하단의 그림은 이를 구체적으로 보여주고 있다. 이것이 바로 부분적 선형회귀모형(piecewise linear regression model)이다. 이때 연결된 회귀선이 동그라미 원의 호를 선형의 형태로 나타내는 것처럼 보인다 하여 선형호함수모형(linear spline function model)이라고도 부른다.

판매실적(매출액)과 판매수수료, 그리고 특정 목표수준의 값이 주어져 있을 때 다음 그림에서 나타난 것처럼, 선형회귀식의 상이한 두 부분의 기울기는 가변수를 이용한 기법을 개발하여 부분적 선형회귀(piecewise linear regression)로 추정될 수 있다. 이에 대한 회귀모형은 다음과 같이 나타낼 수 있다.

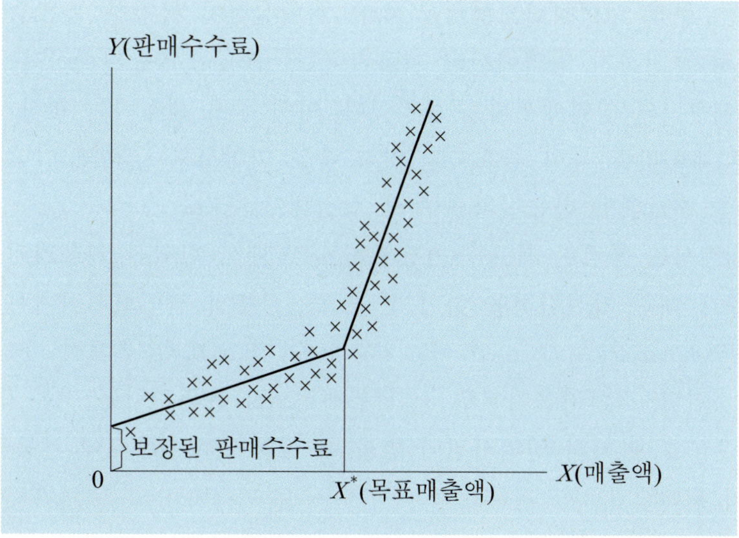

[판매수수료와 매출액 간의 관계]

$$Y_i = \beta_0 + \beta_1 X_i + \beta_2 (X_i - X^*) D_i + u_i$$

여기에서 Y_i: 판매수수료

X_i: 영업사원의 매출액(판매실적)

X^*: 판매실적의 목표수준(목표액)

$D=1$(만일 $X_i > X^*$이면)

$=0$(만일 $X_i < X^*$이면)

마찬가지로, 선형회귀모형에 있어서 오차항의 평균값은 0, 즉 $E(u_i=0)$를 가정하면 영업사원의 판매실적(매출액)이 목표수준 X^*에 도달할 때까지 영업사원이 받을 수 있는 평균 판매수수료는 다음과 같은 회귀식을 통해 얻을 수 있다.

$$E(Y_i \mid D=0,\ X_i,\ X^*) = \beta_0 + \beta_1 X_i$$

또한 영업사원의 판매실적(매출액)이 목표수준 X^*를 초과할 때 영업사원이 받을 수 있는 평균 판매수수료는 다음과 같은 식을 통해 얻을 수 있다.

$$E(Y_i \mid D=1,\ X_i,\ X^*) = \beta_0 - \beta_2 X^* + (\beta_1 + \beta_2) X_i$$

따라서 부분적 선형회귀모형에서 β_1은 판매실적이 특정한 목표수준(경계수준, X^*)을 초과하기 전까지 영역에서의 기울기이고, $(\beta_1+\beta_2)$는 판매실적이 목표수준을 초과할 때부터의 영역에서의 기울기이다. 이때 주요 관심사는 회사가 영업사원의 판매실적(매출액)을 특정 목표수준 이하 혹은 이상으로 구분해 이 실적에 따라 판매수수료를 지급해야 하는지의 여부를 결정해야 한다.

이를 위해서는 특정한 목표수준(경계수준) X^*에서 회귀선 기울기의 꺾임이 있는지의 여부에 대한 가설검정을 하면 된다. 즉, 부분적 선형회귀식에서 추정된 격차기울기계수(differential slope coefficient, 차별기울기계수) β_2의 통계적 유의성을 검정하면 되는 것이다. 격차기울기계수 β_2가 통계적으로 유의하다는 것은 특정한 목표수준(경계수준) X^*에 따라 영업사원이 받을 수 있는 판매수수료에 차등을 둘 수 있다는 의미가 된다.

이를 그림으로 표시하면 다음과 같이 나타낼 수 있다.[10)]

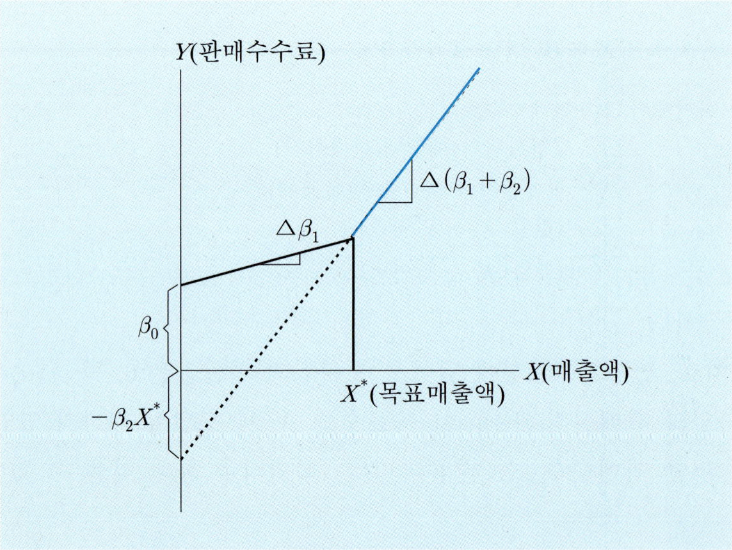

[부분적 선형회귀모형의 상이한 절편 및 계수]

10) 이와 같은 그림을 그려서 급격한 변화가 이루어지는 특정 경계수준 X^*를 찾아내는 방법이 있지만 교체회귀모형(switching regression models)을 통해 경계수준을 찾아내는 방법도 있다. 또한 특정 경계수준이 두 개 이상으로 둘 이상의 회귀선 기울기 값의 변화도 상대적으로 나타낼 수 있는 부분적 선형회귀모형이 제시될 수 있다. 이에 대한 구체적인 내용은 본서에서는 생략한다(Thomas Fomby R. Carter Hill and Stanley Johnson, *Advanced Econometric Methods*, Springer-Verlag, NY, 1984, Chapter 14 참조할 것).

PART

IV

계량분석의 형태 Ⅱ

일반적으로 계량적인 통계분석에서는 다양한 분석기법을 활용하여 최종적인 의사결정을 하기 위한 이론적인 근거를 제시하려고 한다. 이때 분석기법은 특히 분석대상이 되는 변수의 개수에 따라 크게 두 가지로 분류할 수 있다. 하나의 변수에 대해 분석을 하는 단일변량분석(univariate analysis)이 있고, 관찰되는 변수가 복수인 경우 한 변수와 여러 변수 간의 선형관계식에 대한 통계적 분석체계를 분석하는 다변량분석(multivariate analysis)이 있다. 대부분의 다변량분석은 단일변량분석의 확장연구라 할 수 있다.

최근에는 복잡한 자료들을 쉽게 처리할 수 있는 컴퓨터 프로그램의 개발로 인해 일반적인 통계분석처럼 다변량분석이 널리 사용되고 있다. 특히, 해당 연구문제의 해결을 위해 다변량분석이 가장 많이 사용되어지고 있다. 여기에는 다변량분석의 꽃이라고 불리고 있는 변수들의 관련성을 조사하는 회귀분석(regression analysis)이 있고, 독립변수 집합과 종속변수 집합 사이의 상관관계를 알고자 할 때 이용하는 상관분석(correlation analysis)이 있다. 또한 전체표본을 비슷한 속성의 집단으로 나누는 판별분석(discriminant analysis)이 있다.

독립변수 종류가 무수히 많이 존재하는 자료집단인 경우에는 자료를 축소하고 간략화하기 위한 주성분분석(principal component analysis)과 요인분석(factor analysis, 인자분석) 등이 있다. 특히, 사회과학분야에서는 대개 변수가 많아지면 인과관계의 흐름이 복잡하여 알기 어려워지게 되는데, 이때 변수 간의 관계를 보다 정확하게 밝힐 수 있는 구조방정식모형(structural equation model)이 있다. 물론, 종속변수가 둘 이상인 경우도 있는데, 본 단원에서는 이러한 내용을 포괄적으로 간략하게 다루기로 한다.

그러나 구체적이고 자세한 내용은 전문적인 내용을 다루는 통계이론과 계량경제학 같은 전문서적을 참고해야 할 것으로 본다. 본 단원에서는 사회과학분야에서 연구자가 실제로 수행해야 하고 연구진행 과정에서 이론적으로 반드시 숙지해야 할 계량적인 통계기법의 개념과 분석방법 등에 그 초점을 맞추고자 한다.

CHAPTER 9

T-검정(T-test): 2집단 평균비교

앞장에서 이미 전술한 바와 같이 표본의 크기가 작고 모집단의 분산이 알려지지 않은 경우에는 t-분포를 사용하여 모집단평균의 차이를 추론하기 위해 가설을 검정한다. 마찬가지로, 두 집단의 표본의 크기가 작고 두 모집단의 분산이 알려지지는 않았지만 분산이 같은 것으로 가정할 경우에는(즉, $\sigma_1^2 = \sigma_2^2$), 두 모집단의 평균차이, 즉 $(\mu_1 - \mu_2)$는 t-분포를 이룬다.

독립된 두 표본집단 간 평균의 차이를 위한 T-검정은 각 모집단의 분포가 정규분포를 이루고 있어야 한다. 그러나 각 표본의 크기가 작을 때에는 표본분산은 모집단분산의 좋은 추정량이 될 수 없다. 따라서 두 표본분산 S_1^2과 S_2^2을 각각의 표본크기 $n_1 - 1$과 $n_2 - 1$로 가중평균하여 합동분산 S_p^2을 이용한다. 이때 모집단 1의 표본분포의 평균을 $\overline{X_1}$, 모집단 2의 표본분포의 평균을 $\overline{X_2}$라 한다면 두 표본평균의 차이, 즉 $(\overline{X_1} - \overline{X_2})$는 정규분포를 이룬다.

표본의 T-검정은 두 개로 구분되는 독립변수의 속성이 특정 종속변수에 미치는 영향에 차이가 있는지를 알아보는 통계분석방법이다. 이는 주로 독립된 두 개의 표본집단 간의 평균차이를 검정할 때 이용된다.[1] 예를 들어, 상장회사와 비상장회사 간에 연도별 당기순이익의 변동률에 차이가 있는지를 알기 위해 사용할 수 있다. 또 다른 예를 든다면, 서울에 있는 강남지역과 강북지역에 살고 있는 고등학교

1) T-검정은 두 모집단의 독립여부에 따라 '독립표본 T-검정'과 '대응표본 T-검정'으로 구분될 수 있다. 전자는 독립적인 두 모집단의 평균에 차이가 있는지 없는지를 두 개의 독립된 표본을 추출하여 검정하는 통계적 방법이다. 반면, 후자는 한 모집단 안에서 하나의 표본집단을 대상으로 두 개의 집단으로 나누어 좋은 대응표본(paired sample)에 대한 평균차이를 검정하는 통계적 방법이다.

학생들의 어학능력 점수에 차이가 있는지 등을 알아볼 때 사용할 수 있다.

T-검정에서 유의할 사항은 독립변수로는 단지 구분만이 가능한 유목변수로 이루어져야 하며, 종속변수로는 메트릭 변수로 이루어져야 한다는 것이다.[2] 또한 독립변수가 2개인 경우에는 T-검정을 사용하지만, 독립변수가 3개 이상인 경우에는 분산분석(ANOVA: analysis of variance)을 사용해야 한다.[3]

두 집단 간 평균차이 비교의 가설검정을 위한 t-값은 다음과 같이 계산한다.

$$t = \frac{(\overline{X_1} - \overline{X_2}) - (\mu_1 - \mu_2)}{S_{(\overline{X_1} - \overline{X_2})}} = \frac{(\overline{X_1} - \overline{X_2}) - (\mu_1 - \mu_2)}{S_p\sqrt{\dfrac{1}{n_1} + \dfrac{1}{n_2}}}$$

여기에서, $S_p = \sqrt{\dfrac{(n_1-1)S_1^2 + (n_2-1)S_2^2}{n_1+n_2-2}}$

; 두 집단의 표준편차를 평균한 합동표준편차(pooled standard deviation)

이러한 T-검정의 모형은 다음과 같이 표시할 수 있다.

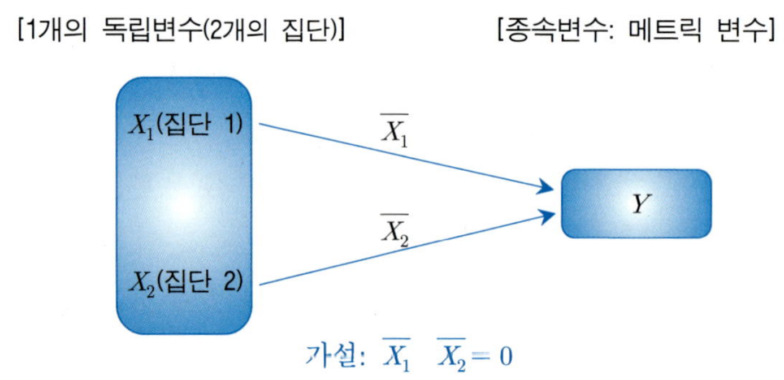

이때 두 모집단의 평균을 각각 μ_1, μ_2라고 할 때 이를 위한 가설은 다음과 같이 전개된다.

---

2) 메트릭 변수는 등간척도와 비율척도로 이루어진 연속변수를 의미하며, 비메트릭 변수는 명목척도와 서열척도로 이루어진 변수를 의미한다.

3) 그러나 일반적으로 T-검정은 두 집단 간의 평균차이를 검정하기 위해 사용되지만, 분산분석은 두 집단은 물론, 세 집단 이상 모두에 적용이 가능하다.

귀무가설(H_0): 두 모집단의 평균은 차이가 없다($\mu_1 = \mu_2$)
대립가설(H_1): 두 모집단의 평균은 차이가 있다($\mu_1 \neq \mu_2$)

예제 두 신도시 간에 거주민의 평균소득이 서로 차이가 있는지를 확인하기 위하여 표본을 각각 30명씩 추출하여 소득을 조사해 다음과 같은 결과를 얻었다. 두 신도시 간에 거주민의 평균소득이 차이가 있는지를 5% 유의수준에서 검정해 보자.

비 고	표본의 크기	표본평균(천원)	표준편차(천원)
신도시 1	30	52,000	4,200
신도시 2	30	48,500	3,600

일반적인 검정절차를 따라 이 문제를 검정해보자. 이와 같은 검정은 t-검정으로 잘 알려져 있다. 무엇보다도 이 문제의 가설은 다음과 같이 설정하는 것이 타당해 보인다.

$H_0: \mu_1 = \mu_2$, $H_1: \mu_1 \neq \mu_2$

여기에서, μ_1은 신도시 1의 평균소득이라 하고 μ_2는 신도시 2의 평균소득이라 하자. 또한 두 도시 거주민의 소득은 정규분포를 따르는 것으로 알려져 있다고 가정하자. 예제에서는 5%의 유의수준을 사용하고 있으므로 다음과 같은 기각역을 이용해 두 도시의 평균소득을 비교한다.

$$\frac{\overline{X_1} - \overline{X_2}}{s_p\sqrt{\frac{1}{n_1} + \frac{1}{n_2}}} > t(0.025,\ 58) \text{ 혹은 } \frac{\overline{X_1} - \overline{X_2}}{s_p\sqrt{\frac{1}{n_1} + \frac{1}{n_2}}} < -t(0.025,\ 58)$$

따라서 위의 조건을 만족하게 되면 H_1을 채택한다.

여기에서, $s_p = \sqrt{\frac{(n_1 - 1)s_1^2 + (n_2 - 1)s_2^2}{n_1 + n_2 - 2}}$ 는 두 집단의 표준편차를 평균한 의미로서 합동표준편차(pooled standard deviation)라고 부른다.

만약, 두 집단의 표준편차가 동일하다는 가정을 하기 어려운 경우에는 검정통계량이 다음과 같이 쓰일 수 있다.

$$\frac{\overline{X_1} - \overline{X_2}}{\sqrt{\frac{s_1^2}{n_1} + \frac{s_2^2}{n_2}}}$$

그러나 이 통계량의 표본분포는 정확히 찾기 어려워서 중심극한정리를 이용해 표준정규분포를 활용하여 유의수준 5%에 해당되는 기각역을 다음과 같이 설정할 수 있다.

$$\frac{\overline{X_1}-\overline{X_2}}{\sqrt{\frac{s_1^2}{n_1}+\frac{s_2^2}{n_2}}} > 1.96 \text{ 혹은 } \frac{\overline{X_1}-\overline{X_2}}{\sqrt{\frac{s_1^2}{n_1}+\frac{s_2^2}{n_2}}} < -1.96$$

따라서 위의 조건을 만족하게 되면 H_1 을 채택한다. 표준편차가 같다는 가정을 한 경우와 그 결과는 동일하게 나타나지만, 경우에 따라서는 두 가지 방법을 사용했을 때 서로 다른 결론이 나타날 수도 있음에 유의하여야 한다. 특히, 조심할 점은 이 확률계산은 근사적인 방법에 의한 것이므로 표본의 크기가 작을 때에는 각별히 주의해야 한다는 것이다.

CHAPTER 10

분산분석: 3집단 이상의 평균비교

앞장에서는 두 모집단의 평균차이에 대한 비교분석을 위해 T-검정(T-test)에 대해 설명했다. 이에 반해, 분산분석(ANOVA)은 3개 이상의 모집단의 평균을 비교할 때 표본분산들을 분석함으로써 모집단평균이 동일한지를 검정하는 통계기법을 말한다. 즉, T-검정이 2개의 모집단에서 나온 자료가 동일한 분포를 갖는지를 검정하는 데 비해, 분산분석은 3개 이상의 모집단에서 나온 자료가 동일한 분포를 갖는지를 검정하는 데 이용된다.

또한 T-검정은 하나의 모집단에서 두 개의 동일한 속성의 독립변수가 특정 종속변수에 미치는 영향에 차이가 있는지를 알아보는 통계분석방법이다. 이는 주로 두 집단 간의 평균차이를 분석할 때 이용된다. 이와 같이 집단이 2개인 경우에는 T-검정을 사용하지만, 집단이 3개 이상인 경우에는 분산분석(ANOVA: analysis of variance)을 사용해 여러 집단 간에 평균의 차이가 있는지를 분석한다.

다시 말해, 분산분석(ANOVA)은 k개의 표본들이 동일한 분포를 갖는지를 검정하고자 할 때 사용된다. 다만, 분산분석을 수행할 때의 가정은 모집단들이 독립적이어야 하고, 정규분포를 따라야 하며, 모집단의 분산이 같아야 한다는 가정(등분산 가정)을 충족해야 한다. 따라서 집단간분산이 다를 경우, ANOVA 분석결과의 타당성은 문제될 수 있기 때문에 비교하려는 각 집단의 분산이 비슷한지 늘 확인해야 한다.

분산분석은 종속변수에 변동을 초래하는 요인들을 결정하려는 측면에서 볼 때 개념적으로 전술한 회귀분석과 동일하다고 할 수 있다. 그러나 회귀분석은 종속변수의 총변동을 여러 부분으로 구분할 뿐만 아니라, 종속변수에 영향을 주는 각 설명변수들에 대한 추정치를 제공한다는 점에서 유용하다고 할 수 있다.

제 1 절 일원분산분석(one-way ANOVA)과 이원분산분석(two-way ANOVA)

분산분석의 유형은 모집단의 자료를 구분하는 기준이나 혹은 집단구분변수인 요인(독립변수)의 수에 의해 구분된다. 분산분석은 크게 일원분산분석(one-way ANOVA, one-factor experiment)과 다원분산분석(multi-way ANOVA, 다변량분산분석)으로 구분된다. 일원분산분석이란 독립변수가 1개일 때이며, 다원분산분석은 독립변수가 2개 이상일 때이다. 분산분석에서의 독립변수는 명목자료이고 평균의 차이를 알아보려는 종속변수는 연속변수인 메트릭자료이어야 한다.

먼저 하나의 요인을 가지고 무작위로 실험설계를 하는 분산분석방법인 일원분산분석을 살펴보도록 하자. 즉, 하나의 요인에 의해 표본자료를 분류하여 평균을 비교하는 것을 말한다. 이를 무작위 일원분산분석이라고 부른다.

이러한 ANOVA 분석의 핵심은 표본자료의 총변동이 두 가지 구성요소인 표본내변동(variation within groups)과 표본간변동(variation between groups)으로 나누어진다는 데에 있다. 그리고 이를 검정하기 위해서는 F-통계량을 계산하여 표본내변동과 표본간변동을 상호 비교하는 것이다. 분산분석은 이렇게 F-분포를 사용하기 때문에 F-검정이라고도 한다.

예를 들어보자. 월평균 소득수준 X_1, X_2, X_3에 따라 자동차의 선호도 Y에 차이가 있는지를 검증할 경우에 일원분산분석을 적용할 수 있다. 다시 말해, 독립변수로 집단구분변수인 요인이 하나일 경우이다. 여기에서는 소득수준 X이다. 만약, 자동차 선호도 Y가 틀리다면 월평균 소득수준에 따라 자동차 선호도의 평균은 같지 않을 것이다.

여기에서 용어를 다시 한번 살펴보기로 하자. 소득수준 X는 일종의 독립변수로서 요인(factor)이 되고, 영향을 받는 선호도 Y는 종속변수로서 실험단위(experimental unit)가 된다. 또한 한 요인 내에서 실험단위에 영향을 미치는 정도를 처리(level, treatment, 혹은 요인수준)라고 한다. 소득수준의 형태를 요인이라고 하면 소득수준 X_1, X_2, X_3는 처리가 된다. 소득수준 X_1, X_2, X_3 간에 자동차의 평균선호도 차이를 집단간(between groups)차이라 하고, 각각의 소득수준 X_1, X_2, X_3 내에서 자동차의 평균선호도 차이를 집단내(within groups)차이라 한다.[1)]

극단적인 경우이겠지만 만약, 각 소득수준마다 오차 없이 일정한 선호도를 나타내고 있다면, 외생요인이 전혀 없다고 말할 수 있다. 이때 외생요인을 잔차(residual) 또는 오차(error)라고 부른다.

또 다른 예를 든다면, 특정 대학에서 세 집단의 대학원생 연구방법론 교육 정도를 알아보고자 한다. 이때 구체적으로 세 집단 1년차(X_1), 2년차(X_2), 3년차(X_3) 학생들의 통계학 점수(Y)가 어느 정도 차이가 있는지를 알아보기 위해 일원분산분석을 사용할 수 있다.[2)] 한편, 학년별 이외에 남녀별 2개를 독립변수로 고려하게 되면 다원분산분석을 실시하여야 한다.

따라서 3개의 모집단으로부터 3개의 독립적인 표본을 취하고 3개의 모집단평균을 μ_1, μ_2, μ_3라 한다면 이를 위한 가설검정은 다음과 같이 나타낼 수 있다.

> 귀무가설 H_o: $\mu_1 = \mu_2 = \mu_3$
> 대립가설 H_1: 평균 중 적어도 하나는 다르다.

이와 같이 분산분석에서의 가설검정은 일반적으로 3개 이상의 모집단을 대상으로 그 모집단의 평균이 같은지를 검정하는 것이다. 2개의 모집단에 대한 평균의 차이 검정은 T-test로 가능하지만, 분산분석은 3개 이상의 모집단에 대한 평균차이의 검정이 아닌 평균의 동일성 여부를 검정하는 것이다. 즉, 여기에서는 1개의 독립변수인 요인에 의해 자료를 3개로 분류하여 평균을 비교하는 경우이다. 따라서 3

---

1) 따라서 일원분산분석(one-way ANOVA)에서의 총분산(total variation)은 다음과 같이 표시할 수 있다.

총분산=[집단간분산(variation between groups)+집단내분산(variation within groups)]

여기에서, 집단간분산은 전체평균을 중심으로 하는 분산(표본평균들 간의 분산)을 말하고, 집단내분산은 각 표본평균을 중심으로 하는 분산(표본내분산)을 말한다.

2) 이와 비슷한 분산분석으로 블록일원분산분석(block one-way ANOVA)이 있는데, 이는 일원분산분석에서의 집단내분산에 블록을 포함시킴으로써 블록에 의한 분산이 포함되는 분산분석이다. 집단내분산은 조금 감소하지만 블록일원분산분석은 일원분산분석보다 더 정교한 방법이라 할 수 있다.

따라서 블록일원분산분석에 있어서는 총분산을 다음과 같이 표시할 수 있다.

총분산=[집단간분산(variation between groups)+집단내분산(variation within groups) +블록간분산]

개 모집단에서 평균이 같지 않은 집단이 하나라도 존재한다면 가설은 기각된다.

일원분산분석에 의한 가설검정의 절차는 다음과 같이 분산비를 통해 검정통계량 F-값을 구하여 수행한다. 일반적으로 분산분석에서는 F-통계량을 구하기 위해 자유도를 고려하여 집단간/집단내 변량의 크기를 기준으로 분산분석표를 작성하는데, 여기에서는 생략하기로 한다.

$$F\text{-값} = \frac{\text{자유도를 고려한 집단간분산}}{\text{자유도를 고려한 집단내분산}}$$

예를 들어보자, 각 소득수준(X)이 제품 선호도(Y)에 영향을 미치는지를 알아보기 위해 일원분산분석법을 사용하기로 한다. 이때 일원분산분석(one-way ANOVA)의 기본용어를 다음과 같이 나타낼 수 있다.

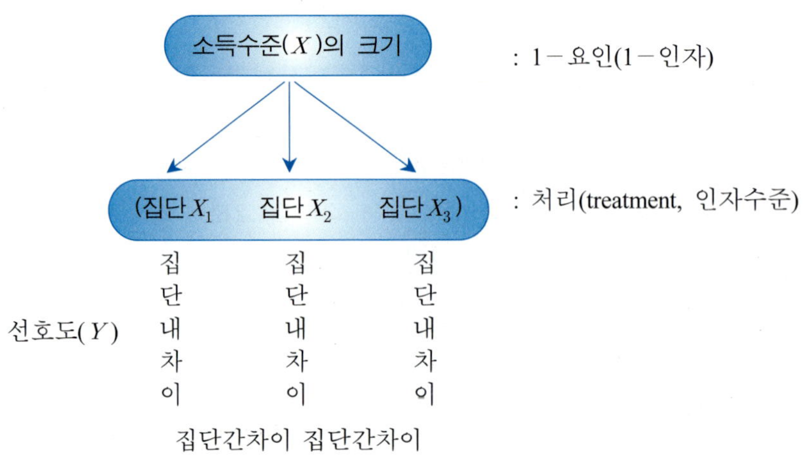

이러한 일원분산분석(one-way ANOVA)의 모형은 다음과 같이 나타낼 수 있다.

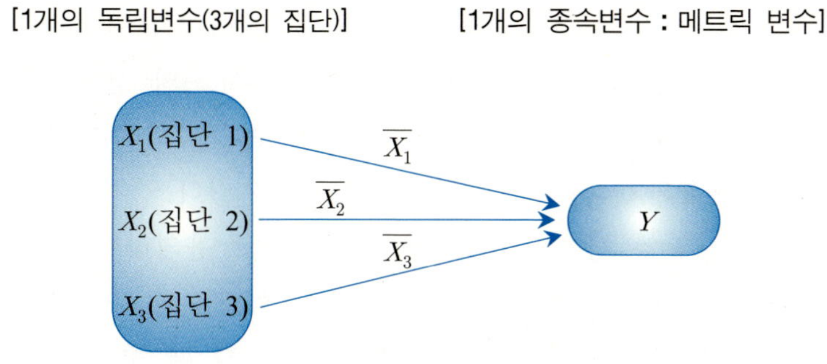

가설: $\overline{X_1} = \overline{X_2} = \overline{X_3}$

한편, 일종의 독립변수인 요인이 1개가 아닌 2개의 요인이 실험단위인 종속변수에 미치는 영향을 분석할 수 있다. 이와 같이 2개의 요인에 의해 표본자료를 분류하여 평균을 비교하는 경우가 있는데, 이와 같은 분석법을 이원분산분석(two-way ANOVA, two-factor experiment)이라고 한다.

종속변수의 변동에 영향을 미치는 요인은 실험요인과 잔차요인이 있다. 실험요인이란 앞에서 예를 든 소득수준이나 교육 정도 등을 말한다. 이와 같은 2개의 실험요인에는 요인들 간에 상호작용효과(interaction effect, 혹은 교호작용)가 존재한다. 따라서 이원분산분석의 종속변수에 대한 총효과는 두 요인 간의 상호작용효과에 따라 크게 달라질 수 있다.

이와 같이 이원분산분석은 종속변수의 총변동을 2개의 요인들이 설명해주는 부분(주효과: main effect), 교호작용이 설명해주는 부분(상호작용효과), 그리고 외생요인인 잔차변동이 설명해주는 부분으로 구성된다.[3] 이원분산분석에서는 모형의 타당성이 인정되면 먼저 두 요인에 대한 상호작용효과가 존재하는지를 검정해야 한다. 이때 상호작용효과가 존재하지 않는다면 각각의 요인을 따로 떼어서 독립적으로 분석할 수 있다. 만약 두 요인의 상호작용효과가 존재한다면 적절한 변수변환을 통하여 상호작용을 제거할 수 있는지도 검토할 수 있다.

상호작용은 두 개의 요인이 독립되지 않고 상호 영향을 미치는 것을 의미한다. 예를 들어, 각 요인은 종속변수에 10단위의 영향을 준다고 하자. 이때 두 요인을 동

3) 이원분산분석에서의 총변동은 다음과 같이 나타낼 수 있다.

총변동=[요인1 변동+요인2 변동+상호작용효과(교호작용)+잔차요인 변동]

시에 투입할 경우, 30단위만큼 종속변수에 영향을 준다면, 상호작용효과는 +10단위가 될 것이다. 즉, 정(+)의 상호효과가 존재한다. 그러나 15단위만큼만 종속변수에 영향을 준다면, 상호작용효과는 −5단위가 되어 부(−)의 상호작용효과가 존재하게 된다. 한편 두 요인을 동시에 투입해도 종속변수에 정확하게 20단위만큼 영향을 준다면, 상호작용효과가 존재하지 않는다고 할 수 있다.

따라서 두 요인 간의 상호작용효과가 통계적으로 유의하다면 일반적으로 각 요인의 주효과도 유의하게 된다. 이 때문에 설령 각 요인의 주효과들이 유의하지 않고 상호작용효과만 극히 유의하더라도 모형을 해석할 때 주효과에 대한 논의를 포함시킬 필요가 있다.

두 개의 요인을 가진 이원분산분석을 위한 연구가설은 다음과 같이 4개의 경우로 나뉘어 검정된다. 각각의 가설을 검정하기 위해 검정절차에 따라 검정통계량 F-값을 각각 구하고 검정결과를 해석하는 것이다.

가설 1: 적어도 두 요인 중 하나는 종속변수에 영향을 미친다.
가설 2: 두 요인 간의 상호작용효과가 존재한다.
가설 3: 요인 1은 종속변수에 영향을 미친다.
가설 4: 요인 2는 종속변수에 영향을 미친다.

제 2 절 분산분석(ANOVA: analysis of variance)의 개요

전술한 분산분석의 기본논리는 종속변수 Y의 변화가 어떠한 원인이 되는 독립변수에 의해 어느 정도 나타나는지를 분석하는 것이다. 즉, 종속변수의 전체변동분은 특정한 변수 때문에 변동하는 부분과 그 외의 부분으로 나눌 수 있다. 분산분석은 분산을 기본단위로 실험자료를 분석하는 통계적 기법이다. 이를 구체적으로 설명하면, 집단을 구분해주는 독립변수의 차이에 따른 종속변수의 변동(즉, 집단간분산; variation between groups)과 동일한 독립변숫값을 갖고 있는 집단 내에서의 종속변수의 변동(즉, 집단내분산; variation within groups)을 상호 비교함으로써 통계적으로 유의한 차이가 있는지를 검증하는 것이다.

앞에서 설명한 대로 분산분석에서는 집단을 구분하는 기준이 되는 요인이 독립변수의 역할을 한다. 즉, 독립변수는 요인이 되며 집단구분변수(유목변수)이다. 이러한 독립변수는 명목척도에 의해 측정되어 집단으로 분류된다. 또한 요인의 수준에 따라 변하는 실제 연구대상이 되는 종속변수(반응변수)의 자료는 메트릭 변수인 등간척도와 비율척도 등으로 구성되어야 한다.

이러한 자료의 형태에 관한 요건 이외에도 분산분석의 연구결과가 신뢰성을 갖기 위해서는 다음과 같은 기본가정이 충족되어야 한다. 우선 분산분석에서의 기본전제는 모든 모집단이 정규분포를 따라야 한다(정규성: normality). 동시에 이들의 분산이 모두 동일해야 한다(등분산성: 분산의 동일성, homogeneity)는 것이다. 또한 표본이 각 모집단으로부터 독립적으로 추출되어야 한다(독립성: independence).[4] 그러나 실제로 자료를 분석하려고 할 때에는 이러한 기본전제가 충족되었는지를 판단하는 것은 그리 쉽지 않다.

모집단의 정규성에 관련된 가정은 모집단이 정규분포에서 크게 벗어나지만 않는다면 그렇게 큰 문제가 되지 않는다. 왜냐하면 집단 간에 분산의 동일성에 대한 가정도 각 모집단으로부터 추출된 표본의 크기를 크게 유지하면서, 예를 들어 30개 이상으로 거의 같게 하여 균형설계(balanced design)를 한다면 그리 큰 문제가 되지는 않기 때문이다. 따라서 집단별 표본수에 상당한 주의를 기울여야 한다. 즉, 집단간 분산이 다를 경우, ANOVA 분석 결과의 타당성에 문제가 될 수 있으므로 연구자는 비교하려는 각 집단의 분산이 비슷한지 늘 확인해야 한다.

그러나 무엇보다도 모집단의 상호 독립성 가정은 매우 엄격하게 지켜져야 한다. 즉, 집단들이 서로 독립적이어야 하고, 각 집단 내의 개체들도 상호 독립적이어야 한다. 분석에 포함된 모든 관측치가 서로 독립적이어야 한다는 가정을 지키는 것이 중요하다는 것이다. 왜냐하면, 이 독립성 가정이 만족되지 않으면 F-검정이나 t-검정의 정확성 자체에 심각한 문제가 생기기 때문이다.[5]

---

4) 회귀분석과 분산분석은 유사점이 많다. 첫째, 분석모형의 식이 유사한 형태를 취하고 있다. 둘째, 오차항에 대한 기본가정이 동일하다. 셋째, 분석대상인 종속변수의 변화를 초래하는 요인을 찾고자 하는 목적이 유사하다. 넷째, 회귀분석모형의 적합도를 평가하고자 할 때 사용되는 검정통계량이 F-값이라는 점이 유사하다. 다섯째, 가변수에 대한 분석의 효과가 동일하다. 반면, 회귀분석과 분산분석의 차이점으로는 분산분석은 분할된 집단들의 평균의 차이를 집단간 분산과 집단내분산의 크기를 비교하여 F-값을 통해 인과성의 유무를 살펴보며, 회귀분석은 독립변수가 종속변수를 설명할 수 있는지의 여부를 F-값을 통해 선형관계성의 유무를 살펴본다는 것이다.

5) 통상적으로, 한 시점에서 추출된 횡단면자료보다는 오히려 여러 기간을 두고 추출된 시계열자료로 이루어진 표본이 독립성의 가정을 위배할 가능성이 매우 높기 때문에 분산분석을 사용하기 위한 자료로는 매우 부적합하다고 할 수 있다.

1. 일원분산분석법(one-way ANOVA)의 논리

분산분석에서 1개의 실험단위인 종속변수(반응변수)에 영향을 주는 인자(factor)가 오직 1개 있는 경우를 일원분산분석이라 한다. 일원분산분석에서는 요인이 하나이지만 일반적으로 여러 종류의 실험방법에 의해 얻어진 실험집단을 대상으로 한다. 반응변수는 1개 인자들에 대한 각 수준의 조합에서 관측되며, 일원분산분석의 자료구조는 다음과 같다.

〈일원분산분석의 자료구조〉

인자수준	수준 1	수준 2	…	수준 k
반복	y_{11} y_{12} ⋮ y_{1n_1}	y_{21} y_{22} ⋮ y_{2n_2}	⋮	y_{k1} y_{k2} ⋮ y_{kn_k}

이러한 일원분산분석을 위한 통계모형은 다음과 같다.

$$\begin{aligned} y_{ij} &= \mu_i + \epsilon_{ij} \qquad i=1,\cdots,k;\ j=1,\cdots,n_i,\ N=\sum_{i=1}^{k} n_i \\ &= \mu + \alpha_i + \epsilon_{ij} \end{aligned}$$

위 모형에서는 i번째 수준에서의 y의 모평균 μ_i를 $\mu+\alpha_i$로 나타내었다. 여기에서 μ는 y의 전체 모평균을 나타내며, α_i는 $(\mu_i-\mu)$로서 이는 반응변수에 대한 i번째 수준의 처리효과(treatment effect)라고 부르며, $\sum_{i=1}^{k}\alpha_i=0$인 제약식을 갖게 된다. 오차항 ϵ_{ij}는 서로 독립이며 평균이 0이고 분산이 σ^2인 정규분포를 따르는 확률변수라고 한다. 일원분산분석에서 검정하려는 내용은 다음과 같다.

H_0 : $\alpha_1 = \cdots = \alpha_k = 0$

H_1 : 최소한 하나의 α_i는 0이 아니다

위의 가설검정에는 앞 절에서 설명한 분산분석법을 이용한다. 분산분석을 하여 얻은 각 통계량에 대해 아래와 같이 정리해놓은 표가 있는데, 이를 일원분산분석의 분산분석표(table of analysis of variance)라고 한다. 이 표에서는 F-통계량이 계산되는

과정을 요약하고 있다.

〈일원분산분석에서의 분산분석표〉

변동요인	제곱합	자유도	평균제곱합	F-통계량
처리	$\sum_{i=1}^{k} n_i(\overline{y_{i\cdot}} - \overline{y})^2$	$k-1$	$MSTr$	$\frac{MSTr}{MSE}$
오차	$\sum_{i=1}^{k}\sum_{j=1}^{n_i}(y_{ij} - \overline{y_{i\cdot}})^2$	$N-k$	MSE	
전체	$\sum_{i=1}^{k}\sum_{j=1}^{n_i}(y_{ij} - \overline{y})^2$	$N-1$		

이 분산분석표로부터 얻을 수 있는 정보는 크게 두 가지가 있다. 첫째, 오차항의 변동 크기를 추정할 수 있다는 것이고(MSE: mean squares of error, 집단내차이), 둘째, 요인(인자)수준 간에 차이가 있는지를($MSTr$: mean square of treatments, 집단간차이) F-검정을 통해 통계적으로 검정할 수 있다는 것이다.

먼저 오차항은 일반적으로 평균이 0이고 분산이 σ^2인 정규분포를 따른다는 것을 가정하는데, 실제로 실험을 계획할 때 환경조건의 동질화와 적절한 수의 실험단위의 무작위화(랜덤화)가 잘 이루어진다면 이러한 가정은 별 문제가 없다는 것은 잘 알려져 있다. 하지만 오차항의 크기는 실험결과를 해석하는 데 매우 중요한 역할을 한다. 이에 대한 정보는 분산분석표에서 제공된다.

분산분석표를 구성하는 또 다른 이유가 바로 요인(인자)수준 간의 차이를 검정하는 것이다. 분산분석표에서는 처리집단 간의 차이를 측정한 $MSTr$을 제공하는데, 이를 오차항의 변동 크기인 MSE와 비교해서 통계적 검정을 수행할 수 있다. 오차항의 정규성이 가정되면 관찰치도 정규분포를 따르게 되는데, 이러한 사실로부터 분산분석표에서 다음과 같이 F-통계량을 구성하여 요인(인자)수준 간의 차이가 있는지를 검정할 수 있다.

$$F = \frac{MSTr}{MSE} \sim F(k-1,\ N-k\,;\alpha)$$

이때 F-통계량이 주어진 유의수준 α 하에서 자유도가 $(k-1,\ N-k)$인 F-분포와 비교하여 큰 값을 가지게 되면 가설 H_1을 채택할 수 있다.

예제 A, B, C 세 자동차 회사에서 생산되는 동급의 소형차의 연비(휘발유 1리터당 주행거리)를 비교하기 위해 각 회사에서 자동차 5대씩을 임의로 추출하여 실험한 결과, 아래와 같은 자료를 얻었다고 하자. 실험의 목적은 세 회사의 차량의 연비가 동일하다는 귀무가설과 그렇지 않다는 대립가설을 검정하는 것이다. 즉, 각 회사의 차량의 연비의 평균을 μ_1, μ_2, μ_3 라고 한다면, 귀무가설과 대립가설은 다음과 같다.

$H_0 : \mu_1 = \mu_2 = \mu_3$
H_1 : 최소한 하나의 평균은 다르다

〈세 자동차 회사의 연비(휘발유 1리터당 주행거리)〉

A	B	C
16.1	16.3	20.2
22.4	12.6	15.2
19.7	21.0	18.7
21.1	17.8	18.9
24.5	15.9	23.8

차량의 연비 비교실험에서 분산분석표를 계산하면 다음과 같다.

변동요인	제곱합	자유도	평균제곱합	F-통계량
처리	42.09	2	21.04	2.19
오차	115.31	12	9.61	
전체	157.40	14		

F-검정 통계량은 2.19로서 $MSTr$이 MSE보다 약 두 배가량 크다는 것을 보여주지만 유의수준 5%와 자유도 2와 12에서 계산된 F-분폿값이 3.89이므로 대립가설 H_1을 기각할 수 없다. 즉, 세 회사에서 생산되는 소형 차량의 연비가 동일하다고 볼 수 없다.

2. 이원분산분석법의 논리

분산분석에서 종속변수(반응변수)에 영향을 주는 요인(factor, 인자)이 두 개 있는 경우를 이원분산분석(two-way ANOVA)이라 한다. 반응변수는 2개 요인들에 대한 각 수준의 조합에서 관측되는데, 본 단원에서는 반복이 있는 경우와 반복이 없는 경우를 구분하여 설명한다.

(1) 반복이 없는 이원분산분석법

두 개의 요인(인자) A와 B가 각각 p개, q개의 수준수를 가지고 있다고 가정한다면, 반복이 없는 이원분산분석의 자료구조는 아래와 같다. '반복이 없다'는 의미는 두 요인의 각 수준조합에서 한 번씩만 실험단위의 반응값을 측정한다는 것이다.

〈이원분산분석의 자료구조〉

A \ B	B_1	B_2	$\cdots$	B_q
A_1	y_{11}	y_{12}		y_{1q}
A_2	y_{21}	y_{22}		y_{2q}
$\vdots$	$\vdots$	$\vdots$	$\vdots$	$\vdots$
A_p	y_{p1}	y_{p2}		y_{pq}

이러한 반복이 없는 이원분산분석을 위한 통계적 모형은 다음과 같다.

$$y_{ij} = \mu + \alpha_i + \beta_j + \epsilon_{ij},\ i=1,\ \cdots,\ p;\ j=1,\ \cdots,\ q$$

여기에서 μ는 총평균을 의미하고 α_i는 요인(인자) A의 i번째 수준의 처리효과를 의미하며, β_j는 요인 B의 j번째 수준의 처리효과를 의미한다. 또한 ϵ_{ij}는 오차항을 의미하며, 이는 평균이 0이고 분산이 σ^2인 확률변수이다.

반복이 없는 이원분산분석에서 검정하려는 내용은 다음과 같다.

$H_0: \alpha_1 = \cdots = \alpha_p = 0$
H_1: 최소한 하나의 α_i는 0이 아니다

혹은

$H_0: \beta_1 = \cdots = \beta_q = 0$
H_1: 최소한 하나의 β_j는 0이 아니다

위의 이원분산분석을 위한 가설검정에는 앞 절에서 설명한 분산분석법을 이용하여 다음과 같은 이원분산분석의 분산분석표를 만들 수 있다.

〈이원분산분석의 분산분석표〉

변동요인	제곱합	자유도	평균제곱합	F-통계량
처리A	$\sum_{i=1}^{p} q(\overline{y_{i\cdot}} - \overline{y})^2$	$p-1$	MSA	$\frac{MSA}{MSE}$
처리B	$\sum_{j=1}^{q} p(\overline{y_{\cdot j}} - \overline{y})^2$	$q-1$	MSB	$\frac{MSB}{MSE}$
오차	$\sum_{i=1}^{p}\sum_{j=1}^{q}(y_{ij} - \overline{y_{i\cdot}} - \overline{y_{\cdot j}} + \overline{y})^2$	$(p-1)(q-1)$	MSE	
전체	$\sum_{i=1}^{p}\sum_{j=1}^{q}(y_{ij} - \overline{y})^2$	$pq-1$		

위의 이원분산분석표로부터 얻을 수 있는 정보는 일원분산분석표와 마찬가지로 오차항의 변동 크기를 추정할 수 있고, 요인 A와 B 수준 간에 차이가 있는지를 F-검정 통계량을 통하여 통계적으로 검정할 수 있다는 것이다.

즉, 요인 A의 수준 간에 효과가 있다는 것을 검정하려면 F-통계량 $\frac{MSA}{MSE}$를 이용하면 되고, 요인 B의 수준 간에 효과가 있다는 것을 검정하려면 F-통계량 $\frac{MSB}{MSE}$를 이용하면 된다.

예제 한 화학공정에서 압력(A)과 온도(B)의 두 변수가 제품의 특성치에 미치는 영향을 조사하기 위하여 공정에서 사용될 수 있는 네 가지 수준(150, 200, 250, 300)(psi)과 온도 다섯 가지 수준(120, 135, 150, 165, 180)(°C)의 각 조합에서 실험하여 특성치를 관측하였다. 아래에 주어진 자료를 이용하여 제품 특성치가 두 변수들의 수준에 차이가 있는지를 조사하여 보자.

〈화학공정의 제품의 특성치〉

압력 \ 온도	120	135	150	165	180
150	30	28	28	27	27
200	32	30	28	28	26
250	33	31	30	29	27
300	33	31	30	30	27

위의 자료를 이용하여 분산분석표를 만들면 아래의 표와 같다.

〈화학공정자료의 분산분석표〉

변동요인	제곱합	자유도	평균제곱합	F-통계량
압력	16.15	3	5.383	11.53
온도	60.00	4	15.000	32.12
오차	5.60	12	0.467	
전체	81.75	19		

해답 1. 압력의 효과에 대한 검정

F-검정 통계량값 11.53은 유의수준이 5%이고 자유도가 3이고 12인 F-분포표상에서 값 3.49보다 크므로 대립가설 H_1을 채택한다. 즉, 제품의 특성치에 영향을 미치는 압력의 효과는 존재한다고 결론을 내린다.

2. 온도의 효과에 대한 검정

F-검정 통계량값 32.12는 유의수준이 5%이고 자유도가 4이고 12인 F-분포표상에서 값 3.26보다 크므로 대립가설 H_1을 채택한다. 즉, 제품의 특성치에 영향을 미치는 온도의 효과는 존재한다고 결론을 내린다.

만약, 이 실험에서 압력과 온도의 수준에 최적조건을 찾는다면 압력이 높을수록 온도가 낮을수록 특성치 값이 높아짐을 알 수 있으므로 압력은 300(psi), 온도는 120(°C)을 최적조건으로 선정할 수 있다.

(2) 반복이 있는 이원분산분석법

두 개의 요인(인자) A와 B가 각각 p개, q개의 수준수를 가진다고 하고 또 각 수준조합에서 r번을 반복한다고 가정하자. 이때 반복이 있는 이원분산분석의 자료구조는 아래와 같다. '반복이 있다'는 의미는 두 요인의 각 수준조합에서 여러 실험단위를 배치해서 반응값을 측정한다는 것이다.

〈이원분산분석의 자료구조〉

A \ B	B_1	B_2	…	B_q
A_1	$y_{111}, \cdots, y_{11r}$	$y_{121}, \cdots, y_{12r}$	…	$y_{1q1}, \cdots, y_{1qr}$
A_2	$y_{211}, \cdots, y_{21r}$	$y_{221}, \cdots, y_{22r}$	…	$y_{2q1}, \cdots, y_{2qr}$
…	…		…	
A_p	$y_{p11}, \cdots, y_{p1r}$	$y_{p21}, \cdots, y_{p2r}$	…	$y_{pq1}, \cdots, y_{pqr}$

이러한 반복이 있는 이원분산분석을 위한 통계적 모형은 다음과 같다.

$$y_{ijk} = \mu + \alpha_i + \beta_j + (\alpha\beta)_{ij} + \epsilon_{ijk},$$

여기에서, $i = 1, \cdots, p;\ j = 1, \cdots, q;\ k = 1, \cdots, r$

여기에서 μ는 총평균을 의미하고, α_i는 요인 A의 i번째 수준의 처리효과를 의미하며, β_j는 요인 B의 j번째 수준의 처리효과를 의미한다. 또한 $(\alpha\beta)_{ij}$는 두 요인(인자) 수준 간의 교호작용(interaction)을 의미하고, ϵ_{ijk}는 오차항을 의미하며, 이는 평균이 0이고 분산이 σ^2인 확률변수이다.

두 요인 간의 교호작용은 한 요인의 효과가 다른 요인의 수준에 따라 변하는 것으로 정의된다. 반복이 있는 이원분산분석의 경우, 각 요인의 처리효과를 추론하는 것보다 먼저 교호작용을 추론하는 것이 좋다. 왜냐하면 교호작용이 존재하면 각 요인의 처리효과를 따로 해석하는 것이 큰 의미가 없을 수 있기 때문이다.

반복이 있는 이원분산분석에서 검정하려는 내용은 다음과 같다.

H_0 : $(\alpha\beta)_{ij} = 0$, (모든 ij 수준에서)
H_1 : 최소한 하나의 $(\alpha\beta)_{ij}$는 0이 아니다

혹은

H_0 : $\alpha_1 = \cdots = \alpha_p = 0$
H_1 : 최소한 하나의 α_i는 0이 아니다

혹은

H_0 : $\beta_1 - \cdots = \beta_q = 0$
H_1 : 최소한 하나의 β_j는 0이 아니다

위의 가설검정에는 앞 절에서 설명한 분산분석법을 이용하여 다음과 같은 분산분석표를 만들 수 있다.

〈이원분산분석의 분산분석표〉

변동요인	제곱합	자유도	평균제곱합	F-통계량
처리A	$\sum_{i=1}^{p} qr(\overline{y_{i\cdot\cdot}} - \bar{y})^2$	$p-1$	MSA	$\frac{MSA}{MSE}$
처리B	$\sum_{j=1}^{q} pr(\overline{y_{\cdot j\cdot}} - \bar{y})^2$	$q-1$	MSB	$\frac{MSB}{MSE}$
교호작용	$\sum_{i=1}^{p}\sum_{j=1}^{q} r(\overline{y_{ij\cdot}} - \overline{y_{i\cdot\cdot}} - \overline{y_{\cdot j\cdot}} + \bar{y})^2$	$(p-1)(q-1)$	$MSAB$	$\frac{MSAB}{MSE}$
오차	$\sum_{i=1}^{p}\sum_{j=1}^{q}\sum_{k=1}^{r} (y_{ijk} - \overline{y_{ij\cdot}})^2$	$pq(r-1)$	MSE	
전체	$\sum_{i=1}^{p}\sum_{j=1}^{q}\sum_{k=1}^{r} (y_{ijk} - \bar{y})^2$	$pqr-1$		

위의 분산분석표로부터 얻을 수 있는 정보는 일원분산분석표와 마찬가지로 오차항의 변동 크기를 추정할 수 있고, 요인 A와 B 수준 간에 차이가 있는지 혹은 요인 A와 B 간에 교호작용이 존재하는지를 F-검정 통계량을 통해서 통계적으로 검정할 수 있다는 것이다.

즉, 요인 A의 수준 간에 효과가 있다는 것을 검정하려면 F-통계량 $\frac{MSA}{MSE}$를 이용하면 되고, 요인 B의 수준 간에 효과가 있다는 것을 검정하려면 F-통계량 $\frac{MSB}{MSE}$를 이용하면 된다. 또한 요인들 간에 교호작용이 존재하는지의 여부는 F-통계량 $\frac{MSAB}{MSE}$를 이용하면 된다.

예제 어떤 지역의 농가에서 벼의 품종(A)과 비료의 종류(B)가 벼의 수확량에 미치는 영향을 조사하기 위해 3회의 반복실험을 하여 아래와 같은 자료를 얻었다. 이 자료를 이용하여 벼와 비료의 효과 및 교호작용에 대하여 연구조사해 보기로 하자.

〈벼의 수확량 자료〉

품종 \ 비료	1	2	3	4
1	64, 66, 70	65, 63, 58	59, 68, 65	58, 50, 49
2	72, 81, 64	57, 43, 52	66, 71, 59	57, 61, 53
3	74, 51, 65	47, 58, 67	58, 45, 42	53, 59, 38

위의 자료를 이용하여 분산분석표를 만들면 다음과 같다.

〈벼의 수확량 자료의 분산분석표〉

변동요인	제곱합	자유도	평균제곱합	F-통계량
벼	342.4	2	171.2	3.08
비료	1002.9	3	334.3	6.01
교호작용	588.9	6	98.2	1.77
오차	1333.3	24	55.6	
전체	3267.6	35		

해답 1. 교호작용의 효과에 대한 검정

F-검정 통계량값 1.77은 유의수준이 5%이고 자유도가 6이고 24인 F-분포표상에서 값 2.51보다 크지 않으므로 대립가설 H_1을 채택할 수 없다. 즉, 벼와 비료의 교호작용에 따른 수확량의 차이가 존재하지 않음을 알 수 있다.

2. 벼의 품종의 효과에 대한 검정

F-검정 통계량값 3.08은 유의수준이 5%이고 자유도가 2이고 24인 F-분포표상에서 값 3.40보다 크지 않으므로 대립가설 H_1을 채택할 수 없다. 즉, 벼의 품종에 따른 수확량의 차이가 존재하지 않음을 알 수 있다.

3. 비료의 종류의 효과에 대한 검정

F-검정 통계량값 6.01은 유의수준이 5%이고 자유도가 3이고 24인 F-분포표상에서 값 3.01보다 크므로 대립가설 H_1을 채택할 수 있다. 즉, 비료의 종류에 따른 수확량의 차이가 존재함을 알 수 있다.

제 3 절 공분산분석(ANCOVA: analysis of covariance)

분산분석(ANOVA)을 이용할 때 단순히 독립변수 자체의 속성만으로 종속변수의 영향을 분석하기가 어려운 경우가 있다. 예를 들어, 어학능력시험의 점수결과 Y는 단순히 어학실력(X)의 차이만이 아닌 학년의 차이, 시험횟수의 경험차이, 공부시간의 차이, 남녀의 차이, 또는 시험당일의 컨디션의 차이 등 여러 독립변수와도 관련이 있을 수 있다.

따라서 독립변수는 여러 개이지만 실제로 어느 하나의 독립변수에 대한 효과에만 초점을 두고 다른 독립변수는 통제변수로 하여 분석하는 방법을 찾아야 한다. 즉, 특정한 변수를 제한한 후 ANOVA분석을 하는 것이다. 이와 같이 제3의 변수를 찾아내어 이를 통제한 후 특정한 독립변수의 순수한 효과(상호작용효과 제외됨)만을 분석하는 방법이 있다. 이를 다원분산분석 중에서 공분산분석(ANCOVA: analysis of covariance)이라고 한다. 이때 효과를 통제하는 변수를 공분산변수(covariate)라 한다.

이는 제3의 변수의 영향을 의도적으로 통제하는 것을 의미한다. 즉, 어학능력점수와 관련이 있는 학년의 차이, 시험횟수의 경험차이, 또는 공부시간의 차이 등 어학능력시험 점수에 영향을 미칠 수 있는 공변수를 통제하여 독립변수들의 속성 차이를 알아보기 위해 사용하는 기법이다.

위의 내용과는 조금 다르게 설명하면, 가변수를 이용한 회귀모형 편에서 전술한 대로, 전형적인 선형회귀모형에서 질적인 가변수(dummy variable)는 양적인 설명변수와 함께 사용할 수 있다. 이때 회귀모형이 질적 속성인 가변수만을 설명변수로 포함시킬 수 있는데, 이를 분산분석 회귀모형(analysis-of-variance regression model: AOV 모형)이라고 부른다. 한편, 질적변수인 가변수와 양적변수가 모두 포함된 회귀모형을 공분산분석 회귀모형(analysis-of-covariance regression model: ACOV모형)이라고 부른다.[6]

위에서 설명한 공변수 X가 있는 공분산모형은 다음과 같이 표현할 수 있다.[7]

$$Y_{ij} = \mu + \alpha_i + \beta(X_{ij} - \overline{X_{..}}) + \epsilon_{ij} \ (i=1,\ 2,\ \cdots,\ k\,;\, j=1,\ 2,\cdots,\ r)$$

위 모형에서 Y_{ij}는 i번째 처리수준에서 j번째로 관측된 반응값이고, α_i는 i번째 처리수준의 효과이며, X_{ij}는 Y_{ij}에 대응되는 공변수의 값이고, $\overline{X_{..}}$는 공변수들의 총평균, 그리고 β는 공변수로 반응변수를 설명하는 회귀계수이다. 만약 α_i가 빠지면 단순회귀모형이 되고, $\beta(X_{ij} - \overline{X_{..}})$가 빠지면 일원배치모형이 됨을 알 수 있다. 결국, 공분산모형은 분산분석모형에 회귀모형이 결합된 것이다. 그러나 공분산분석

6) 이에 대한 구체적인 내용은 Damodar N. Gujarati(2005) '가변수에 대한 회귀'를 참조할 것.

7) 분산과 관련된 정보는 주로 한 개의 자료에 대한 특징을 분석하는 데 사용된다. 계량경제학의 분석대상이라고 할 수 있는 두 개 이상의 변수 사이에 존재하는 관련성 분석을 하기 위해서는 공분산(covariance)이나 상관계수(correlation) 등의 개념을 이용한다. 위 모형에서 회귀계수 β에 첨자가 없다. 이는 모든 처리에 대해 회귀선의 기울기가 동일하다는 의미로 공변수와 모든 처리 간에는 상호작용이 없다는 것이다. 즉, 공분산모형에서는 공변수와 모든 처리가 상호 독립적임을 가정하고 있다.

의 주요 관심은 α_i를 더 정확하게 추론하기 위함이며, 주요 관심대상으로 공분산분석에서 검정하려는 내용은 다음과 같다.

$$H_0: \alpha_1 = \alpha_2 = \cdots = \alpha_k = 0,$$
H_1 : 최소한 한 개의 α_i는 0이 아니다

위의 공분산모형의 추정은 최소제곱법에 의해서 다음과 같이 추정될 수 있다.

$$\hat{\mu} = \overline{Y_{..}}$$
$$\hat{\alpha_i} = \overline{Y_{i.}} - \overline{Y} - \hat{\beta}(\overline{X_{i.}} - \overline{X})$$
$$\hat{\beta} = \frac{\sum_i^k \sum_j^r (X_{ij} - \overline{X_i})(Y_{ij} - \overline{Y_{i.}})}{\sum_i \sum_j (X_{ij} - \overline{X_{i.}})} \equiv \frac{E_{XY}}{E_{XX}}$$

또한 추정된 모형으로부터 다음과 같은 ANOVA를 만들어 모수의 유의성을 검정할 수 있다.

〈공분산분석에서의 분산분석표〉

변동요인	제곱합	자유도	평균제곱합	F-통계량
회귀	$SSR = \frac{E_{XY}^2}{E_{XX}}$	1	MSR	$\frac{MSR}{MSE}$
처리	$SSTr = SSR + \sum_i \sum_j (\overline{Y_{i.}} - \overline{Y_{..}})^2 - \frac{\sum_i \sum_j (X_{ij} - \overline{X_{..}})(Y_{ij} - \overline{Y_{..}})}{\sum_i \sum_j (X_{ij} - \overline{X_{..}})^2}$	$k-1$	$MSTr$	$\frac{MSTr}{MSE}$
오차	$SSE = SSR + \sum_i \sum_j (Y_{ij} - \overline{Y_{i.}})^2$	$k(r-1)-1$	MSE	
총	$SS_T = \sum_i \sum_j (Y_{ij} - \overline{Y_{..}})^2$	$kr-1$		

위의 자료로부터 공변량 효과의 존재 여부인 $H_0: \beta = 0$을 검정할 수 있다. 이때 주의할 점은 공분산모형에 대한 분산분석은 각 제곱합들을 더해도 총제곱합이 되지 않는다는 것이다.

제 4 절 다변량분산분석(MANOVA: multivariate analysis of variance)

앞에서 설명한 바와 같이 1개의 요인이 1개의 실험단위인 종속변수에 미치는 영향을 분석하는 방법을 일원분산분석이라고 하고, 1개가 아닌 2개의 요인이 종속변수에 미치는 영향을 분석할 수 있는데, 이와 같은 분석방법을 이원분산분석이라고 하였다. 이때 요인이 3개인 경우에는 삼원분산분석이라 할 것이다. 이와 같이 단일변량분산분석은 기본적으로 종속변수가 1개인 경우를 말한다.

한편, 2개 이상의 종속변수에 대한 분산분석을 다변량분산분석(MANOVA: multivariate analysis of variance; 다원분산분석)이라고 부른다. 즉, 여러 개의 종속변수에 영향을 미치는 독립변수(요인)가 1개 혹은 2개 혹은 3개 혹은 그 이상인 경우에 이용된다. 예를 들어, 독립변수인 고등학교 1학년, 2학년, 3학년 등의 학년차이가 종속변수인 국어, 영어, 수학 등의 각각 1과목의 점수에만 영향을 미치는 것이 아니라 2과목 혹은 3과목 전체의 점수에 미치는 영향을 분석하고자 할 때 사용된다. MANOVA의 경우에는 분석하기도 상당히 까다롭고 또 결과를 해석하기에도 힘이 드는 방법 중의 하나이다. 단일변량분산분석과 다변량분산분석의 차이를 다음과 같이 표로 나타낼 수 있다.

(종속변수) Y / (요인) X	Y_1	Y_2	Y_3	… Y_n
X_1	단일변량분산분석 ⇒ 다변량일원분산분석			
X_2	단일변량다원분산분석	다변량다원분산분석		
X_3				
⋮				
X_n				

다변량분산분석의 기본원리는 앞에서 설명한 이원분산분석과 동일하지만, 2개 이상의 종속변수들 간의 상호효과(연관성)를 중요시한다. 즉, 종속변수들 간의 상호연관성을 살펴보면서 이들 종속변수들에 대한 독립변수들(요인)의 집단 간 평균차

이가 존재하는지를 분석하고자 하는 것이다.[8]

만약, 종속변수들 간에 상호 연관성이 없다면 다변량분산분석의 결과는 일원분산분석을 여러 번 적용한 것과 똑같은 결과를 가져오게 된다. 그러나 대부분의 경우에는 종속변수들이 상호 독립적이지 않기 때문에 상호효과를 고려하면서 독립변수(요인)의 수준과 집단 간의 평균차이를 파악할 수 있게 되는 것이다.

MANOVA의 기본가정은 모집단의 분산이 같아야 한다는 것이다. 따라서 이를 등분산 검정이라고 부른다.[9] 다시 한번 정리하면, 두 집단 이상의 모평균을 비교하기 위해서는 분산분석(ANOVA)을 이용한다. 분산분석(ANOVA)은 종속변수가 1개이지만, 반면에 다변량분산분석(MANOVA)은 종속변수가 2개 이상인 분산분석으로서 집단 간의 평균차이를 비교하는 데 사용된다. 또한 독립변수는 명목척도이지만, 실제 연구대상이 되는 종속변수는 메트릭 변수(등간척도와 비율척도 등)로 구성되어야 한다.

ANOVA와 MANOVA의 차이점을 살펴본다면 다음과 같다. 첫째, MANOVA는 종속변수의 조합에 대한 효과의 상호 연관성 검정을 중요시한다. 왜냐하면 대부분의 종속변수들은 서로 상관관계가 있기 때문이다. 따라서 MANOVA는 ANOVA와는 달리 집단 간의 상호 결합된 차이를 분석할 수 있기 때문에 집단들 간의 평균차이를 밝히는 데 보다 많이 사용할 수 있다는 점이다. 둘째, MANOVA 설계의 특징은 종속변수가 여러 변수들의 집합인 벡터변수라는 점이다. 셋째, ANOVA로 여러 개의 종속변수를 평가하려면, 여러 번의 분석을 시도해야 하지만, MANOVA는 단 한 번의 분석만으로도 종속변수 집단의 평가가 가능하게 된다. 따라서 상관관계가 높은 종속변수 집단에 대해 MANOVA로 분석하게 되면, 1종 오류의 확률이 적어진다고 볼 수 있다.

위와 같은 방법을 분석하기 위한 절차로는 먼저 여러 개의 종속변수들 간에 상관관계가 있는지의 여부를 조사하는 것이 좋다. 이때 상관관계가 없으면 ANOVA를 실시하고, 상관관계가 있으면 MANOVA를 실시한다. 동시에 변수들의 기본가정인 다변량 정규분포성과 분산의 동일성(등분산성) 등을 조사한다.

만일 모든 평균 벡터들이 같다는 가설이 채택되면, 가설검정은 더 이상 진행되지 않고 거기서 끝이 나지만, 그렇지 않다면 변수들을 개별적으로 조사하여 어떤

8) 계산과정이 매우 복잡하여 통계분석용 소프트웨어를 이용할 수밖에 없는 다원분산분석은 이원분산분석을 일반화시킨 것으로 볼 수 있다.

9) 등분산을 위한 검정으로는 동질성 검정이라는 것을 이용해서 Box 검정을 하면 된다. 예를 들어, SPSS를 사용한다면 옵션에서 "동질성 검정"이라는 것을 체크해야 한다. 이때 p값은 0.05보다 커야 한다.

변수가 얼마나 다른지, 그리고 그 차이가 의미하는 것이 무엇인지를 규명하는 것이 중요하다.[10)]

10) 분산분석(ANOVA)에서 제3의 변수의 영향을 통제한 후 독립변수의 효과를 비교하는 방법을 공분산분석(ANCOVA: analysis of covariance)이라고 하였다. 이와 같이 다변량분산분석(MANOVA)에서도 제3의 변수의 영향을 통제하는 것이 있는데, 이를 MANCOVA(multivariate analysis of covariance)라고 부른다.

전술한 대로, 다변량분산분석(MANOVA)은 종속변수가 2개 이상일 때 종속변수 간의 평균값의 차이를 검증하거나 독립변수의 변화에 대한 종속변수들을 종합한 값의 차이를 검증할 때 이용된다. 또한 ANOVA의 경우에는 종속변수가 1개이다. 그러나 MANOVA는 종속변수가 2개 이상일 때 이용되며, 종속변수들 간의 상관관계를 고려한다는 점에서 ANOVA와 다르다. 물론, MANOVA는 ANOVA와 마찬가지로 독립변수는 다수가 될 수도 있으며, 공분산분석(ANCOVA)처럼 통제변수를 도입할 수도 있다.

이와 같이 다변량분산분석(MANOVA)에서 공분산분석(ANCOVA)을 포함하는 경우를 MANCOVA라고 한다.

CHAPTER 11

상관분석

제 1 절 상관분석(correlation analysis)의 개요

상관분석은 회귀분석과 매우 밀접하지만 개념적으로는 상당히 다르다고 할 수 있다. 회귀분석의 주요 목적은 관련되는 변수를 포함하는 모형을 도출하여 변수들 간의 종속관계를 확인하고자 할 때 사용된다. 즉, 독립변수의 변화에 따른 종속변수의 변화량을 회귀분석을 통해 알 수 있다.

반면, 상관분석의 주요 목적은 두 변수 간에 선형관련성(linear association)의 정도(degree: 강도)를 상관계수(correlation coefficient)를 통해 측정하고자 하는 것이다. 즉, 변수들 간에 어떤 선형적 관계가 있는지, 만약 있다면 통계적으로 어떤 의미가 있는지를 판단하게 된다. 다시 말해, 두 변수를 대등한 입장에 놓고 이들 간의 상호관계를 밝히려는 것이지, 어느 한 변수가 다른 변수에 미치는 영향이나 인과관계(causality)를 규명하려는 것은 아니다. 나아가 상관분석은 독립변수 집합과 종속변수 집합 간의 상관관계를 알고자 할 때에도 이용된다. 즉, 여러 개의 독립변수와 여러 개의 종속변수를 동시에 예측하고자 할 때 이용되는 분석방법이다.

상관분석에는 두 변수 간의 상관관계를 분석하는 단순상관분석(simple correlation analysis), 둘 이상 변수들 간의 상관관계를 분석하는 다중상관분석(multiple correlation analysis), 그리고 제3의 다른 변수의 영향력을 통제하고 두 변수 간의 상관관계를 파악하려는 편상관분석(partial correlation analysis; 부분상관분석) 등이 있다. 이때 독립변수와 종속변수의 집합내부에서 어떤 순서로 상관관계가 배열되었는지에 따라 예상과는 전혀 다른 결과가 나올 수 있다. 그러나 회귀분석에서는 변수들 간의 상관계수에는 기본적으로 관심이 없다. 대신에 다른 변수의 값이 고정되어 있을 때 또 다른 변수의 평균값을 추정하고자 할 때 유용하다.

회귀분석과 상관분석의 기본적인 차이를 다시 정리하면 다음과 같다. 회귀분석에서는, 종속변수 Y는 확률변수로 가정하며, 반복하여 추출되는 독립변수 X는 비확률적 변수로 고정된 값을 갖는 것으로 가정하고 있다. 반면, 상관분석에서는 종속변수 Y와 독립변수 X의 구별 없이 두 변수 모두 등간척도나 비율척도로 구성된 확률변수로 가정한다.

또한 상관분석은 두 변수 사이의 선형관계의 관련성 정도(degree)와 방향(direction)을 요약하는 수치인 상관계수를 통해 모집단의 상관성을 추론하고자 할 때 사용된다. 즉, 상관분석은 두 변수가 얼마나 상호 밀접하게 연관되어 있는지, 그 강도를 측정하고자 할 때 사용된다. 회귀분석과 상관분석은 두 변수 사이의 인과관계(cause and effect)를 밝히는 것으로 해석해서는 결코 안 된다. 다만, 이들의 분석을 통해 두 변수가 서로 어떻게 그리고 어느 정도 연관되어 있는지를 알 수 있게 된다.

상관분석의 결과를 신뢰하기 위해서는 몇 가지 요건이 충족되어야 한다. 즉, 자료의 형태(등간척도 또는 비율척도), 선형관계(변수들 간의 직선관계), 두 변수의 정규성(정규분포), 등분산성(분산의 동일성), 그리고 오차항의 독립성 등의 가정이다. 특히, 한 변수의 값에 대응하는 다른 변수의 값을 이루는 분산이 동일해야 하는데, 이러한 등분산성의 문제를 해결하기 위해 하나 혹은 두 변수를 로그(log)나 제곱근, 혹은 역수 등의 형태로 적절하게 변환을 시도해볼 수 있다.

이와 같은 상관분석의 기본 목적은 두 변수(X, Y) 사이의 짝지은 관측치 사이에 존재하는 상호관계의 방향과 정도를 결정하기 위함이다. 이러한 두 변수 사이의 방향과 정도를 측정하는 기준이 바로 상관계수(correlation coefficient)이다. 상관계수는 한 변수가 다른 변수에 영향을 미치는 크기를 나타내는 것은 아니다. 상관분석은 결국 이러한 상관계수를 산출하는 과정이라고 할 수 있다. 이때 서열척도상에서 측정된 값을 이용해서 상관계수를 산출할 경우에는 스피어맨(Spearman)의 ρ계수를 사용하고, 등간척도나 비율척도인 경우에는 피어슨(Pearson) 상관계수를 사용한다.

실제 표본자료를 이용한 표본상관계수는 이미 앞에서 설명한 결정계수(r^2)의 제곱근으로 매우 관계가 깊다고 할 수 있지만, 이는 아주 다른 의미를 부여한다. 구체적인 내용은 본장의 제2절에서 설명하기로 한다. 이러한 표본상관계수는 두 변수 간의 관계를 측정하는 척도로 다음과 같이 표시된다.

$$\text{표본상관계수}(r) = \pm\sqrt{r^2}$$

반면, 모집단을 대상으로 하는 상관계수는 확률표본을 사용하여 추정한다. 예를 들어, 두 변수 X와 Y 사이의 밀접한 정도를 측정하기 위해서는 다음과 같이 모집단상관계수 ρ(rho, 로)로 나타낸다.[1)]

$$\text{모집단상관계수}(\rho) = \frac{Cov(X, Y)}{\sqrt{Var(X)\,Var(Y)}} = \frac{Cov(X, Y)}{\sigma_x \sigma_y}$$

$(-1 \le \rho \le 1)$
$Cov(X, Y) = E(XY) - E(X)E(Y)$
(두 변수 X와 Y의 공분산)
σ_x: 변수 X의 표준편차
σ_y: 변수 Y의 표준편차

단순상관계수는 한 변수와 다른 변수 사이의 상관관계 정도와 방향을 나타내는 수치라고 한다면, 다중상관계수는 둘 이상 변수들(X_1, X_2 등)의 결합과 하나의 다른 변수(Y) 간에 상관관계의 정도와 방향을 나타내는 수치이다. 다중상관계수에서 사용된 변수들이 단순상관계수의 두 변수를 모두 포함하고 있다면 다중상관계수는 항상 단순상관계수보다 크다. 왜냐하면 한 변수보다 둘 이상의 변수가 다른 변수를 설명하는 능력이 크기 때문이다.

그러나 두 변수들 간에 실질적으로 의미 있는 상관관계가 존재하는데도 다른 변수에 변동의 효과가 흡수되어 상관관계가 낮거나 혹은 상관관계가 반대로 나타날 수도 있다. 이와는 반대로 두 변수들 간에 상관관계가 실질적으로 없는데도 불구하고 다른 변수의 영향으로 그들 간에 상관관계가 있는 것처럼 보이는 경우가 있다. 이와 같은 경우에는 이들 변수들 간의 관계를 밀접하게 연결시킬 수 있는 제3의 다른 변수를 통제하고 난 후에 상관분석을 해야 한다. 이처럼 제3의 변수를 통제하여 상관분석의 결과로 나타나는 수치에는 편상관계수(부분상관계수)가 있다.[2)]

---

1) 이와 같이 정의된 모집단 상관계수 ρ는 두 변수 간의 선형관계의 관련 정도를 측정하는 지표이다. 항상 -1과 1 사이에 그 값이 존재한다. -1은 완벽한 부($-$)의 관계를 나타내며, 이는 두 변수가 서로 다른 방향으로 움직이는 것을 말한다. 또한 1은 완벽한 정($+$)의 관계를 나타내며, 이는 한 변수의 증감이 다른 변수의 증감과 같은 방향으로 움직이는 것을 말한다.

표본상관계수 또한 크기에 따른 해석은 동일하다. r이 0에 가깝다는 것은 두 변수 사이에 선형관계가 없다는 것을 의미하며, $|r|$이 클수록 두 변수 사이에 선형관계가 더욱 강하다는 것을 나타낸다. 위로부터 다음과 같은 식이 도출된다. 즉, 두 변수의 공분산은 다음의 식과 같다. $Cov(X, Y) = \rho\sigma_x\sigma_y$

제 2 절 표본상관계수(correlation coefficient)

상관계수는 공분산을 표준화시켰다는 의미로 생각할 수 있다. 즉, 상관계수는 두 변수가 얼마나 연관되어 있는가를 나타내주는 공분산의 의미를 그대로 가지고는 있다. 그러나 변수 각각의 표준편차로 나누어줌으로써 상관계수가 가질 수 있는 범위를 최소 −1.0에서부터 최대 +1.0까지로 만든 식이다. 두 변수의 상관계수는 다음과 같이 계산된다.

$$r = \frac{\sum_{i=1}^{n}(x_i - \bar{x})(y_i - \bar{y})}{\sqrt{\sum_{i=1}^{n}(x_i - \bar{x})^2}\sqrt{\sum_{i=1}^{n}(y_i - \bar{y})^2}}$$

상관계수는 다음 그림과 같이 $-1 \leq r < 0$의 경우는 한 변수가 다른 변수와 반대 방향으로 움직인다는 의미이고, $r = 0$은 두 변수가 어떤 특정한 방향으로 움직이지 않는다는 의미이며, $0 < r \leq 1$의 경우는 두 변수가 같은 방향으로 움직인다는 의미이다.[3)]

---

2) 현실적으로 표본을 대상으로 하는 상관계수를 구할 수밖에 없는데, 이러한 상관계수는 표본의 대표성, 표본의 크기, 특성, 혹은 설문조사의 경우에는 응답자(사례)의 수 등에 의해 영향을 받게 된다.

편상관관계(partial correlation)의 개념을 설명하자면 다음과 같다, 다중회귀분석에 있어서 종속변수와 특정한 독립변수의 관계를 분석하기 위해 다른 변수들의 영향력을 통제시킨 후 두 변수들 간의 관계를 분석하는 것을 부분상관분석이라고 한다. 예를 들어, 종속변수를 $Y(X_0)$라고 하고, 독립변수를 X_1, X_2, X_3라고 하자. 이때 r_{01}은 통제된 변수가 없을 때 Y와 X_1의 단순상관계수라고 말하며 $r_{01.2}$는 X_2의 영향력을 일정하게 통제한 후 Y와 X_1의 상관관계를 말한다. 또한 $r_{01.23}$은 X_2와 X_3의 영향력을 일정하게 통제한 후 Y와 X_1의 상관관계를 말한다.

3) 상관계수가 0($r=0$)이면 반드시 두 변수가 어떤 함수관계도 없다는 의미가 아니라, 두 변수 간에 1차함수 선형관계의 강도가 매우 낮다는 걸 의미한다. 즉, 상관계수가 0이라 할지라도 두 변수 X, Y가 비선형관계로 매우 밀접한 관련성이 있을 수 있다. 기본적으로 상관계수는 선형관계로 표시되는 연관성을 나타낸다. 그러나 두 변수가 비선형관계로 관련성이 있다면, 여기에서 얘기하는 상관계수는 의미가 없다.

〈여러 가지 상관계수의 도해〉

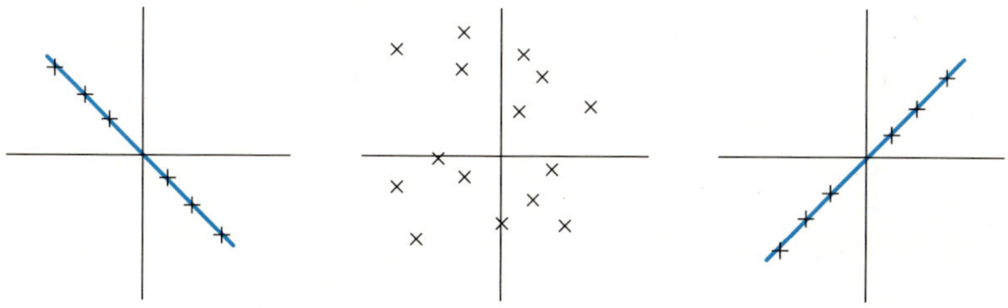

$r = -1$ $r = 0$ $r = 1$

이러한 상관계수는 두 변수 간의 연관성을 측정해주지만 두 변수 간의 인과관계를 설명해주는 것은 아니다. 예를 들어, 흡연과 폐암으로 인한 사망률 사이에는 상호 연관성이 강하지만, 흡연은 폐암의 발병원인으로 알려져 있는 석면 침착증이나 오염된 공기를 호흡하는 것 등 중의 하나에 불과하다는 것이다.

제 3 절 상관계수의 통계적 가설검정(hypothesis testing)

각 표본에서 구한 두 변수 X, Y의 표본상관계수 r은 일정한 값을 갖지 못하는 변하는 확률변수이다. 반면, 모집단 상관계수 ρ는 유일한 값으로 존재한다. 그러나 실제로는 모집단의 평균과 표준편차를 알기 어렵기 때문에 두 변수의 모집단 상관계수 ρ는 표본을 통한 표본상관계수 r에 의하여 추정해야 한다. 즉, 표본상관계수 r은 모집단 상관계수 ρ에 대한 추정량으로 사용된다.

만약, 두 변수의 모집단 상관계수 ρ에 관한 통계적 가설검정을 한다면 다음과 같이 가설을 설정한다.

$$H_0 : \rho = 0$$

$$H_1 : \rho \neq 0$$

일반적으로 위의 가설을 검정하는 검정통계량으로 다음과 같은 t-통계량이 많이 사용되는데, 다음과 같이 표시할 수 있다.

$$t_0 = \frac{r}{\sqrt{\frac{1-r^2}{n-2}}}$$

r: 표본상관계수 n: 표본수

여기에서 통계량 t_0는 자유도 $(n-2)$인 t-분포를 따른다. 유의수준 α에서 가설을 검정하는 기각역은 다음과 같다. 즉, 다음을 만족하면 대립가설 H_1을 채택하게 된다.

$$t_0 > t(n-2;\alpha/2) \text{ 혹은 } t_0 < -t(n-2;\alpha/2)$$

CHAPTER 12

판별분석

판별분석이란 표본이 가지고 있는 여러 가지 특성을 파악해 그 표본이 어느 그룹에 속하게 되는지를 판별하는 기법을 말한다. 판별분석은 메트릭 자료(계량자료)로 측정된 독립변수들을 이용하여 명목자료로 된 종속변수의 범주를 예측하는 기법이다.

그렇다면 이러한 판별의 기준은 무엇일까? 이를 위해 판별함수(판별식)를 구해야 하는데, 여기에는 2가지 방법이 있다. 하나는 직선으로 판별하는 것인데, 이를 선형판별함수(linear discriminant function)라고 한다. 또 하나는 곡선으로 판별하는 것인데, 이를 2차 곡선에 의한 판별이라고 한다.

그러나 일반적으로 컴퓨터 프로그램에서는 자료의 판별을 선형판별함수에 의해 실행한다.

제 1 절 판별분석(discriminant analysis)의 개요

1. 판별분석의 개념(discriminant analysis)

판별분석은 Fisher에 의해 처음 도입된 방법으로, 사회현상의 여러 특성들을 토대로 주어진 상황에서 응답자들이 앞으로 어떻게 행동할 것인지를 예측하는 통계분석기법이다. 예를 들어, 금융분야에서 거래인의 신용도(credit rating)분석을 통해 대출 여부 등을 판정할 때 거래인의 과거나 현재 시점의 다양한 은행거래기록 등을 이용한다.[1)] 또한 고등학교 성적이나 영어능력 시험점수 등을 이용하여 대학교의 입학허가 여부를 판정한다거나, 혹은 현재 몸의 다양한 증상 등을 이용해서 몸의 특정 질병 여부를 판단할 수 있다.

또 다른 예를 들면, 기업의 도산 여부를 예측하려고 한다면 판별분석이 적합하다. 여기서 도산 여부를 나타내는 변수는 종속변수가 되며, 이는 속성상 명목척도의 범주(예: 도산 혹은 비도산)가 된다. 또한 도산 여부를 판별하는 변수들은 독립변수가 되며, 여기에는 ROE, ROA, 부채비율, 수익성, 유동성 등이 포함될 수 있다.

이와 같이 판별분석(discriminant analysis)은 집단 간의 차이를 식별하는 데 사용되는 여러 개의 서로 상관된 변수들을 이용해 집단 간의 분리 정도에 대한 해석을 한다. 또한 각 개체를 특정 집단으로 분류하는 데 필요한 적정 분류기준의 설정이나 변수들에 관한 구조분석을 실시한다. 즉, 판별분석은 집단 간의 차이를 이해하거나 개체를 집단별로 올바르게 분류할 때 유용한 분석기법이라 할 수 있다.

좀더 구체적으로 살펴보기로 하자. 판별분석은 두 개 이상의 집단구분을 하는데 있어서 구분오류를 최소화할 수 있는 함수식을 이끌어내는 데 그 초점을 두게 된다. 이를 판별식이라고 하는데, 판별식은 독립변수들의 선형결합으로 이루어진다. 또 이로 인해 각 판별대상의 판별점수를 구한 후 판별점수에 의하여 집단을 구분하게 된다. 이러한 판별분석을 판별분류분석이라고도 정의한다.

판별분석 과정은 주어진 자료로부터 전체 집단을 어떤 특성에 따라 상호 배반적인 집단별로 분류하게 된다. 이때 필요한 판별변수의 설정과 이와 관련된 판별함수 구축 및 해석을 수행하는 판별과정, 그리고 새로운 한 개체를 판별함수를 이용해 어느 하나의 집단으로 분류시키는 과정을 거치게 된다.

다시 말해, 판별분석은 ① 집단의 차이를 구별하는 데 도움을 줄 수 있는 판별변수들을 독립변수 중에서 선택하고, ② 선택된 판별변수들의 선형결합을 만들어 집단을 분류하는 절차를 수립하며, ③ 판별함수에 의하여 집단을 얼마나 정확하게

---

1) 오늘날 전산시스템의 발달로 인해 사용가능한 데이터의 양이 증가함에 따라 통계분석을 통한 신용평가모형 개발이 시도되고 있다. 예를 들어, 금융거래에 있어서의 의사결정은 부도거래나 혹은 정상거래에 따라 다르게 나타날 수 있다. 이러한 경우, 통계적으로 모형화하는 방법으로는 판별분석 이외에도 선형확률모형, 프로빗모형, 로짓모형 등이 있다. 그러나 가정의 비현실성, 현실 적용의 비효율성, 혹은 컴퓨터 사용의 편리함 등의 이유로 실제 위험관리를 위해서 통상적으로 로짓모형이 많이 사용되고 있다. 이때 수많은 데이터들을 이용하여 주요 설명변수들을 선정하고 선정된 변수들 중에서 설명력이 강한 변수들을 추출한다. 그러고 난 후 다중공선성이 존재하는 변수를 제거하여 신용평가모형을 개발하는 것이다. 동시에 개발된 모형에 대한 성과를 다른 여러 대안들과 비교해 신용평가모형의 사용여부를 결정할 수 있다.

구별할 수 있는지 그 정도를 파악하여, ④ 판별변수와 해당 집단 사이의 관계에 대한 결과를 가지고 새로운 개체나 현상이 어떤 집단에 속하게 되는지를 판단하는 목적으로 사용된다.

판별식을 도출하기 위해 기본적인 가정으로 각 집단은 다변량 정규분포를 갖는 모집단에서 추출된 표본이어야 하며, 각 집단에 있어 변수들 간의 공분산 매트릭스가 동일해야 한다. 이때 다변량 정규분포성은 변수들의 정규분포성을 각각 검증하거나 혹은 결합분포의 정규분포성을 검증함으로써 검증할 수 있다. 또한 공분산 매트릭스의 동일성은 공분산 매트릭스의 결정계수를 계산하여 검증할 수 있다.

그러나 이와 같은 가정에 극단적으로 위배되지 않는 한, 판별분석을 적용하는데 큰 지장을 초래하지는 않는다. 특히, 추출되는 표본의 크기가 매우 클 경우에는 더욱이 문제가 되지 않는다.

2. 판별분석(discriminant analysis)과 회귀분석(regression analysis)의 비교

판별분석(discriminant analysis)은 등간척도나 비율척도로 구성된 여러 개의 연속적인 독립변수 중에서 오직 구분만이 가능한 유목변수인 종속변수에 영향을 미치는 변수를 가려내기 위해 실시하는 방법이다. 이때 종속변수는 집단으로 분류될 수 있는 변수이다. 또한 분류하기 전에 미리 집단의 수를 결정하고 새로운 관찰대상을 이미 정해진 집단들 중 하나에 할당하는 것이다.[2)]

이러한 판별분석이 회귀분석과 어떤 차이가 있는지 다음과 같이 정리할 수 있다. 일반적으로 회귀분석에서는 종속변수가 정량적인 매트릭스 변수인 데 비해, 판별분석에서는 종속변수가 정성적인 유목변수(명목척도)라는 점에 유의할 필요가 있다. 예를 들어, 기업의 도산 여부를 결정하는 변수가 무엇인지를 분석할 때 판별분석을 사용할 수 있다.

다중회귀분석에서는 각 설명변수에 대한 회귀계수의 크기만을 비교함으로써 설명변수의 중요도를 말하지 않는다. 마찬가지로, 판별함수식에서도 계수 크기만을 가지고 판별의 중요도를 말할 수 없다. 즉, 판별함수는 설명변수의 자료크기와 단

2) 판별분석과 비슷한 분석방법이 있는데, 군집분석(cluster analysis)을 들 수 있다. 판별분석에서는 분류하기 전에 집단의 수를 미리 결정하지만, 군집분석에서는 판별분석과는 달리 집단의 수를 미리 정하지 않고 개체들의 집합을 여러 개의 자연스러운 군집으로 분류한다. 이에 대한 구체적인 내용은 본서에서 생략하기로 한다.

위에 따라 계수의 크기가 변화하기 때문에 단순히 계수를 비교한다는 것은 아무런 의미가 없다는 것이다.[3)]

다중회귀분석에 있어서 설명변수의 중요도 판정은 앞에서 설명한 편회귀계수를 사용한다. 그러나 판별분석에 있어서는 편회귀계수를 사용할 수 없으며, 설명변수의 중요도 판정은 F비 값(F)을 사용한다. F비 값(F)은 각 변수의 평균을 중심으로 하는 분산에 반비례한다. 예를 들어, F비 값이 큰 변수는 모든 변수의 평균을 중심으로 하는 분산이 작다는 것을 의미하기 때문에, 이 변수는 판별분석에서 그룹을 구분하는 중요한 변수임을 뜻하는 것이다.

다중회귀분석에서는 편회귀계수의 크고 작음을 서로 비교할 수 없지만, 설명변수의 변화에 대한 종속변수(목적변수)의 변화를 예측할 수 있다. 왜냐하면 설명변수가 목적변수와 마찬가지로 계량적인 데이터이기 때문이다. 다시 말해, 다중회귀분석에서는 목적변수(종속변수)와 상관관계가 높은 변수를 선택할 수 있다. 그러나 판별분석에서는 명목척도인 종속변수(목적변수)는 1과 2 같은 숫자로 표시되지만, 이는 계량적인 의미가 아닌 명목척도이기 때문에 다중회귀분석에서처럼 설명변수와 목적변수 사이의 상관관계를 직접 측정할 수 없다. 그러나 설명변수 간의 상관관계는 다중회귀분석에서와 똑같이 측정할 수 있다.[4)]

제 2 절 설명변수의 선택과정(selection process)

판별분석에서는 설명변수 선택에 있어 관련되는 기법으로 FORWARD(변수증가법), BACKWARD(변수감소법), 그리고 STEPWISE(변수증감법) 등이 있는데, 이는 다중회귀분석의 경우와 기본적으로 같은 맥락으로 이해할 수 있다. 이 중에서 일반적으로 가장 많이 사용되는 방법은 STEPWISE(변수증감법)이다. 변수증감법은 검정통계치를 기초로 해 설명변수를 우선 선택하고, 선택된 설명변수들에 대해 다시 검정통계

3) 판별분석은 입력된 자료의 분산과 공분산에 기초해 진행된다. 종속변수의 집단 간 중복을 최소화시켜주고 이를 잘 판별해주는 독립변수들의 조합을 만들어준다. 판별모형의 경우에는 독립변수들이 다변량 정규분포를 하고 있다고 가정하고 있다. 또한 종속변수 집단 간의 분포가 동일하다고 가정하고 있는데, 표본기업의 분포는 이 같은 통계적 가정과 괴리될 수 있다.

4) 판별분석도 다중회귀분석에서와 마찬가지로 설명변수들 간의 높은 상관관계로 인해 다중공선성이 발생할 수 있다.

치를 계산하여 유의수준에 미달하는 변수는 설명변수에서 제외시키면서 실행하는 방법을 말한다.

여러 변수 중에서 설명변수를 선택할 때 판단해야 할 기준치가 여러 가지가 있는데, 컴퓨터 처리과정에서 적절한 설명변수를 찾아가야 한다. 예를 들어, SAS 컴퓨터의 출력물을 검토해보면, 목적변수에 대한 설명변수의 영향력을 나타내는 각 변수에 대한 R^2값, F비 값(F), F비 값의 판단기준 확률(Prob), 그리고 각 변수의 허용도(tolerance) 등이 나타나 있다.

첫 번째 단계에서는 이 중에서 무엇보다도 설정된 유의수준을 고려해 F비 값(F)과 R^2값이 큰 것을 먼저 설명변수로 선택한다. 각 변수의 허용도(tolerance)는 0에 가까울수록 다중공선성의 위험이 큰 것으로 보면 된다. 일반적으로, 0.1을 기준으로 이보다 작으면 이 변수는 다중공선성이 큰 것으로 간주한다.

두 번째 단계에서는 먼저 선택된 변수들의 검정통계치를 조사한 후 유의수준에서 미달되는 제외되어야 할 변수들이 있는지를 검토한다. 다음으로는 선택할 변수들이 남아 있는지를 판단한다. 이와 같은 방법으로 설명변수를 적절하게 선택하여 판별분석을 실시하게 된다.

판별분석에 있어서 특이한 사항으로는, 선택된 설명력이 있는 변수들만을 가지고 분석한 결과는 설명력이 없는 그 밖의 변수들과 합하여 분석한 결과와 크게 다르지 않다는 사실이다. 즉, 이는 설명력이 없는 변수를 아무리 많이 추가해도 판별분석 결과는 거의 모두 같다는 것이다.

다중회귀식이 설명변수를 사용하여 종속변수(목적변수)에 대한 예측을 하듯이, 판별함수식도 마찬가지로 몇 개의 설명변수를 사용하여 대상을 분류하는 것이다.

제 3 절 Fisher의 판별함수

크기가 N_1, N_2인 두 부분집단 G_1, G_2의 개체들에 대해 k개의 판별변수 X_1, X_2, $\cdots$ X_k를 측정하여 이들 부분집단 간의 차이를 가장 잘 구분할 수 있는 방법으로 Fisher는 다음과 같은 판별변수들의 선형결합으로 만든 판별함수 D를 고려하였다.

$$D = l_1X_1 + l_2X_2 + \cdots + l_kX_k$$

Fisher의 판별함수 D는 모든 개체에 적용했을 때, 각 부분집단에 있는 k-차원 관찰벡터는 다음과 같은 1차원 판별점수 D_{ij}로 표현될 것이다.

$$D_{ij} = l_1 X_{ij1} + l_2 X_{ij2} + \cdots + l_k X_{ijk} \ (i = 1, 2;\ j = 1, 2, \cdots, N_i)$$

이때 선형결합에서의 계수벡터 $\underline{l}$ 은 변환된 판별점숫값 D의 전체분산에 대한 두 부분집단에 있는 D_1, D_2의 두 평균값 사이의 거리제곱의 비를 최대화하도록 선택된다. 이렇게 계산된 판별함수를 해석하는 데 있어 계수벡터 $\underline{l}$ 은 비표준 정준계수(unstandardized canonical coefficient)라 부르며, 대응되는 그 점수에 미치는 절대적인 공헌도를 의미한다.

판별변수의 측정단위가 달라 대응하는 표준편차가 서로 다를 경우, 절대적 공헌도만으로는 그 변수의 기여도를 잘못 해석할 수 있기 때문에 한 판별변수가 다른 변수에 대하여 가지는 상대적 중요성을 검토해야 하는데, 이를 위해 표준 정준계수(standardized canonical coefficient)를 사용하기도 한다.

부분집단이 세 개 이상인 경우도 비슷한 방법으로 확장할 수 있다. 즉, p개의 부분집단과 k개의 판별변수가 있는 경우에 $q = \min(p-1,\ k)$의 판별함수가 존재한다. 이렇게 여러 개의 판별함수가 존재하는 경우에는 각 판별함수의 기여도를 각 판별함수에 대응되는 고윳값의 합에 상대비율로 판단할 수 있다. 이때 Wilks Λ(Lambda)를 이용해서 집단이 유의하게 구분되는지 판단할 수 있다. Wilks Λ(Lambda)는 전체 개체의 분산에 대한 집단내분산의 비율로서 1.0에 가까울수록 집단간의 차이가 없음을 의미한다.

이렇게 추정된 판별함수를 이용하여 다시 분류한 결과, 각 집단에 실제와 동일하게 분류된 비율인 민감도(sensitivity)와 특이도(specificity)를 통해 분류정확도를 계산할 수 있다. 예를 들어보자. 도산기업과 우량기업을 판별해주는 유의한 변수로 수익성지표인 총자본경상이익률, 유동성지표인 당좌비율, 그리고 활동성지표인 총자본회전율을 사용해 62개 기업의 도산 여부를 판별하기로 한다.

이때 판별함수는 D=(−0.1356×총자본경상이익률)+(−0.0166×당좌비율)+(−1.545×총자본회전율)로 계산되었다 하자. 이렇게 추정된 판별함수를 통해 우량기업의 점수는 −7.3125, 도산기업의 점수는 −3.7873으로 계산되어, 이 두 값의 차이인 −3.5252를 판별점수로 삼아 이 값보다 큰 기업은 도산기업으로 그렇지 않은 경우를 우량기업으로 판단한다. 다음의 표는 각 집단에 실제와 동일하게 분류된 비율인 민감도와 특이도를 통한 분류정확도를 나타내고 있다.

〈판별분석의 정확도(민감도와 특이도)〉

실 제	예 측	
	도산기업	우량기업
도산기업(31개)	25(81%)	6
우량기업(31개)	7	24(77%)

이와 같이 추정된 판별함수를 이용하여 도산기업을 도산기업으로 예측하여 분류하는 확률이 81%, 우량기업을 우량기업으로 예측하여 분류하는 확률이 77%가 된다.

CHAPTER 13

요인분석(인자분석)

제 1 절 요인분석(factor analysis)의 개요

일반적으로, 어떤 특정 사회현상을 분석할 때에는 관련된 여러 변수들을 동시에 조사하게 되는데, 이 변수들은 서로 상관관계(correlation)를 가질 수 있다. 상관관계란 이들 변수들에 공통적으로 영향을 줄 수 있는 알려지지 않은 어떤 잠재적 요인이 있다는 것이다. 이 잠재적 요인이 바로 factor(요인, 인자)[1]이며, 이 요인을 찾아내어 변수를 구성하고 그 특정 현상을 설명하는 것이 요인분석(factor analysis)이다. 즉, 서로 상관되어 있는 여러 변수들 사이의 복잡한 구조를 잠재적인 공통요인을 최대한 이용하여 보다 적은 수의 요인들로 압축하여 설명하는 분석방법을 말한다. 쉽게 말해, 요인분석은 변수들 간의 상관관계를 이용하여 서로 유사한 변수들끼리 묶어주는 방법이다.

사회과학분야의 이론에서 고려되는 여러 가지 사회현상의 개념들은 많은 경우에 신용도(credit rating)분석, 기업투명성(transparency), 이익조작(income manipulation), 지능(intelligence), 근심(anxiety), 혹은 자존심(self-esteem) 등과 같은 가설적인 구축(hypothetical construct)을 나타내는 다양한 변수들과 연결되어 있다. 예를 들어, '빈곤은 범죄의 온상'이라는 명제는 '빈곤'과 '범죄'라는 두 개의 가설적인 개념의 구조적인 관계를 묘사한다고 할 수 있다. 이러한 가설적인 개념들은 그 저변에 많은 변

1) 요인분석(factor analysis)에서의 factor는 요인 혹은 인자로 부를 수 있는데, 주로 요인으로 사용된다.

수들이 복합적으로 이루어져 있을 것이다. 또한 '이들 간의 구조적 관계를 도출하기 위해 과연 어떤 논리적인 과정을 거쳐야 할 것인가'라는 문제가 제기된다.

많은 변수들 사이에 내재하는 복잡한 상호의존 및 구조관계를 손쉽게 다루기 위하여 소수의 요인들로 차원축약(dimension reduction)을 통해 설명하는 요인분석(factor analysis)은 연구문제 해결을 위한 모형을 구축하는 단계에서 매우 유용하게 사용된다.

요인분석은 상관관계가 높은 변수들끼리 동질적인 요인으로 묶어 분석하는 점에서, 독립변수와 종속변수를 따로 구분하여 분석하는 회귀분석이나 판별분석 등과는 차이가 있다고 할 수 있다. 요인분석을 위한 선행조건은 상관분석이나 회귀분석에서와 같이 모든 변수는 정량적인 척도에 의해 구성되어야 한다. 또한 각 변수는 정규분포를 이루고 있어야 하며 분산은 동일해야 한다.

상관분석의 결과로는 변수들 간의 상관관계를 나타내는 상관계수는 물론, 기초통계의 내용과 각 상관계수의 유의수준 등이 있다. 이때 변수 자체가 전체적으로 어떤 관계를 이루고 있는지 시각적으로 이해한다는 것은 쉬운 일이 아니다. 물론 상관계수에 기초한 변수 간의 관계를 그림으로 한눈에 볼 수 있다면 여러 개의 변수를 몇 개의 그룹으로 구분할 수 있게 된다. 이와 같이 상관관계표가 갖는 불편함을 없애주고 다수의 변수를 소수의 요인으로 묶어주는 것이 요인분석의 핵심이라고 할 수 있다.[2)]

요인분석을 다시 정리하면, 많은 독립변수들이 서로 복잡하게 상관관계를 맺고 있어서 직접적으로 해석하기 어렵고, 또 여러 변수 간의 구조적 상호 의존관계를 갖고 있기 때문에 ① 변수가 상대적으로 독립적이고 변수들의 저변구조(underlying

---

2) 컴퓨터 프로그램을 통한 요인분석의 기술적인 내용을 개괄적으로 정리하면 다음과 같이 설명할 수 있다.

① 각 변수들 간의 상관관계를 통해 요인분석을 실시한다. ② 유효인자(인자축)를 선정할 때 인자의 고윳값(eigenvalue)을 기준으로 한다. 인자의 개수는 변수의 개수와 동일하지만, 설명력 있는 유효인자를 선택하기 위해서는 고유치가 1 이상인 것을 기준으로 한다. ③ 유효인자들이 선정되면 선정된 인자들을 통한 전체자료의 설명력을 쉽게 알 수 있다. 이때 기여율의 누적치(cumulative proportion)를 이용한다. ④ 선정된 유효인자들이 분해되어 각 변수에 미치는 영향의 크기를 나타내는 인자부하량(factor pattern, 요인적잿값; factor loadings)을 분석한다. 이를 통해 몇 개의 요인으로 분해되는지를 알 수 있기 때문에, 요인분석 중에서 가장 중심이 되는 내용이다. ⑤ 선정된 인자축들 중에서 한 개의 축이 해석불가능할 경우, 전체의 인자축이 한 개의 문제를 설명하고 있기 때문에 전체적인 해석이 불가능하다고 할 수 있다. 이때에는 인자축을 회전시키는 기법(예: 직각회전 혹은 사각회전)을 사용한다. 일반적으로 가장 많이 사용되는 방법은 결과가 단순하고 해석하기가 좋은 것으로 알려진 직각회전 중의 하나인 varimax 방법이다. ⑥ 인자축을 회전한 후 인자부하량의 그래프를 해석한다.

structure)를 이해하기 위하여 ② 개념상 의미를 부여할 수 있는 원래의 변수 수보다 훨씬 적은 수의 요인을 선택함으로써 이들의 특성을 분석하고자 하는 통계적 방법이라 할 수 있다.

일반적으로, 요인분석은 이를 이용하는 연구자의 목적에 따라 탐색적(exploratory)인 접근방법과 확증적(confirmatory)인 방법으로 구분할 수 있다. 탐색적인 방법은 원래의 변수들 간에 내재하는 인과관계를 분석하는 데 그 목적이 있다. 이에 반해, 확증적인 방법은 공통요인의 수나 요인 간의 관계 등 모형에 관한 구체적인 가정들을 실제자료로부터 지지(부정)하거나 혹은 적합도(goodness-of-fit)의 정도를 분석하는 데 그 초점을 두고 있다.

이러한 요인분석은 회귀분석이나 판별분석 혹은 상관분석 등과 같은 통계적 분석방법들과는 차이가 있는데, 그 차이점은 독립변수와 종속변수를 따로 구별하지 않고 변수들 간의 상호작용을 분석한다는 것이다.

이와 같이 요인분석의 주된 목적은 자료의 구조를 요약해 많은 수의 변수를 적은 수의 요인으로 압축하는 데에 있다.[3] 따라서 동질적인 몇 개의 요인으로 묶기 때문에 모형에 다중공선성이 높은 독립변수들끼리 묶여 있을 때 중요도가 낮은 변수를 제거하기 위해 사용된다. 또한 요인분석을 통해 묶여진 요인들을 회귀분석이나 판별분석 등에서 독립변수로 활용하기 위해서도 사용된다.

제 2 절 요인분석의 통계적 모형(statistical model) 및 사례

요인분석은 관측된 변수들 사이의 관계에 관한 정보를 가지고 있는 공분산행렬(covariance matrix) 혹은 상관계수행렬(correlation matrix)이 그 대상이 되고, 이에 기초하여 차원축약(dimension reduction)을 하게 된다. 요인모형을 행렬로 표기하면 다음과 같다.

$$X = \Lambda F + U \quad \cdots\cdots (1)$$

3) 독립변수의 종류가 무수히 많이 존재하는 자료집단일 경우, 종속변수를 적절하게 설명해줄 독립변수를 합리적으로 선택하는 방법으로서 요인분석 이외에도 다음 절에서 설명하는 주성분분석(principle component analysis)을 적용할 수 있다. 이에 대한 구체적인 내용은 본서에서는 생략하기로 한다.

여기에서 X는 관측된 변수 벡터, F는 측정된 변수들의 관찰불가능한 공통요인 벡터, Λ는 측정된 변수들이 공통요인에 의해서 설명되는 요인적잿값(factor loadings, 인자부하량; factor pattern) 계수 벡터, 그리고 U는 공통요인으로 설명될 수 없는 고유변수 벡터를 의미한다.

공통요인과 고유변수는 서로 독립적이며, 고유변수끼리도 서로 독립적이라고 가정한다. 예를 들어, 4개의 변수들이 어느 정도 2개의 요인으로 설명될 수 있다고 하자.

구 분	F_1	F_2
X_1	.7	.5
X_2	.6	.4
X_3	−.7	.5
X_4	−.6	.6

통계적 모형 $X_2 = 0.6F_1 + 0.4F_2$에서 요인적잿값(인자부하량) 0.6과 0.4는 관측변수 X_2의 고유변수가 설명하는 부분을 제외하고, 변수와 요인 F_1과 요인 F_2의 상관관계의 정도를 의미한다. 일반적으로, 이러한 요인적잿값이 0.5 이상 되면 높은 편으로 해석하면 된다.

요인적잿값의 제곱합은 공통성(communality)이라 불리며, 이 공통성이 클수록 요인에 의해서 설명되는 부분이 크다는 것을 의미한다. 이 공통성은 회귀분석의 회귀계수와 비슷한 것으로 해석하면 된다. 또한 요인분석모형은 관찰불가능한 공통요인들의 선형결합이 된다. 표준화된 관측변수 벡터 X의 분산 공분산행렬(혹은 상관계수행렬)을 Σ라고 한다면 식(1)은 다음의 식(2)와 같이 표현될 수 있다.

$$\Sigma = \Lambda\Lambda' + \Psi \quad \cdots\cdots (2)$$

여기에서 Ψ는 고유변수 분산 벡터를 의미한다. 식(2)로부터 요인적잿값 행렬 Λ와 Ψ는 분산 공분산행렬로부터 주성분분석법(principal component method), 주축요인법(principal factor method), 혹은 최우추정법(maximum likelihood method) 등 여러 가지 통계적 방법을 통해 추정된 고윳값(eigenvalue) 행렬로부터 얻어진다. 일반적으로, 주성분분석법을 가장 많이 활용하고 있지만 각 방법마다 차이가 있어 실제 분석에서는 두 가지 방법 정도를 함께 적용해보는 것도 좋다.

요인의 수는 공통성(communality)을 의미하는 고윳값(eigenvalue)이 큰 것을 기준으로 삼으며, 일반적으로 1을 넘는 요인을 선택한다. 즉, 고윳값이 커서 설명력이 좋은 요인으로 정할 수 있는 기준은 고윳값이 1 이상인 것을 의미한다. 요인들의 고윳값을 표현해주는 스크리 도표를 이용하면 쉽게 요인의 수를 결정할 수 있다. 추정된 요인적재값 벡터를 통해 관측된 변수벡터로부터 요인을 해석할 수 있다. 요인을 해석할 때 요인적재값(인자부하량)의 크기가 비슷해서 해석이 어려울 경우가 있는데, 이럴 경우에는 요인들을 회전시켜 해석의 편리성을 도모하기도 한다.

요인들의 회전은 요인분석에서 중요한 개념으로 요인들의 축을 회전하는 방법에도 여러 가지가 있다. 하나의 요인에 높게 적재하는 변수의 수를 줄여 요인의 해석에 중점을 둔 Varimax 방법, 하나의 변수를 설명해주는 요인의 수를 줄여 변수의 해석에 중점을 둔 Quartimax 방법, 그리고 이 둘을 조화시킨 Equamax 방법 등이 있다. 무엇보다도 요인적재값이 가장 단순한 구조가 되는 방법을 적용하면 된다. 그러나 일반적으로는 변수와 요인 간의 관련성을 쉽게 파악할 수 있어 해석하기가 좋은 Varimax 회전방법을 가장 많이 활용한다. 이렇게 추정된 요인들의 요인점수(factor score)를 계산하여 다른 통계적 분석에 활용할 수 있다.

사례를 통해 요인분석을 설명하기로 하자. 다음 자료는 Burns & Harman(1966)에 의해 조사·분석된 것으로 Los Angeles(LA) 1169개 지역에서 무작위로(랜덤하게) 12개 지역과 5개의 사회경제적 변수(지표)를 추출한 자료이다. 분석의 목적은 다음과 같은 사회·경제적 현상을 나타내는 변수들 상호간의 관계를 요인분석을 통해 고찰하는 데 있다.

〈12개 LA 지역 5개의 사회경제적 변수 자료〉

총인구	수학연수 중앙값	총고용자수	전문서비스업 종사자수	주택가격 중앙값
5700	12.8	2500	270	25000
1000	10.9	600	10	10000
3400	8.8	1000	10	9000
3800	13.6	1700	140	25000
4000	12.8	1600	140	25000
8200	8.3	2600	60	12000
1200	11.4	400	10	16000
9100	11.5	3300	60	14000
9900	12.5	3400	180	18000
9600	13.7	3600	390	25000
9600	9.6	3300	80	12000
9400	11.4	4000	100	13000

아래의 내용은 SPSS를 활용하여 요인분석을 수행한 결과이다. 첫 번째 출력결과는 주성분분석법으로 공통성(communality)을 추출한 결과이고, 두 번째 출력결과는 두 개의 요인으로 전체 5개의 변수를 설명하는 정도를 의미한다. 높은 공통성으로 인해 두 개의 요인으로도 전체 5개 변수의 93% 정도를 설명하고 있다는 것을 보여주고 있다.

〈Communalities〉

구 분	Initial	Extraction
총인구	1.000	.988
수학연수	1.000	.885
총고용자수	1.000	.979
서비스종사자수	1.000	.880
주택가격	1.000	.938

Extraction Method: Principal Component Analysis.

〈Total Variance Explained〉

Component	Initial Eigenvalues			Extraction Sums of Squared Loadings		
	Total	% of Variance	Cumulative %	Total	% of Variance	Cumulative %
1	2.873	57.466	57.466	2.873	57.466	57.466
2	1.797	35.933	93.399	1.797	35.933	93.399
3	.215	4.297	97.696			
4	.100	1.999	99.695			
5	.015	.305	100.000			

Extraction Method: Principal Component Analysis.

스크리(scree) 도표를 살펴보면 세 번째 요인부터 기울기가 거의 변하지 않는 것을 볼 수 있어 5개의 변수를 두 개의 요인만으로 충분히 설명이 가능함을 알 수 있다.

〈Scree Plot〉

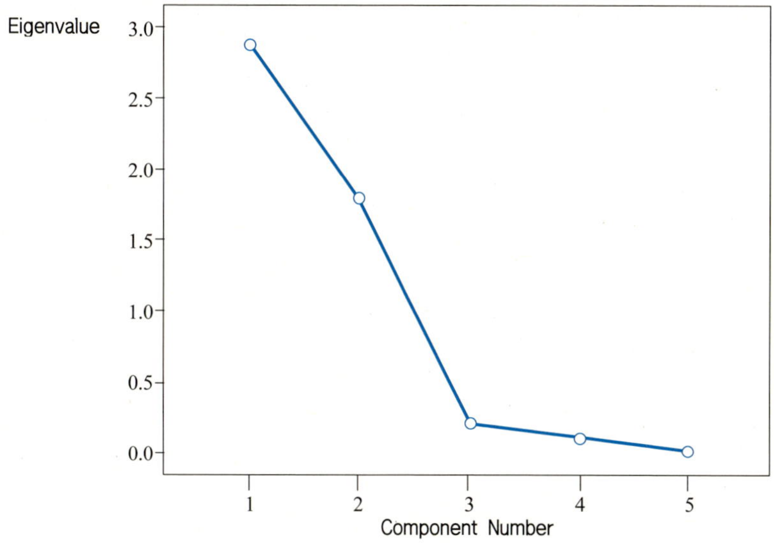

추정된 요인적잿값을 통해 추출된 두 개의 요인을 설명할 수 있다. 두 요인을 설명하는 데 5개 변수의 함수관계를 이용할 수 있지만 각 변수에 걸쳐 있는 요인적잿값이 서로 높아 요인을 해석하기 어렵게 보인다. 따라서 아래와 같이 Varimax 방법으로 회전시켜 보다 쉽게 요인의 의미를 해석할 수 있다. 즉, 요인 1에는 수학연수, 서비스종사자수, 주택가격과 많이 연관되어 있는 의미를 부여하고, 요인 2에는 총인구와 총고용자수와 관련된 의미를 부여하면 될 것이다.

〈Component Matrix(a)〉

구 분	Component	
	1	2
총인구	.581	.806
수학연수	.767	−.545
총고용자수	.672	.726
서비스종사자수	.932	−.104
주택가격	.791	−.558

Extraction Method: Principal Component Analysis.
2 components extracted.

〈Rotated Component Matrix(a)〉

구 분	Component	
	1	2
총인구	.016	.994
수학연수	.941	−.009
총고용자수	.137	.980
서비스종사자수	.825	.447
주택가격	.968	−.006

Extraction Method: Principal Component Analysis.
Rotation Method: Varimax with Kaiser Normalization.
Rotation converged in 3 iterations.

CHAPTER 14

구조방정식모형

제 1 절 구조방정식모형(SEM: structural equation model)의 개요

회귀분석(regression analysis)이나 요인분석(factor analysis) 혹은 경로분석(path analysis)을 통한 인과관계(causal relationship)의 분석은 그 한계점을 가지고 있다. 구조방정식모형은 이러한 한계점을 극복할 수 있도록 변수들 간의 정확한 구조적 관계를 나타낼 수 있도록 개발된 모형이다. 즉, 사회학에서 개발된 측정이론에 기초한 확인적 요인분석과 계량경제학에서 개발된 연립방정식모형에 기초한 회귀분석 혹은 경로분석 등이 결합된 모형이라 할 수 있다.

예를 들어, 경로분석이란 인과관계가 있는 관측변수(측정변수)들이 어떤 경로를 통해 영향을 미치는지를 알아보는 방법으로 종속변수에 대한 독립변수의 영향력을 계산한다.[1] 그러나 분석에 포함된 변수들 간에 인과관계의 영향력이 어떤 순서로 나타나고 있는지를 분석하기 때문에, 변수들 간에 인과관계의 순서(causal order)가 올바르게 설정되어 있어야 한다. 경로분석은 이러한 전제조건하에서 분석을 해야 한다는 한계점을 가지고 있다.

1) 경로분석(path analysis)은 회귀분석의 한 형태이기 때문에 회귀분석의 기본가정을 동일하게 요구한다. 변수 간의 관계를 나타내는 각 경로에 대한 흐름이 정해지면 두 변수 간에 회귀분석을 실시한다. 여러 번의 회귀분석을 통해 회귀계수를 추정하고 변수 간의 관계와 방향의 정도를 경로계수(path coefficient)로 나타낸다. 이 경로계수는 회귀분석에 있어서 편회귀계수(partial regression coefficient)와 같은 것으로 종속변수와의 직접적인 관계뿐만 아니라 다른 매개변수를 통한 간접적인 영향이 얼마나 큰지를 나타내준다.

경로분석의 이러한 한계점을 극복할 수 있는 모형이 바로 구조방정식모형이라고 할 수 있다. 통계분석방법들 중에서 다소 복잡한 분석방법이라고 할 수 있다. 또한 변수들 간의 연관성을 조사하기 위해 전통적으로 회귀분석이 사용되어 왔지만, 회귀분석은 여러 변수들 간의 구조적 관계를 조사하는 데 한계가 있다. 이에 비해 구조방정식모형을 이용하면 여러 변수들 간의 구조적 관계를 동시에 추정(simultaneous estimation)할 수 있다.

구조방정식모형은 이론개발 측면보다는 이론을 기초로 연구자가 사전에 수립한 모델이 자료에 의해 어느 정도 적합한지를 분석하는 확인적 성격을 가지고 있다. 따라서 주로 검증을 위한 용도로 사용된다. 일반적으로 변수가 많아질 때에는 인과관계의 흐름을 알아낸다는 것은 그리 쉬운 일이 아니다. 이때에는 구조방정식모형을 이용하여 어떤 식으로 어떠한 인과관계가 설정되어 있는지, 그리고 인과관계의 방향이 옳게 설정되어 있는지 등을 모두 검증할 수 있다.

특히 일반적으로 통계패키지 리즈렐(LISREL: Linear Structural Relation)을 이용한다. 이는 처음의 인과관계의 방향이 잘못되었다 할지라도, 여러 번의 시행착오 방법을 통해 인과관계를 분석하기 때문에 통계적으로 좀더 정확한 결과가 도출될 수 있다. 다시 말해, 변수 간의 관계에 있어 인과관계의 방향이 처음부터 올바르게 설정되지 않아도 된다는 것이다. 그러나 리즈렐은 사용하기가 불편하다는 것 때문에 최근에는 Amos 프로그램의 사용이 늘고 있는 추세이다.[2)]

제 2 절 구조방정식모형의 개념적 틀(conceptual-framework)

구조방정식모형은 여러 경제변수 간의 상호관계의 의존적 구조를 하나의 연립방정식 체계로 구체적으로 표현한 모형이다. 이는 사회과학분야에서 특정 현상에 대한 체계적인 이론을 분석하기 위하여 상관분석, 다중회귀분석, 경로분석, 요인분석 등

2) 구조방정식모형 분석을 위해 개발된 통계 프로그램인 LISREL, EQS, AMOS(Analysis of MOment Structure) 등은 사회과학분야에 많은 공헌을 해오고 있다. 이 중에서 구조방정식모형의 대중화에 기여한 LISREL은 가장 먼저 개발되어 널리 알려졌지만 조금 복잡한 프로그래밍을 수행해야 한다는 단점이 있다. 반면, 사용자 중심의 인터페이스를 가지고 있는 AMOS는 그래픽을 기반으로 하여 상대적으로 수월하게 사용할 수 있으며, 통계 프로그램으로 많이 사용되고 있는 SPSS와 연계하여 사용할 수 있기 때문에 최근 국내외에서 사용빈도가 늘고 있다.

과 함께 사용하는 다변량분석법이다. 구조방정식모형은 사전적(a priori) 성격을 갖고 있다. 종속변수에 영향을 주는 독립변수들 이외의 외생변수를 통제한 상태에서 원인변수인 독립변수가 결과변수인 종속변수에 미치는 영향의 크기와 방향을 나타내는 인과관계(causal relationship)를 사전에 모델을 설정하여 자료를 통해 검증하고 확인하기 위한 목적으로 주로 사용한다.

이러한 구조방정식모형에서는 변수들을 특성에 따라 관측변수(observed variable 혹은 지표; indicator)와 잠재변수(latent variable), 외생변수(external variable)와 내생변수(internal variable), 오차변수(error variable) 등으로 구분하여 사용한다.

예를 들어, Y에 영향을 미치는 변수가 무엇이 있고 그들 변수 간에 어떤 관련성이 있는지를 알고 싶은 연구자가 있다고 하자. 또한 Y는 A, B, C 등에 의해 영향을 받는 것으로 가설화되었다고 하자. 이때 Y, A, B, C 등과 같은 가설적 개념 등을 잠재변수(비관측변수: unobserved variable)라고 부른다. 따라서 구조방정식모형은 잠재변수모형으로도 불린다.

관측변수는 잠재변수를 직접 측정하는 변수로서 직접 측정이 되지 않는 잠재변수에 대응되는 변수이다. 즉, 잠재변수를 측정하기 위해 사용되는 변수이다. 예를 들어, 잠재변수 Y를 측정하기 위한 관측변수 y_1과 y_2를 개발하고, 잠재변수 A를 측정하기 위한 관측변수 a_1과 a_2를 개발하여, 잠재변수들 간의 관계를 기존의 이론을 토대로 가설화할 수 있다. 구조방정식모형에서 이를 그림으로 표기하면 다음과 같이 나타낼 수 있다.

〈구조방정식〉

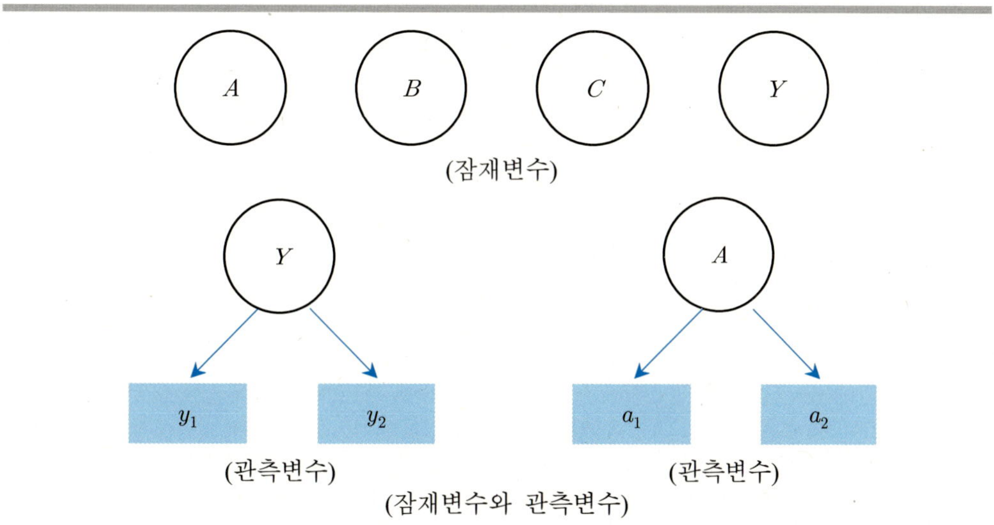

외생변수는 독립변수의 개념으로 다른 변수에 영향을 주는 변수로서, 다른 변수에 의해 직·간접적으로 영향을 받는 내생변수에 대응되는 변수이다. 오차변수는 잠재변수를 완전하게 설명하지 못하는 정도를 나타내는 측정오차(measurement error)와 내생변수가 외생변수에 의해 완전하게 설명되지 못하는 정도를 나타내는 구조오차(structural error)로 구성된다.[3)]

이와 같은 구조방정식모형은 일련의 종속변수에 대한 개별적인 관계를 동시에 분석할 수 있고, 잠재변수를 모형에 포함시켜 분석할 수 있으며, 모형 내의 변수들의 직접효과(direct effect)와 간접효과(indirect effect)의 크기를 파악할 수도 있다. 직접효과는 한 변수가 다른 변수에 직접적으로 영향을 미치는 것을 말하며, 간접효과는 두 변수들 간의 효과가 다른 변수에 의해 매개되는 것을 말한다.

지금까지 설명한 일련의 과정을 모형구축(model development)이라 하고, 이러한 모형구축을 통해 연구자가 수립한 모델을 연구모형(research model)이라고 부른다. 구조방정식모형은 기본적으로 측정모형(measurement model)과 이론모형(구조모형, structural model)을 통하여 모형 간의 원인(cause)과 결과(effect)의 인과관계를 파악하는 모형을 의미한다. 즉, 구조방정식모형의 장점은 측정과 예측을 동시에 할 수 있는 분석법이라는 것이다.

좀더 구체적으로 설명하기 위해 연구자가 다음과 같은 연구모형을 개발했다고 가정하기로 하자. 이때 구조방정식모형은 어느 정도 적합한지 컴퓨터 프로그램 LISREL이나 Amos를 통해 검증할 수 있다.

잠재변수 F_1, F_2를 측정하기 위한 변수 X_1, X_2, X_3과 Y_1, Y_2는 관측변수(혹은 지표)들로서 일반적으로 구조방정식모형에서는 사각형으로 표시된다. 또한 두 개의 잠재변수 F_1, F_2는 일반적으로 원 또는 타원으로 표시된다. 여기에서 d_1, d_2, d_3과 e_1, e_2는 측정오차를 의미한다.

3) 사회과학분야에서는 제대로 측정을 한다는 것이 쉽지 않다. 구조방정식모형에서 잠재변수와 관측변수(혹은 지표)를 구분하는 이유는 잠재변수는 측정오차의 영향을 받지 않는 독립적인 속성을 가지고 있지만 관측변수는 측정오차의 영향을 받는다. 이들 간의 관계를 올바르게 분석하는 것이 순수한 계수를 추정하는 데 도움이 되기 때문이다.

〈구조방정식모형: 측정모형과 이론모형 간의 인과관계〉

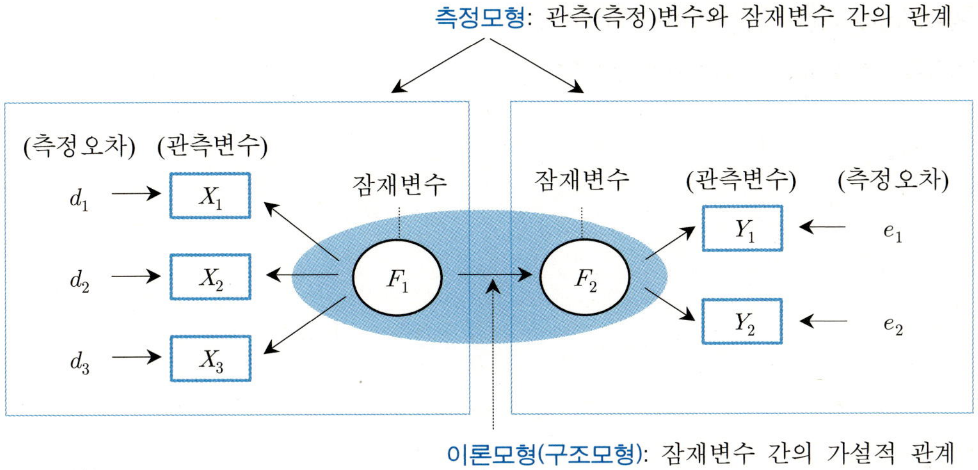

기존의 요인분석 등의 연구로부터 잠재변수 F_1은 관측변수 X_1, X_2, X_3로부터 측정되며, 잠재변수 F_2는 관측변수 Y_1, Y_2로 측정될 수 있음을 알고 있다고 가정하자. 이때 잠재변수 F_1, F_2 간의 가설적 관계를 나타내는 모형을 이론모형(구조모형)이라고 한다. 반면, 잠재변수 F_1, F_2를 측정하기 위한 관측변수 X_1, X_2, X_3, 그리고 Y_1, Y_2를 나타내는 모형을 측정모형이라고 한다. 즉, 측정변수와 잠재변수의 관계를 나타내는 모형을 측정모형이라 하며, 측정모형을 통해 외생개념과 내생개념을 경로분석으로 결합하여 관계화한 모형을 이론모형(구조모형)이라고 한다.

일반적으로 다양한 사회현상에 대해 설명하고 예측하며 통제하기 위해서는 연구에 포함된 변수들 간의 인과관계가 우선 확보되어야 한다. 이때 구성개념들 간의 인과관계를 예측함으로써 사회현상을 보다 정확하게 분석할 수 있는 강력한 수단이 바로 구조방정식모형(SEM)이라 할 수 있다.

제 3 절 구조방정식모형의 통계적 분석단계 (statistical analysis process)

구조방정식모형은 다음과 같이 일련의 단계를 거쳐 통계적 분석을 하게 된다. 학자에 따라 조금씩 다르지만 일반적으로 모형설정, 모형식별, 모형추정, 모형검정, 그리고 모형수정 등의 5단계로 나누어진다.

1. 모형설정(model specification)

모형설정이란 연구자가 관심을 가지고 있는 모형 내의 변수들의 관계를 설정하고 추정해야 할 모수의 수와 본질을 기술하는 것을 의미한다.[4] 즉, 여기에는 ① 잠재변수들을 연결하는 이론모형(구조모형)의 설정, ② 관측변수를 잠재변수에 연결하는 측정모형의 설정, ③ 잠재변수 및 관측변수들에 대한 상관관계의 설정, 그리고 ④ 오차변수의 설정을 포함한다. 컴퓨터 프로그램인 LISREL과 Amos 등에서 경로도를 작성하는 작업이 모형설정에 해당된다.

2. 모형식별(model identification)

모형식별이란 표본공분산 행렬(상관행렬)에 모형을 적합시켰을 때, 모형의 모수가 고유한 해답(unique solution)을 가질 수 있는지를 의미한다. 즉, 모형식별은 모형에 포함된 추정될 모수가 고유한 해답을 얻기에 충분한 정보를 갖고 있는지[즉, 자유도(df)가 (+)인지]의 과제를 안고 있다.[5] 따라서 모수가 고유한 해답을 가질 수 있으면 모형은 식별될 수 있고, 모형이 식별되면 모형의 추정과 모형 검정이 가능하게 된다.

4) 구조방정식에서의 모수는 모형 내의 모든 외생변수의 분산을 말하며, 모든 외생변수의 공분산을 포함한다. 또한 모형에 포함된 모든 방향적 관계는 모수에 해당된다. 그러나 내생변수의 분산과 공분산은 모형 내의 다른 변수들의 함수이지 모수 자체가 될 수 없다.

5) 추정할 모수의 수가 관측된 공분산행렬(상관행렬)의 수보다 많아야 모형의 식별문제(identification problem)가 발생하지 않는다. 이 두 수치의 차이를 자유도(degree of freedom: df)라 하는데, 연구자는 가능한 한 큰 자유도를 가진 적합한 모형으로 복잡한 자료를 잘 설명하려고 하는 것이다.

표본을 통해 모수 추정치의 해답을 결정하기 위해 주어진 정보의 수가 모수의 수보다 많은 경우, 즉 자유도가 (+)인 경우, 이를 과대식별(over-identified)이라고 한다. 각각의 모수에 대해 하나 이상의 추정치를 얻을 수 있는 것을 말한다. 다시 말해, 여러 가지의 해답이 존재한다는 것이다. 따라서 이러한 과대식별모형(over-identified model)은 구조방정식모형에서 연구자가 원하는 모형이라고 할 수 있다. 이 경우 연구자는 컴퓨터 프로그램을 통해 모형에 가장 잘 적합한 해답을 찾을 수 있으며, 모형을 일반화시킬 수 있다. 구조방정식모형은 과대식별을 전제로 한다.

그러나 정보의 수가 추정하려는 모수의 수와 같은 경우에는, 즉 자유도가 0일 경우, 적정식별(just-identified)이라고 하며, 적합도에 대한 검증은 의미가 없다. 연구자는 이 경우에 모수 추정치에 유일한 해답이 하나만 존재하므로 모형을 일반화시킬 수 없다. 따라서 연구자의 주요 관심대상은 아니다. 또한 정보의 수가 추정하려는 모수의 수보다 적은 경우, 즉 자유도가 (−)인 과소식별(under-identified, 미식별: unidentified)의 경우에는 무한한 수의 해답이 존재하므로 모형의 모수에 해답이 존재하지 않는다.

3. 모형추정(model estimation)

모형추정이란 모형에 포함된 모수의 추정치를 구하는 과정을 의미한다. 모형이 식별되었다면 그 다음 단계는 관측자료로부터 모수의 추정치를 얻는 일이다. 여기에서는 제시된 모형의 예측공분산행렬이 실제표본 관측공분산행렬과 유사하도록 하기 위한 일련의 과정을 계속 반복하게 된다. 즉, 모형의 예측공분산행렬이 실제표본 관측공분산행렬과 일치하게 되면 설정된 구조방정식모형은 수집된 자료에 적합한 것으로 해석되는 것이다.

컴퓨터 프로그램에서 제공하는 모형의 모수추정방법으로는 최대우도법(ML: maximum likelihood), 일반최소자승법(GLS: generalized least square), Browne의 점근분포자유법(ADF: asymptotically distribution-free), 그리고 2SLS(two stage least squares method) 등이 있다.[6] 그러나 이 중에서 일반적으로 ML과 GLS가 가장 많이 사용되는데, 특

6) 2SLS는 용어 자체가 시사하는 대로 기본적으로 2단계에 걸쳐 최소자승법을 적용하여 추정하는 방법이다. 현실적으로 다양한 경제상황 속에서 각종 현상들은 상호 의존적인 경우가 대부분이고, 이를 위해 여러 개의 모형이 서로 연관된 형태로 나타나게 된다. 이때 모형 내 변수들 간의 인과관계는 한쪽의 일방통행적인 관계보다 쌍방통행적인 관계로 연결되어 내생성[$cov(X_i,$

히 ML이 선호된다. 여기에서 ADF는 LISREL에서의 가중최소법(WLS: weighted least square)과 똑같은 방법이다.[7] 위에서 열거된 모수추정방법들은 표본의 크기가 커질수록 비슷한 모수추정치가 산출된다.

4. 모형검정(model test)

모형검정은 추정된 모형의 전반적인 적합도에 대한 검정 혹은 평가를 하는 과정이다. 사실 모형검정이란 추정된 모형이 자료에 적합한지의 문제이지 자료가 모형에 적합한지의 문제는 아니다. 즉, 연구자가 수립한 모형이 자료에 의해 어느 정도 잘 맞는지를 알아보는 것을 모형적합(model fit) 혹은 모형검정(model test)이라고 한다.

모형의 적합도를 판단하는 방법은 개별 모수의 적정성을 검정하는 방법과 모형의 전반적인 적합도를 살펴보는 방법이 있다. 일반적으로 추천되는 전반적인 적합도지수(GFI: goodness of fit index)는 다양하지만 모형의 적합도를 평가하는 기본적인 측정치는 카이제곱(χ^2) 통계량이라 할 수 있다. 이 밖에도 평가되는 다양한 적합도지수 등이 존재한다. 그러나 적합도 평가에 이용되는 유일한 지수는 없기 때문에 모형의 전반적인 적합도가 양호하더라도 측정모형과 이론모형(구조모형)이 지지된다고 할 수는 없다. 따라서 연구자는 측정모형과 이론모형을 각각 분리하여 추정하고 평가해야 한다.

---

e_i)] 문제가 발생하게 된다. 즉, 여러 개의 모형 내 변수들이 설명변수가 되기도 하고 종속변수가 되기도 하여, 이들 변수와 각 모형의 오차항(e_i)들과 독립적 관계가 되지 못해 OLS를 적용할 수 없게 된다.

따라서 제1난계에서는 각 모형 내에 있는 내생변수가 오차항과의 독립성을 유지할 수 있도록 모든 설명변수(선결변수)의 함수로 표현하는 유도방정식모형에 OLS를 적용함으로써 내생설명변수의 추정치를 얻는다. 이때 활용되는 변수가 수단변수(도구변수: instrumental variable)이다.

제2단계에서는 제1단계에서 도출한 내생설명변수의 추정치를 원래 모형의 내생설명변수의 관측치로 대체시킨 후, 각 모형의 식에 OLS를 적용함으로써 계숫값을 추정한다. 이때 주의할 점은 여러 개의 모형에 나타난 설명변수 중에서 내생설명변수만을 제1단계에서 얻은 추정치로 대체해야 한다. 즉 종속변수 위치에 있는 내생종속변수는 맨 처음의 관측치를 그대로 사용해야 한다. 이와 같이 두 단계를 거쳐 얻어진 추정량은 내생설명변수와 오차항의 연관성을 제거시킴으로써 여러 개의 구조모형의 식에 OLS를 적용하는 데 큰 문제가 없게 된다.

7) 잠재변수가 하나의 관측변수만으로 설정된 일종의 구조방정식모형인 경로분석에서는 모수를 추정할 때 일반적으로 OLS를 사용한다. 그러나 경로분석에서 OLS를 사용하기 위해서는 여러 가지 가정이 필요하지만, 구조방정식모형에서 ML 추정법을 사용하기 위해서는 그와 같은 가정이 불필요하게 된다.

즉, 구조방정식모형의 적합도 평가는 측정모형에 대한 평가와 이론모형(구조모형)에 대한 평가로 이루어진다. 측정모형의 평가는 관측변수들의 신뢰도와 타당도 평가가 중심이 되며, 이론모형의 평가는 모형의 적합도와 개별 모수 추정치의 적정성 평가가 중심이 된다.

5. 모형수정(model modification)

모형수정이란 모형을 개선시키기 위해 모형을 변화시키는 것을 말한다. 즉, 모형의 적합도를 높이기 위해 모형에서 특정 모수를 추가하거나 제거하는 것이다. 모형의 적합도 검정을 통해 모형이 관측자료에 잘 부합되지 않을 경우에는 모형을 수정해야 한다. 이와 같이 모형의 재설정을 통해 모수를 다시 추정하는 것을 모형수정이라고 한다. 모형수정에는 모형의 모수를 제거하면서 모형을 단순하게 하는 방법과 수정지수(MI: modification index)를 활용하여 오차항의 연관성을 허용하면서 모형을 보다 일반화시키는 방법이 있다.

예를 들어, Amos 프로그램에서는 모형의 적합도가 떨어질 때 적합한 모형을 찾기 위한 설정탐색(specification search)의 기능을 제공하고 있다. 설정탐색을 통해 근사하지 않은 모형으로 판명되면 모형에 대한 수정이 이루어진다. 일반적으로, 구조방정식모형은 가능한 표본크기가 커야만 연구결과의 신뢰성과 일반화가 크게 된다. 따라서 작은 표본을 가진 모형의 결과치를 토대로 모형수정을 하는 것은 바람직하지 않다고 할 수 있다.

다음에서는 고객만족도 요인과 고객충성도 간의 인과관계를 도식화한 구조방정식모형을 하나의 예로 제시하고 있다.

〈구조방정식모형의 예시: 고객만족도 요인과 고객충성도의 관계〉

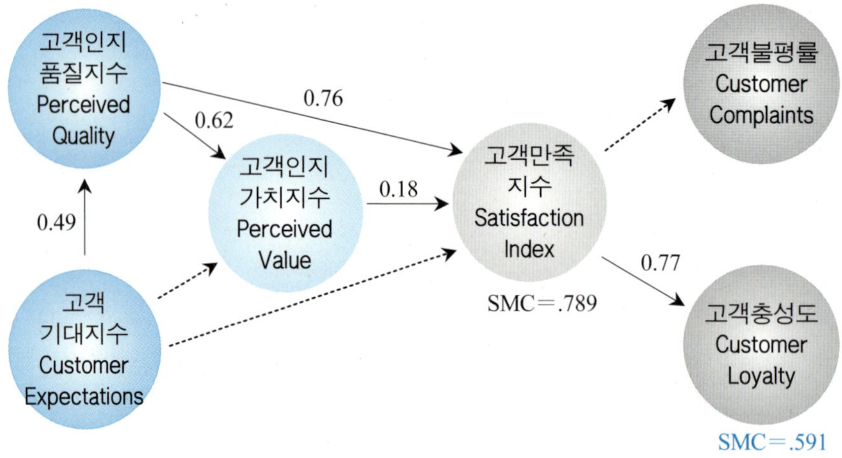

고객만족도와 고객충성도를 설명할 수 있는 요인으로서 제품구매 전에 측정한 고객기대지수(customer expectations index), 실제 제품을 사용한 후에 측정한 고객인지품질지수(perceived quality index), 그리고 제품품질을 가격으로 평가한 고객인지가치지수(perceived value index)를 선정하였다.

위의 그림과 같은 구조방정식모형을 통해 각 요인들이 고객만족지수(satisfaction index)와 고객충성도(customer royalty)에 어떻게 영향을 주는지를 평가할 수 있다. 구체적으로 각 요인들이 고객만족지수나 고객충성도를 얼마나 잘 설명할 수 있는지를 평가하게 된다. 이는 다중상관계수(SMC: squared multiple correlation)로 측정되는데, 일반적으로 70% 정도를 초과하면 각 요인들의 신뢰도가 높고 설명력이 좋은 것으로 알려져 있다. 이때 각 요인들에 대한 총효과를 직접효과와 간접효과로 구분하여 설명하는 것이 바람직하다고 할 수 있다.

PART

V

계량분석의 활용

CHAPTER 15

시계열모형

제 1 절 시계열분석(time-series analysis)의 개요

사회과학분야 중에서도 특히 경영 및 경제 분야에서는 시간(time)이 중요한 변수 중의 하나로 인식될 때가 많이 있다. 시간이 지남에 따라 특정 관찰값을 기록해두고 사용하는 경우가 허다하기 때문이다. 이와 같이 시간의 흐름에 따라 연속적으로 측정되고 배열된 자료를 시계열자료(time-series data) 혹은 종단면적 자료(longitudinal data)라고 한다.[1] 즉, 시간에 걸쳐 수집되고 관측되는 자료를 말한다. 예를 들어, 과거 10년 동안의 물가지수나 주가지수를 기록한 자료라든지, 혹은 과거 20년 동안의 기업의 매출액을 기록한 자료 등이 여기에 속한다.

시계열분석(time-series analysis)은 이러한 자료들을 분석하고 해석하는 것을 말하는데, 시계열분석의 가장 중요한 목적은 자료의 추세를 이해하고 정확하게 기술하여 미래를 예측하기 위함이다. 이때 자료의 추세를 시간의 함수로 나타내는 것이 일반적이다. 시계열분석에서는 주어진 변수 자체의 현재 값과 과거 값들 사이의 동태적 관계를 토대로 미래에 대한 예측치를 추정한다. 따라서 시계열분석은 현상에

1) 본서의 제 I 부에서 설명한 대로, 시계열자료는 양적변수일 수 있고 질적변수일 수도 있다. 횡단면자료(cross-sectional data)는 어느 일정시점에서 하나 이상의 변수에 대해 수집하는 자료를 말한다. 또한 시계열자료와 횡단면자료의 두 요소를 모두 가지고 있는 합동자료(pooled data)가 있으며, 동일한 횡단면 단위(예: 기업 등)에 기준을 두고 시간의 흐름에 따라 수집된 특별한 형태의 합동자료인 패널자료(panel data) 또는 미시패널자료(micro-panel data) 등이 있다.

관련된 자료를 시간의 흐름에 따라 측정하여, 추세변화 패턴이나 인과관계에 대한 통계모형을 설정하고, 그 모형의 모수를 과학적 통계기법에 의해 추정함으로써 미래를 예측하는 것이다.

본장에서는 우선 안정적(stationary, 정상적)인 시계열자료의 유형 및 특징 등에 관한 기본 개념과 시계열 모형의 여러 형태를 살펴보고 불안정적(non-stationary, 비정상적)인 시계열자료의 특징 등 다양한 시계열 분석방법에 대해 간략히 소개하기로 한다.

1. 자기상관(autocorrelation)

자기상관이란 어떤 변수의 계열 중에서 개개의 변숫값이 일정한 간격을 두고 서로 관련을 갖는 것을 말하는데, 계열상관이라고도 한다. 즉, 어떤 자료가 주어질 때 t기의 관찰치가 전기의 관찰치들에 대하여 상관(correlation)이 있을 때 자기상관이 있다고 말한다. 예를 들면, 변수의 계열 중에서 k간격마다 변수 간의 조합을 만들었는데, 조합된 두 변수 사이에 공통된 계통적 관련이 있을 때 이 변수계열은 k차 자기상관을 갖는다.

이분산(heteroscedasticity)의 문제가 주로 횡단면자료에서 나타나는 데 반해, 이러한 자기상관(autocorrelation)의 문제는 주로 시계열자료에서 나타난다. 자기상관을 갖는 모형을 표시하기 위해서는 일반적인 모형의 변수에 i첨자 대신 t첨자를 이용하여 관측치를 나타낸다. 이러한 시계열분석에서는 주어진 변수 자체에 대한 일정한 시차를 두고 시간의 흐름에 따른 특성을 모형화하여 시계열자료의 동태적인 관계를 분석한다.

따라서 시계열자료의 서로 다른 두 시점에서의 상관관계에 대한 정보가 매우 중요한 역할을 한다. 관측값들 사이의 상호의존성이 당연시되기 때문이다. 이 상호의존성은 현 관측값 Y_t와 시차 k 관측값 Y_{t-k} 사이의 상관으로 측정된다. 이때 주어진 변수의 상관관계를 분석한다는 의미에서 표본자기상관계수라고 표현하는데, k기간 동안 떨어진 오차항 값들의 시차 k의 표본자기상관계수(lag k autocorrelation) ρ_k를 다음과 같이 표시한다.

$$\rho_k = \frac{Cov(Y_t,\ Y_{t-k})}{\sqrt{Var(Y_t)Var(Y_{t-k})}}$$

여기에서 $Cov(Y_t, Y_{t-k})$는 자기공분산(auto-covariance)을 나타낸다. 이는 서로 다른 두 변수 사이의 관계를 나타내는 일반적인 공분산(covariance)의 개념과는 구별된다.

고전적인 선형회귀모형에서는 어떤 특정 관찰치와 연관되는 오차항은 또 다른 관찰치와 연관되는 오차항에 의해 영향을 받지 않는다고 가정하고 있다. 다시 말해, 회귀모형의 오차항 간에는 자기상관이 존재하지 않는 것으로 가정하고 있다[즉, $Cov(u_i u_j) = 0\ (\forall\, i \neq j,\ 1,\ 2, \cdots,\ n)$].

그러나 매출액, GNP, 고용률, 실업률, 물가지수 등과 같이 시간에 걸쳐 수집되는 시계열자료들은 어떤 특정 주기를 갖고 있기 때문에 계속적인 관찰치들은 상호의존적이 되기 쉽다. 따라서 이들의 오차항도 상호의존적이 되기 쉽다. 특히, 모형선정을 잘못하여 변수가 누락되었을 경우에 오차항의 자기상관이 상대적으로 높게 나타날 수 있다. 이때 자기상관은 양(+)일 수도 있고 음(−)일 수도 있다.

그러나 대부분의 시계열자료에서는 일반적으로 양(+)의 자기상관을 나타낸다. 왜냐하면 매출액, GNP, 고용률, 실업률, 물가지수 등 대부분의 시계열자료는 일정기간에 걸쳐 상향이동하든지 하향이동하는 편이지, 그 기간 내에 오르락내리락을 계속 반복하지는 않기 때문이다.

2. 백색잡음과정(white noise process): 백색소음모형(white noise model)

전술한 대로 자기상관의 문제는 횡단면자료에서도 발생할 수 있지만 시계열자료에서 보다 빈번히 나타날 수 있는 현상이다. 그러나 시계열자료 중에서 자기상관이 전혀 없는 경우를 백색잡음(white noise: 백색소음, 랜덤쇼크)이라고 한다. 순수확률과정(purely random process)이라고 부르는 이 백색잡음과정(white noise process)은 무상관적으로 동등하게 분포되는 평균이 0인 과정을 말한다. 다시 말해, 시계열 Y_t의 평균값이 0이고 분산이 σ^2이며, 다른 두 시점에서의 Y_t값들 간의 상관관계가 0이면 다음과 같은 백색잡음(백색소음)으로 표기된다. 즉, 백색소음 Y_t는 총체적 수준을 나타내는 α와 기간 간에 연관성이 없는 확률오차 e_t로 구성된다.

$$Y_t = \alpha + \epsilon_t$$
$$\rho_k = corr(Y_t, Y_{t-k}) = 0,\ k > 0$$

백색소음이란 문제가 되지 않을 만큼 해를 끼치지 못할 정도의 무시할 만한 이탈수준을 말한다. 따라서 어떤 시계열자료가 백색잡음을 따를 경우, 외부적인 충격(impact)이 있게 되면 그 충격은 미래의 오차항과는 아무런 상관이 없기 때문에, 그 충격의 효과는 해당 기간에 그치게 된다. 자기상관계수가 0이라는 의미는 어떤 시기에 한 번의 외부적인 충격이 주어지면 그 충격은 그 시기에서만 유효하고, 그 이후의 기간에는 아무런 영향이 없는 서로 독립적인 변수임을 뜻한다. 즉, 임의의 시차 $k(\neq 0)$의 자기상관계수는 다음과 같이 표기된다. 즉, $corr(Y_t, Y_{t-k}) = \rho_k = 0$이다.

그러나 현실적으로 너무 단순한 자기상관구조를 갖고 있는 백색잡음과 같은 이상적인 시계열모형은 거의 존재하지 않으며, 다양한 상황에도 적응하기 어렵다고 할 수 있다. 이러한 시계열모형에 자기상관이 존재하는데도 불구하고 OLS기법을 사용한다면, OLS기법에 의한 모수추정량의 불편성(unbiasedness)과 일관성(consistency)은 그대로 유지된다. 그러나 효율적인 추정량(efficient estimator)은 될 수 없다.[2)]

3. 시계열모형의 기본적 틀: 확률보행과정(random walk process)

흔히 가장 광범위하게 사용되는 시계열분석은 Box-Jenkins모형을 통한 예측기법을 의미한다. 이 방법은 시계열이 정상적이든 비정상적이든 혹은 계절적 요인이 포함되어 있든 아니든 이들을 공히 다룰 수 있다. 또한 잘 정리된 통계패키지를 갖고 있다는 점에서 가치가 있다고 할 수 있다. 가장 기본적인 단계의 Box-Jenkins모형은 '랜덤워크과정'(random walk process, 확률보행과정)과 '추세(trend)를 감안한 랜덤워크과정'(random walk process with drift)이다. 또한 Box-Jenkins모형의 일반적인 형태는 ARIMA모형(자기회귀누적이동평균모형: Autoregressive Integrated Moving Average Model)을 의미한다. 이는 다시 자기회귀모형(AR: autoregressive)과 이동평균모형(MA: moving average), 그리고 AR과 MA가 혼합된 형태의 ARMA모형으로 구분하여 설명할 수 있다.

2) 따라서 이 경우에는 회귀모수에 대한 BLUE(Best Linear Unbiased Estimator: 최량선형불편추정량)를 구할 수 없으며, 이에 대한 표준오차를 올바르게 구할 수 없기 때문에 일반적인 t-검정, F-검정 등을 그대로 적용할 경우에는 시계열분석의 결과가 왜곡된다. 여기에서 불편성이란 추정량에 대한 기대치가 모숫값과 일치하는 특성, 즉 $E[\hat{\theta}]-\theta=0$을 의미하며, 일관성이란 표본크기가 무한대로 증가할 때 추정량과 모수의 차이(표본오차의 크기)가 어떤 양의 실수보다 작을 확률이 1이 될 경우, 즉 $\lim_{n\to\infty} P(|\hat{\theta}-\theta| <$ 양의 실수$)=1$을 말한다. 이때 불편추정량 중에서 최소분산을 갖는 추정량을 BLUE라고 한다.

일반적으로 시계열자료에서는 한 기간의 종속변수에 시차충격이 가해지면 자기상관이 전혀 없는 백색잡음(white noise)과는 다르게 그 충격의 효과가 다음 기에 지속적으로 나타나는 특징을 지니고 있다.

확률보행과정(random walk process)이란 현 시점의 Y_t는 바로 전 시점 Y_{t-1}에 의존하는 형태를 의미한다. 즉, 시계열자료에 있어서 지난 기간값과 이번 기간값의 변화가 백색잡음과정으로부터 도출된다고 가정할 때 확률보행과정은 다음과 같이 백색잡음의 누계로 표현할 수 있다.

$$Y_t = Y_{t-1} + e_t$$

$$\text{즉, } Y_t = \mu + \epsilon_1 + \epsilon_2 + \cdots + \epsilon_{t-1} + \epsilon_t$$

본 단원에서는 이러한 패턴을 반영하기 위해 아래에서는 일반적으로 사용되고 있는 자기회귀모형(AR)과 이동평균모형(MA), 그리고 ARMA모형 등을 차례로 검토하기로 한다.

(1) AR모형(자기회귀모형: autoregressive model)

예를 들어, 종속변수 Y(소비지출)는 설명변수 X(소득)에 대해 시간을 두고 반응할 수 있는데, 이와 같은 시간의 경과를 시차(lag)라고 한다. 이와 같은 시차를 고려한 회귀모형이 시차회귀모형(lagged regression model)이다. 여기에는 두 종류의 시차변수가 있는데, 하나는 시차설명변수이고 또 하나는 시차종속변수이다.

이때 설명변수들 안에 종속변수의 시찻값을 포함한 회귀모형을 AR모형(자기회귀모형: autoregressive model)이라고 한다. 설명변수 중에 하나 이상의 종속변수 시찻값이 포함되어 있어 종속변수가 자신의 시찻값들에 의해 회귀된다. 이와 같이 AR모형은 종속변수가 자신의 과거 값들과 연관된 시간경로를 표현하고 있다. 즉, AR모형은 시계열의 과거 관측치만을 이용하는 모형이다. 다음의 식에서와 같이 일반적으로 AR(1)모형에서 t기의 Y값은 과거 $t-1$기의 Y값에 직접적으로 의존하는 부분과 자기상관이 전혀 없는 백색잡음의 합으로 구성되어 있다.

$$Y_t = \alpha + \beta X_t + \gamma Y_{t-1} + \epsilon_t$$

즉, AR(1)모형의 t기의 Y_t값은 자기상관이 전혀 없는 백색잡음 ϵ_t과 시차변수

Y_{t-1}의 설명변수에 의해 영향을 받는 형태이다. 여기에서 오차항 ϵ_t은 $t-1$시점에서의 정보와는 아무런 관련이 없이 발생하는 백색잡음(white noise)으로 이에 대한 예측치 $E(\epsilon_t)=0$이 된다.

예를 들어, 소득(X)에 대한 소비지출(Y)의 시계열자료에 대한 회귀분석에서 현재의 소비지출(Y_t)은 그 이전의 소비지출(Y_{t-1})에 의존하는 것은 흔히 나타나는 현상이다. 따라서 위의 시계열모형에서 만약 시차항(Y_{t-1})을 빠뜨리면 현재의 소비패턴에 대한 과거의 소비패턴의 영향으로 인하여 오차항(ϵ_t)은 어떤 체계적인 양상을 나타내게 되는 것이다.[3)]

이제 주목해야 할 점은 이것이다. 여기에서 다루고 있는 것은 시계열자료이다. 따라서 시계열자료에는 오차항에 자기상관이 있기 때문에 ϵ_t가 생성되는 구조를 가정해야 한다. 오차항은 다음의 식과 같이 생성된다고 가정할 수 있다. 여기에서 ϵ_t는 1기 앞선 자깃값에 대한 회귀로 해석할 수 있다. 따라서 이를 1차 자기회귀구조(first-order autoregressive model)라고 부른다. 즉, 이는 1차 AR모형인 AR(1)으로 아래와 같이 표기된다.

---

3) 이와는 다르게 시계열자료 Y_t에 대한 회귀모형에서 시차변수가 종속변수가 아닌 설명변수 X의 현재 값뿐만 아니라 과거 값들도 포함되어 있을 때 이를 시차분포모형(distributed-lag model)이라고 부른다. 즉, 종속변수 Y에 대한 하나의 설명변수의 영향이 여러 기간에 분포되어 있다. 또한 시차변수가 설명변수로서 비확률적이든지 혹은 확률적 변수가 된다. 설령 확률적이더라도 확률적 오차항(ϵ_t)과는 독립적으로 분포한다. 즉, 시차분포모형은 오차항이 백색소음이 되는 경우를 말하는데, 다음과 같이 표기할 수 있다.

$$Y_t=\alpha+\beta_0X_t+\beta_1X_{t-1}+\beta_2X_{t-2}+\epsilon_t$$

위 식에서 Y(소비지출)에 대한 X(소득)의 효과는 3년에 걸쳐 분포되고 있음을 보여주고 있다. 여기에서 계수 β_0, β_1, β_2는 각 시점에 있어서 독립변수의 상대적 중요성을 측정하는 시차계수(lag coefficients)이다. 예를 들어, 이 중에서 β_0은 단기 또는 충격승수(impact multiplier)라 하고, 독립변수의 계수를 모두 합한 값(즉, $\beta_0+\beta_1+\beta_2$)을 장기승수(long-run multiplier)라고 한다. 설명변수로서 외생변수의 시찻값을 포함하는 일반적인 모형으로 설명한다면 다음과 같이 표기할 수 있다.

$$Y_t=\alpha+\sum_{i=0}^{k}\beta_iX_{t-i}+\epsilon_t$$

위와 같은 시차분포모형에 여러 개의 시차가 포함된다 해도 OLS(ordinary least square)추정은 원칙적으로 가능하다. 하지만 실제로는 추정이 정확하지 않을 수 있는데, 이는 너무 많은 자유도가 존재하여 다중공선성의 문제가 심각해질 수 있기 때문이다. 따라서 설명변수의 개별계숫값이 0에 가까워질 때에는 변수의 시차를 조정하는 것이 합리적이다. 시차모형은 경제행태의 모형설정에 많은 신축성을 제공하므로 계량분석에서 그 사용도가 증가추세에 있다고 할 수 있다.

$$\text{AR(1)}: \ e_t = \rho \epsilon_{t-1} + \lambda_t \qquad -1 < \rho < 1$$

ρ: 자기상관계수(자기공분산계수)
λ_t: OLS가정을 충족시키는 오차항

$$E(\lambda_t) = 0$$
$$var(\lambda_t) = \sigma^2$$
$$cov(\lambda_t,\ \lambda_{t+s}) = 0 \quad s \neq 0$$

마찬가지로 위와 같은 방법으로 2차 자기회귀구조(second-order auto-regressive model)를 표기할 수 있다. 즉, 2차 AR모형인 AR(2)는 다음과 같이 표기된다.

$$\text{AR(2)}: \ e_t = \rho_1 e_{t-1} + \rho_2 e_{t-2} + \lambda_t$$

이와 같이 AR(1), AR(2), AR(3) … 등 이보다 더 고차원적인 오차항 생성구조를 전개할 수 있다. 이와 똑같은 방식으로 다음과 같이 일반적인 자기회귀 AR(p)모형을 도출할 수 있다. 즉, t시점에서의 Y값(Y_t)이 과거의 p기간 동안의 평균과 t시점에서의 오차항(ϵ_t)의 합으로 구성되는 차수 p를 가지고 있는 일반적인 AR(p)모형을 다음과 같은 형태로 표기할 수 있다.

$$Y_t = \alpha + \beta X_t + \gamma_1 Y_{t-1} + \gamma_2 Y_{t-2} + \cdots + \gamma_p Y_{t-p} + \epsilon_t$$

그러나 통상적으로 시계열분석에서는 앞에서 이미 설명한 AR(1)모형을 가장 많이 사용한다. 이는 모형이 우선 단순하고 대부분의 적용사례에서 유용한 것으로 입증되었기 때문이다. 이와 같이 일반적인 AR모형(자기회귀모형: autoregressive process with order p)에서는 한 기간의 종속변수에 시차충격이 가해지면 그 충격의 영향은 여러 기간에 걸쳐 지속적으로 나타나게 된다는 것을 알 수 있다.

(2) MA모형(이동평균모형: moving average model)

MA모형은 시계열분석에서 AR모형과 함께 기초가 되는 것으로, MA모형은 과거에 발생한 오차의 합으로 표시된다. 즉, 종속변수 Y_t가 과거 기간 동안의 백색잡음 ϵ의 과정을 따르는 확률변수만을 사용하는 모형을 말한다. 따라서 가장 단순한 1차 MA모형, 즉 MA(1)은 다음과 같이 표기할 수 있다.

$$Y_t = \mu + \epsilon_t + \beta\epsilon_{t-1}$$

위 모형에서 t기의 값 Y_t는 현재 t기와 1기 전의 $(t-1)$의 오차항 값에 의존하는 형태를 띠고 있다. 즉, t기에서의 Y_t값은 t기와 $(t-1)$기에서 무작위로 발생한 오차항(disturbance)에 의해 직접적인 영향을 받지만, 그 이전 기간인 $(t-2)$기 이전에 발생한 오차항에 의해서는 아무런 영향을 받지 않는다. 다시 말해, MA(1)모형은 어떤 한 기간 동안에 발생한 충격은 그 다음 한 기간 동안만 나타나고, 그 후에는 아무런 영향을 주지 못한다는 것을 알 수 있다.

이와 같이 MA모형에서도 MA(1), MA(2), MA(3) ⋯ 등 이보다 더 고차원적인 오차 생성구조를 전개할 수 있다. 이와 똑같은 방식으로 다음과 같이 일반적인 MA(q)모형을 도출할 수 있다. 즉, t시점에서의 Y_t값이 과거의 q기간 동안 발생한 오차항의 합으로 구성되는 일반적인 MA(q)모형을 다음과 같은 형태로 표기할 수 있다.

$$Y_t = \mu + \epsilon_t + \beta_1\epsilon_{t-1} + \cdots + \beta_q\epsilon_{t-q}$$

따라서 MA(q)모형에서는 어떤 한 기간 동안에 발생한 충격의 영향은 그 다음 이후 q기간 동안 지속적으로 나타나게 된다. MA(q)는 q차 이동평균모형을 말한다.

(3) ARMA모형(자기회귀이동평균모형: autoregressive moving average model)

지금까지 살펴본 개별적인 AR모형 및 MA모형과는 달리, 시계열이 한편으로는 AR형태를 갖고 또 한편으로는 MA형태를 갖고 있다면 또 다른 시계열모형인 ARMA모형이 된다. 이와 같이 ARMA모형이란 AR모형과 MA모형이 혼합된 (integrated) 형태이다.

예를 들어, AR(1)모형과 MA(1)모형에서는 각각의 모형이 별도로 성립하지만, 이 두 모형이 혼합된 형태로 나타나는 경우에는 다음과 같은 ARMA(1, 1)모형을 도출할 수 있다.

$$Y_t = \alpha + \beta X_t + \lambda Y_{t-1} + \epsilon_t + \beta_1\epsilon_{t-1}$$

위의 모형에서는 대상변수가 자기회귀하는 연도가 1년이고 오차항이 자기회귀하는 연도 역시 1년이기 때문에 ARMA(1, 1)모형으로 나타나게 된다. 즉, 여기에서는 t기에서의 Y_t값은 자기상관이 전혀 없는 백색잡음 ϵ_t과 시차변수 Y_{t-1}의 설명변수에 의해 영향을 받고, t기에서의 Y_t값은 t기와 $(t-1)$기에서 무작위로 발생한 오차항(disturbance)에 의해서만 직접적인 영향을 받는다.

물론, 항상 AR모형과 MA모형의 자기회귀연도가 1년으로만 제한되지 않는다. 또한 대부분의 시계열자료는 추세(trend)를 가지고 있기 때문에 불안정적(비정상적)이다. 따라서 Box-Jenkins(1976)가 제안한 방법론인 ARIMA(p, d, q)모형처럼 Y_t에 대해서 매우 복잡한 식이 전개될 수 있다. 시계열모형의 대표적인 방법인 이러한 ARIMA(p, d, q)모형은 불안정(비정상)시계열을 차분(differencing)함으로써 추세를 제거하고 ARMA모형이 적용될 수 있는 안정(정상)시계열로 변환가능하게 한다.[4)]

대부분의 시계열에서는 추세가 증가함에 따라 계열의 분산이 커지게 된다. 이와 같은 경우에는 차분만을 통해 정상시계열을 만들 수 없기 때문에 우선 log변환을 취한 후 분산의 안정화를 취해야 한다. 그러고 난 후에 차수의 차분(differencing)을 시도하는 것이 바람직하다.

4. 안정(정상, stationarity)시계열과 불안정(비정상, non-stationarity)시계열

시계열자료를 분석할 때 고려해야 할 가장 중요한 점은 평균과 분산 등 주어진 시계열자료의 특성이 시간의 변화에 따라 달라지는지, 아니면 시간의 변화에 관계없이 항상 일정한지를 살펴보는 일이다.

---

4) 일반적으로 비정상시계열의 대표적인 ARIMA(p, d, q)모형(autoregressive integrated moving average model, 자기회귀누적이동평균모형)은 ARMA의 변형된 형태의 모형이다. 이는 변수 자체가 ARMA모형을 따르는 것이 아니고, 그 차이(d: difference)가 ARMA모형을 따르는 경우에 나타나는 모형이다. 자기회귀(AR), 적분(Integration), MA(이동평균) 등 3가지를 사용하기 때문에 ARIMA라고 한다. 시계열이 선형추세를 가질 때 1차 혹은 2차 혹은 3차 차분을 함으로써 비정상의 원인이었던 추세가 제거된다는 것이다. 즉, d차 차분, $\Delta^d Y_t$를 함으로써 추세가 제거되고 정상시계열로 전환된다.

예를 들어, Y_t가 ARMA 과정을 따르는 것이 아니라, $(Y_t - Y_{t-1})$인 ΔY_t가 ARMA 과정을 따르는 경우를 살펴보자. 이때 Y_t변수에 대해 1차 차이(d: 1)가 발생한 것이므로 ARIMA (1, 1, 1)모형이라고 한다. 다시 말해, 이러한 경우 Y_t를 ΔY_t로 대체하면 다음과 같은 단순한 ARIMA(1, 1, 1)모형(여기에서는 p:1, d:1, q:1)이 도출된다. 즉, 다음과 같은 자기회귀 통합이동평균모형을 도출할 수 있다.

$$\Delta Y_t = \alpha + \beta X_t + \gamma \Delta Y_{t-1} + \epsilon_t + \theta \Delta \epsilon_{t-1}$$

ARIMA(p, d, q)모형에서 $d=0$인 경우에는 결국 ARMA(p, q)모형이 된다.

만약, 시계열자료의 특성이 시간에 따라 달라진다고 하면 시계열자료의 과거와 미래의 관계를 수식으로 표현한다는 것은 그리 쉬운 일이 아니다. 이러한 시계열자료를 불안정(비정상)시계열자료(non-stationary time-series data)라고 한다.

반면, 시계열자료를 파생시키는 확률과정이 불변이라고 한다면, 이러한 시계열자료를 안정(정상)시계열자료(stationary time-series data)라고 부른다. 다시 말해, 시계열자료의 각 시점에서 자료의 특성인 평균과 분산이 시간 t에 관계없이 항상 일정하고, 두 시점에서의 시계열자료의 자기공분산이 기준시점과 무관할 경우, 이 시계열자료를 안정적 시계열자료라고 한다.[5]

따라서 시계열자료가 안정적(정상적)인 경우에는 일정한 계수를 갖는 모형으로 표현할 수 있으며, 이 계수들은 쉽게 추정될 수 있다. 이러한 시계열자료의 안정(정상)에 대한 조건을 다음과 같이 수식으로 표기할 수 있다.

시계열자료 Y_t의 안정(정상)조건:

(1) $E(Y_t)=\mu$ (각 시점 t에서 불변)

(2) $Var(Y_t)=\sigma^2$ (각 시점 t에서 불변)

(3) $Cov(Y_t, Y_{t-k})=Cov(Y_{t+k}, Y_t)$

[두 시점에서 자기공분산은 일정하며, 시차(time lag)에만 의존함]

추세를 갖는 시계열은 조건(1)을 만족시키지 못하기 때문에 정상의 범주에서 벗어난다. 또한 계열값의 변동이 심하게 증가하거나 감소하는 경향을 갖는 시계열은 조건(2)를 만족시키지 못하기 때문에 정상시계열이라고 볼 수 없다. 또한 조건(3)을 만족시키지 못하는 시계열의 경우, 시차 1의 자기상관이 양(+)의 부호를 취하다가 음(−)의 부호를 취하면서 급격한 변화가 존재한다.

---

5) 예를 들어보자. 안정적인 시계열자료의 특징은 앞에서 설명한 자기상관계수(ρ_k)의 값이 시차기간의 k가 커질수록 급격하게 감소한다. 또 다른 예를 들면, AR(1)모형 $Y_t=\alpha+\beta X_t+\gamma Y_{t-1}+\epsilon_t$에서 시계열자료 Y가 안정적이기 위해서는 $-1<\gamma<+1$이 되어야 한다.

제 2 절 시계열모형(time-series model)의 선정 및 추정(estimation)

시계열분석의 기본개념을 토대로 하여 주어진 시계열자료의 동태적인 움직임을 파악하기 위해서는 무엇보다 적절한 시계열모형을 선정해야 한다. 또한 시계열자료에 대하여 적절한 모형이 선정되면 이러한 시계열자료를 이용하여 모형을 추정하고 추정된 예측치는 가설검정에 사용하는 것이다.

전술한 대로, 시계열자료의 각 시점에서 자료의 평균과 분산이 시간에 관계없이 불변이고 두 시점에서 시계열자료의 공분산이 기준시점과 무관하게 결정되는 경우, 즉 안정적(정상적)인 시계열자료인 경우에는 이러한 시계열자료를 모형화하기 위해 선형 및 비선형 모형 등 여러 함수형태를 사용할 수 있다.

본 단원에서는 안정적 시계열자료를 모형화하는 데 사용되는 일반적인 AR형태와 MA형태의 시계열모형을 먼저 살펴보고, 이들이 혼합된 ARMA 형태의 선형 시계열모형을 구체적으로 분석하고자 한다. 정상시계열 중에서 대표적인 확률모형은 ARMA(p, q)로 표기되는 자기회귀이동평균모형이다. 아래에서 이들을 살펴보기로 하자.

1. AR모형의 형태 및 추정

AR모형은 전술한 대로 t기의 Y값이 과거의 Y값들에 직접적으로 의존하는 부분과 백색잡음(ϵ_t)의 합으로 구성되어 있다. 다시 한 번 일반적인 AR모형의 형태인 AR(p)모형을 다음과 같은 식(1)로 표기해보자.

$$Y_t = \beta_0 + \beta_1 Y_{t-1} + \beta_2 Y_{t-2} + \cdots + \beta_p Y_{t-p} + \epsilon_t \quad \cdots\cdots (1)$$

구체적으로 위의 식에서는 t시점에서의 Y값이 과거 p기간 동안의 Y값들의 가중평균과 t기에 있어서 무작위로 발생하는 오차항(random shock 혹은 disturbance 혹은 innovation term)의 합으로 구성되어 있다. 이를 AR(p)모형, p차 자기회귀모형이라고 한다. AR(p)모형은 ARMA(p, q)모형의 특수한 형태라고 할 수 있다.

그러나 시계열분석에서 가장 많이 사용되는 모형은 AR(1)모형으로 다음의 식(2)와 같이 t기에서의 시계열 Y값(Y_t)이 직접적으로 영향을 받는 과거의 시차변수

Y값(Y_{t-1})과 자기상관이 전혀 없는 백색잡음(ϵ_t)의 합으로 구성되는 형태를 갖고 있다. 즉, 시계열 Y값에 포함되어 있는 정보는 1차 시차변수를 통해 미래의 Y값에 지속적으로 영향을 미친다.

$$Y_t = \beta_0 + \beta_1 Y_{t-1} + \epsilon_t \quad \cdots\cdots (2)$$

다시 말해, AR(1)모형은 Y_t를 설명하는 데 있어서 가장 최초의 값인 Y_{t-1}이 가장 많은 정보를 가지고 있고, 시간이 과거로 갈수록 정보의 양이 줄어드는 시계열자료이다.

여기에서 시계열 Y가 안정적(정상적)이기 위해서는, 즉 안정적인 시계열자료가 되기 위해서는 $-1 < \beta_1 < +1$의 값을 가져야 한다. 즉, 일반적인 회귀분석이론을 적용할 수 있다. 그렇지 않으면 불안정(비정상) 시계열이 된다. 예를 들어, $\beta_1 = 1$이면 확률보행과정(random walk process)을 따르게 되기 때문에 Y가 안정적이지 못하게 되는 것이다.

이러한 AR모형이 시계열분석에서 자주 사용되는 이유는 모형이 단순하여 모형을 추정하기가 쉽기 때문이다. 전술한 p차 자기회귀모형, AR(p)모형에서 계수 β_0, β_1, $\cdots$, β_p를 추정하기 위해서는 일반적인 최소자승법(OLS: ordinary least squares)을 사용한다.[6]

이때 추정된 AR모형을 이용하여 미래의 값에 대한 예측치를 구할 수 있다. 예를 들어, AR(1)의 경우에 t기간까지의 정보를 근거로 하여 1기 후(즉, $t+1$) 혹은 2기 후(즉, $t+2$)에 대한 예측치를 구하는 방법을 살펴보도록 하자.

우선 AR(1)모형 $Y_t = \beta_0 + \beta_1 Y_{t-1} + \epsilon_t$에서 t기로부터 1기 후 $t+1$기의 Y_{t+1}값과 t기까지의 Y_t값 사이의 관계를 나타내는 식(3)을 다음과 같이 도출한다.

$$Y_{t+1} = \beta_0 + \beta_1 Y_t + \epsilon_{t+1} \quad \cdots\cdots (3)$$

여기에서 β_0, β_1의 값은 AR(1)모형에 대한 계수추정치 $\hat{\beta}_0$, $\hat{\beta}_1$을 구하면 된다. 또한 오차항 ϵ_{t+1}은 t시점에서의 정보와는 아무런 관련이 없이 발생하는 백색잡음

6) OLS기법 이외에도 오차항 ϵ_t의 분포함수에 대한 정보를 이용하여 최우추정법(maximum likelihood method)을 사용할 수 있다. 최우추정법이란 주어진 Y값들을 최대로 되게 하여 모수를 추정하는 방법이다. OLS기법에 비해 복잡하지만 오차항이 정규분포를 따르고 표본의 크기가 커질수록 최우추정량과 OLS추정량은 서로 점점 가까워진다.

(white noise)으로 이에 대한 예측치 $E(\epsilon_{t+1})=0$이 된다.

AR(1)모형을 따르는 시계열자료 Y에 대해 t기까지의 정보를 이용하여 1기 후인 $(t+1)$기에 대한 예측치와 t시점에서 2기 후인 $(t+2)$기에 대한 예측치를 다음의 식과 같이 구할 수 있다.

$$\hat{Y}_{t+1}=\hat{\beta}_0+\hat{\beta}_1 Y_t$$
$$\hat{Y}_{t+2}=\hat{\beta}_0+\hat{\beta}_1 Y_{t+1}=\hat{\beta}_0(1+\hat{\beta}_1)+\hat{\beta}_1^2 Y_t$$

따라서 AR모형을 이용하여 미래의 값을 예측할 때 일반적으로 n기 이후의 $(t+n)$시점에서의 예측치는 다음의 식과 같이 나타낼 수 있다.

$$\hat{Y}_{t+n}=\hat{\beta}_0(1+\hat{\beta}_1+\cdots+\hat{\beta}_1{}^{n-2}+\hat{\beta}_1{}^{n-1})+\hat{\beta}_1{}^n Y_t$$

2. MA모형의 형태 및 추정

MA모형(이동평균모형)은 AR모형과 함께 시계열분석에서 자주 다루고 있는 가장 일반적인 모형이다. 이는 시계열자료 Y_t가 과거 기간 동안에 발생한 오차의 합으로 표시된다. 즉, 과거 백색잡음의 가중합으로 구성되고 있다. MA모형 중 가장 단순한 형태인 MA(1)모형의 경우, 전술한 것처럼 다음의 식(4)와 같이 Y는 현재 및 1기 전의 값에 의존하는 형태를 띠고 있다.

$$Y_t=\mu+\epsilon_t+\beta\epsilon_{t-1} \quad \cdots\cdots (4)$$

예를 들어, t기에서의 Y_t값은 t기와 $(t-1)$기에서 무작위로 발생한 교란요인(disturbance)인 오차항에 의해 직접적인 영향을 받지만, 그 이전기간, 즉 $(t-2)$기 이전에 발생한 오차항은 Y_t값에 아무런 영향을 주지 못한다.

다시 말해, MA(1)모형에서는 어떤 시점에서 발생한 충격의 영향은 한 기간 동안만 나타나고 그 이후에는 아무런 영향을 주지 못함을 의미하고 있다. 일반적인 MA모형은 이미 설명한 바와 같이 다음과 같은 형태인 MA(q)모형, 즉 q차 이동평균모형의 식(5)로 표기할 수 있다.

$$Y_t = \mu + \epsilon_t + \beta_1 \epsilon_{t-1} + \cdots + \beta_q \epsilon_{t-q} \quad \cdots\cdots (5)$$

위의 모형에서는 t시점에서의 Y값(Y_t)은 과거 q기간 동안 발생한 오차항 ϵ의 합으로 구성된다. 이는 시계열자료가 MA(q) 과정을 따른다는 것을 의미한다. 따라서 어떤 시계열자료가 MA(q) 과정을 따른다면 오차항의 충격지속성(memory)은 q기간 동안 지속적으로 나타나게 된다.

MA모형을 따르는 시계열자료에 대한 과거의 오차항은 실제로는 관측되지 않는다. 그러나 AR모형과 같은 방법으로 미래의 값에 대한 예측치를 도출할 수 있다. 예를 들어, MA(1)모형 $Y_t = \mu + \epsilon_t + \beta\epsilon_{t-1}$에 대해 $E(e_t = 0)$을 이용하여 $(t-1)$시점부터 t기간에 대한 예측치 $\hat{Y}_t = \hat{\mu} + \hat{\beta}\epsilon_{t-1}$을 도출할 수 있는 것이다.[7]

3. ARMA모형의 도출

일반적으로 사용되는 시계열모형은 선형 AR모형과 MA모형이다. 이때 특히, 어떤 시계열자료가 안정적인 AR(p)와 MA(q) 모형의 혼합된 과정을 따를 때 다음과 같은 ARMA 형태의 시계열모형이 도출된다. 즉, 이 시계열자료는 AR(p)모형 식(1)과 MA(q)모형 식(5)의 혼합 형태로 나타나는 다음과 같은 식(6)의 일반적인 ARMA(p, q) 과정을 따르게 된다.

$$Y_t = \alpha_1 Y_{t-1} + \alpha_2 Y_{t-2} + \cdots + \alpha_p Y_{t-p} + \epsilon_t + \beta_1 \epsilon_{t-1} + \cdots + \beta_q \epsilon_{t-q} \quad \cdots (6)$$

ARMA(p, q)모형을 나타내는 위 식에 대한 이론은 쉽지만은 않다. 일반적으로 ARMA모형은 안정성을 지닌 시계열자료를 갖는 모형으로 가정하고 있다. 따라서 안정적 시계열자료를 모형화하기 위해 일반적으로 ARMA 형태의 선형모형인 ARMA(p, q)모형을 사용한다. 이때 p와 q의 크기를 결정하는 것이 매우 중요한 작업이 된다.

즉, 과거의 시차변수 $(t-p)$의 크기와 오차항의 충격지속성 $(t-q)$을 나타내는

---

7) 이와 같은 MA모형에서 나타나는 과거의 오차항(충격)은 실제로 관측되지는 않지만, 주어진 자료로부터 비선형최소자승법을 통해 그 값을 도출할 수 있다. 또한 AR모형과 같은 방법으로 미래의 값에 대한 예측치를 도출할 수 있다. 이에 대한 보다 구체적인 내용은 본서에서 생략한다.

기간 p와 q의 크기를 결정한다는 것은 주어진 시계열자료에 대해 적절한 모형을 선정한다는 의미가 되기 때문이다.

제 3 절 불안정(비정상)시계열모형(non-stationary time-series model)

전술한 대로 시계열자료 분석을 위해서는 우선 자료가 안정성(stationarity)이 있는지를 살펴야 한다. 즉, 시계열자료의 평균이나 분산 등이 시간의 변동에 따라 일정한지 여부를 확인하는 것이다. 시계열자료는 크게 안정적(stationary)인 것과 불안정적(non-stationary)인 것으로 나누어지는데, 확률적으로나 통계적으로 그 성격이 판이하게 다르다.

이제까지 논의된 모형들은 오직 정상시계열에서만 가능하다. 대부분의 시계열은 불안정(비정상)시계열이다. 보편적으로 안정적(정상적)인 시계열자료에 대해서는 기존의 고전적인 ARMA모형에 의해 분석한다. 그러나 불안정한 시계열자료는 Box-Jenkins 방법론의 ARIMA모형을 차분(differencing)한 후 ARMA모형을 적용한다. 최근 불안정한 시계열자료를 그 자체로 모형화시키는 방법이 자료의 본질적인 면을 더욱 잘 포착한다는 지적도 제기되고 있는데, 이에 따른 연구는 활발히 진행되고 있다.

불안정 시계열자료는 안정적 시계열자료와는 다르게 평균 또는 분산이 시간의 흐름에 따라 달라지는 형태를 나타낸다. 일반적으로 계량분석을 위한 시계열자료는 안정적(stationary)이라는 것을 가정하는데, 실제로 이용되는 대다수의 시계열자료는 사실 불안정적(non-stationary)인 것으로 실증분석을 통해 알려지고 있다.

이와 같은 불안정적인 시계열자료를 사용하면서 전통적인 계량이론을 적용하게 되면, 변수들 간에 아무런 상관관계가 없는데도 불구하고 의미 있는 것처럼 보이는 허구적 회귀현상(spurious regression)이 발생되어 실증분석의 결과를 분석하고 해석할 때 잘못된 의미를 내포하게 된다.

어떤 시계열자료에 있어 지난 기$(t-1)$와 이번 기(t) 값의 변화가 백색잡음(white noise)과정으로부터 도출된다고 가정할 때 $Y_t = Y_{t-1} + e_t$로 나타낼 수 있는데, 이를 확률보행과정(random walk process)이라 부른다. 이와 같은 확률보행과정을 따른다면 Y_{t-1}의 계수가 1로서 시계열자료는 매우 불안정하다고 할 수 있다.[8]

시계열자료가 안정적(정상적)이지 못하면 일반적인 회귀분석이론을 적용할 수 없다. 이러한 확률보행과정을 MA모형의 형태로 변환하면 다음과 같다.

$$Y_t = e_t + e_{t-1} + e_{t-2} + \cdots = \sum_{k=0}^{\infty} e_{t-k}$$

여기에서 Y_t의 분산은 시간의 흐름에 따라 변화하게 된다. 따라서 이는 불안정(비정상)시계열모형이 된다. 한 시점에서 어떤 외부적인 충격이 왔을 때를 생각해보자. 예를 들어, 중국에서 긴축재정의 대폭적인 확대나 혹은 중동지역에서 오일가격의 획기적인 오름세 등이 나타났을 때, 그 충격의 효과가 무한히 지속된다면 이때 시계열자료는 불안정하다고 할 수 있다. 이 경우, 위의 모형에 "추세(drift)를 감안한 시계열모형"을 고려하면 다음과 같이 변형된다.

$$Y_t = Y_{t-1} + \delta + e_t$$

이는 매 기간마다 평균적으로 δ만큼씩 증가하는 모형이다. 이와 같이 확률보행과정(random walk process)을 따르는 불안정(비정상)시계열자료의 자기상관기능은 시차가 커짐에 따라 충격의 효과가 무한히 지속되기 때문에 느리게 감소하는 형태를 띠게 된다. 따라서 충격의 지속성 효과를 반영하는 자기상관계수가 아주 빠르게 감소하는 경우에는 안정적인 시계열자료이며, 아주 느리게 감소하는 경우에는 불안정적인 시계열자료로 간주할 수 있다.

---

8) 그러나 AR(1)모형에서 시차변수 $(t-1)$기의 Y값의 계수가 -1과 $+1$ 사이에 있다면 이는 안정적인 시계열자료로 간주되어 일반적인 회귀분석이론을 적용할 수 있다. 시계열자료가 불안정한 자료인지 안정적인 자료인지를 알기 위해서는 널리 사용하고 있는 단위근 개념이나 공적분 개념을 통해 분석할 수 있는데, 이에 대한 이론은 본서에서 생략하기로 한다.

다만, 시계열자료를 회귀분석하여 높은 결정계숫(R^2)값이 주어지고 Durbin-Watson(D-W)값이 매우 낮게 나타나는 경우에는 불안정한 시계열자료로 분류할 필요가 있다. D-W통계량이란 자기상관성의 하나라고 볼 수 있는 오차항 ϵ_{t-1}과 ϵ_t의 상관관계 여부를 검증하기 위한 값이다. 오차항에 양(+)의 자기상관관계가 나타나는 경우에는 D-W통계량이 0에 가깝고, 자기상관관계가 없는 경우는 2에 가까우며, 음(−)의 자기상관관계가 나타나는 경우에는 4에 가까운 것으로 추정되는 기법이다.

시계열관측치는 일반적으로 강한 음(−)과 양(+)의 추세 및 계절적 효과를 보인다. 따라서 이러한 효과가 반영되면 어떤 시계열모형이라도 높은 R^2값이 나타날 수 있는데, 모형의 유용성을 판단할 수 있는 대안적인 R^2의 측정치가 필요하다. 이에 대한 구체적인 내용은 본서에서는 생략한다.

그러나 확률보행과정(random walk process)의 확률적 추세(stochastic trend)를 포함하고 있는 불안정한 시계열자료는 다음과 같이 차분(differencing)의 과정을 통해 안정적인 시계열자료로 전환할 수 있다. 즉, 시계열 Y에 대해 1차 차분을 하면 다음과 같이 백색잡음이 되어 안정적인 시계열자료로 변환되는 것이다.

$$\Delta Y_t = Y_t - Y_{t-1} = e_t$$

이와 같이 1차 차분을 취할 경우에 안정적인 형태가 되는 시계열자료를 적분계열(integrated series)이라고 하며, 이를 $Y_t \sim I(1)$로 표기한다. 이렇게 1차 차분으로 주어진 시계열자료를 변환시켜 안정적(정상적)인 시계열자료로 만든 후에 전통적인 회귀분석이론을 적용시킨다 할지라도 결과해석에 큰 지장을 초래하지 않는다.[9]

9) 적분(I)표기에 따라 차분을 할 필요가 없는 원래의 안정적인 시계열자료는 I(0)로 나타낼 수 있다. 시계열자료를 분석하기 위해서는 우선 자료가 안정적인지를 살펴보아야 한다. 다시 말해, 시계열자료의 평균과 분산 등이 시간변동에 따라 일정한지를 확인하는 것이다. 자료가 불안정하다면 아무리 좋은 모델도 무의미한 결과를 가져오기 때문이다.

모형식별(identification)을 위해 시계열의 안정성 여부를 점검해보는 제일 쉬운 방법이 시도표(timeplot) 혹은 자기상관함수(ACF: autocorrelation function) 혹은 편자기상관함수(PACF: partial autocorrelation function)를 그려보는 것이다. 이때 그림에서 볼 때 시차가 증가할수록 자기상관계수(autocorrelation coefficient)가 서서히 느리게 감소한다면 시계열자료는 불안정하다는 의미가 된다. 구체적인 내용은 시계열관련 서적을 참조하길 바란다.

CHAPTER 16

종속변수가 가변수인 회귀모형

제8장 제2절에서는 선형회귀모형의 특수형태로서 독립변수 X가 정량적인 양적변수일 뿐만 아니라 질적변수로서 일반적으로 0과 1을 취하는 가변수모형을 살펴보았다. 본장에서는 선형회귀모형의 연장으로서 이러한 가변수가 종속변수(반응변수)에 사용되는 경우를 살펴본다. 이러한 모형은 기본적으로 비선형모형의 형태를 취하는 것으로 종속변수 Y가 정성적인 질적인 자료인 경우, 즉 종속변수 Y가 가변수 0 혹은 1의 값을 취하는 경우이다.

예를 들어, 기업의 재무비율(예: 유동비율, 부채비율, 기업규모 등)과 비재무비율(산업성향, 계열관계 등)이 신용등급의 평가(예: 투자등급, 투기등급)에 어떻게 영향을 미치는지 분석한다고 하자. 이때 기업의 재무비율과 비재무비율 변수가 독립변수 X가 되고, 신용등급모형의 변수인 투자등급 및 투기등급의 가변수(예: 투자등급인 경우 1, 투기등급인 경우 0)는 종속변수(반응변수) Y가 된다. 이때에는 '예' 또는 '아니오'의 대답을 요구하는 이분적(binary) 형태의 종속변수를 갖는 연구모형이 되는 것이다.

이와 같이 이분적 형태의 종속변수를 선택하려는 대안 중 특정 대안을 선택하는 확률이 어떤 특성변수에 의해 결정되는지를 분석하려는 것이다. 이때 선택하려는 대안과 특성변수의 관계를 선택적 확률함수를 통해 규명하려는 계량적 모형이 있는데, 이를 이산선택모형(discrete choice model)이라 한다. 그렇다면 이러한 이분적 형태의 종속변수가 있는 모형을 어떻게 다룰 것인가? 또 어떻게 모수를 추정할 것인가? 이와 같은 문제를 해결하기 위한 모형으로는 선형확률모형(LPM), 로짓(logit)모형, 프로빗(probit)모형, 토빗(tobit)모형 등이 있다. 그러나 이들 모형에서는 이분적

형태가 아닌 3가지 중에서 하나를 선택하는 상황으로 확대적용함으로써 모형설정을 일반화할 수도 있다.[1)]

아래에서는 이러한 모형들을 어떻게 다루고, 어떻게 추정할 것인지, 그리고 추정상의 문제점이 무엇인지 등을 검토하기 위해 이분적 형태의 위와 같은 모형에 대해 각각 논의해보기로 한다.

물론, 선형확률모형(LPM)은 이 중에서 가장 단순하여 계산하기가 가장 쉬운 측면이 있다. 하지만 OLS의 기본가정들이 위반되기 때문에 추정결과를 일반화하기가 어렵다. 이러한 이유로 인해 종속변수가 이분적 형태일 경우에는 주로 로짓(logit)모형과 프로빗(probit)모형이 많이 사용된다. 먼저 선형확률모형을 살펴보기로 한다.

제 1 절 선형확률모형(LPM: linear probability model)

선형확률모형(LPM)을 설명하기 위해 종속변수 Y_i가 확률(P)인 다음과 같은 식의 단순한 모형에서 출발해보자.

$$Y_i = \beta_1 + \beta_2 X_i + \epsilon_i$$

여기에서 구체적인 예를 들어, 종속변수 Y_i는 개인 i가 호화별장을 보유하고 있으면 1의 값을 나타내고, 호화별장을 보유하고 있지 않으면 0을 나타내는 가변수라고 하자. 또한 X_i는 독립변수로서 호화별장 보유여부에 영향을 미치는 가구의

1) 이분적(binary) Logit모형과 Probit모형은 가장 단순한 형태의 확률모형이라 할 수 있다. 때로는 이분적 형태의 종속변수(반응변수)는 반드시 이분적이 아닌 다항(polytomous)범주변수가 될 수 있다. 즉, 이항의 선택이 아니라 순서화(ordered)된 다항의 선택을 다룰 수 있도록 고안된 모형이 바로 Ordered Logit모형과 Ordered Probit모형이다.

예를 들어, 연구방법론에 대한 이해도(Y)를 상, 중, 하로 분류하고, 각각에 대한 관련 변수들(X) 간의 관계를 Ordered Logit모형과 Ordered Probit모형으로 분석할 수 있다. SAS나 Excel 등의 컴퓨터용 통계패키지를 통해 순서화된 이산변수를 처리할 수 있다. 사회과학분야의 설문조사연구에서 널리 사용되고 있는 리커트식 척도에 많이 응용되는 모형이다.

그러나 설문조사연구에서 순서가 없고 선호에 의해서만 선택할 수 있도록 한 응답변수의 경우에는 Multinominal Logit모형을 사용하면 된다. 예를 들어, 대선후보(A, B, C)를 선택(Y)하도록 하고 각각에 대한 변수들(X)의 관계를 분석할 경우에 해당된다. 이에 대한 구체적인 내용은 본서에서는 생략하기로 한다.

소득수준이나 직업, 나이, 학력 등을 나타내는 특성변수가 된다. 여기 예제에서는 편의상 소득수준이라고 가정한다.

위의 식에서 개인 i가 호화별장을 보유할 확률 Y_i가 소득수준인 독립변수 X에 대해 선형으로 표현된다. 그 이유는 독립변수 X_i가 주어질 때 Y_i의 조건부 기대치는 X가 주어질 때 개인 i가 호화별장을 보유할 확률 Y_i가 발생될 조건부 확률 $Pr(Y_i = 1 | X_i)$로 해석될 수 있다. 따라서 이분적인 Y_i가 설명변수 X_i의 선형함수로 표시되는 모형을 선형확률모형(LPM)이라고 부른다.

다시 말해, 위 모형에서 종속변수 Y_i는 0 혹은 1의 값을 갖는 분포를 갖게 되기 때문에 $E(Y_i)$는 개인 i가 호화별장을 보유할 가능성을 나타내는 확률(P)이다. 일반적인 회귀분석에서와 같이 오차항 ϵ_i의 평균은 0을 가정하면, 즉 $E(\epsilon_i) = 0$이므로 다음과 같은 식이 도출된다.

$$E(Y_i | X_i) \equiv P_i = \beta_1 + \beta_2 X_i$$

여기에서 회귀계수인 β_1과 β_2의 추정치는 최소자승법을 이용하여 구해진다. 또한 회귀계수 β는 독립변수 X가 한 단위 증가할 때 호화별장을 보유하고 있을 확률, 즉 $Y= 1$일 확률 P의 증가분을 의미한다. 즉, $\beta_2 = \frac{dP}{dX}$로 표기된다. 이때 확률 P_i는 0과 1 사이의 값을 가져야 하므로 항상 $0 \leq E(Y_i | X_i) \leq 1$이 되어야 한다는 제약이 따른다. 즉, 독립변수인 X는 연속변수를 가정하고 있으므로 확률로서 존재할 수 없는 (0, 1) 이외의 값을 가질 수 있는 가능성이 존재한다. 하한 0, 상한 1을 넘는 확률값이 존재한다는 것이다. 또한 Y_i와 마찬가지로 ϵ_i는 항상 두 값(0, 1)만 취할 수 있기 때문에 더 이상 정규분포의 가정이 지속되지 못한다.

종속변수는 확률이기 때문에 Bernoulli Distribution을 적용하여 다음과 같이 쉽게 분산을 구할 수 있다. 이를 또 오차항에 적용시키면 오차항의 분산을 계산할 수 있다. 이와 같이 ϵ_i의 분산은 동일하지 않고 독립변수 X_i에 따라 변화한다는 것을 알 수 있다.

$$var(Y) = P_i(1 - P_i)$$
$$var(\epsilon_i) = P_i(1 - P_i) = (\beta_1 + \beta_2 X_i)(1 - \beta_1 - \beta_2 X_i)$$

이러한 LPM(선형확률모형)은 일반적으로 다음과 같은 많은 문제점을 지니고 있다.[2] 특히 아래에서 두 번째로 지적된 이분산(heteroscedasticity)의 존재는 해결할 수 없는 심각한 문제로 남아 있게 된다.

① 오차항 ϵ_i가 정규분포가 아닌 이항분포를 지니고 있다.
② 오차항 ϵ_i의 분산은 독립변수 X의 함수가 되어 이분산을 가지고 있다 (heteroscedasticity의 존재). 즉, 효율적인 모수추정량을 구할 수 없다.
③ 확률의 속성인 $0 \leq E(Y) = P \leq 1$이 성립되지 않을 수 있다.
④ 종속변수 Y가 1의 값을 가질 확률이 독립변수 X의 수준과는 상관없이 X가 한 단위 증가함에 따라 항상 일정하다.

위에 열거된 이와 같은 문제점들과 함께 선형확률모형(LPM)의 근본적인 문제는 모형이 합리적이지 못하다는 데에 있다. 예를 들어, 소득수준(X)에 대해 $Y=1$일 확률 P[즉, $E(Y|X)$]는 선형으로 증가하고 있다. 다시 말해, 호화주택을 보유하고 있을 확률이 소득수준(X)이 높든 낮든 관계없이 항상 일정하다. 이것은 너무 비현실적이다. 현실적으로는 $Y=1$일 확률 P는 소득수준(X)과 비선형인 관계가 될 것으로 예상되기 때문이다.

따라서 현실적으로 $Y=1$일 확률 P가 0과 1 사이에 존재하고, 또한 그 확률이 소득수준(X)에 대해 비선형으로 접근하는 방법이 필요하다. 즉, 확률변수의 누적분포함수(CDF: cumulative distribution function)와 매우 비슷한 모양을 가지고 있으면 된다. 이러한 0과 1의 반응변수를 대표하는 CDF는 주로 로지스틱분포와 정규분포이다.

이때 로지스틱분포의 누적분포함수(CDF)로부터 로짓(logit)모형을 설명할 수 있으며, 정규분포의 CDF로부터 프로빗(probit)모형을 설명할 수 있다. 이와 같이 LPM의 문제점을 해결하기 위하여 그 대안으로 고안된 모형이 바로 로짓모형과 프로빗모형이다.[3]

2) 위에 열거된 사항들 이외에도 LPM(선형확률모형)에서는 전형적으로 계산되는 R^2는 매우 낮은 값을 갖게 된다. 즉, LPM에서는 R^2값의 가치가 적어지게 되어 그 의미를 상실한다.

3) 구체적으로 로짓모형은 오차항의 분포를 로지스틱분포의 역함수를 가정한 것이고, 프로빗모형은 누적표준정규분포의 역함수를 가정하고 있다.

제 2 절 로짓(Logit)모형

로짓모형은 종속변수가 이항(binary)인 가장 단순한 형태의 확률모형이다. 이항사건의 형태로는 예를 들어, 호화주택의 소유여부, 수입자동차의 소유여부, 결혼유무, MP3 사용여부 등 두 가지 선택항목 중 하나를 선택해야 하는 사회과학분야에서 다양한 경우에 적용된다.

로짓모형은 하나의 대안을 선택할 확률과 그 대안의 선택에 영향을 미치는 특성변수와의 관계가 다음과 같은 로지스틱분포함수(logistic distribution function)로 주어진다고 가정하는 모형이다. 즉, 종속변수 Y_i가 1의 값을 가질 확률 P_i를 다음의 식으로 가정하는 모형이다.

$$\begin{aligned} P_i = P(Y_i = 1|X_i) &= \frac{e^{b_0 + b_1 X_i}}{1 + e^{b_0 + b_1 X_i}} \\ &= \frac{1}{1 + e^{-(b_0 + b_1 X_i)}} \\ &= \frac{1}{1 + e^{-z_i}} \\ &= \frac{e^{Z_i}}{1 + e^{Z_i}} \\ &= F(Z_i) \end{aligned}$$

이때, $P(-\propto) = 0,\ P(+\propto) = 1$

위 식에서 보는 바와 같이, 선형확률모형(LPM)과는 다르게 $Z_i(=b_0 + b_1 X_i)$가 $-\infty$에서 $+\infty$의 값으로 분포되기 때문에 종속변수 Y_i가 1의 값을 가질 확률 P_i는 0과 1 사이의 값을 가지게 된다. 즉, 로짓모형에 의해 예측되는 확률 P_i의 범위는 0보다는 크고 1보다는 작게 된다. 이와 같이 추정된 확률값 P_i는 LPM의 경우에 나타나는 0과 1의 값을 벗어날 수 없기 때문에, 선형확률모형(LPM)의 단점을 극복할 수 있게 된다.

그러나 Z_i는 모수 b에 대해 선형관계를 이루고 있지만 확률 P_i는 모수 b에 대해 비선형관계를 이루고 있다. 이와 같이 로짓모형은 기본적으로 선형이 아닌 비선형모형의 형태를 취하고 있는 것으로, 모수에 대해 명확한 형태를 도출할 수 없게 된다. 이것은 모수 β_0, β_1을 추정하는 데 일반최소자승법(OLS)을 사용할 수 없다는 의미가 된다.

그러나 위의 식은 본질적으로 선형모형이 된다. 그 이유를 아래와 같이 식을 변형하여 살펴보기로 하자. 아래의 변형된 식을 보면, L(logit)은 X에 대해서뿐만 아니라 모수에 대해서도 선형이 된다.

$$1-P_i=\frac{1}{1+e^{Z_i}} \Rightarrow \frac{P_1}{1-P_i}=\frac{1+e^{Z_i}}{1+e^{-Z_i}}=e^{Z_i}$$
$$\Rightarrow L_i=\ln\left(\frac{P_i}{1-P_i}\right)=Z_i=\beta_0+\beta_1X_i$$

위 식에서와 같이 P가 0에서 1로 접근함에 따라, 다시 말해, Z가 $-\infty$에서 $+\infty$로 변함에 따라 L(logit)은 $-\infty$에서 $+\infty$로 접근하게 된다. 위의 예제에서 주어진 독립변수 소득수준(X)에서 호화별장을 보유할 확률 P를 추정하고자 한다면, β_0과 β_1의 추정치를 알고 있으면 직접 계산할 수 있다. 그러나 여기에서 중요한 이슈는 어떻게 모수 β_0와 β_1을 추정할 수 있는지의 문제이다.

모수 β_0, β_1은 오차항의 분포가 로지스틱분포를 갖는 경우에도 일반최소자승법(OLS)을 사용하여 추정할 수 있다. 즉, 로짓모형에서 P_i와 b_0 및 b_1의 관계가 선형은 아니지만, $F(Z_i)$을 선형관계로 변환한 후 일반최소자승법(OLS)을 이용하여 모수를 추정할 수 있다는 것이다.4)

그렇다면, 이를 어떻게 추정할 수 있을까? 다음과 같이 모수 β_0, β_1의 추정을 위한 위의 식을 다시 검토하기로 하자.

$$L_i=\ln\left(\frac{P_i}{1-P_i}\right)=Z_i=\beta_0+\beta_1X_i+\epsilon_i$$

모형을 추정하기 위해서는 X값과 L값이 필요한데, L값을 구하기 위해 개별자료 P값(예: 호화별장 보유시 1, 그렇지 않다면 0)을 입력한다면 아무런 의미가 없는 수치가 된다. 즉, 이 의미는 전형적인 일반최소자승법(OLS)을 사용할 수 없다는 것이다.

그러나 P값의 추정치 $\hat{P}=n/N$(실제 측정될 확률)을 구해 사용하면 P값의 좋은

4) OLS기법에서 선형성(linearity)이란 변수 X에 대해 선형이어야 하는 것이 아니고, 모수 β에 대해 선형이어야 한다는 가정이다.

추정치가 구해진다. 여기에서 N은 각 독립변수 X에 상응하는 N개의 관찰치의 수이며, n은 호화별장을 보유하고 있는 가구 수를 말한다. 여기에서 분명한 것은 무엇보다 표본크기(N)가 클 때에 모든 분석결과가 유효하다는 것이다. 측정되는 독립변수 X 수준의 범위가 항상 충분히 많을 필요는 없다. 다만, 독립변수 X에서의 관찰치의 수 N이 큰 경우에만 추정치의 결과가 유효하다.

그렇다면, 이제 통상적인 방법으로 일반최소자승법(OLS)을 적용하여 모수 β_0, β_1을 추정할 수 있을까? 불행하게도 그렇지 않다는 사실이다. 왜냐하면 LPM의 경우와 마찬가지로 로짓(logit)모형에서의 오차항의 속성은 이분산(heteroscedasticity)이기 때문이다. 따라서 OLS 대신 가중최소자승법(WLS: weighted least square)을 적용하여 자료를 변환하여 그 변환된 자료에 대해 OLS로 추정하면 된다.[5)]

제 3 절 프로빗(Probit)모형

앞 절에서 이미 설명한 대로 로짓(Logit)모형은 로지스틱분포 CDF(즉, 오차항의 분포에 대해 로지스틱분포의 역함수 가정)를 사용한다. 반면에, 프로빗(Probit)모형은 정규분포 CDF(즉, 오차항의 분포에 대해 표준정규분포의 역함수 가정)를 사용한다. 따라서 프로빗모형을 노밋(normit)모형이라고도 부른다.

프로빗모형은 로짓모형과 함께 폭넓게 사용되는 확률모형으로 종속변수가 이항(binary)인 경우에 사용하며 기본적인 가정과 개념은 로짓모형과 대부분 일치한다. 이와 같은 프로빗모형은 종속변수 Y_i가 1의 값을 가질 수 있는 확률(P)이 다음과

5) 이분산을 무시하고 모수 β를 추정하면 추정량은 편의는 없지만 효율적인 값이 아니다. 올바른 방법을 사용하여 모수의 추정을 위해 SAS나 SPSS, SHAZAM과 같은 수많은 컴퓨터용 통계패키지를 사용하면 쉽게 해결할 수 있지만, 모형이 안고 있는 내용을 이해하는 것이 무엇보다 중요하다. 또한 MS사에서 제공되는 MS Office Excel을 활용하면 손쉽게 복잡한 수식들의 계산과정이 해결된다.

통계패키지에서는 로짓모형의 추정법을 갖추고 있어 사실 이에 대한 지식이 없어도 가중최소자승법(WLS: weighted least square)이나 최우추정방법(MLE: maximum likelihood estimation method)을 통해 추정치를 쉽게 구할 수 있다. MLE는 비선형회귀분석에서도 적용할 수 있고 확률변수의 분포가 주어진 것으로 가정하기 때문에 OLS 선형회귀분석에서와는 달리 반드시 정규성을 가정해야 한다. 특히, 표본규모가 작든지 혹은 설명변수가 많은 경우에 로짓모형을 추정하기 위해 MLE를 사용한다.

같이 표시된다.

$$P_i = \int_{-\infty}^{Z_i} \frac{1}{\sqrt{2\pi}} e^{-0.5\epsilon^2} d\epsilon \equiv \phi(Z_i)$$

여기에서 $Z_i = \beta_1 + \beta_2 X_i$

여기에서 ϵ는 표준화 정규분포 확률변수, 즉 $\epsilon \sim N(0,1)$이다. 또한 $\phi(Z_i)$는 표준정규분포 CDF(누적분포함수)이다. 이 경우에도 로짓모형에서와 같이 P_i는 0과 1 사이의 값을 갖게 된다. 즉, 프로빗모형에서의 표준누적정규분포함수는 누적로지스틱분포함수와 동일하게 S자 형태를 취하고 있으며, 임의의 확률변수 Z는 정규분포함수의 Z값이 된다.

또한 P_i와 Z_i 간에는 비선형적이다. 다시 말해, P_i와 $Z_i(=\beta_1+\beta_2 X_i)$ 간에는 비선형관계가 성립되어 회귀계수 β는 독립변수 X가 한 단위 증가할 때 $Y=1$인 확률 P의 증가분을 의미하는 $\beta_2 = \frac{dP}{dX}$의 관계가 성립되지 않는다. 따라서 위의 프로빗모형에서 독립변수 $Y=1$인 확률에 미치는 영향을 다음과 같이 도출한다.

$$\frac{dP}{dX} = \frac{d\phi(Z)}{dZ}\frac{dZ}{dX} = \phi(\beta_1 + \beta_2 X)\beta_2$$

여기에서 $\phi(Z)$는 표준정규분포의 확률밀도함수를 나타낸다. $\phi(Z)$는 항상 양(+)의 값을 가지며 $Z=0$일 때 최댓값을 가진다. 또한 $|Z|$가 클수록 $\phi(Z)$는 작아지게 된다. 이러한 프로빗모형은 로짓모형과 같이 비선형모형으로 모수(β_1, β_2)를 명확하게 도출하기 힘들다. 따라서 추정치 b_1, b_2는 로짓모형에서처럼 전형적인 OLS를 사용할 수 없다.

그러나 로짓모형이 자연대수(Ln)를 취하면 선형모형이 되듯이, 프로빗모형도 위의 식에서 설명한 표준정규분포 CDF, 즉 $\phi(Z_i)$의 역함수를 취하면 추정될 프로빗모형이 선형모형이 된다. 이때 로짓모형에서 추정하는 동일한 방법으로 모수를 추정하면 된다.

이러한 로짓모형과 프로빗모형으로부터의 추정치는 어떤 특정한 관찰치의 독립변수 X의 값을 알 때, 그 해당 관찰치의 종속변수 Y의 값이 0을 가질 수 있는 확률 $\Pr(Y_i=0|X_i)$이나 혹은 1을 가질 수 있는 확률 $\Pr(Y_i=1|X_i)$을 예측하는 데 유용하게 사용된다.[6]

예를 들어보자. 기업의 어떤 특정 변수들(독립변수 X)이 합병대상 여부(종속변수 Y)에 영향을 미치는지 혹은 사채등급 결정(Y)에 영향을 주는지 등을 로짓모형이나 프로빗모형으로 예측할 수 있다. 또한 금융기관에서 어떤 기업에게 대출심사를 할 때 미래에 그 기업이 대출상환을 제대로 할지의 여부(Y)에 영향을 미치는 특정 변수들(X)에 관심이 있다고 하자. 이때 새로운 기업이 대출을 신청할 때 그 기업이 대출금액을 상환할 능력이 있는지 혹은 없는지를 심사함에 있어서, 기업의 어떤 특정 변수가 대출금액의 상환여부(Y)에 영향을 미치는지 로짓모형 혹은 프로빗모형을 통해 그 확률을 구함으로써 이를 예측할 수 있는 것이다.

이와 같은 이분적 종속변수 회귀모형인 로짓모형과 프로빗모형은 모두 추정된 확률이 0과 1 사이의 범위 내에 놓이게 된다. 다음의 그림에서 보는 바와 같이 누적분포함수가 양 끝부분을 제외하고는 비슷한 모양을 가지고 있다. 따라서 두 모형의 추정치 간에는 큰 차이가 존재하지 않고 해석적인 의미에 있어서도 차이가 없다고 할 수 있다.

다만, 로짓모형이 프로빗모형에 비해 상대적으로 조금 간편하다고 할 수 있다. 변수 X에 대해 비선형인 식에 자연대수(Ln)를 취하면 모수 β에 대한 선형모형이 되어 일반적인 OLS기법을 적용할 수 있기 때문이다. 프로빗모형에서는 표준정규분포 CDF의 역함수를 구하면 모수에 대한 선형모형이 도출되지만, 이용가능한 통계패키지가 없으면 근사오차가 생기게 된다.

로짓과 프로빗 두 모형은 기본적으로 변수 X에 대해 선형이 아닌 **비선형모형**이기에 결정계수 R^2를 통해 모형의 적합도를 판정하는 것은 그리 유효하지 않다고 본다.[7] 또한 두 모형 모두 **이분산(heteroscedasticity) 현상**이 존재하기 때문에 위에서

---

6) 전술한 대로 모수의 추정을 위해 대부분의 통계패키지 SAS나 SPSS, 혹은 SHAZAM, Excel 등을 사용하면 쉽게 추정할 수 있지만, 무엇보다 모형이 안고 있는 내용을 이해하는 것이 중요하다. 대부분의 통계패키지에서는 로짓모형과 프로빗모형의 최우추정방법(MLE)에 대한 기본적인 틀을 제공하고 있어 모수의 추정치를 쉽게 구할 수 있다.

7) 전통적인 회귀모형의 설명력(회귀선의 적합도)을 나타내는 지표인 R^2는 종속변수 Y의 전체 변동(TSS: total sum of squares) 중에서 독립변수 X에 의해 설명되는 부분의 변동(ESS: explained sum of squares)이 어느 정도인지를 측정한다. 이때 독립변수 X에 의해 설명되지 못하는 잔차의 변동(RSS: residual sum of squares)도 TSS에 포함된다. 즉, TSS=ESS+RSS가 성립된다.

로짓모형과 프로빗모형의 적합도를 측정하는 데에 R^2값이 유효하지 않는 이유는 TSS=ESS+RSS가 성립하지 않기 때문이다. 로짓모형이나 프로빗모형에서는 응답변수가 정확히 0과 1의 값만을 가지고 변화하기에 이와 같은 척도는 상당한 양의 편차를 가져올 수 있다. 또한 모형이 확률에 의해 설정되므로 확률의 적합도를 산정하여 R^2값과 유사한 역할을 하는 척도가 필요하다. 따라서 **가중최소자승법(WLS)이나 최우추정방법(MLE)에 의해 분석되는 모형에 대한 적합도를 통칭하여 Pseudo R^2**라고 한다. 이것은 전통적인 회귀모형의 설명력(회귀선의 적

설명한 대로 가중최소자승법(WLS)의 추정절차를 필요로 한다. 이 두 가지의 모형의 일반적인 차이를 그림으로 나타내면 다음과 같다.

〈Logit과 Probit의 누적분포함수〉

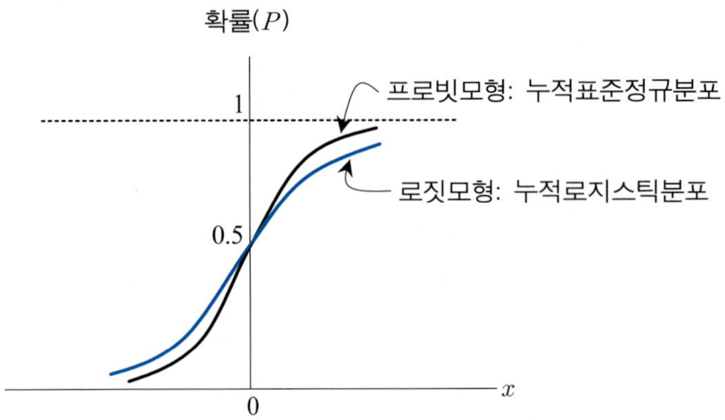

그렇다면, 누적분포함수(CDF)의 형태만이 다른 두 모형 중에서 어느 쪽이 더 나은 모형일까? 이에 대한 정답은 없다. 일반적으로 연구자의 편의에 따른 선택에 달려 있다. 다만, 이들 두 모형 사이의 선택은 수학적 이론적인 간편성과 컴퓨터 통계프로그램 패키지의 이용가능성에 달려 있다고 보면 된다.

그런 점에서 본다면, 일반적으로 로짓모형이 계산상의 편리함(추정의 편리성) 등의 이유로 프로빗모형보다 더 선호되는 경향이 있다고 할 수 있다. 특히, 사회과학 분야에서는 로짓모형이나 프로빗모형을 이용하여 실증분석에 관한 많은 연구들이 현재 진행되고 있다.[8)]

합도)을 나타내는 지표인 R^2에 준하는 기준이라 할 수 있다. 또한 모형의 적합도 척도에 대한 대안으로서 X^2검정을 사용하기도 한다.

8) 로짓/프로빗모형과 속성이 유사하지만 접근방법이 다른 토빗(Tobit)모형이 있다. 토빗모형은 종속변수가 취할 수 있는 값의 범위가 어떤 제약이 가해져 종속변수의 일부가 삭제(censored)되거나 혹은 일부가 단절된(truncated) 회귀모형을 일컫는다. 따라서 이와 같은 모형을 '제한된 종속변수모형'(limited dependent variable model)이라고 한다. 또한 'censored모형' 혹은 'truncated 모형'이라고도 부른다. 토빗모형에서는 절단된 종속변수(censored dependent variable)를 고려한다. 즉, 일반적 회귀분석과 달리 독립변수들의 값은 알고 있으나 종속변수들이 1이나 0의 한쪽 값을 갖는 관측치들이 많을 경우에 주로 사용된다.

예를 들어, 근로자들의 임금수준을 조사한다고 하자. 임금이 적정수준을 넘지 않을 경우에는 근로자들은 처음부터 노동시장에 참여하지 않기 때문에 임금이 관찰되지 않는다. 따라서 임금

본장에서는 종속변수가 제한된 값만을 갖는 경우에 대표적인 추정방법인 LPM과 Logit 및 Probit모형을 살펴보았다. 이들 중에서 가장 간편하게 추정할 수 있는 방법은 LPM이지만 OLS 추정시 이분산현상이 나타나고, 현실적으로 추정된 확률값이 0과 1 사이의 범위를 벗어날 수 있다는 문제점이 있다. 이러한 문제점을 해결할 수 있는 방안이 Logit과 Probit모형을 적용하는 방법이다. 물론 이들 두 모형도 이분산현상을 해소할 수 없기 때문에 OLS 추정 대신에 WLS 추정방법을 의존하고 있다.

이 0으로 기록되지만 실제로는 시장에서 근로자가 받을 수 있는 임금이 낮다는 의미이다. 혹은 한 기간 동안 소비자의 지출금액을 종속변수로 하여 지출금액에 대한 요인을 분석한다고 할 때 지출금액은 결코 부(−)가 될 수 없기에 관측되지 않는다. 이때에는 종속변수의 정보가 삭제 혹은 단절되는 양상을 띠게 된다. 따라서 삭제된 회귀모형에 일반적인 최소자승법(OLS)을 적용하여 구한 추정치에는 편의가 존재하기 마련이다.

이런 경우에는 최소자승법(OLS)이 아닌 최우추정방법(MLE: maximum likelihood estimation method)이 그 대안이 된다. 이러한 최우추정방법은 여러 면에서 OLS추정법보다 우월한 이론적인 속성을 지니고 있다. 그러나 일반적으로 오차항(또는 종속변수)이 정규분포를 따르고 표본의 크기가 크다면, 모수를 추정하기 위한 OLS에 의한 추정량은 MLE에 의한 추정량과 거의 같게 된다. 이에 대한 구체적인 내용은 본서에서 생략한다. Ault *et al.*(1991)이 토빗모형을 사용해 확률모형에 있어서의 검정방법을 소개하였다.

CHAPTER 17

비모수통계학

제 1 절 비모수통계학(non-parametric statistics)의 개요

지금까지 학습한 통계적 추론은 모집단에 대한 어떤 특정한 가정을 전제로 하는 모수통계학(parametric statistics)에 근거하여 이루어졌다. 예를 들어, 모집단이 정규분포를 따른다거나(normality) 혹은 두 모집단의 분산이 같다(homogeneity)는 등 엄격한 가정하에 통계적 추론이 이루어졌다. 그러나 실제로 수집한 자료가 모수통계학에서 가정하고 있는 조건들을 따르지 않는다면 어떻게 해야 할까? 예를 들어, 모집단에 대한 적절한 확률분포의 형태를 가정할 수 없거나 알 수 없는 때에는 어떻게 해야 할까?

실제로 모집단과 수집한 자료가 정규분포를 따르지 않는 경우가 상당히 많다. 이때 t-분포나 F-분포를 이용하게 되면 모집단의 추정이나 가설검정의 효율성에 심각한 문제가 생기게 된다. 따라서 분포의 비대칭도가 심한 경우에는 모수통계학 대신 비모수통계학(non-parametric statistics)을 사용해야 한다. 단순한 예를 든다면, 커피맛을 측정할 때 상대적으로 순위를 매길 수는 있지만 실제적인 맛의 의미를 갖는 수치적 표현은 매우 곤란하다. 이와 같이 관측치의 수치적 표현이 곤란하거나 무의미한 경우에 사용하는 통계적 방법을 비모수적 통계라고 한다.

이와 같은 **비모수통계학은 모집단의 특성분포에 대한 그 어떤 가정도 하지 않은 상태에서 모집단의 특성을 추정하는 분석방법이다.** 이는 선형이나 정규분포 등의 가정이 없어도 가능하기 때문에 가설검정력(power: $1-\beta$)이 모수적 통계학에 비해 상대적으로 정밀하지 못하다고 할 수 있다. 그러나 모수통계학에 대한 적용이 용이하고 이해하기가 쉽기 때문에 신속한 검정을 할 수 있다.

비모수통계분석기법(non-parametric method)은 자료를 명목척도나 순위척도로 측정하는 경우, 혹은 표본의 크기가 매우 작은 경우에 유용한 방법이다. 다시 말해, 실제로 수집한 자료의 관측값이 정규분포를 이루지 않거나 표본의 크기가 크지 않을 때 유효한 통계기법이다. 즉, 비모수검정(non-parametric test)은 모수검정(parametric test)이 적절하지 못한 상황일 때, 예를 들어 데이터가 명목척도 혹은 순위척도로 측정되었을 때, 혹은 등간척도라 할지라도 정규분포를 따르지 않을 때 이용하는 편이 좋다. 다시 말해, 모수검정은 관측값이 어떤 특정한 확률분포(예를 들어, 정규분포 혹은 이항분포 등)를 따른다고 가정한 후, 그 분포의 모수에 대한 검정을 실시하는 통계방법이다. 이에 반해, 비모수검정은 관측값이 어떤 특정한 확률분포를 따른다고 가정할 수 없을 때 실시하는 검정방법이다.

따라서 평균·분산과 같은 모집단의 특성치인 모수에 대한 정의가 어려운 제한된 자료만으로 통계적 추론을 수행한다. 이에 따라 확률분포와 관련하여 모든 형태의 자료들을 분석할 수 있는 분포에서 자유로운 방법(distribution free method: 분포무관방법)이라 할 수 있다. 그러나 특정 분포의 형식에서 벗어나 자유로운 검정을 하지만 비모수검정도 모수검정과 마찬가지로 검정 자체가 모집단에 관한 것이며, 표본에서 계산된 통계량을 사용한다. 이러한 비모수검정의 특징은 다음과 같이 요약할 수 있다.

첫째, 모집단에 대한 최소한의 가정을 전제로 하기 때문에 가정이 만족하지 않음으로써 발생하는 통계적 추론에 대한 오류를 최소화할 수 있다. 또한 표본크기와 관계없이 쉽게 사용할 수 있다. 오히려 표본의 크기가 아주 작은 경우에 유용한 방법이다.

둘째, 대부분의 경우에 실제 관측값보다는 관측값의 부호(sign)나 상대적인 서열에 기초한 순위(rank)를 이용하여 검정통계량을 유도하기 때문에 특히 순위척도(ordinal scale)로 관측된 자료에 대한 분석과 검정에 유용하다.

셋째, 모수통계학에 비해 계산과정이 단순하여 신속한 검정을 할 수 있으며, 통계에 대한 깊은 이해와 지식이 요구되지 않는다.

넷째, 비모수검정법은 데이터의 확률분포에 대해 엄격한 가정을 필요로 하지 않기 때문에, 일반적으로 모수검정기법보다 검정력(power: $1-\beta$)이 떨어진다고 할 수 있다. 그러므로 모수통계가 요구하는 기본가정이 성립될 때에는 모수통계를 활용하는 편이 보다 효과적이라 할 수 있다.

전통적으로 비모수통계학은 측정치 자체를 사용하지 않고 흔히 측정치의 부호(sign)나 순위(rank) 혹은 부호순위(signed rank)에 기초한 점수(score)를 사용하여 통계적인 검정을 실시한다. 따라서 부호와 순위의 이해는 비모수통계학에서 필수적으로 요구된다.

비모수통계학은 정보의 손실이 일어나고 효율성이 떨어지리라 생각할 수 있는데, 실제로는 통계적 검정의 효율성이 그렇게 떨어지지 않고 오히려 안전한 방법이다. 그러므로 모집단에 대한 가정이나 조건에 크게 구애받지 않기 때문에 자료가 정규분포에서 벗어난 경우에는 전통적인 모수통계기법보다 오히려 나은 검정력(power: $1-\beta$)을 나타낸다고 할 수 있다.[1)]

제 2 절 비모수검정(non-parametric hypothesis testing)의 기본원리

비모수검정법도 표본의 크기와 성격, 그리고 척도의 형태에 따라 적용되는 기법이 다르다. 일반적으로 사용되는 비모수검정에는 다음과 같은 3가지의 기본원리가 있다.

1. 적합도 검정(goodness of fit test)

하나의 표본(집단)에서 얻어진 확률분포가 모집단이 가지고 있는 분포에 적합한지를 검정하는 방법이다. 특히, 통계자료를 조사하여 분석할 때 조사결과를 표의 형태로 분류된 범주형 자료를 이용할 때가 많다. 이때 단일 표본에 대한 분석은 교차분석인 카이제곱(χ^2)검정을 많이 이용한다. 즉, 표본에서 얻어진 자료가 어떤 특정한 분포에서 얻은 것인지 그 적합도 검정(goodness of fit test)을 실시하고자 할 때 사용된다. 주로 대표본을 대상으로 한다.

1) 비모수검정은 표본을 얻을 수 있는 모집단에 관해 아무런 가정을 하지 않은 비분포의 방법이다. 즉, 모집단에 대한 분포형태에 상관없이 안정된 검증이 가능하다. 특히, 표본이 6 이하면 비모수통계기법을 적용하는 것이 좋다.

2. 동질성 검정(homogeneity test)

두 개의 변수 혹은 세 개 이상의 변숫값들이 이루는 모집단의 확률분포가 동일한지를 검정하는 방법이다. 이때 확률분포는 정규분포와 같은 특정 분포를 가정하지 않는다. 이와 같은 동질성 검정을 위한 기법으로 대응표본(matched samples)에 대한 비모수적 검정기법으로는 부호검정(sign test)과 윌콕슨 부호순위검정(Wilcoxon's signed rank test) 등이 있다.

또한 모수검정에서의 분산분석과 같이 두 집단(표본) 혹은 세 집단(표본) 이상의 특성 변수에 대한 확률분포가 동일한지를 검정하는 방법이다. 이와 같은 동질성 검정을 위한 기법으로 두 집단 간의 차이분석을 위해 독립표본(independent samples)에 대한 비모수검정기법으로는 교차분석과 맨-휘트니(Mann-Whitney)검정 및 콜모그로프-스미르노프(Kolmogrove-Smirnov)검정 등이 사용된다.[2] 또한 셋 이상 집단 간의 차이분석은 크루스칼-왈리스(Kruskal-Wallis) 순위검정이 주로 이용된다.

3. 독립성 검정(independence test)

변수들이 등간척도나 비율척도 등의 정량적 척도가 아닌 비정량적 척도에 의해 측정된 경우에는 비모수통계에 의한 상관관계분석을 해야 한다. 상관관계분석이란 순위척도로 측정된 자료를 이용하여 변수 간의 상관관계를 검정하는 기법을 포함하여 명목척도로 측정된 자료를 이용하여 변수 간의 상호독립성을 검정하는 기법을 말한다.

독립성 검정을 위해 변수(속성) 간에 어떤 관계를 알고자 할 때 노수분포상의 상관 정도를 검정한다. 즉, 두 가지 변수들에 대해서 분류된 자료들이 있을 경우 두 변수들 간에 관련성이 있는지 없는지를 알아내는 것이다. 이와 같은 상관관계 검정을 위한 비모수검정기법으로는 스피어맨(Spearman) 순위상관분석과 교차분석 등이 있다.

예를 들어, 통계패키지 SPSS에서는 비모수검정절차로서 표본자료의 유형별 및

---

2) 모수통계에서 2개의 표본 간의 동질성 검정을 위한 t-검정이나 혹은 3개 이상의 표본 간의 동질성 검정을 위한 분산분석처럼 비모수통계에서도 집단(표본자료)의 성격에 따라 적용기법을 달리한다. 이때 분석대상이 되는 집단들이 서로 독립적인지 혹은 상호의존적인지에 따라 독립표본과 대응표본으로 구분된다.

표본자료의 구조에 따라 약 15개 검정방법을 소개하고 있다. 본 단원에서는 비모수 검정법 중에서 가장 단순하고 많이 사용되는 방법만을 다루기로 한다.

제 3 절 비모수검정 분석기법(non-parametric techniques)

비모수검정법은 일반적으로 모수검정법이 사용될 수 있는 상황에서 모두 적용할 수 있다. 하지만 다음과 같은 목적으로 많이 활용된다.

1. 교차분석: 카이제곱(χ^2)검정

회귀분석은 연속성 변수들에 대한 상호연관성을 분석한다면 카이제곱검정은 범주형 변수들에 대한 연관성 분석이라 할 수 있다. 이때 자료를 두 개의 범주형 변수의 속성에 따라 분류시켜 하나의 표로 만들어놓은 것을 통계분할표(contingency table)라고 한다. 이는 두 범주형 변수들 간의 상호연관성을 알아보기 위한 방법인데, 이와 같은 독립성 검정을 하기 위해 통계분할표를 분석한다. 이를 교차분석(crosstabs)이라고 한다.

분할표는 하나의 범주형 변수의 속성에 따른 r개의 행과 또 다른 범주형 변수의 속성에 따른 c개의 열로 구성된다면, 모집단의 총칸수는 $(r \times c)$가 된다. 따라서 $(r \times c)$ 통계분할표에 모집단에서 추출하는 표본조사의 결과로 얻어지는 해당 도수를 기록한다.

예를 들어, 연구방법론 과목을 수강했던 학생들의 성적(B학점 이상, C학점, C학점 미만)과 후배들이 수강했던 이 과목에 대한 선배들의 추천여부가 상호독립적인지를 알고자 한다. 즉, 성적과 과목추천의 독립성 여부를 묻는 질문이다. 이 과목을 수강했던 학생 200명을 조사한 결과 다음과 같은 분할표를 얻었다 하자.

〈성적과 과목추천 여부 조사결과 분할표〉

성적 \ 과목추천여부	예	아니오	계
B학점 이상	50	30	80
C학점	36	44	80
C학점 미만	15	25	40
계	101	99	200

성적과 연구방법론 과목 추천의 독립성 여부는 통계적으로 카이제곱(χ^2)검정을 통해 확인할 수 있다. 즉, 다음과 같은 두 가설을 설정한다.

H_0: 두 변수(성적, 추천여부)가 상호독립적이다.
H_1: 두 변수가 상호독립적이지 않다.

이때 카이제곱검정통계량은 다음과 같이 계산된다.

$$\chi^2 = \sum_{i=1}^{3}\sum_{j=1}^{2}\frac{(O_{ij}-E_{ij})^2}{E_{ij}}$$

여기에서 O_{ij}는 분할표상의 관측값(실제도수)이고, E_{ij}는 독립을 가정하고 계산된 기댓값(기대도수)이다. E_{ij}는 ij번째 셀에 해당되는 주변합을 각각 곱해서 전체합으로 나눈 값으로 계산된다. 이 값이 크게 나타나면 관측값과 상호독립을 가정하고 계산한 기댓값이 차이가 난다는 의미이기 때문에 상호독립이 아니라고 말할 수 있다.[3] 아래에서 살펴보기로 하자.

만약, 두 변수가 독립적이고 표본이 충분히 클 경우에 χ^2통계량은 다음과 같이 자유도(df)가 $(r-1)\times(c-1)$개로 구성된 χ^2-분포에 접근한다.

3) 한 가지 짚고 넘어갈 사항은 χ^2-분포를 이용하여 적합도 검정을 할 때에는 각 범주별 기대도수가 5 이상 되어야 한다는 점이다. 즉, 표본의 크기가 작을 때에는 매우 주의해야 한다. 특히 분할표상에서 계산된 전체의 기댓값이 5 이하인 경우가 50%를 넘으면 사용하지 않는 것이 좋다. 이때에는 수정된 카이제곱(χ^2)검정통계량을 이용할 수 있는데, 구체적인 내용은 본서에서는 생략한다.

$$\chi^2 \simeq \chi^2\text{분포 } (r-1)\times(c-1)$$
$$= \sum \frac{(O-E)^2}{E}$$

이때 성적과 과목추천 여부 조사결과 분할표의 관측값과 기댓값을 계산하면 다음과 같이 나타낼 수 있다. 이렇게 계산된 카이제곱(χ^2)검정통계량은 자유도가 [행의 수(c)-1]$\times$[열(r)의 수-1]인 카이제곱(χ^2)분포와 비교하여 가설의 기각여부를 판단한다. 즉, $\chi^2=8.281$

〈분할표 관측값과 기댓값〉

과목추천여부 / 성적	예	아니오	계
B학점 이상	50(40.4)	30(39.6)	80
C학점	36(40.4)	44(39.6)	80
C학점 미만	15(20.2)	25(19.8)	40
계	101	99	200

이 값은 자유도가 2인 카이제곱분포의 5% 유의수준값인 5.99147과 비교하여 독립성 여부를 판단할 수 있다. 여기에서는 실제 통계량값이 유의수준에서 제시된 값보다 크기 때문에 두 변수(성적, 과목추천여부)는 상호독립적이지 않다는 가설을 채택한다. 따라서 후배들의 연구방법론 과목의 성적은 선배들의 추천여부에 따라 영향을 받는다고 할 수 있다.

한편 카이제곱검정을 통해 적합도 검정도 수행할 수 있다. 예를 들어, 어떤 특정 제품의 연령별 매출비율이 10대, 20대, 30대, 40대에 9 : 3 : 3 : 1의 비율로 판매되고 있다고 하자. 이 제품과 유사한 또 하나의 제품을 새롭게 출시하려고 하는데, 이 제품 역시 비슷한 매출선호도가 있는지 알고 싶다고 하자. 한 마트에서 이 제품을 구입한 80명의 연령을 조사했더니 다음과 같이 조사되었다.

〈분할표 관측값과 기댓값〉

연령 \ 매출선호도	구제품	신제품
10대	39	45
20대	19	15
30대	18	15
40대	4	5
계	80	80

이렇게 계산된 카이제곱검정통계량은 자유도가 [범주의 수(4)－1]인 카이제곱분포와 비교하여 가설을 판단한다. 즉, $\chi^2=2.667$.

이 값은 자유도가 3인 카이제곱분포의 5% 유의수준값인 7.8147과 비교하여 동일성(적합도) 여부를 판단할 수 있다. 즉, 새롭게 출시되는 신제품은 기존 제품과 유사한 선호도를 보이고 있다고 볼 수 있다.

2. 부호검정(sign test)

부호검정은 모수검정인 t-검정을 대신할 수 있는 비모수검정기법으로서 자료의 분포에 대한 연속성과 독립성을 제외하고는 특별한 가정이 필요하지 않다. 이 때문에 단일표본에서 얻은 자료가 정규분포라는 가정을 하기 어렵고 또 자료의 수가 많지 않을 때 적용할 수 있는 통계적 분석방법이다. 특히, 부호검정은 두 수치에 대한 차이의 크기를 무시하고, 단지 차이의 부호만을 이용하므로 수치측정이 어려운 경우에 매우 유용하다고 할 수 있다.

이와 같은 부호검정은 이해하기 쉽고 적용이 간편해서 오래전부터 사용되어온 비모수기법이다. 그러나 사용도가 높은 반면 검정력(power; $1-\beta$)이 크지 못한 방법이라는 약점을 가지고 있다. 구체적으로 살펴본다면, 짝(pair)을 이룬 두 개의 수치를 비교하여 그 차이를 양(+)과 음(－)으로 표시한다. 그러고 난 후 양과 음이 나올 확률을 구해 가설의 기각여부를 검정하는 비모수통계분석의 기법이다. 만약 양과 음이 나올 확률이 같다면, '두 개의 사건이 발생될 확률이 같다'는 연구가설이 기각되지 않는다.

예를 들어, 어떤 회사제품인 A와 B의 만족도를 비교한다고 할 때 응답자에게 만족하는 제품을 고르게 한다고 하자. 만약, 두 제품의 만족도가 같다면 응답자 중

양(+)과 음(−)이 나오는 수가 똑같을 것이다. 따라서 두 제품의 만족도는 짝을 이룬 확률변수로 간주하는 것이 타당하다.

따라서 이와 관련된 가설은 양과 음이 나올 확률이 똑같다(즉, H_0: 두 제품의 만족도는 똑같다)는 가정하에 이항분포를 이용하여 가설의 기각여부를 결정하게 된다. 물론, 여기에서 가설검정의 목적은 두 제품의 만족도가 같지 않고, 어느 한 상품의 만족도가 크다는 것을 검정하려는 데에 있다고 하겠다(즉, H_1: 두 제품의 만족도는 다르다).

다만, 부호검정에서는 두 확률변수의 값이 서로 동일한 값을 가질 경우, 부호를 결정할 수 없다. 따라서 전체 표본에서 동일한 값을 갖는 경우에는 실험을 시행하지 않은 것처럼 간주한다.

3. 윌콕슨 부호순위검정(Wilcoxan's signed rank test)

전술한 부호검정(sign test)은 서로 대응되는 짝의 측정값 차이에 대한 부호(sign)만을 이용하여 두 표본의 동질성(homogeneity) 여부를 판정하는 것이다. 반면 순위검정은 자료를 순위로 평가하여 그 순위를 가설검정의 근거로 삼는 방법을 말한다.

만일 자료의 분포가 중앙값을 기준으로 대칭이라면 부호검정(sign test)보다 더 나은 검정방법이 있는데, 이것이 바로 윌콕슨 부호순위검정(Wilcoxan's signed rank test)이다. 즉, 두 표본값에 대한 측정값 차이의 부호뿐만 아니라 차이의 절대적 크기도 동시에 고려하는 비모수기법이다. 부호검정보다 더 강력한 검정력(power: $1-\beta$)을 지니고 있다. 이는 부호검정에서 관측치의 부호만을 이용함으로써 생기는 정보의 손실을 줄이기 위하여 윌콕슨이 제안한 통계분석기법이다.

구체적으로는 두 모평균을 비교하기 위해 각 모집단에서 표본을 추출하는데, 첫 번째 표본의 관찰치와 두 번째 표본의 관찰치를 짝(pair)을 지어 관찰하는 경우가 있다. 이와 같이 짝으로 된 두 모집단(paired two populations)의 두 확률분포를 비교하는 데 사용된다.[4)]

---

4) 이에 반해, **짝(pair)이 아닌 서로 독립된 두 모집단의 확률분포를 상호 비교하는 방법이 있다. 이를 윌콕슨의 순위합검정(wilcoxon's rank sum test 또는 mann-whitney U test)이라고 한다.** 정규분포를 따르는 독립적인 두 표본검정을 두 표본이 정규분포가 아니거나 표본의 수가 적을 때 적용할 수 있는 방법이다. 이는 자료가 순위변수인 비메트릭자료이기 때문에 t-검정이 불가능하다.

일반적으로는 자료가 메트릭자료인 경우, 짝을 이루는 표본의 평균차이검정은 t-통계량을 예를 들어, 구체적으로 가설을 전개한다면 다음과 같은 가설, 즉 H_0 : '회계법인들의 감사품질 만족도는 어느 지역에서나 똑같다' 등처럼 전개될 수 있다. 이와 같은 부호순위검정을 위한 구체적인 절차는 다음과 같이 행해진다.

① 짝에서 두 수치(측정값)의 차이(d)를 구한다. 편차가 0이 되는 측정값은 고려 대상에서 제외시킨다.
② 차이(d)의 절댓값의 크기 $|d|$에 따라 순위(r)를 부여한다.
③ +부호를 가진 차이(d)에 대한 순윗값의 합을 구한다. 또는 −부호를 가진 차이(d)에 대한 순윗값의 합을 구한다. 이 값이 검정통계량(test statistics)이 된다.
④ 주어진 유의수준 α를 고려하여 결정된 경곗값과 위에서 계산된 검정통계량을 비교하여 가설의 기각여부를 결정한다.

예를 들어보자. 다음은 8명의 전문가 집단이 화장품 A와 B의 품질을 10점 만점 척도로 평가한 도표이다. 이때 화장품 A와 B의 품질이 동일한지 검정하고자 한다.

두 화장품의 품질이 동일한지를 부호검정을 통해 검정한다면 검정통계량(test statistics)이 4로 계산되고, 부호순위검정으로 검정한다면 검정통계량이 22.5로 계산된다. 이때 부호검정은 이항분포로 검정할 수 있고, 부호순위검정은 윌콕슨이 만들어놓은 분포표를 이용하여 검정할 수 있다.

〈전문가 집단 화장품 평가표〉

평가자	A	B	A−B	부호	|A−B| 순위	+ 부호순위
1	3	5	−2		2	
2	4	1	3	1	4	4
3	5	6	−1		1	
4	4	7	−3		4	
5	8	2	6	1	8	8
6	2	6	−4		6.5	
7	8	5	3	1	4	4
8	10	6	4	1	6.5	6.5

이용한다. 이와 같이 t-검정은 두 표본의 모집단이 정규분포이고 또 표본의 차이가 정규분포를 가질 경우, 두 표본의 평균차이를 검정하기 위한 것이다. 그러나 자료가 순위 같은 비메트릭자료이고 정규분포가 아니며 짝이 아닌 독립된 모집단의 평균차이검정은 윌콕슨의 순위합검정(Wilcoxon's rank sum test)을 이용한다.

4. 스피어맨 순위상관검정(Spearman rank correlation test)

두 변수 간의 연관성 정도를 측정하는 스피어맨 순위상관도는 순위의 상관관계(rank correlation)를 나타내는 검정통계량이다. 스피어맨 순위상관검정은 순위자료를 이용하여 변수 간의 상관 정도를 분석하는 방법으로서 순위의 상관관계는 짝을 이룬 두 변수의 크기가 아닌 순위의 독립성 여부를 판단한다.

예를 들어, 하버드 경영대학원에 입학한 100명의 대학원생을 대상으로 입학 당시의 GMAT(혹은 GRE) 점수와 입학 후 대학원 성적 사이의 상관관계를 조사할 경우에 스피어맨 순위상관분석을 사용할 수 있다. 이때 분석을 위해 입학 당시 GMAT(혹은 GRE)점수와 대학원 성적점수 자체를 가지고 상관관계를 측정할 수 있고, 혹은 입학 당시 GMAT(혹은 GRE) 성적순위와 대학원 성적순위 사이에 상관관계를 측정할 수도 있다.

만약 주어진 표본자료가 연속형인 비율척도로 성적점수라 하자. 이때의 상관관계분석은 피어슨(Pearson) 상관계수를 사용한다. 그러나 표본자료가 연속형이 아닌 순위형인 순위척도라 한다면, 이때의 상관관계분석은 스피어맨(Spearman) 순위상관계수(ρ)를 사용한다. 순위척도인 순위에 의한 가설은 다음과 같이 전개된다.

즉, H_0 : 'GMAT(혹은 GRE) 성적순위와 대학원 성적순위는 상호관련이 없다.' 이를 검정하기 위한 상관관계분석은 다음의 스피어맨(Spearman) 상관계수(ρ)를 사용한다. 물론, 여기에서 가설검정의 목적은 H_1 : 'GMAT(혹은 GRE) 성적순위와 대학원 성적순위는 상호관련이 있다'는 것을 검정하려는 데에 있을 것이다.

여기에서 가설의 기각여부는 유의수준 α를 고려하여 결정된 경곗값과 아래에서 계산된 순위상관계수(ρ) 검정통계량(test statistics)을 비교하여 결정된다.

$$\rho = 1 - \frac{6\sum d^2}{n(n^2-1)}$$

여기에서 n: 표본의 크기
d: 순위의 차이

또한 스피어맨(Spearman) 순위상관계수(ρ)는 두 확률변수의 독립성을 검정하는 통계량으로 사용되기도 한다. 순위상관계수(ρ)가 ± 1에 가까우면 두 확률변수가 상호밀접한 관계를 나타낸다고 할 수 있고, ρ가 0에 가까울수록 두 확률변수가 독립적이라고 할 수 있다.

부 록

APPENDIX 1

SPSS 활용의 기초

1 SPSS 시작하기

1.1 SPSS 실행하기

윈도우의 시작 버튼 을 누른 다음 [프로그램] 메뉴의 IBM SPSS Statistics 25 을 선택하면 SPSS가 실행된다. SPSS가 실행되면서 다음과 같은 대화상자가 나타나면서 새로운 데이터 파일을 선택할지 혹은 작업 중인 데이터 파일을 선택할지를 묻게 된다.

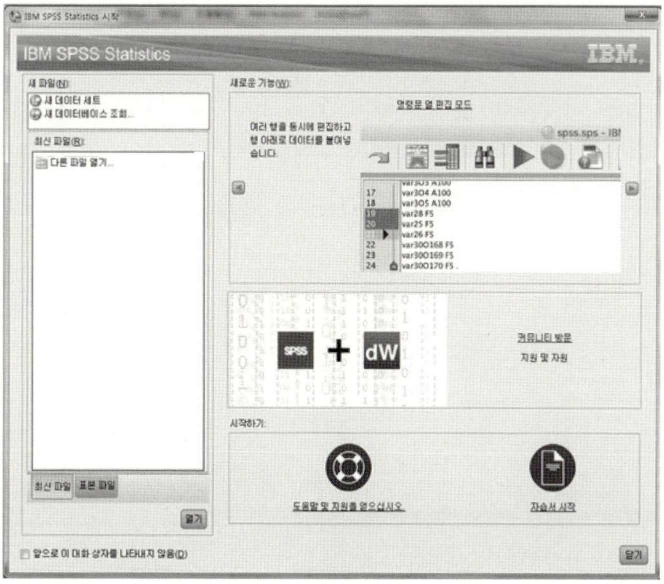

오른쪽 하단의 [닫기]를 선택하면 다음과 같은 새로운 데이터 파일 창으로 이동하게 되고, 여기서 데이터 입력 및 편집 등 작업을 할 수 있다.

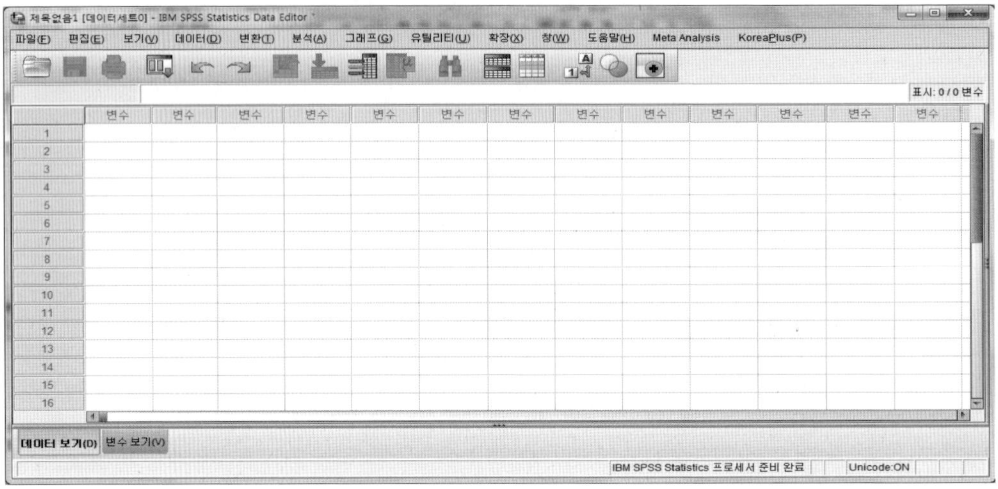

1.2 데이터 입력하기

SPSS 입력 화면 왼쪽 하단에 [데이터 보기(D)]와 [변수 보기(V)] 버튼이 있다. [데이터 보기(D)]는 데이터를 직접 입력하는 버튼이고, [변수 보기(V)]는 이 데이터에 대한 설명과 유형을 설정하는 버튼이다.

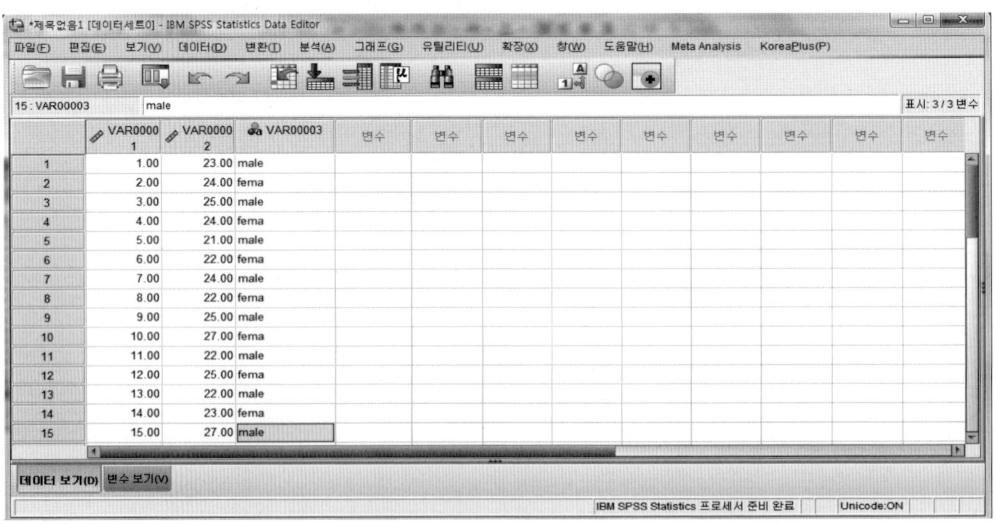

데이터 입력창의 첫 번째 열에 자료의 ID를, 두 번째 열에 연령을, 세 번째 열에 성별인 'male'과 'female'을 입력한다. 해당되는 열에 자료가 숫자나 문자가 입력되면 변수명은 자동으로 VAR00001, VAR00002 등으로 저장되고, 숫자 변수는 소수점 2자리수의 유형으로, 문자 변수는 너비 4의 유형으로 설정된다. 변수 이름과 유형은 [변수 보기(V)] 버튼을 이용해서 조정할 수 있다. 변수명 VAR00001을 ID로, 소수점을 0으로, 측도는 숫자의 의미를 가지는 명목형으로 수정하고, 변수명 VAR00002를 AGE로, 소수점을 0으로, 측도는 척도형으로 수정하고, 변수명 VAR00003을 GENDER로, 측도는 문자의 의미가 집단을 구분한다는 의미를 가진 명목형으로 수정한다.

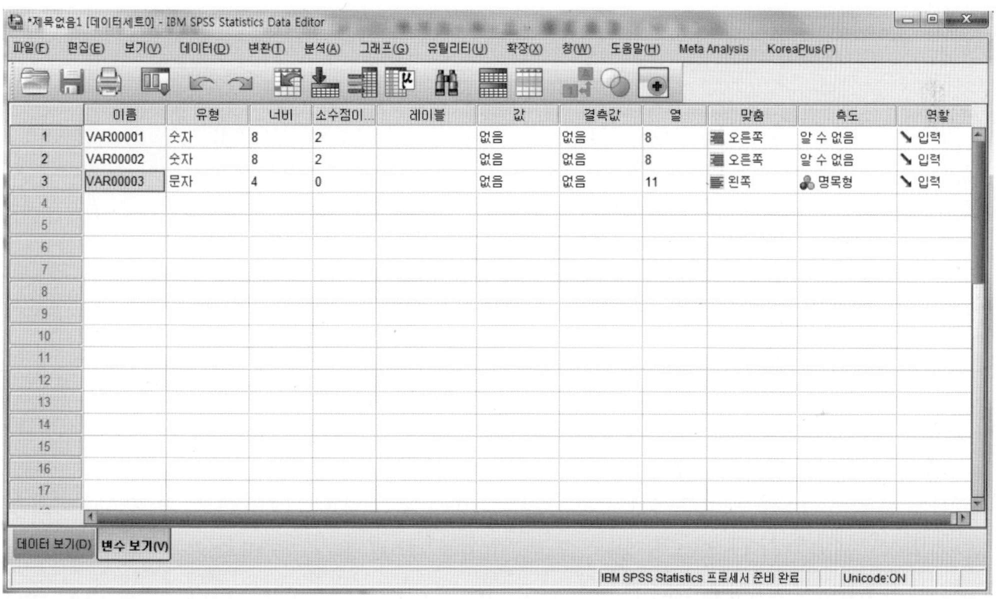

[변수 보기] 설정은 [편집(E)] 메뉴 하단의 [옵션(N)]에서 [변수보기 사용자 정의]를 활용해서 미리 다른 형식으로 저장해 둘 수도 있다.

위 작업 내용을 testing이라는 SPSS 파일로 연구방법론이라는 폴더에 저장한다.

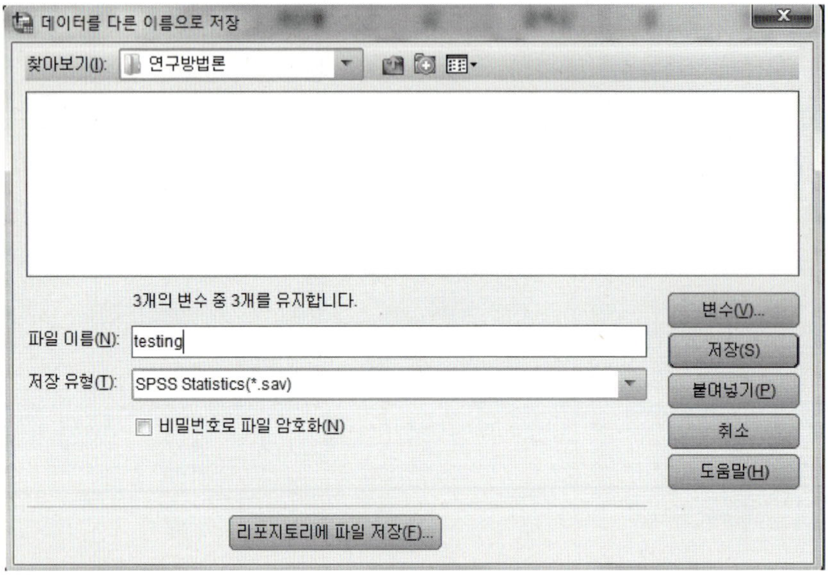

1.3 코딩 바꾸기

데이터 분석을 하다보면 분석의 목적이나 편리상 기존의 데이터를 변환하는 경우가 생긴다. 예를 들어, 범주형 변수 GENDER는 현재 문자형 변수로 입력되어 있는데 이를 SEX라는 숫자형 변수로 바꾸려 한다고 하자. 메뉴의 '변환(T) ▷ 다른 변수로 코딩변경(O)'을 선택하면 다음과 같은 대화상자가 나타나고, 왼쪽에 있는 변수목록에서 변환하고자 하는 GENDER를 화살표를 이용해서 가운데 있는 [문자변수 -> 출력변수] 화면으로 보내고, 오른쪽에 있는 출력변수에 새로운 변수 SEX를 입력하고 [변경] 버튼을 누른다.

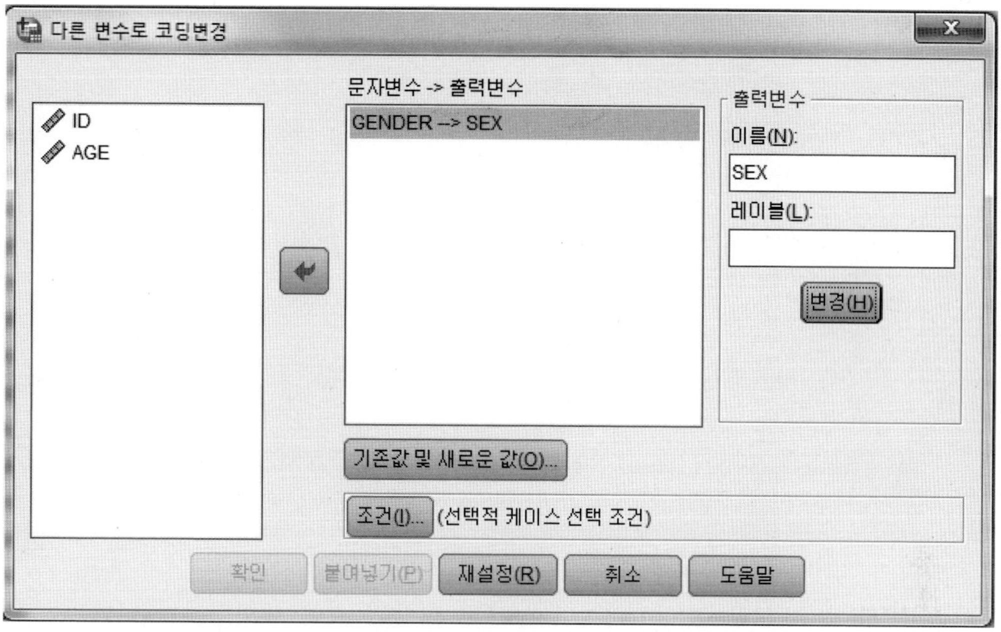
다른 변수로 코딩변경
ID
AGE
문자변수 -> 출력변수
GENDER --> SEX
출력변수
이름(N):
SEX
레이블(L):
변경(H)
기존값 및 새로운 값(O)...
조건(I)... (선택적 케이스 선택 조건)
확인
붙여넣기(P)
재설정(R)
취소
도움말

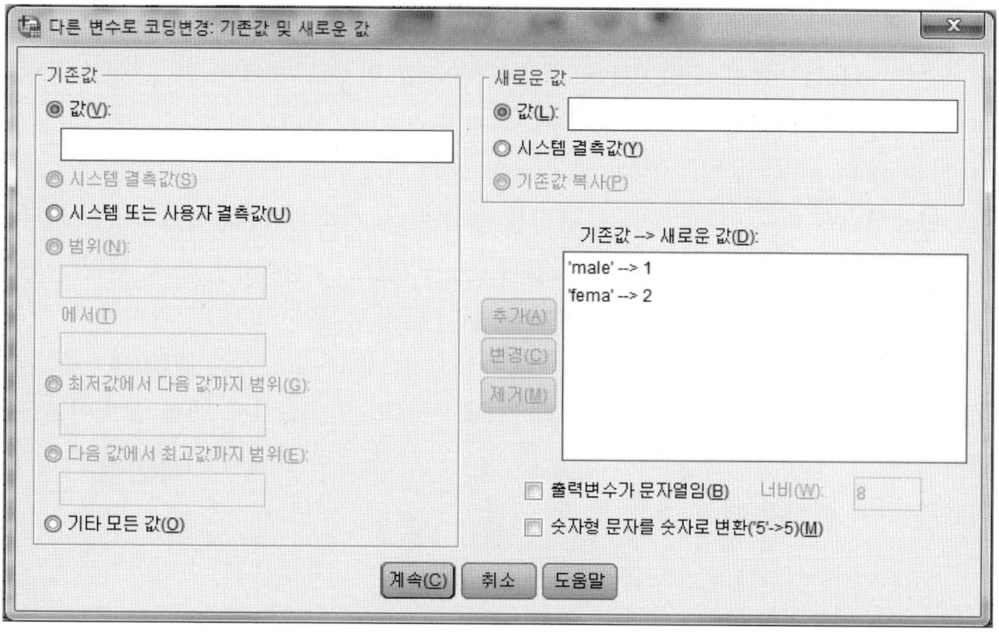
다른 변수로 코딩변경: 기존값 및 새로운 값
기존값
값(V):
시스템 결측값(S)
시스템 또는 사용자 결측값(U)
범위(N):
에서(T)
최저값에서 다음 값까지 범위(G):
다음 값에서 최고값까지 범위(E):
기타 모든 값(O)
새로운 값
값(L):
시스템 결측값(Y)
기존값 복사(P)
기존값 --> 새로운 값(D):
'male' --> 1
'fema' --> 2
추가(A)
변경(C)
제거(M)
출력변수가 문자열임(B)
너비(W):
8
숫자형 문자를 숫자로 변환('5'->5)(M)
계속(C)
취소
도움말

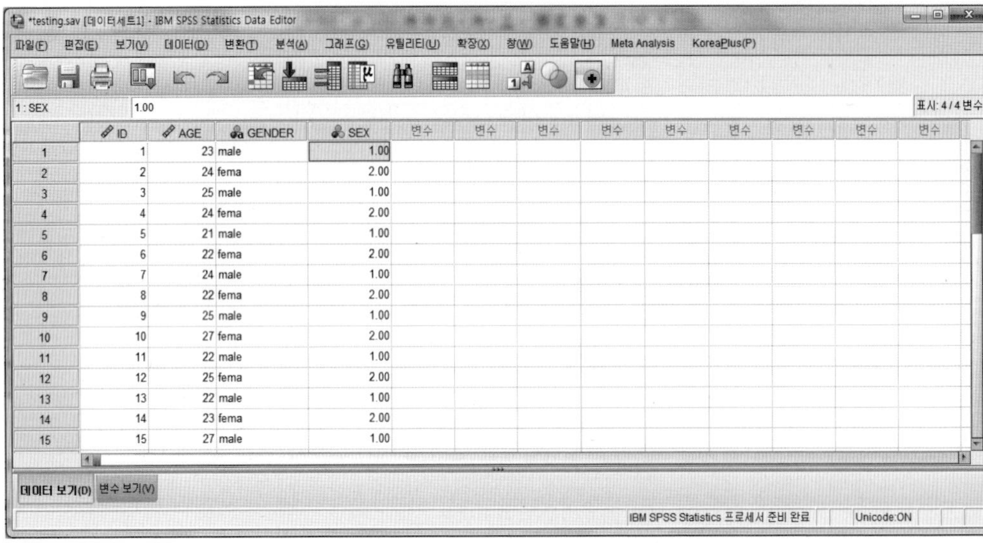

[기존값 및 새로운 값(O)] 버튼을 누르면 다음과 같은 대화상자가 나타나는데, 기존값은 현재 데이터 파일에 입력되어 있는 값이다. 새로운 값에는 새롭게 입력하고자 하는 값을 입력하고 [계속(C)] 버튼을 누른 후 다음 대화상자에서 [확인] 버튼을 누르면 데이터 파일에 SEX라는 새로운 범주형 변수가 생기게 된다. 현재 SPSS가 숫자 변수에 대해서는 모두 소수점 2자리를 가지게 설정되어 있어 이를 수정하고 싶을 때는 [변수 보기(V)]에서 수정하면 된다.

범주형 변수가 숫자형으로 입력되면 변수가 의미하는 바나 변수의 숫잣값이 의미하는 바를 지정해주는 것이 편리하다. 이는 [변수 보기(V)] 버튼을 눌러 [레이블]에 SEX라는 변수가 의미하는 '성별'을, [값]을 선택하여 그 값의 의미를 입력하면 된다. [값]을 선택하면 다음과 같은 대화상자가 나타나고, [기준값(U)]에 1을, [레이블(L)]에 male을 입력하고 [추가(A)] 버튼을 누르면 변숫값 1에 대한 설명이 이루어지게 된다. 변숫값 2에 대해서도 같은 방식으로 진행한 후 [확인] 버튼을 누르면 다음과 같이 변수가 바뀐 창을 볼 수 있다.

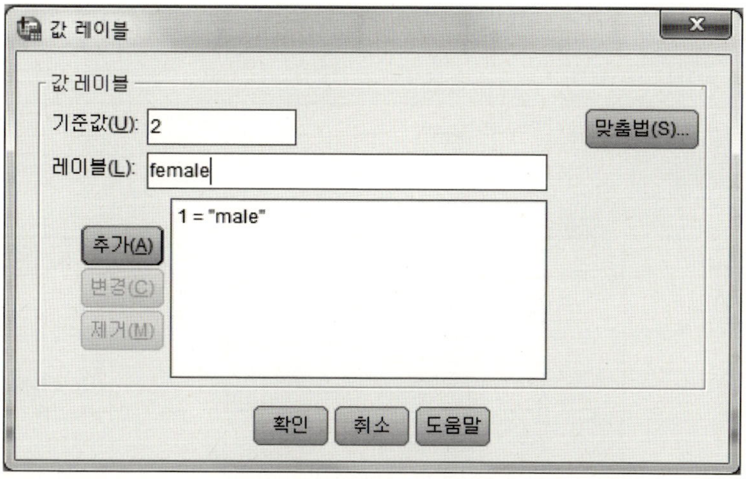

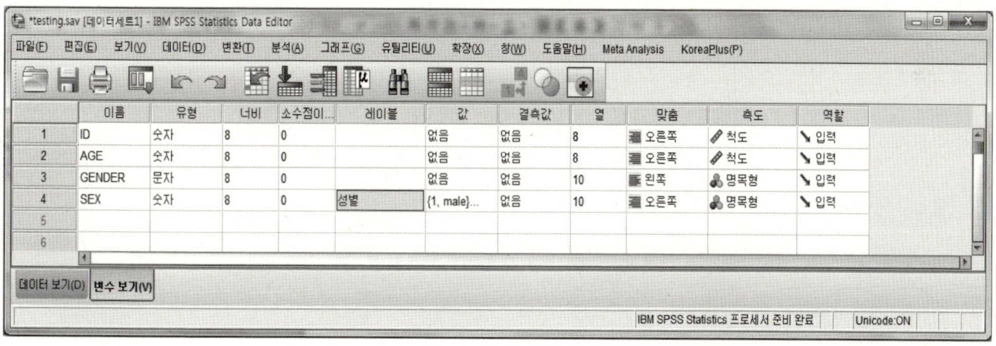

1.4 변수 계산하기

데이터 분석을 하다보면 기존의 변수를 변환하여 새로운 변수를 만드는 경우가 생긴다. 예를 들어, 연속형 변수 AGE로부터 경제활동 가능 기간을 E-Activity라는 새로운 변수로 만들고 싶다 하자. 메뉴의 '변환(T) ▷ 변수 계산(C)'을 선택하면 다음과 같은 대화상자가 나타난다. 대화상자의 왼쪽 상단 [목표변수(T)]에 새롭게 만들어지는 변수 E_Activity를 입력하고, 왼쪽에 있는 변수목록에서 변환하고자 하는 AGE를 화살표를 이용해서 오른쪽 [숫자표현식(E)] 화면으로 보내어 AGE-16이라는 수식을 입력한 후 [확인] 버튼을 누르면, 데이터 파일에 E_Activity라는 새로운 변수가 생긴 것을 볼 수 있다.

변수 계산
목표변수(T):
E_Activity
숫자표현식(E):
AGE-16
유형 및 레이블(L)...
ID
AGE
GENDER
성별 [SEX]
경제활동기간 [E_Ac...
함수 집단(G):
모두
산술
CDF 및 비중심 CDF
변환
현재 날짜/시간
날짜 산술
날짜 작성
삭제
함수 및 특수변수(F):
조건(I)... (선택적 케이스 선택 조건)
확인
붙여넣기(P)
재설정(R)
취소
도움말

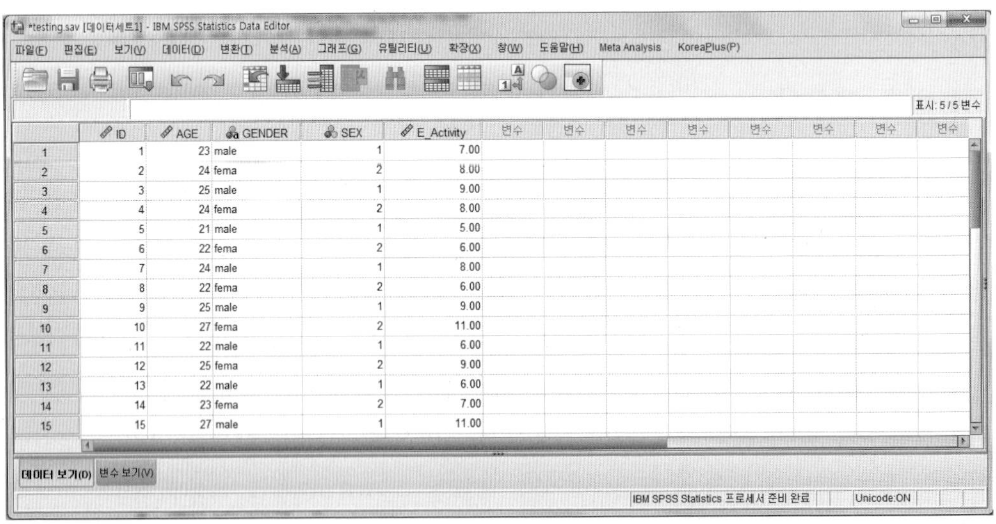
*testing.sav [데이터세트1] - IBM SPSS Statistics Data Editor
파일(F) 편집(E) 보기(V) 데이터(D) 변환(T) 분석(A) 그래프(G) 유틸리티(U) 확장(X) 창(W) 도움말(H) Meta Analysis KoreaPlus(P)
표시: 5 / 5 변수
ID AGE GENDER SEX E_Activity
1 1 23 male 1 7.00
2 2 24 fema 2 8.00
3 3 25 male 1 9.00
4 4 24 fema 2 8.00
5 5 21 male 1 5.00
6 6 22 fema 2 6.00
7 7 24 male 1 8.00
8 8 22 fema 2 6.00
9 9 25 male 1 9.00
10 10 27 fema 2 11.00
11 11 22 male 1 6.00
12 12 25 fema 2 9.00
13 13 22 male 1 6.00
14 14 23 fema 2 7.00
15 15 27 male 1 11.00
데이터 보기(D) 변수 보기(V)
IBM SPSS Statistics 프로세서 준비 완료
Unicode:ON

1.5 데이터 불러오기

SPSS에서 작업을 하기 위해 데이터를 입력하는 다른 방법은 범용 소프트웨어인 엑셀(Excel)에 입력된 자료를 SPSS 데이터 입력 화면으로 불러들이는 것이다. 만약 다음과 같은 testing.xlsx 파일이 있다고 하자.

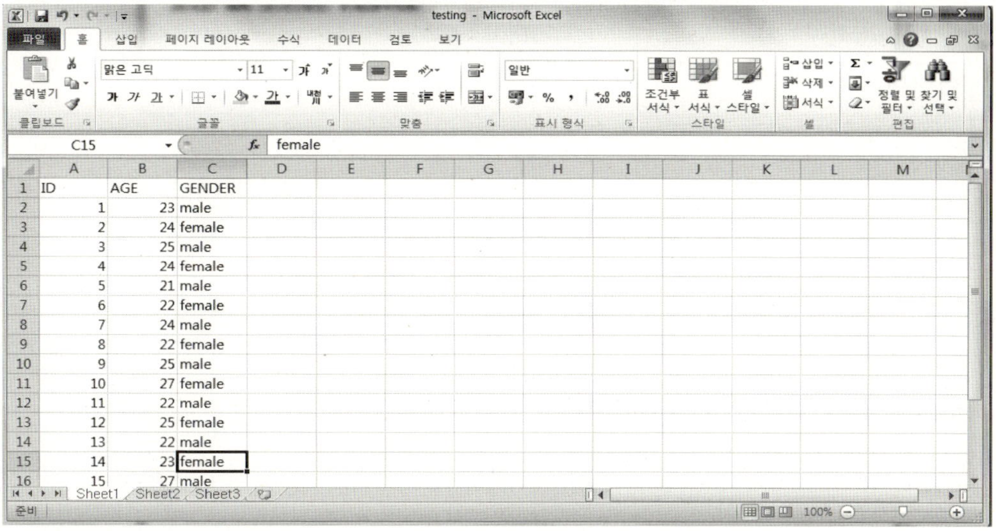

이 엑셀 파일을 SPSS 데이터 입력 화면에 불러올 때는 '파일(F) ▷ 열기(O) ▷ 데이터(D)'를 클릭하면 다음과 같은 데이터 열기라는 대화상자가 나타나게 된다.

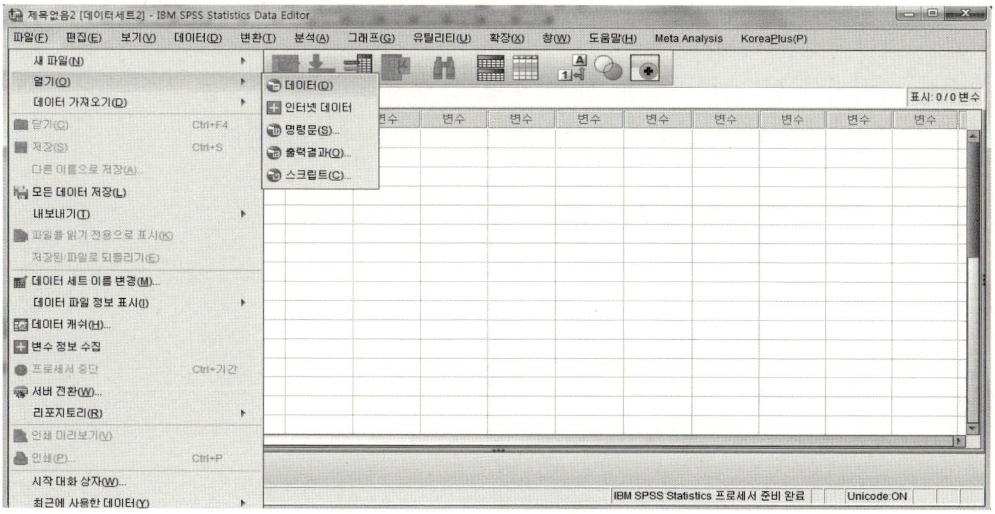

[데이터 열기]라는 대화상자의 왼쪽 상단에 [찾아보기(I)]를 눌러서 불러들이고 싶은 데이터 파일이 있는 위치를 지정하는데, 디폴트는 SPSS 파일만 보이게 되어 있어서 엑셀 파일을 나타나게 하려면, [파일 유형(T)]을 Excel로 지정해야 아래와 같이 엑셀 파일이 나타나게 된다.

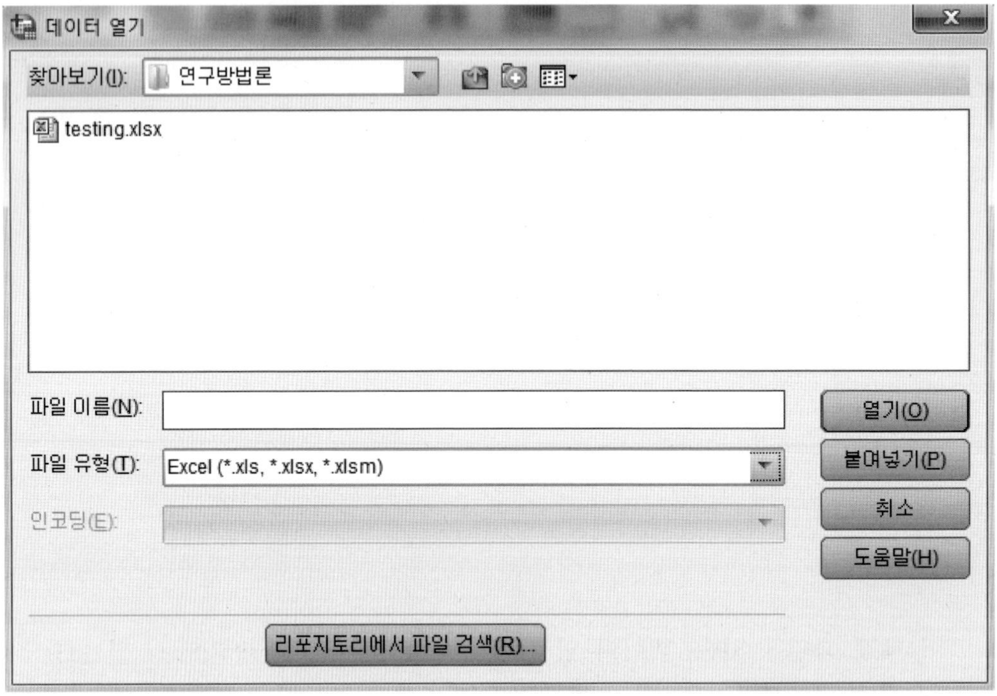

불러들일 엑셀 파일을 클릭하고 열기를 누르면, 다음과 같은 [Excel 파일 읽기]라는 대화상자가 나타나게 된다. 워크시트가 나타나고 엑셀 파일의 데이터 첫 행에 변수가 입력되어 있으면 마킹을 한 상태로, 그렇지 않으면 마킹을 풀어버리고 [확인] 버튼을 누르면 다음과 같은 데이터 파일이 SPSS에 입력된다.

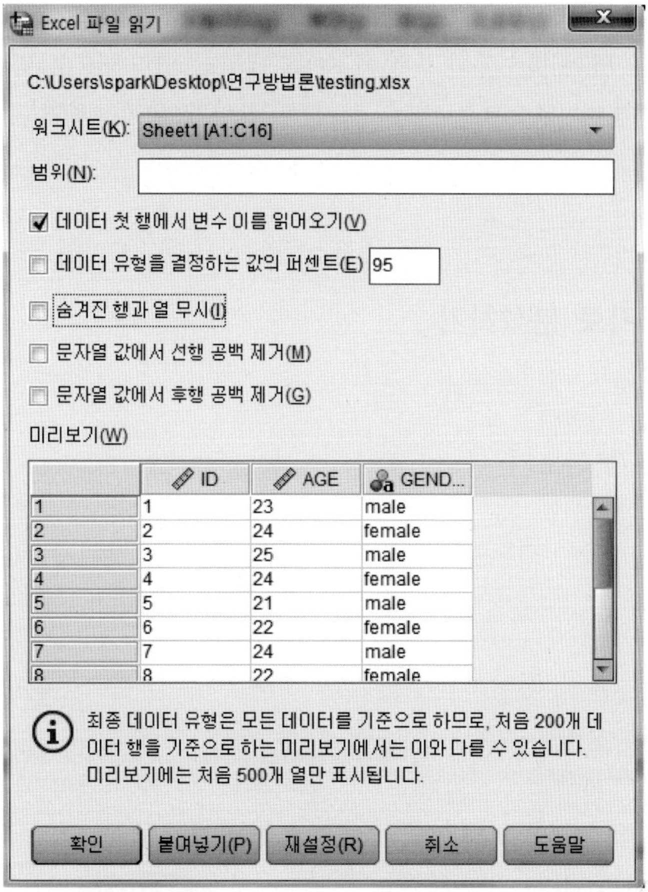
Excel 파일 읽기
C:\Users\spark\Desktop\연구방법론\testing.xlsx
워크시트(K): Sheet1 [A1:C16]
범위(N):
데이터 첫 행에서 변수 이름 읽어오기(V)
데이터 유형을 결정하는 값의 퍼센트(E) 95
숨겨진 행과 열 무시(I)
문자열 값에서 선행 공백 제거(M)
문자열 값에서 후행 공백 제거(G)
미리보기(W)
ID AGE GEND...
1 1 23 male
2 2 24 female
3 3 25 male
4 4 24 female
5 5 21 male
6 6 22 female
7 7 24 male
8 8 22 female
최종 데이터 유형은 모든 데이터를 기준으로 하므로, 처음 200개 데이터 행을 기준으로 하는 미리보기에서는 이와 다를 수 있습니다. 미리보기에는 처음 500개 열만 표시됩니다.
확인
붙여넣기(P)
재설정(R)
취소
도움말

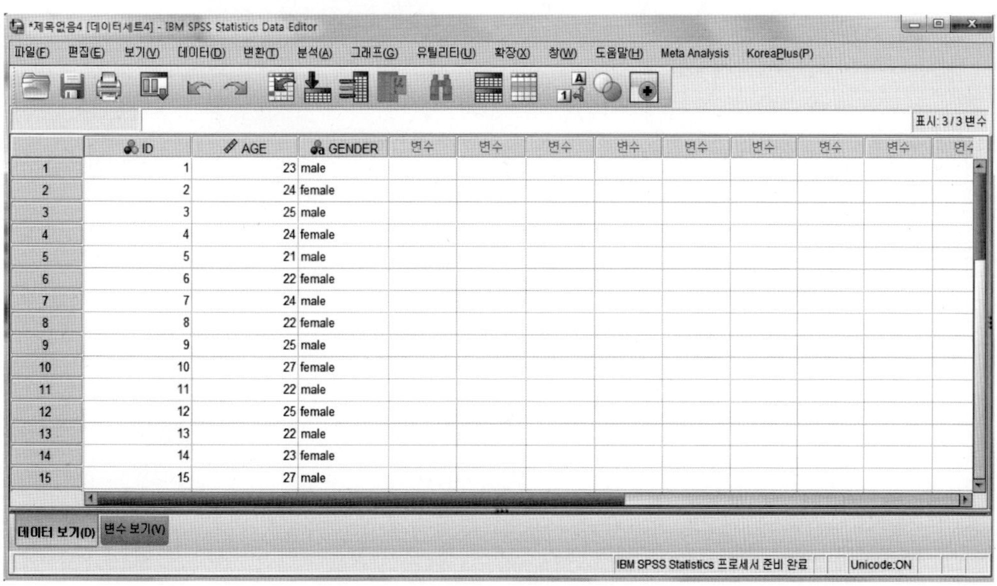
*제목없음4 [데이터세트4] - IBM SPSS Statistics Data Editor
파일(F) 편집(E) 보기(V) 데이터(D) 변환(T) 분석(A) 그래프(G) 유틸리티(U) 확장(X) 창(W) 도움말(H) Meta Analysis KoreaPlus(P)
표시: 3 / 3 변수
ID AGE GENDER 변수
1 1 23 male
2 2 24 female
3 3 25 male
4 4 24 female
5 5 21 male
6 6 22 female
7 7 24 male
8 8 22 female
9 9 25 male
10 10 27 female
11 11 22 male
12 12 25 female
13 13 22 male
14 14 23 female
15 15 27 male
데이터 보기(D) 변수 보기(V)
IBM SPSS Statistics 프로세서 준비 완료
Unicode:ON

엑셀 파일을 SPSS에 불러서 작업을 시작하기 전에 주의해야 할 점은 엑셀 파일에서 설정되어 있는 변수들의 속성이 SPSS 데이터 입력창으로 넘어오면서 그 속성에 따라 달라질 수 있으므로 [변수 보기]를 확인하고 필요하면 수정해야 한다.

2 SPSS 자료 분석하기

2.1 분석 자료 불러오기

SPSS 버전 25에서 제공되는 자료 파일 중 bankloan.sav를 불러서 기초 통계 분석을 실시한다.

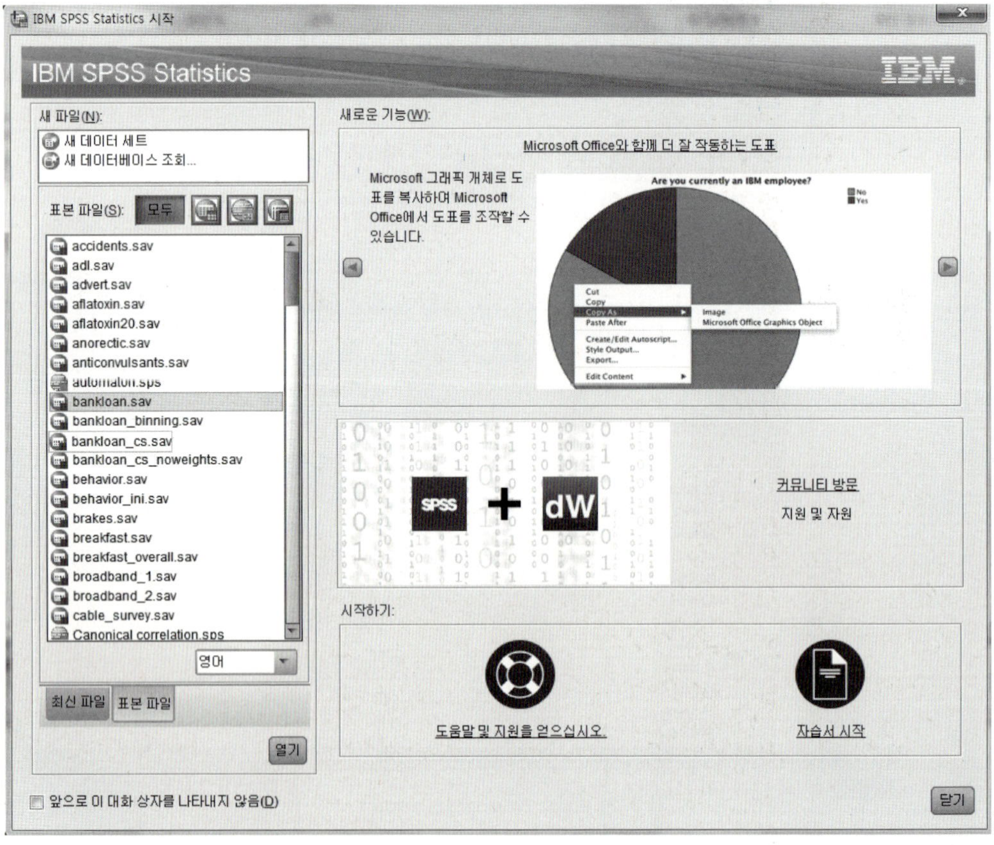

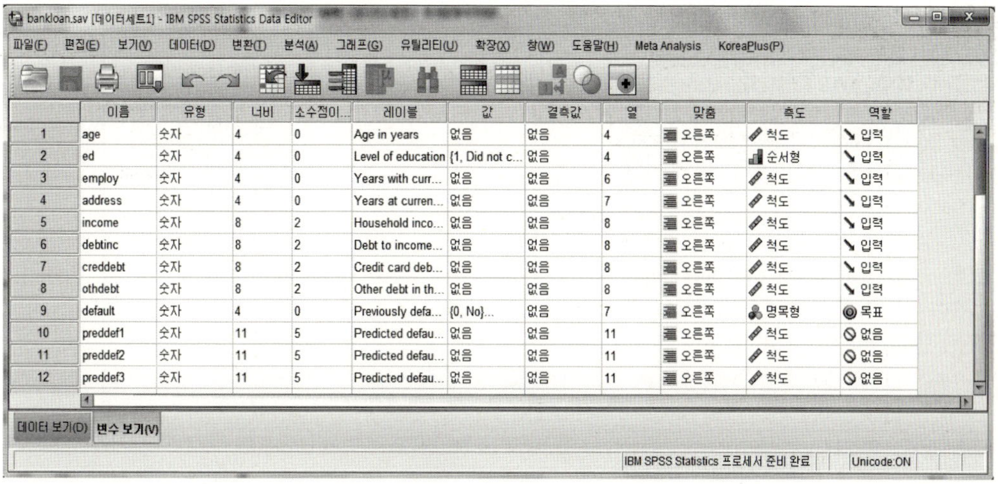

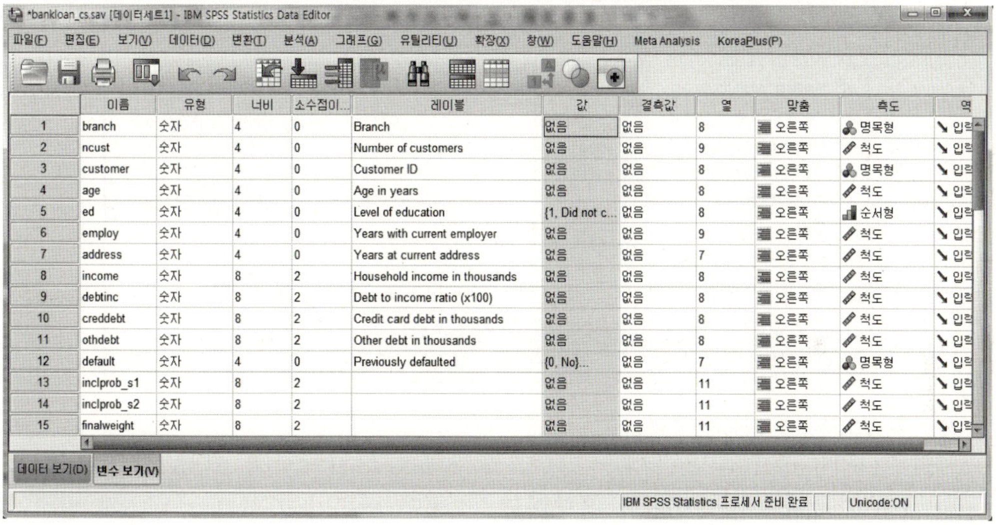

2.2 빈도분석

관심 있는 변수가 범주형 자료이고, 그 범주에 대한 자세한 정보를 알고 싶을 때 빈도분석을 수행할 수 있다. SPSS 메뉴의 '분석(A) ▷ 기술통계량(E) ▷ 빈도분석(F)'을 선택하면 다음과 같은 대화상자가 나타나고, 왼쪽에 나타나 있는 변수목록 중 내가 알고자 하는 변수를 오른쪽 변수목록으로 화살표 ➡를 이용하여 이동시킨다.

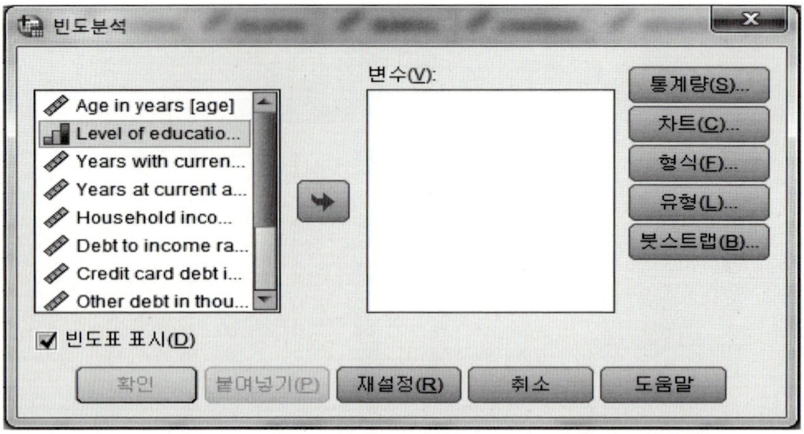

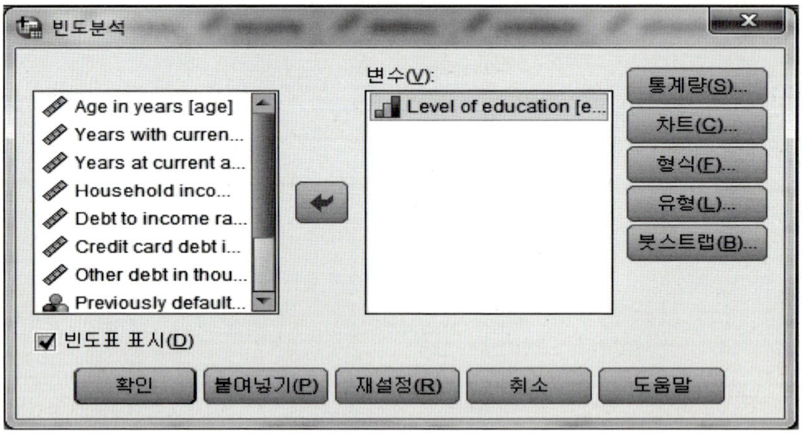

[확인] 버튼을 누르면 다음과 같은 출력결과가 나타나게 된다. 선택된 변수 Level of education은 총 850명이 응답하였고, 해당 변수가 가지고 있는 5개 범줏값에 대한 빈도가 출력된다.

〈통계량〉

Level of education		
N	유효	850
	결측	0

〈Level of education〉

		빈도	퍼센트	유효 퍼센트	누적 퍼센트
유효	Did not complete high school	460	54.1	54.1	54.1
	High school degree	235	27.6	27.6	81.8
	Some college	101	11.9	11.9	93.6
	College degree	49	5.8	5.8	99.4
	Post-undergraduate degree	5	.6	.6	100.0
	전체	850	100.0	100.0	

만약 빈도분석에서 보다 많은 기술통계 정보나 차트를 보고 싶다면, [통계량] 이나 [차트]를 눌러 필요한 정보를 선택한 후 [계속(C)] 버튼을 누르고 [확인] 버튼을 누르면 된다.

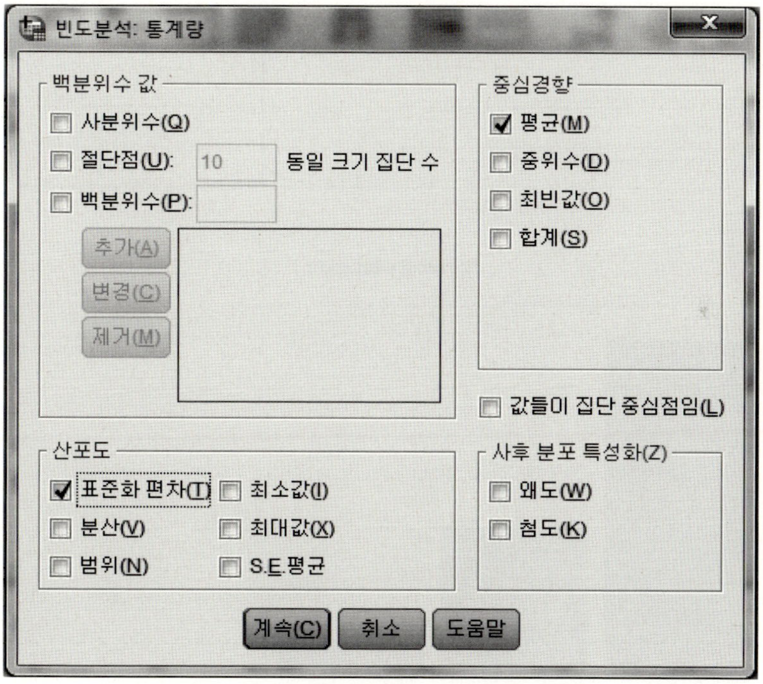

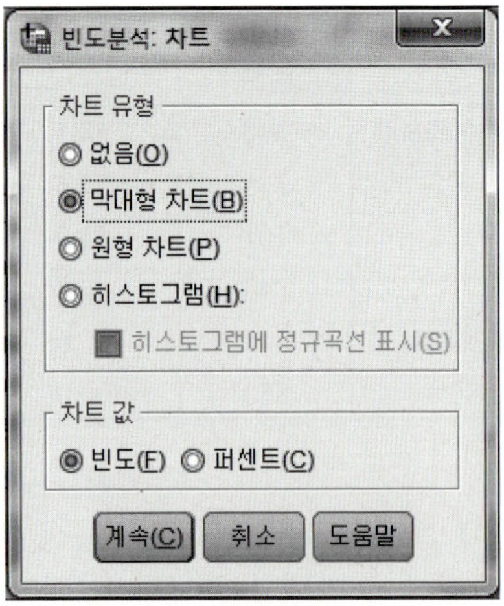

〈통계량〉

Level of education		
N	유효	850
	결측	0
평균		1.71
표준화 편차		.928

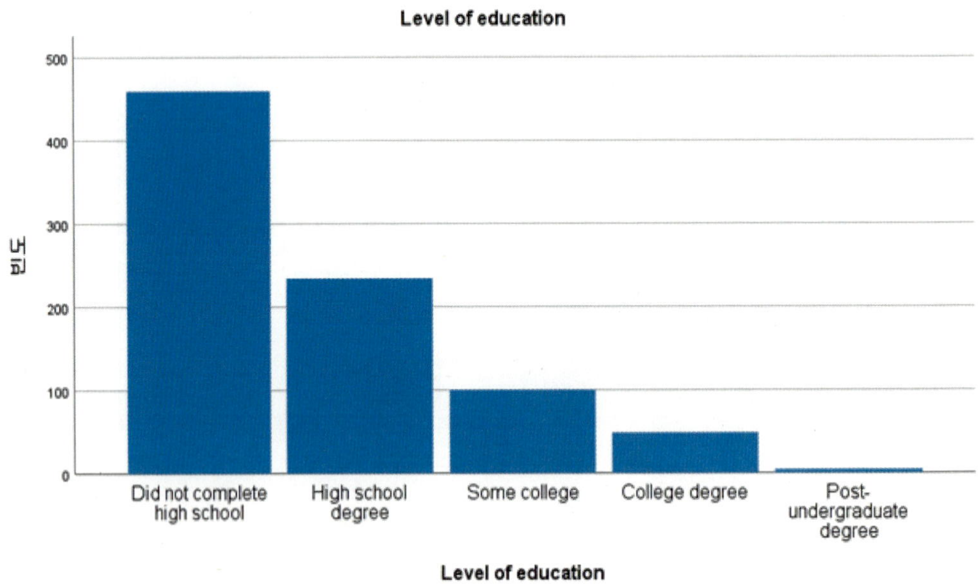

2.3 기술통계량

관심 있는 변수가 연속형 자료이고, 자료의 특성을 나타내는 기술통계량에 대한 정보가 알고 싶을 때 기술통계 분석을 수행할 수 있다. SPSS 메뉴의 '분석(A) ▷ 기술통계량(E) ▷ 기술통계(D)'를 선택하면 다음과 같은 대화상자가 나타나고, 왼쪽에 나타나 있는 변수목록 중 내가 알고자 하는 변수를 오른쪽 변수목록으로 화살표 를 이용하여 이동시킨다.

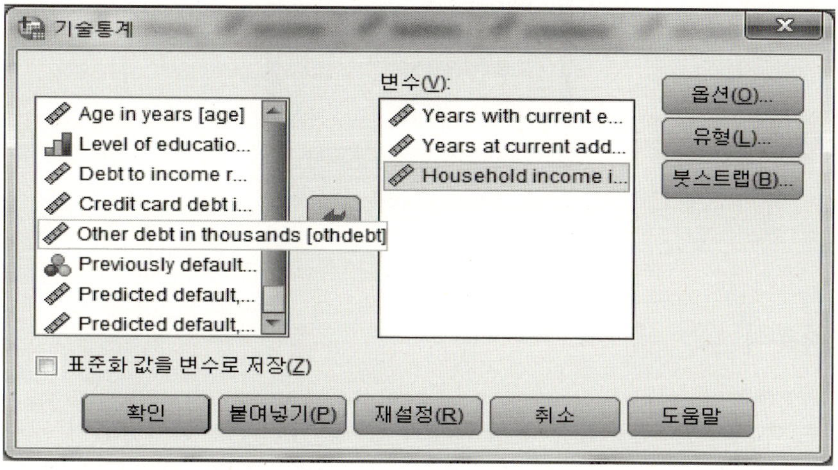

[확인] 버튼을 누르면 다음과 같은 출력결과가 나타나게 된다. 선택된 변수는 총 850명의 자료이고, 변수 Years with current employer의 최솟값은 0, 최댓값은 33년, 평균은 8.57년, 표준편차 6.778년 등의 기초적인 기술통곗값이 출력된다.

〈기술통계량〉

	N	최솟값	최댓값	평균	표준편차
Years with current employer	850	0	33	8.57	6.778
Years at current address	850	0	34	8.37	6.895
Household income in thousands	850	13.00	446.00	46.6753	38.54305
유효 N(목록별)	850				

만약 출력된 기술통계 이외의 추가적인 정보를 더 보고 싶다면, [옵션] 버튼을 눌러 다음과 같은 대화상자에서 원하는 기술통계량을 선택하면 된다.

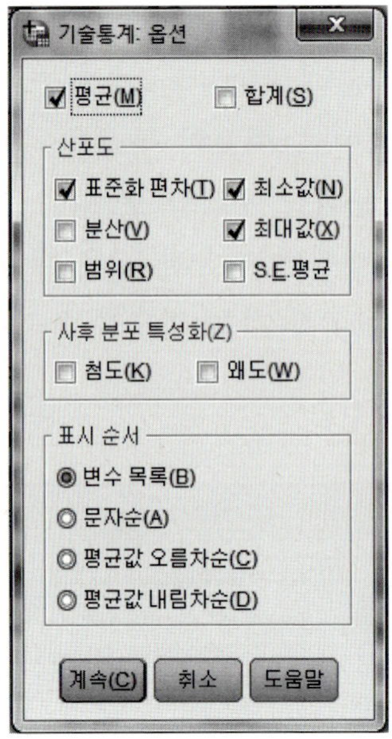

2.4 교차분석

관심 있는 두 변수의 연관성을 알아보려고 할 때 사용하는 분석방법이 교차분석이다. SPSS 메뉴의 '분석(A) ▷ 기술통계량(E) ▷ 교차분석(C)'을 선택하면 다음과 같은 대화상자가 나타나고, 왼쪽에 나타나 있는 변수목록 중 내가 알고자 하는 변수를 오른쪽 변수목록으로 화살표 ➡를 이용하여 이동시킨다.

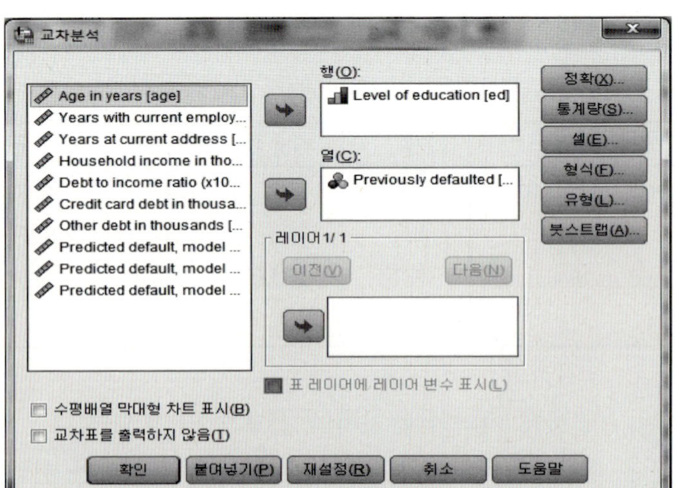

[확인] 버튼을 누르면 다음과 같은 출력결과가 나타나게 된다. 두 변수에 실제 값이 존재하는 총 700명의 자료이고, 변수 Education과 Default 여부 간에 범주 간 분포를 통한 연관성을 보여주고 있다.

〈케이스 처리 요약〉

	케이스					
	유효		결측		전체	
	N	퍼센트	N	퍼센트	N	퍼센트
Level of education * Previously defaulted	700	82.4%	150	17.6%	850	100.0%

〈Level of education * Previously defaulted 교차표〉

빈도

		Previously defaulted		전체
		No	Yes	
Level of education	Did not complete high school	293	79	372
	High school degree	139	59	198
	Some college	57	30	87
	College degree	24	14	38
	Post-undergraduate degree	4	1	5
전체		517	183	700

만약 두 변수 간의 연관성을 통계적 검정을 통해 알아보고 싶을 때, 대화상자에서 [통계량]을 눌러 다음과 같은 대화상자에서 [카이제곱(H)]을 선택하고, [계속(C)] 버튼과 [확인] 버튼을 누르면 출력결과가 나타난다.

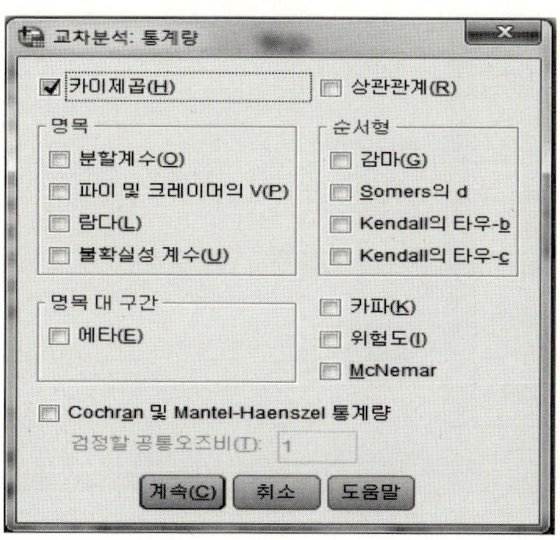

〈카이제곱 검정〉

	값	자유도	근사 유의확률(양측검정)
Pearson 카이제곱	11.492[a]	4	.022
우도비	11.332	4	.023
선형 대 선형결합	9.192	1	.002
유효 케이스 수	700		

a. 2 셀 (20.0%)은(는) 5보다 작은 기대 빈도를 가지는 셀입니다.
최소 기대빈도는 1.31입니다.

두 변수 간에 독립성을 카이제곱 검정으로 검정하게 될 때, 근사 유의확률이 0.05 이하로 출력되므로 두 변수는 독립이라고 볼 수 없다는 통계적 결과를 얻게 된다.

2.5 평균분석

관심 있는 변수의 평균에 관한 정보를 알아보려고 할 때 사용하는 분석방법이 평균분석이다. SPSS 메뉴의 '분석(A) ▷ 평균비교(M) ▷ 평균분석(M)'을 선택하면 다음과 같은 대화상자가 나타나고, 왼쪽에 나타나있는 변수목록 중 Household income을 선택하여 오른쪽 변수목록으로 화살표 를 이용하여 이동시킨다.

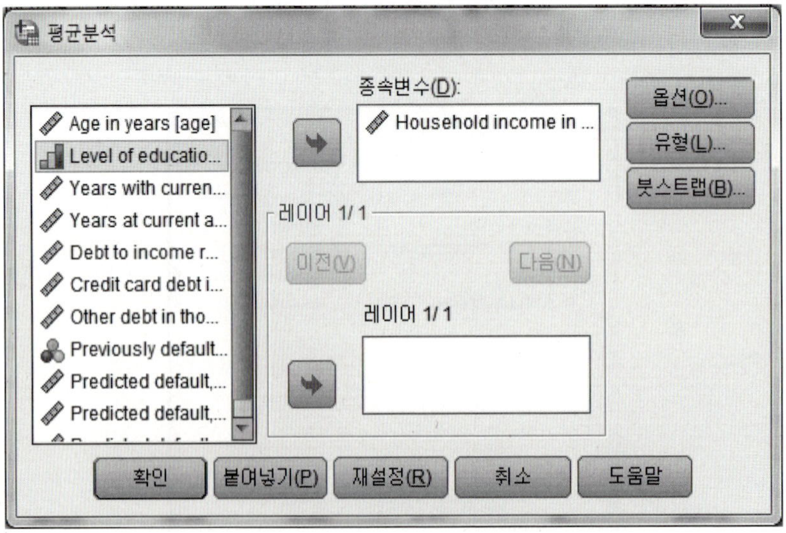

[확인] 버튼을 누르면 다음과 같은 출력결과가 나타나게 된다. 가계소득 변수에 실제 값이 존재하는 총 850명의 자료이고, 평균 46.6753과 표준편차 38.54305가 계산되어 보여준다.

〈케이스 처리 요약〉

	케이스					
	포함		제외		전체	
	N	퍼센트	N	퍼센트	N	퍼센트
Household income in thousands	850	100.0%	0	0.0%	850	100.0%

〈보고서〉

Household income in thousands		
평균	N	표준편차
46.6753	850	38.54305

만약 교육수준별 소득의 평균을 비교하고 싶다면, 대화상자의 오른쪽 하단 레이어에 교육수준을 나타내는 범주형 변수 Level of education을 입력하면 된다.

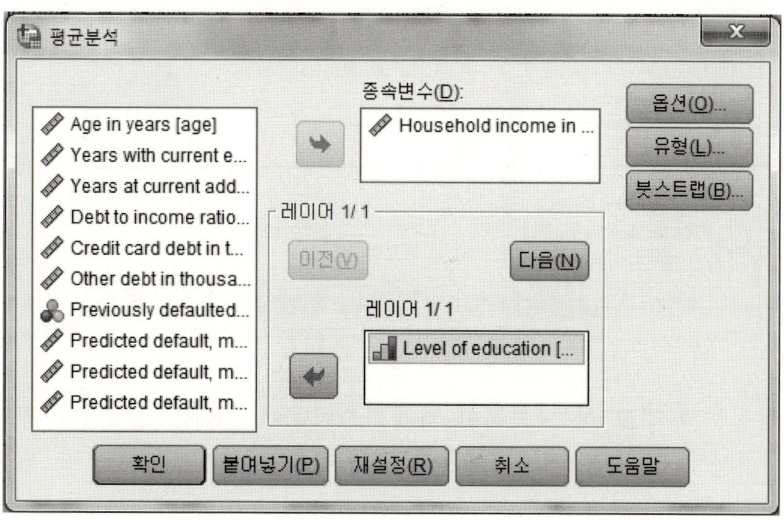

[확인] 버튼을 누르면, 다음과 같이 교육수준별로 가계소득 평균과 표준편차 값이 출력된다.

〈보고서〉

Household income in thousands			
Level of education	평균	N	표준편차
Did not complete high school	40.8370	460	32.19679
High school degree	46.9532	235	32.34843
Some college	63.0198	101	45.50999
College degree	59.3265	49	70.39424
Post-undergraduate degree	116.6000	5	71.81086
전체	46.6753	850	38.54305

2.6 일표본 T-검정

관심 있는 변수의 평균에 대해 검정을 하려고 할 때 사용하는 분석방법이 일표본 T-검정이다. SPSS 메뉴의 '분석(A) ▷ 평균비교(M) ▷ 일표본 T-검정(S)'을 선택하면 다음과 같은 대화상자가 나타나고, 왼쪽에 나타나있는 변수목록 중 Debt to income ratio를 선택하여 오른쪽 변수목록으로 화살표 를 이용하여 이동시킨다.

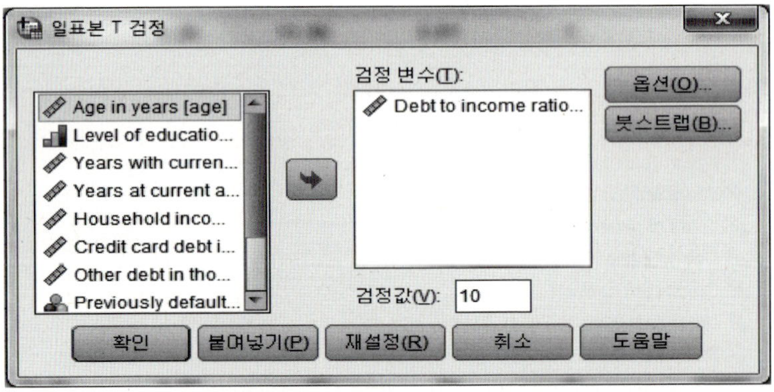

가설검정을 하려고 하는 목적이 가계대출비율이 10%를 초과함을 확인하는 것이라면, 대화상자 하단의 [검정값(V)]에 10을 입력하고 [확인] 버튼을 누르면 다음과 같은 검정결과 값이 출력된다. 검정결과 해석은 유의확률(양측)을 가설검정의 유의수준 값과 비교하여 그 값이 작을 때 가설을 채택하면 되는데, 이 경우는 유의확률(양측)의 값이 .457로 일반적으로 사용하는 유의수준 5%보다 크므로, 가계대출비율이 가계소득의 10% 이상 될 것이라는 가설은 채택되지 않는다.

〈일표본 통계량〉

	N	평균	표준화 편차	표준오차 평균
Debt to income ratio (x100)	850	10.1716	6.71944	.23047

〈일표본 검정〉

	검정값=10					
	t	자유도	유의확률 (양측)	평균차이	차이의 95% 신뢰구간	
					하한	상한
Debt to income ratio (x100)	.745	849	.457	.17165	−.2807	.6240

2.7 독립표본 T-검정

관심 있는 두 집단 간의 평균을 검정을 하려고 할 때 사용하는 분석방법이 독립표본 T-검정이다. SPSS 메뉴의 '분석(A) ▷ 평균비교(M) ▷ 독립표본 T-검정'을 선택하면 다음과 같은 대화상자가 나타난다. 가설검정하려는 목적이 사전에 디폴트를 경험한 집단의 소득수준과 그렇지 않은 집단의 소득수준이 차이가 남을 확인하는 것이라면, 왼쪽에 나타나 있는 변수목록 중 [검정변수(T)]로 Household income을 선택하여 오른쪽 변수목록으로 화살표 ➡를 이용하여 이동시킨다. [집단변수(G)]에는 디폴트 여부를 구분하는 범주형 변수 default를 선택하고, 범줏값을 [집단 정의(D)] 버튼을 눌러 자룟값으로 입력되어 있는 0과 1을 지정한다.

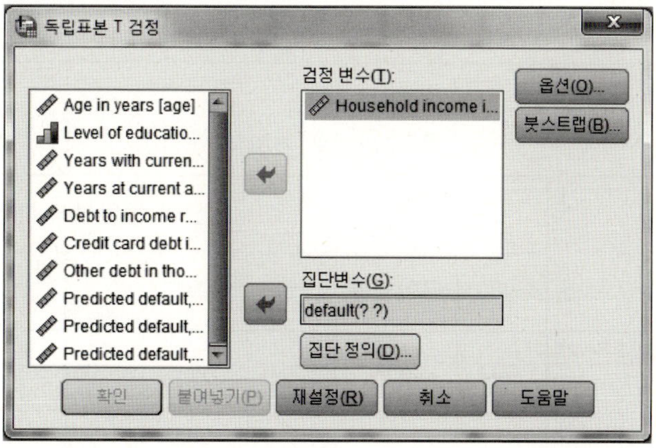

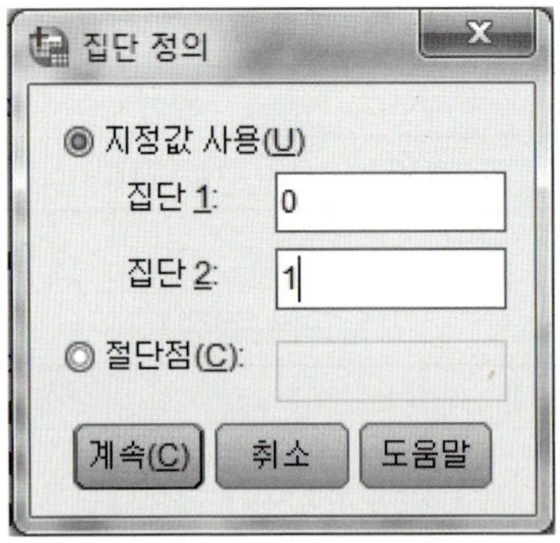

[확인] 버튼을 누르면, 다음과 같이 디폴트로 구분된 두 집단의 가계소득의 평균의 차이 검정 결과가 출력된다. 출력결과의 첫 번째 표는 각 집단의 집단통계량을 나타낸다. 두 번째 표는 평균의 동일성에 대한 T-검정 결과를 나타내며 등분산을 가정하는 경우와 그렇지 않은 경우 두 가지가 출력되는데, 이는 Levene의 등분산 검정결과를 반영해서 해석하면 된다. 두 집단 간 분산이 동일하다는 등분산 가정은 Levene 검정결과의 유의확률이 5%를 넘어갈 때 가정할 수 있기 때문에, 등분산을 가정하는 두 집단 간 평균의 동일성 검정 유의확률을 반영하면 된다. 검정의 유의확률이 .061로 일반적으로 가정하는 유의수준 5%를 넘기 때문에 디폴트 여부로 구분된 두 집단 간 평균이 소득이 차이가 있다는 가설을 채택할 수 없다.

〈집단통계량〉

	Previously defaulted	N	평균	표준화 편차	표준오차 평균
Household income in thousands	No	517	47.1547	34.22015	1.50500
	Yes	183	41.2131	43.11553	3.18719

〈독립표본 검정〉

		Levene의 등분산 검정		평균의 동일성에 대한 T 검정				
		F	유의확률	t	자유도	유의확률 (양측)	평균 차이	표준오차 차이
Household income in thousands	등분산을 가정함	.202	.653	1.880	698	.061	5.94162	3.16088
	등분산을 가정하지 않음			1.686	267.520	.093	5.94162	3.52466

2.8 일원배치 분산분석

관심 있는 여러 집단 간의 평균을 검정을 하려고 할 때 사용하는 분석방법이 일원배치 분산분석이다. SPSS 메뉴의 '분석(A) ▷ 평균비교(M) ▷ 일원배치 분산분석(O)'을 선택하면 다음과 같은 대화상자가 나타나는데, 가설검정하려는 목적이 교육수준이 다른 집단 간에 소득수준이 다름을 확인하는 것이라면, 왼쪽에 나타나 있는 변수목록 중 [종속변수(E)]로 Household income을 선택하여 오른쪽 변수목록으로 화살표 ➡를 이용하여 이동시킨다. [요인(F)]에는 교육수준을 의미하는 범주형 변수 Level of education을 선택하고 [확인] 버튼을 누르면 다음과 같은 출력결과가 나타난다.

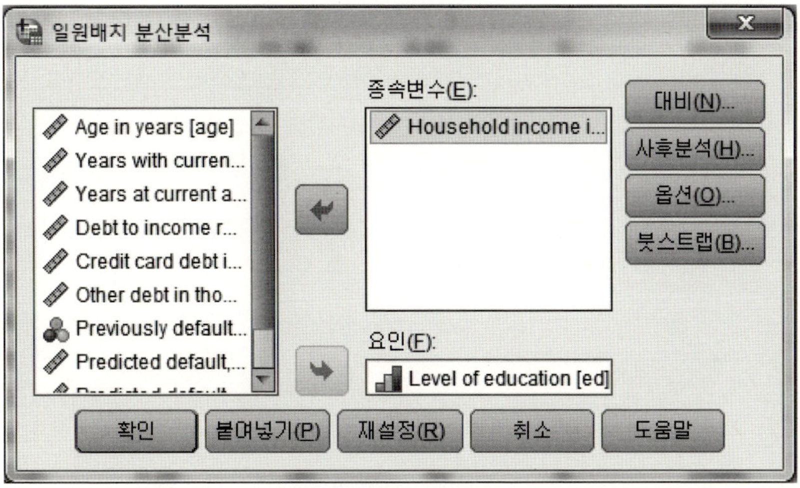

〈ANOVA〉

Household income in thousands					
	제곱합	자유도	평균제곱	F	유의확률
집단-간	74969.188	4	18742.297	13.350	.000
집단-내	1186277.193	845	1403.878		
전체	1261246.381	849			

ANOVA 표에서 F-통계량이 13.350과 유의확률을 이용해서 가설을 검정할 수 있는데, 일반적으로 가정하는 유의수준이 5%이다. 분석된 유의확률이 .0000으로 매우 작게 나타나고 있어 집단 간 소득수준은 다르다는 가설을 채택할 수 있다.

일원배치 분산분석은 여러 집단의 평균의 동일성을 검정하는 것이므로 여러 평균 중 특정 집단 간의 추론에 관심이 있다면, 대화상자의 [사후분석(H)] 옵션을 활용해서 추가 분석을 할 수 있다.

APPENDIX 2

부 표

〈표 1〉 누적포아송확률분포표

$$\text{누적포아송확률표}: P(x \le c) = \sum_{x=0}^{c} \frac{e^{-u}\mu^x}{x!}$$

	μ 또는 np'							
c	0.01	0.05	0.10	0.20	0.30	0.40	0.50	0.60
0	0.990	0.951	0.904	0.818	0.740	0.670	0.606	0.548
1	0.999	0.998	0.955	0.982	0.963	0.938	0.909	0.878
2		0.999	0.999	0.998	0.996	0.992	0.985	0.976
3				0.999	0.999	0.999	0.998	0.996
4					0.999	0.999	0.999	0.999
5							0.999	0.999

	μ 또는 np'							
c	0.70	0.80	0.90	1.00	1.10	1.20	1.30	1.40
0	0.496	0.449	0.406	0.367	0.332	0.301	0.272	0.246
1	0.844	0.808	0.772	0.735	0.699	0.662	0.626	0.591
2	0.965	0.952	0.937	0.919	0.900	0.879	0.857	0.833
3	0.994	0.990	0.986	0.981	0.974	0.966	0.956	0.946
4	0.999	0.998	0.997	0.996	0.994	0.992	0.989	0.985
5	0.999	0.999	0.999	0.999	0.999	0.998	0.997	0.996
6		0.99	0.999	0.999	0.999	0.999	0.999	0.999
7				0.999	0.999	0.999	0.999	0.999
8							0.999	0.999

	μ 또는 np'							
c	1.50	1.60	1.70	1.80	1.90	2.00	2.10	2.20
0	0.233	0.201	0.182	0.165	0.149	0.135	0.122	0.110
1	0.557	0.524	0.493	0.462	0.433	0.406	0.379	0.354
2	0.808	0.783	0.757	0.730	0.703	0.676	0.649	0.622
3	0.934	0.921	0.906	0.891	0.874	0.857	0.838	0.819
4	0.981	0.976	0.970	0.963	0.955	0.947	0.937	0.927
5	0.995	0.993	0.992	0.989	0.986	0.983	0.979	0.975
6	0.999	0.998	0.998	0.997	0.996	0.995	0.994	0.992
7	0.999	0.999	0.999	0.999	0.999	0.998	0.998	0.998
8	0.999	0.999	0.999	0.999	0.999	0.999	0.999	0.999
9			0.999	0.999	0.999	0.999	0.999	0.999
10							0.999	0.999

(예 : μ 또는 np'이 1.50일 때 x가 2보다 작거나 같을 확률은 0.808임)

	μ 또는 np'							
c	2.30	2.40	2.50	2.60	2.70	2.80	2.90	3.00
0	0.100	0.090	0.082	0.074	0.067	0.060	0.055	0.049
1	0.330	0.308	0.287	0.267	0.248	0.231	0.214	0.199
2	0.596	0.569	0.543	0.518	0.494	0.469	0.445	0.423
3	0.799	0.778	0.757	0.736	.0714	0.691	0.669	0.647
4	0.916	0.904	0.891	0.877	0.862	0.847	0.831	0.815
5	0.970	0.964	0.957	0.950	0.943	0.934	0.925	0.916
6	0.990	0.988	0.985	0.982	0.979	0.975	0.971	0.966
7	0.997	0.996	0.995	0.994	0.993	0.991	0.990	0.988
8	0.999	0.999	0.998	0.998	0.998	0.997	0.996	0.996
9	0.999	0.999	0.999	0.999	0.999	0.999	0.999	0.998
10	0.999	0.999	0.999	0.999	0.999	0.999	0.999	0.999
11			0.999	0.999	0.999	0.999	0.999	0.999
12							0.999	0.999

	μ 또는 np'							
c	3.10	3.20	3.30	3.40	3.50	4.00	4.50	5.00
0	0.045	0.041	0.037	0.033	0.030	0.018	0.011	0.006
1	0.185	0.171	0.159	0.147	0.135	0.091	0.061	0.040
2	0.401	0.380	0.359	0.340	0.320	0.238	0.173	0.124
3	0.625	0.603	0.580	0.558	0.536	0.433	0.342	0.265
4	0.798	0.781	0.763	0.744	0.725	0.628	0.532	0.440
5	0.906	0.895	0.883	0.871	0.857	0.785	0.702	0.615
6	0.961	0.955	0.949	0.942	0.934	0.889	0.831	0.762
7	0.986	0.983	0.980	0.977	0.973	0.948	0.913	0.866
8	0.995	0.994	0.993	0.992	0.990	0.978	0.959	0.931
9	0.999	0.998	0.998	0.997	0.996	0.991	0.982	0.968
10	0.999	0.999	0.999	0.999	0.998	0.997	0.993	0.986
11	0.999	0.999	0.999	0.999	0.999	0.999	0.997	0.994
12	0.999	0.999	0.999	0.999	0.999	0.999	0.999	0.997
13					0.999	0.999	0.999	0.999
14						0.999	0.999	0.999
15								0.999
16								0.999

	μ 또는 np'							
c	5.50	6.00	6.50	7.00	7.50	8.00	8.50	9.00
0	0.004	0.002	0.001	0.000	0.000	0.000	0.000	0.000
1	0.026	0.017	0.011	0.007	0.004	0.003	0.001	0.001
2	0.088	0.061	0.043	0.029	0.020	0.013	0.009	0.006
3	0.201	0.151	0.111	0.081	0.059	0.042	0.030	0.021
4	0.357	0.285	0.223	0.172	0.132	0.099	0.074	0.054
5	0.528	0.445	0.369	0.300	0.241	0.191	0.149	0.115
6	0.686	0.606	0.526	0.449	0.378	0.313	0.256	0.206
7	0.809	0.743	0.672	0.598	0.524	0.452	0.385	0.323
8	0.894	0.847	0.791	0.729	0.661	0.592	0.523	0.455
9	0.946	0.916	0.877	0.830	0.776	0.716	0.652	0.587
10	0.974	0.957	0.933	0.901	0.862	0.815	0.763	0.705
11	0.989	0.979	0.996	0.946	0.920	0.888	0.848	0.803
12	0.995	0.991	0.983	0.973	0.957	0.936	0.909	0.875
13	0.998	0.996	0.992	0.987	0.978	0.965	0.948	0.926
14	0.999	0.998	0.997	0.994	0.989	0.982	0.972	0.958
15	0.999	0.999	0.998	0.997	0.995	0.991	0.986	0.977
16	0.999	0.999	0.999	0.999	0.998	0.996	0.993	0.988
17	0.999	0.999	0.999	0.999	0.999	0.998	0.997	0.944
18		0.999	0.999	0.999	0.999	0.999	0.998	0.997
19			0.999	0.999	0.999	0.999	0.999	0.998
20				0.999	0.999	0.999	0.999	0.999
21					0.999	0.999	0.999	0.999
22						0.999	0.999	0.999
23							0.999	0.999

	μ 또는 np'			
c	9.50	10.00	15.00	20.00
0	0.000	0.000	0.000	0.000
1	0.000	0.000	0.000	0.000
2	0.004	0.002	0.000	0.000
3	0.014	0.010	0.000	0.000
4	0.040	0.029	0.000	0.000
5	0.088	0.067	0.002	0.000
6	0.164	0.130	0.007	0.000
7	0.268	0.220	0.018	0.000
8	0.391	0.332	0.037	0.002
9	0.521	0.457	0.069	0.005
10	0.645	0.583	0.118	0.010
11	0.751	0.696	0.184	0.021
12	0.836	0.791	0.267	0.039
13	0.898	0.846	0.363	0.066
14	0.940	0.916	0.465	0.104

	μ 또는 np'			
c	9.50	10.00	15.00	20.00
15	0.966	0.951	0.568	0.156
16	0.982	0.972	0.664	0.221
17	0.991	0.985	0.748	0.297
18	0.995	0.992	0.819	0.381
19	0.998	0.996	0.875	0.470
20	0.999	0.988	0.917	0.559
21	0.999	0.999	0.946	0.643
22	0.999	0.999	0.999	0.720
23	0.999	0.999	0.999	0.787
24	0.999	0.999	0.988	0.843
25		0.999	0.993	0.887
26			0.996	0.922
27			0.998	0.947
28			0.999	0.965
29			0.999	0.978
30			0.999	0.986
31			0.999	0.991
32			0.999	0.995
33			0.999	0.997
34				0.998

〈표 2〉 표준정규분포표

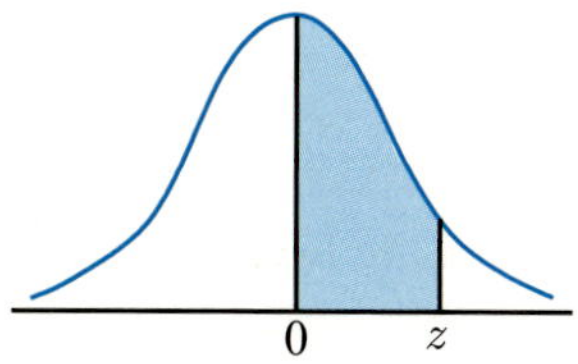

z	.00	.01	.02	.03	.04	.05	.06	.07	.08	.09
0.0	.0000	.0040	.0080	.0120	.0160	.0199	.0239	.0279	.0319	.0359
0.1	.0398	.0438	.0478	.0517	.0557	.0596	.0636	.0675	.0714	.0753
0.2	.0793	.0832	.0871	.0910	.0948	.0987	.1026	.1064	.1103	.1141
0.3	.1179	.1217	.1255	.1293	.1331	.1368	.1406	.1443	.1480	.1517
0.4	.1554	.1591	.1628	.1664	.1700	.1736	.1772	.1808	.1844	.1879
0.5	.1915	.1950	.1985	.2019	.2054	.2088	.2123	.2157	.2190	.2224
0.6	.2257	.2291	.2324	.2357	.2389	.2422	.2454	.2486	.2518	.2549
0.7	.2580	.2612	.2642	.2673	.2704	.2734	.2764	.2794	.2823	.2852
0.8	.2881	.2910	.2939	.2967	.2995	.3023	.3051	.3078	.3106	.3133
0.9	.3159	.3186	.3212	.3238	.3264	.3289	.3315	.3340	.3365	.3389
1.0	.3413	.3438	.3461	.3485	.3508	.3531	.3554	.3577	.3599	.3621
1.1	.3643	.3665	.3686	.3708	.3729	.3749	.3770	.3790	.3810	.3830
1.2	.3849	.3869	.3888	.3907	.3925	.3944	.3962	.3980	.3997	.4015
1.3	.4032	.4049	.4066	.4082	.4099	.4115	.4131	.4147	.4162	.4177
1.4	.4192	.4207	.4222	.4236	.4251	.4265	.4279	.4292	.4306	.4319
1.5	.4332	.4345	.4357	.4370	.4382	.4394	.4406	.4418	.4429	.4441
1.6	.4452	.4463	.4474	.4484	.4495	.4505	.4515	.4525	.4535	.4545
1.7	.4554	.4564	.4573	.4582	.4591	.4599	.4608	.4616	.4625	.4633
1.8	.4641	.4649	.4656	.4664	.4671	.4678	.4686	.4693	.4699	.4706
1.9	.4713	.4719	.4726	.4732	.4738	.4744	.4750	.4756	.4761	.4767
2.0	.4772	.4778	.4783	.4788	.4793	.4798	.4803	.4808	.4812	.4817
2.1	.4821	.4826	.4830	.4834	.4838	.4842	.4846	.4850	.4854	.4857
2.2	.4861	.4864	.4868	.4871	.4875	.4878	.4881	.4884	.4887	.4890
2.3	.4893	.4896	.4898	.4901	.4904	.4906	.4909	.4911	.4913	.4916
2.4	.4918	.4920	.4922	.4925	.4927	.4929	.4931	.4932	.4934	.4936
2.5	.4938	.4940	.4941	.4943	.4945	.4946	.4948	.4949	.4951	.4952
2.6	.4953	.4955	.4956	.4957	.4959	.4960	.4961	.4962	.4963	.4964
2.7	.4965	.4966	.4967	.4968	.4969	.4970	.4971	.4972	.4973	.4974
2.8	.4974	.4975	.4976	.4977	.4977	.4978	.4979	.4979	.4980	.4981
2.9	.4981	.4982	.4982	.4983	.4984	.4984	.4985	.4985	.4986	.4986
3.0	.4987	.4987	.4987	.4988	.4988	.4989	.4989	.4989	.4990	.4990
4.0	.4999685									

(예: z=1.96일 때 빗금친 부분의 확률은 0.4750임)

〈표 3〉 t - 분포표

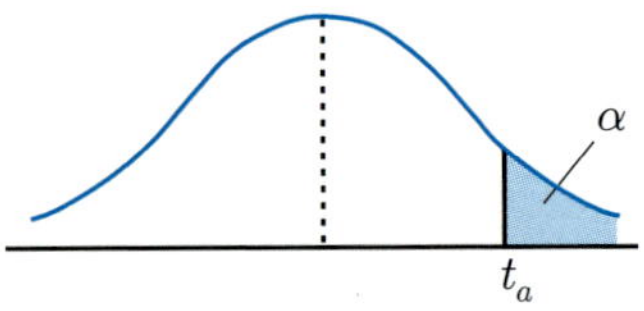

자유도	α=0.4	0.25	0.1	0.05	0.025	0.01	0.005
1	0.325	1.000	3.078	6.314	12.706	31.821	63.657
2	.289	.816	1.886	2.920	4.303	6.965	9.925
3	.277	.765	1.638	2.353	3.182	4.541	5.841
4	.271	.741	1.533	2.132	2.776	3.747	4.604
5	0.267	.0727	1.476	2.015	2.571	3.365	4.032
6	.265	.718	1.440	1.943	2.447	3.143	3.707
7	.263	.711	1.415	1.895	2.365	2.998	3.499
8	.262	.706	1.397	1.860	2.306	2.896	3.355
9	.261	.703	1.383	1.833	2.262	2.821	3.250
10	0.260	0.700	1.372	1.812	2.228	2.764	3.169
11	.260	.697	1.363	1.796	2.201	2.718	3.106
12	.259	.695	1.356	1.782	2.179	2.681	3.055
13	.259	.694	1.350	1.771	2.160	2.650	3.012
14	.258	.692	1.345	1.761	2.145	2.624	2.977
15	0.258	0.691	1.341	1.753	2.131	2.602	2.947
16	.258	.690	1.337	1.746	2.120	2.583	2.921
17	.257	.689	1.333	1.740	2.110	2.567	2.898
18	.257	.688	1.330	1.734	2.101	2.552	2.878
19	.257	.688	1.328	1.729	2.093	2.539	2.861
20	0.257	0.687	1.325	1.725	2.086	2.528	2.845
21	.257	.686	1.323	1.721	2.080	2.518	2.831
22	.256	.686	1.321	1.717	2.074	2.508	2.819
23	.256	.685	1.319	1.714	2.069	2.500	2.807
24	.256	.685	1.318	1.711	2.064	2.492	2.797
25	0.256	0.684	1.316	1.708	2.060	2.485	2.787
26	.256	.684	1.315	1.706	2.056	2.479	2.779
27	.256	.684	1.314	1.703	2.052	2.473	2.771
28	.256	.683	1.313	1.701	2.048	2.467	2.763
29	.256	.683	1.311	1.699	2.045	2.462	2.756
30	0.256	0.683	1.310	1.697	2.042	2.457	2.750
40	.255	.681	1.303	1.684	2.021	2.423	2.704
60	.254	.679	1.296	1.671	2.000	2.390	2.660
120	.254	.677	1.289	1.658	1.980	2.358	2.617
∞	.253	.674	1.282	1.645	1.960	2.326	2.576

(예: 자유도가 15일 때 t값이 2.131이면 오른쪽 끝의 빗금친 부분의 면적은 0.025임)

〈표 4〉 χ^2 분포표

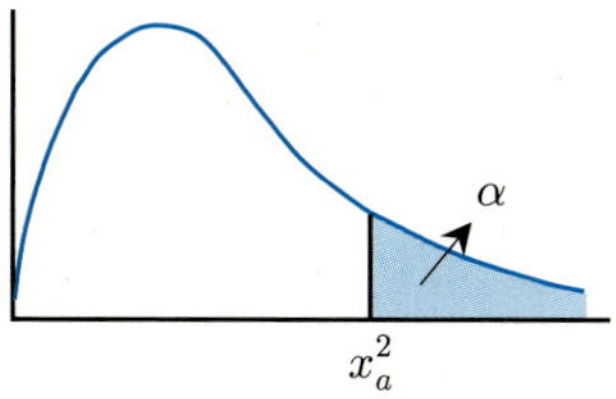

자유도 \ α	.995	.990	.975	.950	.900	.750	.500	.250	.100	.050	.025	.010	.005
1	.04393	.03157	.03982	.02393	.0158	.102	.455	1.32	2.71	3.84	5.02	6.63	7.88
2	.0100	.0201	.0506	.103	.211	.575	1.39	2.77	4.61	5.99	7.38	9.21	10.6
3	.0717	.115	.216	.352	.584	1.21	2.37	4.11	6.25	7.81	9.35	11.3	12.8
4	.207	.297	.484	.711	1.06	1.92	3.36	5.39	7.78	9.49	11.1	13.3	14.9
5	.412	.554	.831	1.15	1.61	2.67	4.35	6.63	9.24	11.1	12.8	15.1	16.7
6	.676	.872	1.24	1.64	2.20	3.45	5.35	7.84	10.6	12.6	14.6	16.8	18.5
7	.989	1.24	1.69	2.17	2.83	4.25	6.35	9.04	12.0	14.1	16.0	18.5	20.3
8	1.34	1.65	2.18	2.73	2.49	5.07	7.34	10.2	13.4	15.5	17.5	20.1	22.0
9	1.73	2.09	2.70	3.33	4.17	5.90	8.34	11.4	14.7	16.9	19.0	21.7	23.6
10	2.16	2.56	3.25	3.94	4.87	6.74	9.34	12.5	16.0	18.3	20.5	23.2	25.2
11	2.60	3.05	3.82	4.57	5.58	7.58	10.3	13.7	17.3	19.7	21.9	24.7	26.8
12	3.07	3.57	4.40	5.23	6.30	8.44	11.3	14.8	18.5	21.0	23.3	26.2	28.3
13	3.57	4.11	5.01	5.89	7.04	9.30	12.3	16.0	19.8	22.4	24.7	27.7	29.8
14	4.07	4.66	5.63	6.57	7.79	10.2	13.3	17.1	21.1	23.7	26.1	29.1	31.3
15	4.60	5.23	6.26	7.26	8.55	11.0	14.3	18.2	22.3	25.0	27.5	30.6	32.8
16	5.14	5.81	6.91	7.96	9.31	11.9	15.3	19.4	23.5	26.3	28.8	32.0	34.3
17	5.70	6.41	7.56	8.67	10.1	12.8	16.3	20.5	24.8	27.6	30.2	33.4	35.7
18	6.26	7.01	8.23	9.39	10.9	13.7	17.3	21.6	26.0	28.9	31.5	34.8	37.2
19	6.84	7.63	8.91	10.1	11.7	14.6	18.3	22.7	27.2	30.1	32.9	36.2	38.6
20	7.43	8.26	9.56	10.9	12.4	15.5	19.3	23.8	28.4	31.4	34.2	37.6	40.0
21	8.03	8.90	10.3	11.6	13.2	16.3	20.3	24.9	29.6	32.7	35.5	38.9	41.4
22	8.64	9.54	11.0	12.3	14.0	17.2	21.3	26.0	30.8	33.9	36.8	40.3	42.8
23	9.26	10.2	11.7	13.1	14.8	18.1	22.3	27.1	32.0	35.2	38.1	41.6	44.2
24	9.89	10.9	12.4	13.8	15.7	19.0	23.3	28.2	33.2	36.4	39.4	43.0	45.6
25	10.5	11.5	13.1	14.6	16.5	19.9	24.3	29.3	34.4	37.7	40.6	44.3	46.9
26	11.2	12.2	13.8	15.4	17.3	20.8	25.3	30.4	35.6	38.9	41.9	45.6	48.3
27	11.8	12.9	14.6	16.2	18.1	21.7	26.3	31.5	36.7	40.1	43.2	47.0	49.6
28	12.5	13.6	15.3	16.9	18.9	22.7	27.3	32.6	37.9	41.3	44.5	48.3	51.0
29	13.1	14.3	16.0	17.7	19.8	23.6	28.3	33.7	39.1	42.6	45.7	49.6	52.3
30	13.8	15.0	16.8	18.5	20.6	24.5	29.3	34.8	40.3	43.8	47.0	50.9	53.7

(예: 자유도가 6이고 카이제곱의 값이 12.6일 때 오른쪽 끝의 빗금친 부분의 확률은 0.05임)

〈표 5〉 *F*분포표

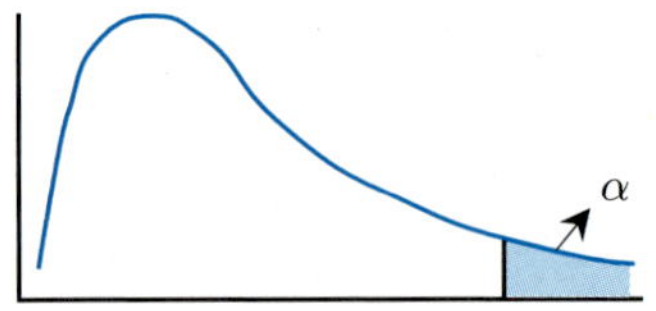

$\alpha = 10\%$(v_1=분자의 자유도, v_2=분모의 자유도)

v_2 \ v_1	1	2	3	4	5	6	7	8	9
1	39.86	49.50	53.59	55.83	57.24	58.20	58.91	59.44	59.86
2	8.53	9.00	9.16	9.24	9.29	9.33	9.35	9.37	9.38
3	5.54	5.46	5.39	5.34	5.31	5.28	5.27	5.25	5.24
4	4.54	4.32	4.19	4.11	4.05	4.01	3.98	3.95	3.94
5	4.06	3.78	3.62	3.52	3.45	3.40	3.37	3.34	3.32
6	3.78	3.46	3.29	3.18	3.11	3.05	3.01	2.98	2.96
7	3.59	3.26	3.07	2.96	2.88	2.83	2.78	2.75	2.72
8	3.46	3.11	2.92	2.81	2.73	2.67	2.62	2.59	2.56
9	3.36	3.01	2.81	2.69	2.61	2.55	2.51	2.47	2.44
10	3.29	2.92	2.73	2.61	2.52	2.46	2.41	2.38	2.35
11	3.23	2.86	2.66	2.54	2.45	2.39	2.34	2.30	2.27
12	3.18	2.81	2.61	2.48	2.39	2.33	2.28	2.24	2.21
13	3.14	2.76	2.56	2.43	2.35	2.28	2.23	2.20	2.16
14	3.10	2.73	2.52	2.39	2.31	2.24	2.19	2.15	2.12
15	3.07	2.70	2.49	2.36	2.27	2.21	2.16	2.12	2.09
16	3.05	2.67	2.46	2.33	2.24	2.18	2.13	2.09	2.06
17	3.03	2.64	2.44	2.31	2.22	2.15	2.10	2.06	2.03
18	3.01	2.62	2.42	2.29	2.20	2.13	2.08	2.04	2.00
19	2.99	2.61	2.40	2.27	2.18	2.11	2.06	2.02	1.98
20	2.97	2.59	2.38	2.25	2.16	2.09	2.04	2.00	1.96
21	2.96	2.57	2.36	2.23	2.14	2.08	2.02	1.98	1.95
22	2.95	2.56	2.35	2.22	2.13	2.06	2.01	1.97	1.93
23	2.94	2.55	2.34	2.21	2.11	2.05	1.99	1.95	1.92
24	2.93	2.54	2.33	2.19	2.10	2.04	1.98	1.94	1.91
25	2.92	2.53	2.32	2.18	2.09	2.02	1.97	1.93	1.89
26	2.91	2.52	2.31	2.17	2.08	2.01	1.96	1.92	1.88
27	2.90	2.51	2.30	2.17	2.07	2.00	1.95	1.91	1.87
28	2.89	2.50	2.29	2.16	2.06	2.00	1.94	1.90	1.87
29	2.89	2.50	2.28	2.15	2.06	1.99	1.93	1.89	1.86
30	2.88	2.49	2.28	2.14	2.05	1.98	1.93	1.88	1.85
40	2.84	2.44	2.23	2.09	2.00	1.93	1.87	1.83	1.79
60	2.79	2.39	2.18	2.04	1.95	1.87	1.82	1.77	1.74
120	2.75	2.35	2.13	1.99	1.90	1.82	1.77	1.72	1.68
∞	2.71	2.30	2.08	1.94	1.85	1.77	1.72	1.67	1.63

(예: 분자의 자유도(v_1)가 9, 분모의 자유도(v_2)가 10이고 오른쪽 끝의 빗금친 부분의 면적이 10%일 때 *F*값은 2.35임)

10	12	15	20	24	30	40	60	120	∞
60.19	60.71	61.22	61.74	62.00	62.26	62.53	62.79	63.06	63.33
9.39	9.41	9.42	9.44	9.45	9.46	9.47	9.47	9.48	9.49
5.23	5.22	5.20	5.18	5.18	5.17	5.16	5.15	5.14	5.13
3.92	3.90	3.87	3.84	3.83	3.82	3.80	3.79	3.78	3.76
3.30	3.27	3.24	3.21	3.19	3.17	3.16	3.14	3.12	3.10
2.94	2.90	2.87	2.84	2.82	2.80	2.78	2.76	2.74	2.72
2.70	2.67	2.63	2.59	2.58	2.56	2.54	2.51	2.49	2.47
2.54	2.50	2.46	2.42	2.40	2.38	2.36	2.34	2.32	2.29
2.42	2.38	2.34	2.30	2.28	2.25	2.23	2.21	2.18	2.16
2.32	2.28	2.24	2.20	2.18	2.16	2.13	2.11	2.08	2.06
2.25	2.21	2.17	2.12	2.10	2.08	2.05	2.03	2.00	1.97
2.19	2.15	2.10	2.06	2.04	2.01	1.99	1.96	1.93	1.90
2.14	2.10	2.05	2.01	1.98	1.96	1.93	1.90	1.88	1.85
2.10	2.05	2.01	1.96	1.94	1.91	1.89	1.86	1.83	1.80
2.06	2.02	1.97	1.92	1.90	1.87	1.85	1.82	1.79	1.76
2.03	1.99	1.94	1.89	1.87	1.84	1.81	1.78	1.75	1.72
2.00	1.96	1.91	1.86	1.84	1.81	1.78	1.75	1.72	1.69
1.98	1.93	1.89	1.84	1.81	1.78	1.75	1.72	1.69	1.66
1.96	1.91	1.86	1.81	1.79	1.76	1.73	1.70	1.67	1.63
1.94	1.89	1.84	1.79	1.77	1.74	1.71	1.68	1.64	1.61
1.92	1.87	1.83	1.78	1.75	1.72	1.69	1.66	1.62	1.59
1.90	1.86	1.81	1.76	1.73	1.70	1.67	1.64	1.60	1.57
1.89	1.84	1.80	1.74	1.72	1.69	1.66	1.62	1.59	1.55
1.88	1.83	1.78	1.73	1.70	1.67	1.64	1.61	1.57	1.53
1.87	1.82	1.77	1.72	1.69	1.66	1.63	1.59	1.56	1.52
1.86	1.81	1.76	1.71	1.68	1.65	1.61	1.58	1.54	1.50
1.85	1.80	1.75	1.70	1.67	1.64	1.60	1.57	1.53	1.49
1.84	1.79	1.74	1.69	1.66	1.63	1.59	1.56	1.52	1.48
1.83	1.78	1.73	1.68	1.65	1.62	1.58	1.55	1.51	1.47
1.82	1.77	1.72	1.67	1.64	1.61	1.57	1.54	1.50	1.46
1.76	1.71	1.66	1.61	1.57	1.54	1.51	1.47	1.42	1.38
1.71	1.66	1.60	1.54	1.51	1.48	1.44	1.40	1.35	1.29
1.65	1.60	1.55	1.48	1.45	1.41	1.37	1.32	1.26	1.19
1.60	1.55	1.49	1.42	1.38	1.34	1.30	1.24	1.17	1.00

$\alpha = 5\%$ (v_1=분자의 자유도, v_2=분모의 자유도)

v_2 \ v_1	1	2	3	4	5	6	7	8	9
1	161.4	199.5	215.7	224.6	230.2	234.0	238.9	238.9	240.5
2	18.51	19.00	19.16	19.25	19.30	19.33	19.35	19.37	19.38
3	10.13	9.55	9.28	9.12	9.01	8.94	8.89	8.85	8.81
4	7.71	6.94	6.59	6.39	6.26	6.16	6.09	6.04	6.00
5	6.61	5.79	5.41	5.19	5.05	4.95	4.88	4.82	4.77
6	5.99	5.14	4.76	4.53	4.39	4.28	4.21	4.15	4.10
7	5.59	4.74	4.35	4.12	3.97	3.87	3.79	3.73	3.68
8	5.53	4.46	4.07	3.84	3.69	3.58	3.50	3.44	3.39
9	5.12	4.26	3.86	3.63	3.48	3.37	3.29	3.23	3.18
10	4.96	4.10	3.71	3.48	3.33	3.22	3.14	3.07	3.02
11	4.84	3.98	3.59	3.36	3.20	3.09	3.01	2.95	2.90
12	4.75	3.89	3.49	3.26	3.11	3.00	2.91	2.85	2.80
13	4.67	3.81	3.41	3.18	3.03	2.92	2.83	2.77	2.71
14	4.60	3.74	3.34	3.11	2.96	2.85	2.76	2.70	2.65
15	4.54	3.68	3.29	3.06	2.90	2.79	2.71	2.64	2.59
16	4.49	3.63	3.24	3.01	2.85	2.74	2.66	2.59	2.54
17	4.45	3.59	3.20	2.96	2.81	2.70	2.61	2.55	2.49
18	4.41	3.55	3.16	2.93	2.77	2.66	2.58	2.51	2.46
19	4.38	3.52	3.13	2.90	2.74	2.63	2.54	2.48	2.42
20	4.35	3.49	3.10	2.87	2.71	2.60	2.51	2.45	2.39
21	4.32	3.47	3.07	2.84	2.68	2.57	2.49	2.42	2.37
22	4.30	3.44	3.05	2.82	2.66	2.55	2.46	2.40	2.34
23	4.28	3.42	3.03	2.80	2.64	2.53	2.44	2.37	2.32
24	4.26	3.40	3.01	2.78	2.62	2.51	2.42	2.36	2.30
25	4.24	3.39	2.99	2.76	2.60	2.49	2.40	2.34	2.28
26	4.23	3.37	2.98	2.74	2.59	2.47	2.39	2.32	2.27
27	4.21	3.35	2.96	2.73	2.57	2.46	2.37	2.31	2.25
28	4.20	3.34	2.95	2.71	2.56	2.45	2.36	2.29	2.24
29	4.18	3.33	2.93	2.70	2.55	2.43	2.35	2.28	2.22
30	4.17	3.32	2.92	2.69	2.53	2.42	2.33	2.27	2.21
40	4.08	3.23	2.84	2.61	2.45	2.34	2.25	2.18	2.12
60	4.00	3.15	2.76	2.53	2.37	2.25	2.17	2.10	2.04
120	3.92	3.07	2.68	2.45	2.29	2.17	2.09	2.02	1.96
∞	3.84	3.00	2.60	2.37	2.21	2.10	2.01	1.94	1.88

10	12	15	20	24	30	40	60	120	∞
241.9	243.9	245.9	248.0	249.1	250.1	251.1	252.2	253.3	254.3
19.40	19.41	19.43	19.45	19.45	19.46	19.48	19.48	19.49	19.50
8.79	8.74	8.70	8.66	9.64	8.62	8.57	8.57	8.55	8.53
5.96	5.91	5.86	5.80	5.77	5.75	5.72	5.69	5.66	5.63
4.74	4.68	4.62	4.56	4.53	4.50	4.46	4.43	4.40	4.36
4.06	4.00	3.94	3.87	3.84	3.81	3.77	3.74	3.70	3.67
3.64	3.57	3.51	3.44	3.41	3.38	3.34	3.30	3.27	3.23
3.35	3.28	3.22	3.15	3.12	3.08	3.04	3.01	2.97	2.93
3.14	3.07	3.01	2.94	2.90	2.86	2.83	2.79	2.75	2.71
2.98	2.91	2.85	2.77	2.74	2.70	2.66	2.62	2.58	2.54
2.85	2.79	2.72	2.65	2.61	2.57	2.53	2.49	2.45	2.40
2.75	2.69	2.62	2.54	2.51	2.47	2.43	2.38	2.34	2.30
2.67	2.60	2.53	2.46	2.42	2.38	2.34	2.30	2.25	2.21
2.60	2.53	2.46	2.39	2.35	2.31	2.27	2.22	2.18	2.13
2.54	2.48	2.40	2.33	2.29	2.25	2.20	2.16	2.11	2.07
2.49	2.42	2.35	2.28	2.24	2.19	2.15	2.11	2.06	2.01
2.45	2.38	2.31	2.23	2.19	2.15	2.10	2.06	2.01	1.96
2.41	2.34	2.27	2.19	2.15	2.11	2.06	2.02	1.97	1.92
2.38	2.31	2.23	2.16	2.11	2.07	2.03	1.98	1.93	1.88
2.35	2.28	2.20	2.12	2.08	2.04	1.99	1.95	1.90	1.84
2.32	2.25	2.18	2.10	2.05	2.01	1.96	1.92	1.87	1.81
2.30	2.23	2.15	2.07	2.03	1.98	1.94	1.89	1.84	1.78
2.27	2.20	2.13	2.05	2.01	1.96	1.91	1.86	1.81	1.76
2.25	2.18	2.11	2.03	1.98	1.94	1.89	1.84	1.79	1.73
2.24	2.16	2.09	2.01	1.96	1.92	1.87	1.82	1.77	1.71
2.22	2.15	2.07	1.99	1.95	1.90	1.85	1.80	1.75	1.69
2.20	2.13	2.06	1.97	1.93	1.88	1.84	1.79	1.73	1.67
2.19	2.12	2.04	1.96	1.91	1.87	1.82	1.77	1.71	1.65
2.18	2.10	2.03	1.94	1.90	1.85	1.81	1.75	1.70	1.64
2.16	2.09	2.01	1.93	1.89	1.84	1.79	1.74	1.68	1.62
2.08	2.00	1.92	1.84	1.79	1.74	1.69	1.64	1.58	1.51
1.99	1.92	1.84	1.75	1.70	1.65	1.59	1.53	1.47	1.39
1.91	1.83	1.75	1.66	1.61	1.55	1.50	1.43	1.35	1.25
1.83	1.75	1.67	1.57	1.52	1.46	1.39	1.32	1.22	1.00

$\alpha = 1\%$(v_1=분자의 자유도, v_2=분모의 자유도)

v_2 \ v_1	1	2	3	4	5	6	7	8	9
1	4052	4999.5	5403	5625	5764	5859	5928	5982	6022
2	98.50	99.00	99.17	99.25	99.30	99.33	99.36	99.37	99.39
3	34.12	30.82	29.46	28.71	28.24	27.91	27.67	27.49	27.35
4	21.20	18.00	16.69	15.98	15.52	15.21	14.98	14.80	14.66
5	16.26	13.27	12.06	11.39	10.97	10.67	10.46	10.29	10.16
6	13.75	10.92	9.78	9.15	8.75	8.47	8.26	8.10	7.98
7	12.25	9.55	8.45	7.85	7.46	7.19	6.99	6.84	6.72
8	11.26	8.65	7.59	7.01	6.63	6.37	6.18	6.03	5.91
9	10.56	8.02	6.99	6.42	6.06	5.80	5.61	5.47	5.35
10	10.04	7.56	6.55	5.99	5.64	5.39	5.20	5.06	4.98
11	9.65	7.21	6.22	5.67	5.32	5.07	4.89	4.74	4.63
12	9.33	6.93	5.95	5.41	5.06	4.82	4.64	4.50	4.39
13	9.07	6.70	5.74	5.21	4.86	4.62	4.44	4.30	4.19
14	8.86	6.51	5.56	5.04	4.69	4.46	4.28	4.14	4.03
15	8.68	6.36	5.42	4.89	4.56	4.32	4.14	4.00	3.89
16	8.53	6.23	5.29	4.77	4.44	4.20	4.03	3.89	3.78
17	8.40	6.11	5.18	4.67	4.34	4.10	3.93	3.79	3.68
18	8.29	6.01	5.09	4.58	4.25	4.01	3.84	3.71	3.60
19	8.18	5.93	5.01	4.50	4.17	3.94	3.77	3.63	3.52
20	8.10	5.85	4.94	4.43	4.10	3.87	3.70	3.56	3.46
21	8.02	5.78	4.87	4.37	4.04	3.81	3.64	3.51	3.40
22	7.95	5.72	4.82	4.31	3.99	3.76	3.59	3.45	3.35
23	7.88	5.66	4.76	4.26	3.94	3.71	3.54	3.41	3.30
24	7.82	5.61	4.72	4.22	3.90	3.67	3.50	3.36	3.26
25	7.77	5.57	4.68	4.18	3.85	3.63	3.46	3.32	3.22
26	7.72	5.53	4.64	4.14	3.82	3.59	3.42	3.29	3.18
27	7.68	5.49	4.60	4.11	3.78	3.56	3.39	3.26	3.15
28	7.64	5.45	4.57	4.07	3.75	3.53	3.36	3.23	3.12
29	7.60	5.42	4.54	4.04	3.73	3.50	3.33	3.20	3.09
30	7.56	5.39	4.51	4.02	3.70	3.47	3.30	3.17	3.07
40	7.31	5.18	4.31	3.83	3.51	3.29	3.12	2.99	2.89
60	7.08	4.98	4.13	3.65	3.34	3.12	2.95	2.82	2.72
120	6.85	4.79	3.95	3.48	3.17	2.96	2.79	2.66	2.56
∞	6.63	4.61	3.78	3.32	3.02	2.80	2.64	2.51	2.41

10	12	15	20	24	30	40	60	120	∞
6056	6106	6157	6209	6235	6261	6287	6313	6339	6366
99.40	99.42	99.43	99.45	99.46	99.47	99.47	99.48	99.46	99.50
27.23	27.05	26.87	26.69	26.60	26.50	26.41	26.32	26.22	26.13
14.55	14.37	14.20	14.02	13.93	13.84	13.75	13.65	13.56	13.46
10.05	9.89	9.72	9.55	9.47	9.38	9.29	9.20	9.11	9.02
7.87	7.72	7.56	7.40	7.31	7.23	7.14	7.06	6.97	6.88
6.62	6.47	6.31	6.16	6.07	5.99	5.91	5.82	5.74	5.65
5.81	5.67	5.52	5.36	5.28	5.20	5.12	5.03	4.95	4.86
5.26	5.11	4.96	4.81	4.73	4.65	4.57	4.48	4.40	4.31
4.85	4.71	4.56	4.41	4.33	4.25	4.17	4.08	4.00	3.91
4.54	4.40	4.25	4.10	4.02	3.94	3.86	3.78	3.69	3.60
4.30	4.16	4.01	3.86	3.78	3.70	3.62	3.54	3.45	3.36
4.10	3.96	3.82	3.66	3.59	3.51	3.43	3.34	3.25	3.17
3.94	3.80	3.66	3.51	3.43	3.35	3.27	3.18	3.09	3.00
3.80	3.67	3.52	3.37	3.29	3.21	3.13	3.05	2.96	2.87
3.69	3.55	3.41	3.26	3.18	3.10	3.02	2.93	2.84	2.75
3.59	3.46	3.31	3.16	3.08	3.00	2.92	2.83	2.75	2.65
3.51	3.37	3.23	3.08	3.00	2.92	2.84	2.75	2.66	2.57
3.43	3.30	3.15	3.00	2.92	2.84	2.76	2.67	2.58	2.49
3.37	3.23	3.09	2.94	2.86	2.78	2.69	2.61	2.52	2.42
3.31	3.17	3.03	2.88	2.80	2.72	2.64	2.55	2.46	2.36
3.26	3.12	2.98	2.83	2.75	2.67	2.58	2.50	2.40	2.31
3.21	3.07	2.93	2.78	2.70	2.62	2.54	2.45	2.35	2.26
3.17	3.03	2.89	2.74	2.66	2.58	2.49	2.40	2.31	2.21
3.13	2.99	2.85	2.70	2.62	2.54	2.45	2.36	2.27	2.17
3.09	2.96	2.81	2.66	2.58	2.50	2.42	2.33	2.23	2.13
3.06	2.93	2.78	2.63	2.55	2.47	2.38	2.29	2.20	2.10
3.03	2.90	2.75	2.60	2.52	2.44	2.35	2.26	2.17	2.06
3.00	2.87	2.73	2.57	2.49	2.41	2.33	2.23	2.14	2.03
2.98	2.84	2.70	2.55	2.47	2.39	2.30	2.21	2.11	2.01
2.80	2.66	2.52	2.37	2.29	2.20	2.11	2.02	1.92	1.80
2.63	2.50	2.35	2.20	2.12	2.03	1.94	1.84	1.73	1.60
2.47	2.34	2.19	2.03	1.95	1.86	1.76	1.66	1.53	1.38
2.32	2.18	2.04	1.88	1.79	1.70	1.59	1.47	1.32	1.00

〈표 6〉 Wilcoxon의 부호 붙은 순위검정의 기각영역

단측검정	양측검정	$n=5$	$n=6$	$n=7$	$n=8$	$n=9$	$n=10$
P=.05	P=.10	1	2	4	6	8	11
P=.025	P=.05		1	2	4	6	8
P=.01	P=.02			0	2	3	5
P=.005	P=.01				0	2	3
단측검정	양측검정	$n=11$	$n=12$	$n=13$	$n=14$	$n=15$	$n=16$
P=.05	P=.10	14	17	21	26	30	36
P=.025	P=.05	11	14	17	21	25	30
P=.01	P=.02	7	10	13	16	20	24
P=.005	P=.01	5	7	10	13	16	19
단측검정	양측검정	$n=17$	$n=18$	$n=19$	$n=20$	$n=21$	$n=22$
P=.05	P=.10	41	47	54	60	68	75
P=.025	P=.05	35	40	46	52	59	66
P=.01	P=.02	28	33	38	43	49	56
P=.005	P=.01	23	28	32	37	43	49
단측검정	양측검정	$n=23$	$n=24$	$n=25$	$n=26$	$n=27$	$n=28$
P=.05	P=.10	83	92	101	110	120	130
P=.025	P=.05	73	81	90	98	107	117
P=.01	P=.02	62	69	77	85	93	102
P=.005	P=.01	55	68	68	76	84	92
단측검정	양측검정	$n=29$	$n=30$	$n=31$	$n=32$	$n=33$	$n=34$
P=.05	P=.10	141	152	163	175	188	201
P=.025	P=.05	127	137	148	159	171	183
P=.01	P=.02	111	120	130	141	151	162
P=.005	P=.01	100	109	118	128	138	149
단측검정	양측검정	$n=35$	$n=36$	$n=37$	$n=38$	$n=39$	
P=.05	P=.10	214	228	242	256	271	
P=.025	P=.05	195	208	222	235	250	
P=.01	P=.02	174	186	198	211	224	
P=.005	P=.01	160	171	183	195	208	
단측검정	양측검정	$n=40$	$n=41$	$n=42$	$n=43$	$n=44$	$n=45$
P=.05	P=.10	287	303	319	336	353	371
P=.025	P=.05	264	279	295	311	327	344
P=.01	P=.02	238	252	267	281	297	313
P=.005	P=.01	221	234	248	262	277	292
단측검정	양측검정	$n=46$	$n=47$	$n=48$	$n=49$	$n=50$	
P=.05	P=.10	389	408	427	446	466	
P=.025	P=.05	361	379	397	415	434	
P=.01	P=.02	329	345	362	380	398	
P=.005	P=.01	307	323	339	356	373	

〈표 7〉 Mann-Whitney 검정통계량 U의 임계치

(유의수준이 α인 양측검정은 $\alpha/2$에 해당하는 임계치를 선택한다)

($\alpha = 0.001$)

n_1 \ n_2	9	10	11	12	13	14	15	16	17	18	19	20
1												
2												
3									0	0	0	0
4		0	0	0	1	1	1	2	2	3	3	3
5	1	1	2	2	3	3	4	5	5	6	7	7
6	2	3	4	4	5	6	7	8	9	10	11	12
7	3	5	6	7	8	9	10	11	13	14	15	16
8	5	6	8	9	11	12	14	15	17	18	20	21
9	7	8	10	12	14	15	17	19	21	23	25	26
10	8	10	12	14	17	19	21	23	25	27	29	32
11	10	12	15	17	20	22	24	27	29	32	34	37
12	12	14	17	20	23	25	28	31	34	37	40	42
13	14	17	20	23	26	29	32	35	38	42	45	48
14	15	19	22	25	29	32	36	39	43	46	50	54
15	17	21	24	28	32	36	40	43	47	51	55	59
16	19	23	27	31	35	39	43	48	52	56	60	65
17	21	25	29	34	38	43	47	52	57	61	66	70
18	23	27	32	37	42	46	51	56	61	66	71	76
19	25	29	34	40	45	50	55	60	66	71	77	82
20	26	32	37	42	48	54	59	65	70	76	82	88

($\alpha = 0.01$)

n_1 \ n_2	9	10	11	12	13	14	15	16	17	18	19	20
1												
2					0	0	0	0	0	0	1	1
3	1	1	1	2	2	2	3	3	3	4	4	5
4	3	3	4	5	5	6	7	7	8	9	9	10
5	5	6	7	8	9	10	11	12	13	14	15	16
6	7	8	9	11	12	13	15	16	18	19	20	22
7	9	11	12	14	16	17	19	21	23	24	26	28
8	11	13	15	17	20	22	24	26	28	30	32	34
9	14	16	18	21	23	26	28	31	33	36	38	40
10	16	19	22	24	27	30	33	36	38	41	44	47
11	18	22	25	28	31	34	37	41	44	47	50	53
12	21	24	28	31	35	38	42	46	49	53	56	60
13	23	27	31	35	39	43	47	51	55	59	63	67
14	26	30	34	38	43	47	51	56	60	65	69	73
15	28	33	37	42	47	51	56	61	66	70	75	80
16	31	36	41	46	51	56	61	66	71	76	82	87
17	33	38	44	49	55	60	66	71	77	82	88	93
18	36	41	47	53	59	65	70	76	82	88	94	100
19	38	44	50	56	63	69	75	82	88	94	101	107
20	40	47	53	60	67	73	80	87	93	100	107	114

(α =0.025)

n_1 \ n_2	9	10	11	12	13	14	15	16	17	18	19	20
1												
2	0	0	0	1	1	1	1	1	2	2	2	2
3	2	3	3	4	4	5	5	6	6	7	7	8
4	4	5	6	7	8	9	10	11	11	12	13	13
5	7	8	9	11	12	13	14	15	17	18	19	20
6	10	11	13	14	16	17	19	21	22	24	25	27
7	12	14	16	18	20	22	24	26	28	30	32	34
8	15	17	19	22	24	26	29	31	34	36	38	41
9	17	20	23	26	28	31	34	37	39	42	45	48
10	20	23	26	29	33	36	39	42	45	48	52	55
11	23	26	30	33	37	40	44	47	51	55	58	62
12	26	29	33	37	41	45	49	53	57	61	65	69
13	28	33	37	41	45	50	54	59	63	67	72	76
14	31	36	40	45	50	55	59	64	67	74	78	83
15	34	39	44	49	54	59	64	70	75	80	85	90
16	37	42	47	53	59	64	70	75	81	86	92	98
17	39	45	51	57	63	67	75	81	87	93	99	105
18	42	48	55	61	67	74	80	86	93	99	106	112
19	45	52	58	65	72	78	85	92	99	106	113	119
20	48	55	62	69	76	83	90	98	105	112	119	127

(α =0.05)

n_1 \ n_2	9	10	11	12	13	14	15	16	17	18	19	20
1											0	0
2	1	1	1	2	2	2	3	3	3	4	4	4
3	3	4	5	5	6	7	7	8	9	9	10	11
4	6	7	8	9	10	11	12	14	15	16	17	18
5	9	11	12	13	15	16	18	19	20	22	23	25
6	12	14	16	17	19	21	23	25	26	28	30	32
7	15	17	19	21	24	26	28	30	33	35	37	39
8	18	20	23	26	28	31	33	36	39	41	44	47
9	21	24	27	30	33	36	39	42	45	48	51	54
10	24	27	31	34	37	41	44	48	51	55	58	62
11	27	31	34	38	42	46	50	54	57	61	65	69
12	30	34	38	42	47	51	55	60	64	68	72	77
13	33	37	42	47	51	56	61	65	70	75	80	84
14	36	41	46	51	56	61	66	71	77	82	87	92
15	39	44	50	55	61	66	72	77	83	88	94	100
16	42	48	54	60	65	71	77	83	89	95	101	107
17	45	51	57	64	70	77	83	89	96	102	109	115
18	48	55	61	68	75	82	88	95	102	109	116	123
19	51	58	65	72	80	87	94	101	109	116	123	130
20	54	62	69	77	84	92	100	107	115	123	130	138

〈표 8〉 Spearman의 순위상관계수 기각치

n	α=.05	α=.025	α=.01	α=.005
5	0.900	–	–	–
6	0.829	0.886	0.943	–
7	0.714	0.786	0.893	–
8	0.643	0.738	0.833	0.881
9	0.600	0.683	0.783	0.833
10	0.564	0.648	0.745	0.794
11	0.523	0.623	0.736	0.818
12	0.497	0.591	0.703	0.780
13	0.475	0.566	0.673	0.745
14	0.457	0.545	0.646	0.716
15	0.441	0.525	0.623	0.689
16	0.425	0.507	0.601	0.666
17	0.412	0.490	0.582	0.645
18	0.399	0.476	0.564	0.625
19	0.388	0.462	0.549	0.608
20	0.377	0.450	0.534	0.591
21	0.368	0.438	0.521	0.576
22	0.359	0.428	0.508	0.562
23	0.351	0.418	0.496	0.549
24	0.343	0.409	0.485	0.537
25	0.336	0.400	0.475	0.526
26	0.329	0.392	0.465	0.515
27	0.323	0.385	0.456	0.505
28	0.317	0.377	0.448	0.496
29	0.311	0.370	0.440	0.487
30	0.305	0.364	0.432	0.478

(예: 단측검정기준. 만약 양측검정일 경우 해당 α의 값이 두 배가 되어야 함)

참고문헌

1. 국내문헌

강명욱 · 김영일 · 안철환 · 이용구, 『회귀분석 — 모형개발과 진단』, 율곡출판사(1997)
강병린, 『다변량통계분석』, 학현사(2004)
강양석, 『사회현상분석도전』, 나남출판(1996)
경희대학교 사회과학연구원, 『연구논문, 보고서, 시장리서치를 위한 알기 쉬운 조사방법론』, 한국언론자료간행회(2000)
김건우, 『Excel을 활용한 통계학개론』, 신영사(2006)
김　렬, 『사회과학도를 위한 연구조사방법론』, 박영사(2007)
김범종, 『연구조사방법 에센스』, 도서출판 대경(2005)
김성욱 · 김영화 · 김충영 · 이형재, 『경영통계학』, 자유아카데미(2008)
김연형, 『시계열분석과 예측』, 자유아카데미(1990)
김은정 · 최병선, 『미니탭을 사용한 시계열분석 입문』, 자유아카데미(2000)
김효석 · 박해철, 『경상계열을 위한 통계학』, 형설출판사(2002)
남준우 · 이한식, 『계량경제학』, 홍문사(2004)
노형진, 『Amos로 배우는 구조방정식모형』, 학현사(2011)
박상규, 『엑셀을 활용한 통계의 이해』, 중앙대학교 출판부(2002)
박유성 · 허명회, 『시계열자료분석』, 자유아카데미(2000)
배병렬, 『LISREL 구조방정식모델: 이해, 활용 및 프로그래밍』, 제2판, 도서출판 청람(2006)
배병렬, 『AMOS 7에 의한 구조방정식모델링: 원리와 실제』, 도서출판 청람(2007)
성내경, 『실험설계와 분석』, 자유아카데미(2006)
심준섭, 『구조방정식모형: 이해와 활용』, 법문사(2013)
원태연 · 나영 · 최병호 · 박인선, 『설문조사분석』, 교우사(2002)
원태연 · 정성원, 『통계조사분석』, SPSS아카데미(2004)
유지성, 『계량경제학원론』, 박영사(1995)
이성우 · 민성희 · 박지영 · 윤성도, 『로짓 · 프라빗모형 응용』, 박영사(2005)
이윤종, 『통계학』, 대광문화사(1993)
이종원, 『계량경제학』, 박영사(2015)
이종원 · 최현집, 『SAS를 이용한 통계분석』, 박영사(2003)

이필영, 『이야기로 배우는 계량경제학』, 교우사(2003)
채서일, 『사회과학조사방법론』, 비엔엠북스(2006)
홍두승, 『사회조사분석』, 제3판, 다산출판사(2004)

2. 외국문헌

Ault, R. W., R. B. Ekeland, Jr., J. D. Jacson, R. S. Baba, and D. S. Saurman, "Smoking and Absenteeism," *Applied Economics*, 1991

Box, G. E. P and G. M. Jenkins, *Time Series and Forecasting and Control*, Revised Edition, San Francisco: Holden-Day(1976)

Greene, William H., *Econometric theory*, Harvard University Press, Cambridge(2000)

Gujarati, Damodar N., *Essentials of Econometrics*, 2nd ed., McGraw-Hill, New York(1999)

Gujarati, Damodar N., *Basic Econometrics*, 4th ed., McGraw-Hill, New York(2003)

Hair, Joseph F., Barry Babin, Arthur H. Money, and Phillip Samouel, *Essentials of Business Research Methods*, John Wiley & Sons(2003)

Hair, Joseph F., William C. Black, Barry J. Babin, and Rolph E. Anderson, *Multivariate Data Analysis*, 7th ed., Pearson(2010)

Healy, P. and J. M. Wahlen, "A Review of the Earnings Management Literature and its Implications for Standard Setting," *Accounting Horizons* 13: 365-383.

Johnston, J., *Econometric Methods*, 3rd ed., McGraw-Hill Book Company(1984)

Kennedy, Peter, *A Guide to Econometrics*, 4th ed., MIT Press, Cambridge(1998)

Maddala, G. S., *Introduction to Econometrics*, 3rd ed., John Wiley & Sons, New York (2001)

Mills, T. C., *Time Series Techniques for Economists*, Cambridge University Press(1990)

Neter, John, Michael H. Kutner, Christopher Nachtsheim and William Wasserman, *Applied Linear Statistical Models*, 4th ed., Irwin(1996)

Ramannathan, Ramu, *Introductory Econometrics with Applications*, 2nd ed., Dryden HBJ (1992)

Schumacker, R. E., and R. G. Lomax, *A Beginner's Guide to Structural Equation Modeling*, 2nd ed., Hillsdale, Erlbaum(2004)

Smith, G. and F. Campbell, "A critique of some ridge regression methods(with discussion)," *Journal of the American Statistical Association* 75(1980)

Stone, Eugene F., *Research Methods in Organizational Behavior*, Scott Foresman and Company, Glenview, Illinois(1978)

Theil, Henry, *Principles of Econometrics*, John Wiley & Sons, New York(1971)

Thomas Fomby R., Carter Hill and Stanley Johnson, *Advanced Econometric Methods*, Springer-Verlag, New York(1984)

Wooldridge, Jeffrey M., *Introductory Econometrics*, South-Western College Publishing (2000)

Zikmund, William G., *Business Research Methods*, 7th ed., Thomson(2003)

찾아보기

| ㄱ |

| ㄴ |

| ㅊ |

| ㅋ |

| ㅌ |

| Q |

| R |

| S |

■ 저자약력

나 영(羅 瑩)
(미)Rutgers University(경영학박사)
(미)Purdue University Visiting Professor
공인회계사, 세무사, 입법고등고시, 공무원 시험출제위원
한국공인회계사회 윤리위원회 윤리위원
대한체육진흥공단 투자/기금 심의위원
금융감독원 공인회계사 시험제도운영위원 역임
한국연구재단 사회분야 전문위원 RB 역임
한국마사회 경영자문위원 역임
한국회계학회(회계학연구회 회장, 회계저널 편집위원장 역임)
한국경영학회 KBR 편집위원장 역임
한국경영교육학회 회장 역임
중앙대학교 사무처장, 사회과학대학장 역임
(현) 중앙대학교 경영경제대학 경영학부 교수

박상규(朴相奎)
(미)State University of New York at Buffalo(통계학박사)
(미)Harvard University 연구교수
한국통계학회 JKSS 편집위원장
한국품질경영학회 연구위원장
공공기관 경영평가위원
한국장학재단 비상임이사
한국품질경영학회 부회장
중앙대학교 입학처장, 기획처장 역임
중앙대학교 행정부총장 역임
(현) 중앙대학교 총장
중앙대학교 응용통계학전공 교수

제2판 사회과학분야 **통계적 연구방법론의 이해**

2009년 3월 30일 제 1 판 1쇄 발행
2020년 3월 5일 제 2 판 1쇄 인쇄
2020년 3월 10일 제 2 판 1쇄 발행

저 자 나 영 · 박상규
발 행 인 권 영 섭
발 행 처 (주)신 영 사
경기도 파주시 심학산로 12(출판문화단지)
등 록 : 1988. 5. 2 / 제406-1988-000020호
전 화 : 031-946-2894(代)
F A X : 031-946-0799
e-mail : sys28945@naver.com
홈페이지 : http://www.shinyoungsa.co.kr

정가 24,000원
ISBN 978-89-5501-723-6